人権・同和問題の基礎知識

埼玉編

片岡明幸
Kataoka Akiyuki

解放出版社

装丁◉森本良成

はじめに

私が所属している部落解放同盟埼玉県連合会は、毎年4月に行政との情報交換会を開催している。具体的には、解放同盟が主催する年間の主な行事、例えば研究集会や市町村交渉、新年旗開きなどの日時や会場などを一覧表にして説明をおこない、行政の側も、人権フェスティバルや人権教育研究集会など主な行事の日程を説明して、双方で日程の調整や意見交換をおこなっている。この情報交換のあと、第2部として4月の人事異動で新しく人権担当になった職員のための講座を開催している。ここ数年は二つの講座をおこなっている。第1講座は、私が戦後の人権・同和行政の流れを説明し、人権・同和行政は現在どこに立っているのか、課題は何かなどを説明する。第2講座は小野寺書記長が最近起きた差別事件の事例、例えばプライム事件だとか、住宅販売会社の土地調査事件、あるいは「全国部落調査」復刻版出版事件などを報告し、人権行政の課題を提起している。いずれもその年に人権担当課に配属された新人を想定した研修で、人権・同和行政を進めるうえで基礎的な事柄を理解してもらうための研修にしている。講演する側としては、新任の担当者には最低限これだけは知っておいてほしいという気持ちで説明するわけだが、しかし、3時間という時間の制約から、説明したい内容の一部にとどまらざるをえない。本当はもっといろいろなテーマについて知ってほしいと思うが、なかなか時間がとれない。例えば、埼玉の部落の歴史や解放運動の歴史、過去に埼玉県内で起きた差別事件の事例、埼玉県内の市町村がおこなった意識調査の結果の解説、同和教育や同和保育の考え方とその実践事例などなど。しかし、時間の制約からこれらのテーマについてはこれまで一度も説明したことがない。勉強するかどうかは担当者の主体性に期待するほかないのだが、果たしてどれだけ勉強しているのかわからない。人によって相当格差があると思う。また、最低限これだけは勉強してくれと言っても適切なテキストがない。解放同盟や部落解放・人権研究所、解放出版社が発行している図書は数多いが、歴史は歴史、運動史は運動史、教育は教育とテーマごとにつくられていて、1冊で間に合うような適切な入門書が見当たらない。まして埼玉県に焦点をあわせた入門書が存在しない。そういうことから私は長い間、新任の人権担当者向けの入門書の必要性を強く感じてきた。

ところで、2016年12月に「部落差別解消推進法」が制定された。そこで昨年（2017年）4月の研修会では、新しくできた「部落差別解消推進法」までの戦後の同和行政の歴史を文章化して使った。そのとき、これを機会に入門書を出版しようと思い立ち、準備を始めた。内容としては、これまで私が書いてきたものや講演録などをテーマごとに並べるという構成で、2017年の1月から整理を始めた。それ自体は案外スムーズにいったのだが、その段階では具体的に文章の内容までチェックすることができなかった。あらためて校正するにはかなりの時間がかかることがわかった。ところが、思わぬことからその作業が一気に進んだ。じつは2017年5月の初めにおこなった健康診断でがんが発見されたのだ。青天《せいてん》の霹靂《へきれき》というか、窓から槍《やり》というか、突然の事態に正直なところショックを受けた。がんは怖くないという人がいるが、２００９年に連れ合いをがんで失って、その一部始終を見てきているから、もしかしたら後を追うことになるかも知れないという不安が頭をよぎった。実際、医者からすぐに手術が必要だといわれ、「手遅れということではないのでしょうね、先生」と医師に念を押す場面もあった。幸いに6月半ばにおこなった手術はうまくいって無事に生還できたが、その時つくづく思った。この機会に入門書をつくっておこうと。それで、県連の役員や関係者のみなさんに断って3カ月間休みを取ることにし、その間に執筆や編集を集中しておこなった。すでに書いたものを中心に12編にまとめる構成にして、テーマごとに使えるものを取り出していく作業を続けた。結果的には、すでに出した論文や講演録が約6割で、4割はまったく新規に書くことになった。また、分量が多すぎると言われて12章を10章にまとめ、文章もかなり削った。したがってこの書籍は、私の講演・論文集ということになるが、内容としては、すでに述べたように埼玉の担当者向けの入門書として県連が出すことになった。また、入門書なので、解放理論といわれるような理屈っぽい原理論的なものは排除した。もちろん、中身は私なりの解放運動に対する考え方が反映しているので、ものによってはやや理屈っぽいものもあるけれど、基本的には新任の担当者が最低限これだけは知っておいてほしいというものにまとめた。ただ、並べてみて思ったが、講演録があり、論文がありという構成だから、文章が不統一になっている。統一するかどうか迷ったが、それはその当時、必要に迫られて書いたり、話したものだから、そのまま出すことにした。したがって、文章は講演の語り口調を文字にしたものもあれば、やや論文風に書いたものもあるという格好になったが、その点は勘弁してもらいたい。なお、文章の発表時期については、各章の初めに簡単に記載した。
いずれにしても、そんなわけで怪我《けが》の功名というか、窮すれば通ずというか、思わぬ事態に直面して入門書の編集を進めた。実際、文章を整理しているときはまったくがんのことは忘れており、闘病生活の過ごし方としてはよかったので、同様の事態に陥っている方にはぜひ「がん患者の闘病生活の過ごし方」としてお薦めしたい。何かに夢中になれば、がんも「眼中にない」のである。冗談はさておいて、こうして入門書を出版することになったが、内容は埼玉を中心にしたものだから、よその都府県の人にはあまり参考にはならないかとは思うが、同和教育や意識調査、身元調査、保育、狭山など共通する部分もあるので、参考のために読んでいただければ幸いである。

2018年10月

片岡明幸

人権・同和問題の基礎知識　埼玉編●目次

第2章　埼玉の解放運動の歴史……41

第8章 人権意識調査の結果と課題

第1　狭山事件の真相と部落差別 551

第2　証拠開示と5大新証拠 574

第3　狭山事件と証拠開示——国連・自由権規約委員会の勧告 599

第1章　埼玉の部落の歴史

（解　説）

第1節の「埼玉の部落の歴史」は、1997年に発行した「埼玉の部落（歴史と生活）」をベースにした講演を補強したものです。もとより、私は歴史の専門家ではありませんから細かなところまでわかっているわけではありませんが、おおむね部落の歴史はこんなことだったという入門者向けの話にしています。「埼玉の部落（歴史と生活）」が発行されたいきさつについては第4章でも触れていますが、いわゆる貧困史観と呼ばれる部落の見方を克服することが出版の目標のひとつになっています。1990年代に入って「部落は惨めで貧しかった」という貧困史観を克服することが同和教育の大きな課題になっていましたが、それに応えるために研究者を中心に学校の先生にも参加していただいて編集委員会を立ち上げ、3年がかりで発行にこぎ着けたのが、「埼玉の部落（歴史と生活）」です。同和教育を進めるうえで必ず読んでほしい書籍です。

第2節の「武州鼻緒騒動」は、2009年に出版したパンフレットをベースにして短くした文章です。戦前から一部の人には知られていた鼻緒騒動を掘り起こすために、地元の研究者である間々田和夫さんに会長を引き受けていただいて研究会を立ち上げ、事件の詳細な内容を調査したうえで発行した啓発冊子をベースにしています。鼻緒騒動については、同名のDVDも作成し、現在も販売していますので、映像化されたDVDをぜひ見てほしいと思います。

第1　埼玉の部落の歴史

はじめに

同和問題の話をすると、どこでも「なぜこのような部落ができたのか、部落の先祖はどういう人たちであったのか、それが知りたい」という質問が出ます。こうした疑問の背景には、部落の先祖は何か悪いことをしていたから、このような一番下の身分にされたのではないか、あるいは巷《ちまた》でささやかれる異民族説、つまりはもともとの日本人ではなく、外国から来た人たち、——例えば具体的には、豊臣秀吉が朝鮮に押しかけて戦争したときに連れて帰った捕虜《ほりょ》の子孫であるというような誤ったうわさ話があるのですが、そういううわさに影響を受けて、もしかしたらそうなのか、という疑問が存在しています。もちろん、そんな事実はまったくないのですが、それならどんな人が部落の先祖だったのか、それが知りたい、という素朴な質問です。至極当然の疑問です。そこで今日は部落の歴史を話します。もとより、私は歴史の専門家ではありませんから専門的な話はできませんが、大筋において同和地区の歴史はこんなことだったという内容を話していきたいと思います。

まず、江戸時代の同和地区の人たちの様子を説明していきたいと思います。江戸時代の部落の人々の暮らしぶりを知ることが、先ほどの疑問に対する回答になるからです。

1　身分制度と「ちょうり」

みなさんも知っているとおり、江戸時代には、身分制度がありました。普通、士農工商と呼ばれていますが、武士が一番上で、次が百姓で、その次が町人です。しかし、実際には士農工商の四つの身分があったわけではありません。身分制度は大きく分ければ、支配者としての武士身分と、被支配者としての百姓・町人、そして「えた・ひにん」という二つの身分に分けることができます。このうち、百姓・町人は「平人《へいにん》」と呼ばれていました。百姓と町人は上下関係があったわけではありません。平人として一つの身分でした。だから、百姓の子どもが江戸に出て商屋の丁稚《でっち》奉公をするとか、百姓の娘が町人と結婚するということはテレビで出てくるとおりで、両者に上下はありません。基本的には平人として身分は同じです。そして、この平人の下に被差別身分とされた同和地区の先祖の「えた」「ひにん」の身分がありました。

身分制度というのは、基本的に生まれによってその人の身分と職業と暮らす場所が決められている制度です。武士に生まれた場合は自動的に武士として生涯を送る、百姓の子に生まれれば一生涯百姓として村に暮らし、町人の子として生まれれば、町で暮らすという時代です。誰もが勝手に身分を選択する自由はありません。なかでも私たちの祖先である「えた」「ひにん」などの被差別身分の人々は、一番低い身分として武士や百姓・町人身分の人々から差別され、住むところも決められていました。

●関東の長吏

ところで今、私は私たちの祖先である「えた」「ひにん」といいましたが、これは全国的にそう呼ばれるところが多いのでそう呼んだのですが、関東では呼び方は違っていました。関東では「ちょうり」と呼ばれていました。「ちょうり」というのは、字で書くと「長吏」と書きます。昔の中国の役人の肩書の一つだといわれていますが、陳舜臣の『十八史略』という中国の歴史小説のなかにも「長吏」という言葉が出てきます。それなりの官職の一つだと紹介されています。当時の長吏の人たちも自分たちのことを「えた・ひにん」とは呼ばず、「長吏《ちょうり》」と言っています。したがってこれからは「長吏」と言います。

ところで、「えた・ひにん」また長吏はどのくらいの人数がいたのでしょうか。江戸時代の人口は3200万人いたそうですが、そのうち「えた・ひにん」とか長吏と呼ばれた被差別身分の人口割合は1・5%ほどでした。3200万かける1・5%ですから48万人ということになりますが、およそ50万人の被差別民がいたことになります。長吏と呼ばれていた関東の被差別民は、関東全域の約500カ所の村に住んでいました。この500カ所の長吏身分の人たちを束ねていたのが、江戸浅草新町に住んでいた弾左衛門《だんざえもん》です。弾左衛門は、大きな屋敷に住み、外出のときはカゴに乗って出かけたといいますから大名のような存在だったようです。毎年、新年を迎えると関東中から小頭《こがしら》と呼ばれた地方の頭《かしら》が黒の紋付き袴《はかま》で弾左衛門の屋敷に集合して新年のあいさつをおこない、紅白の餅をもらって帰っていたといいます。社会的な集団としてはっきりした組織を持っていたことがわかります。

●長吏の仕事

では、長吏の人たちはどんな仕事をしていたのでしょうか。これは関東の各地でいろいろな資料が残っていて、よくわかっています。基本的には農業をしていました。みなさんのなかには意外に思った人がいるかもしれませんが、そうです、基本的には百姓と同じ農業をして暮らしていました。百姓と同じように村のなかに集落を作り、農業で生活していました。吉見町《よしみまち》の和名《わな》地区に詳しい資料が残っているのですが、一番多い人で1町5反の耕作地を持っています。この頃の大宮《おおみや》地区の百姓の耕作面積が平均6反強ということですから、周辺の百姓と同じ程度か、なかにはそれ以上の規模の農地を持っていた人も見られます。耕作地のなかには小作地、つまり人から農地を借りて耕していた土地もありますが、自作地、つまり自分が所有している土地もあります。これも周辺の百姓と変わりません。江戸時代、長吏は百姓として生活していたことをまずは理解してほしいと思います。かつては「えた・ひにん」は農業をしていなかった、あるいはしてはならなかったというような教え方をしていた時代がありましたが、それは間違っています。漫画などの影響で、被差別部落と聞けば、江戸時代は橋の下に住んでいたとか、乞食のような生活をしていたと思っている人もいるのですが、そんなことはありません。百姓と同じように田畑を耕してコメや野菜を生産し、それ以外にもさまざまな職業に就いて暮らしていました。

●皮革の仕事

ただし、長吏だけの独自の仕事がありました。死んだ牛馬の処理や皮革の仕事です。これは、いってみれば「長吏」の人しかできない専売特許の独占事業です。なぜそのような専売特許が認められているかについては、よくわからないところもあるのですが、皮をなめすには高い技術が必要です。その技術を持っていた人たちが一番下の身分に位置づけられていたことになります。

皮革の仕事といいましたが、牛や馬を飼っていたわけではありません。百姓の人たちが飼っていた牛や馬が死んだときに、それを引き取ってその皮をなめしていたのです。ただし、お金を払って牛や馬を引き取っていたわけではなくて、ただでもらい受けていました。牛や馬が死んだときは、百姓はそれを自分で勝手に処分してはならず、無料で長吏の人たちに引き渡すことになっていました。現在からすればここが不思議なところですが、身分制度のなかではそれが決まりになっていて、牛や馬を解体して皮をなめす仕事が、長吏の人たちの一種の役目であったわけです。具体的には、牛や馬が死んだときに百姓は「捨て場」と呼ばれる決められた場所に牛や馬を捨てにいき、それを見廻《みまわ》りで見つけた長吏の人たちが引き取って解体し、皮なめしなどの仕事をおこないました。どの村のどの「捨て場」に捨てられた牛や馬を誰が引き取ることができるのかは、非常に細かく決められていて、カラーで描かれたきれいな縄張りを示す図面が残されています。「捨て場」の範囲は「職場《しょくば》」と呼ばれ、村をこえて広い範囲に及んでいました。「職場」という言い方は、現在でも仕事をする場所という意味で使われていますが、文字通り仕事の範囲を決めた場所です。また、場所が細かく決められていただけでなく、引き取ることができる長吏も、例えば三のつく日は誰々、五のつく日は誰々と細かく決められていました。

皮革の仕事は、当時の長吏の人たちにとって収入を得る重要な仕事でした。さいたま市の中丸村の場合、周辺34カ村を「職場」として持っていて、1年間に1軒あたり平均4枚ほどの皮を手に入れていました。処理された皮革は、弾左衛門が屋敷を構えていた江戸の浅草新町に集められました。弾左衛門の屋敷は長吏の元締めとしての役所でしたが、皮革の集積地でもあったわけです。馬や牛の皮は加工されて太鼓や鞍《くら》などに使われていました。

●さまざまな仕事

長吏の人たちは、これ以外にもさまざまな仕事についていました。代表的には、竹皮草履《ぞうり》づくりがありました。竹皮草履というのは、竹の皮で編んだ草履のことで、わらで編んだものよりも丈夫で履き心地がよくて、江戸時代になって庶民の間に普及しました。材料の竹の皮は農民から仕入れていたようですが、製造は長吏の人たちの専売品です。江戸や大阪などの都市では、草履から発達した雪駄《せった》の製造をおこなっていました。川越では20年くらい前まで雪駄をつくっていた人がいて、花柳界の芸者さんや相撲取りの履き物として貴重な存在でしたが、今はもう埼玉県内では誰も作り手がいなくなってしまって、寂しい限りです。私も一足もらっているのですが、履く機会がなくて、そのまま取っています。

それはさておき、長吏の仕事としてはそのほかに、農業用水に欠かせない溜《た》め池《いけ》などの水番をやっていました。吉見町の鈴木芳之助さんの家から当時の資料が大量に見つかっていますが、そのなかには水番の仕事が出てきます。荒川《あらかわ》と市野川《いちのかわ》にはさまれたこの地域には、江戸時代は25カ村があり、この地域を水害から守るために堤防が築かれ、その内側に農業用の溜め池が作られました。溜め池の一つ、大沼の説明板には、「溜池は、水田耕作にとって重要な役割を果たしてきた。その調整いかんによって収穫に影響が出るので水番を置いて放水の調整を行った」とあります。記録では1705（宝永2）年以降、村の依頼で2人の長吏が水番を担当しています。村の依頼ですから手当は村が出していました。長吏の人たちは、水番として農業を下から支えていたわけです。

このほか、長吏の人は、織物で使う筬《おさ》づくりや薬の製造販売、馬医者や助産などもおこなっていました。鈴木家文書のなかには鈴木さんの家では薬をつくって販売していたことが出てきます。その薬はそうとう効用があったようで、近隣の村からだけではなくて、全国からこれを求めて人が来ていたようです。鈴木家の息子の1人は、医学の修業で長崎に行っています。

●長吏の暮らしぶり

ところで、長吏の人たちの暮らしぶりはどうだったのでしょうか。冒頭に述べたように、部落の人たちは、喰《く》うや喰わずの貧しい生活を送り、橋の下で生活をしていたというようなイメージを持っている人がいますが、そんなことはありません。例えば、各地で発見されている資料を見ると、どこの地域でも寺子屋を開いて、子どもたちに読み書き、そろばんを習わせていたようです。長吏身分といっても、たいていの人は読み書き、そろばんができていたということになります。また、講《こう》を組んで伊勢《いせ》参りに行っていたことも記録されています。これは「伊勢代参講」というのですが、お互いに講をつくって金を貯《た》め、持ち回りで毎年2人ずつ伊勢参りに行くのですが、8年がかりで合計15人が行っています。現在でこそ伊勢参りに行くことは、新幹線やバスを使えば1日で行けますが、当時は全部歩きですから大変です。行くだけでも20日間くらいかかったようで、その旅費は半端ではありません。毎晩の旅籠《はたご》の宿賃から食事代など相当な費用がかかります。それは、それなりの収入を持っていなければできないことです。伊勢参りだけではなくて、神奈川の大山《おおやま》参りや秩父《ちちぶ》参り、富士山、月山《がっさん》など、当時、人気のあった場所に団体で行っていました。昔から旅行が好きな人は多かったわけですね。

そのほか記録によれば、寛政年間には現在の鴻巣《こうのす》市で長吏の人たちが夏祭りに村芝居をおこなったことが出てきます。また、文化年間には和名村の人たちが村の白山神社の再建を記念してお祭りを開いているのですが、出し物として江戸から「品玉遣《しなだまつか》い」を呼んでいた記録が残っています。品玉遣いというのは曲芸師のことで、人寄せのイベントとしてギャラをはらってわざわざ江戸から呼んだわけです。祭りには香具師《やし》も呼んでいます。また、注目すべきは、長吏の村の祭りなのですが、周辺の一般の百姓が寄付をしたり、舞台の準備を手伝ったことが記録に残っています。身分のちがう百姓と長吏が協力したという点は非常に興味深いところです。

2　差別と抵抗

こう見てくると、「何だ、差別なんか全然ないじゃないか」と思う人がいると思いますが、そこはやはり江戸時代という身分制度が厳然と存在している時代のことですから、さまざまなかたちで差別があったことも事実です。

どんな差別があったのか。基本的には、百姓や町人など身分の違う人たちとは結婚が禁止されていました。また、住む場所が決められていました。それ以外にも、長吏は百姓・町人の家屋に立ち入りすることが原則的に禁止されていました。埼玉の事例ではありませんが、藩によっては服装を規制して、「えた・ひにん」はそれとわかるような服装をするよう強制したところもあります。ひどい話です。

ひとつ事例をあげましょう。天保《てんぽう》年間に、現在の行田《ぎょうだ》市にある荒木《あらき》村で身分の違いを背景にして次のような出来事がありました。

●荒木村の訴訟

天保7年（1836）の「荒木村一件」という訴訟文書が残っています。村役人が長吏の持っている農地を取り上げようとして裁判になった記録です。長吏の人たちはこつこつ働いて金を貯めて、百姓にお金を貸していたようです。その場合、百姓の農地を質《しち》にとって期限までに返せない場合は、契約書に沿ってその農地を自分のものにしていました。これは現在と同じです。これと同じような事例は各地に見られます。長吏の人たちはこうしたかたちで土地を増やしていたのですが、身分が下の長吏が百姓の土地を手に入れて農地を拡大する、これは生意気だと考える人間がいたのでしょう。村の名主が「長吏が百姓をするのは心得違いであるから農業をしてはならない」「百姓から買い取った農地を返せ」と難題を押しつけてきました。もちろん、荒木村の長吏は納得しません。与助ほか6人がこれに強く反発し、江戸にある町奉行に訴えを起こします。この時代、埼玉は江戸の町奉行の管轄になっていて、裁判は江戸の町奉行がやります。与助たちは「私たちはこれまで農業一筋に生活してきて年貢もきちんと納め、役所の命令した夫役の仕事もこなし、父母妻子を養ってきました」「それを、いきなり農業をやめろというのは、私たちを『下賤《げせん》の者』として差別するものです」と訴えています。その結果はどうなったのかというと、町奉行所は長吏の訴えを認め、長吏側が全面勝利になりました。それにしても、村役人を相手に堂々と闘った長吏の人たちの闘う姿勢に感心します。身分制度のなかでも、長吏身分の人たちは泣いて暮らしていたわけではありません。

不当な差別に対する闘いということでは、もうひとつ事例を紹介します。「護摩札《ごまふだ》騒動」と呼ばれる裁判の記録が残されています。どういう事件かというと、1817（文化14）年、現在は川越《かわごえ》市になっている野田《のだ》村の大乗院の僧侶・善昭《ぜんしょう》さんが大峰山《おおみねさん》（奈良県）に修行に行き、帰りに護摩札を受けて帰りました。それを領主をはじめ、村の百姓、そして長吏身分の人たちにも配りました。おそらく修行に行くときに餞別《せんべつ》をくれた人たちにお礼として配ったと思います。ところが、そこに長吏の人たちが含まれていることが気に入らない人がいました。同じ宗派の川越藩の九つの寺々が、「長吏に配るとは何事か」と言いがかりをつけてきたのです。困った善昭は、入間川《いるまがわ》（狭山市）の延命寺の僧侶・入間坊に相談しました。入間坊は善昭を助けて弁明してくれました。しかし、ほかの寺々は、「賤《いや》しい長吏身分に護摩札を配ったのは不埒至極《ふらちしごく》。今後、善昭とは付き合わない」と、村八分のような仕打ちをおこないました。

入間坊は、善昭に代わって話し合いを続けますが、聞き入れられません。そこで、入間坊は寺社奉行に訴え、裁判をおこなうことにしました。その訴状で入間坊は、「仏法は救いがたい民衆をすべて平等に見て救ってくれる」と述べ、差別的な扱いの不当性を正面から訴えました。

判決がどうなったのか記録は残っていませんが、長吏に対して平等な取り扱いをした善昭と入間坊の行動は注目されます。こういう裁判記録を見ると、日常の生活では普通の付き合いがあっても、何かことが起きたときに、あるいは経済的に利害が絡んだときに差別が前に出てくる、そういう雰囲気だったように思います。

●武州鼻緒騒動

差別とそれに対する長吏の人たちの抵抗という話をしてきましたが、最後に武州《ぶしゅう》鼻緒騒動を紹介したいと思います。幕末に起きたこの事件は、近年までさまざまな研究がおこなわれてきましたが、今ひとつ知られていなかった事件です。しかし、最近になって大きな進展が見られ、事件の全貌がはっきりわかってきました。大きな犠牲を払ったこの事件は、岡山の渋染一揆《しぶぞめいっき》と並ぶ江戸時代の被差別民の一揆というべき大きな事件で、全国的にもぜひ紹介したいと思っています。

事件は1843（天保14）年に起きました。この年の7月22日、長瀬村《ながせ》（毛呂山町《もろやままち》）の長吏・辰五郎は、今市村《いまいち》の市場に鼻緒を売りに行き、売れ残ったので日野屋喜兵衛の店に立ち寄り、残りの鼻緒を買ってほしいと交渉します。しかし、店先でさんざん買いたたかれたうえ、「長吏のくせに生意気だ」とののしられて、袋だたきにあいました。

けがをして村に帰った辰五郎は、ことのいきさつを報告しました。話を聞いた仲間はその晩、日野屋に抗議に行きました。これに対して今市の町役人らは、長吏が今市村の市場に出入りすることを禁止しました。鼻緒は長吏の生活を支える重要な商品です。その販売を禁止されたのでは生活が成り立ちません。長吏の人たちは町役人に抗議しましたが、聞き入れられません。

出入り禁止だけでなく、今市の町役人は、辰五郎を捕まえるために手下を引き連れて村に乗り込みました。8月4日のことです。このとき、29人の手下が捕り方として長瀬村に向かっています。村にやってきた町役人とその手下に対して、長瀬の長吏の人たちは六尺棒や竹槍《たけやり》を手にして対抗し、逆に村役人を取り囲んで家に閉じ込めてしまいます。捕り方は29人もいたのですが、長吏の数と迫力に負けたのでしょうか、人質のようなかたちで虜《とりこ》になってしまいます。長瀬の人たちは日頃、犯罪者の捕縛をおこなっていますから実力と経験が違ったのかも知れません。

事件は、さらに発展します。この知らせを受けた周辺の長吏たちが武装して長瀬村にあつまり、さながら一揆のような様子になりました。記録では、23の村から500人が参加しています。その背景には、もし仲間内でなにか困ったことがあったときには、みんなで助け合うという前年の申し合わせがあったと思われます。

さて村側では、虜になった29人を取り返そうと近隣の村々に動員をかけ、長瀬側と向き合います。さながら百姓対長吏の戦争のような雰囲気に包まれます。また、村役は、関東取締出役《かんとうとりしまりでやく》、いわゆる

「八州廻《はっしゅうまわ》り」に事件を報告し、人質の解放と事態の解決を訴え出ます。

こうして事件から2日後の8月6日、八州廻りの富田錠之助が今市にやってきます。富田は長瀬村の長吏の代表を呼び出して、その言い分も聞きます。富田は、公平な取り調べを約束するから人質を解放するよう命じました。長吏側も、関八州の指示を受け入れて人質にしていた29人を解放します。また、支援に駆けつけていた周辺の村の長吏たちも村に帰り、事件は解決したように見えました。しかし次の日、もう1人の八州廻り、園部弾次郎が来てから様子ががらりと変わります。この園部という人物は、大阪で起きた大塩平八郎の乱で弾圧の先頭に立った強権派を代表したような人物です。その園部弾次郎は途中の村々から千人あまりを引き連れてやってきました。そして8月10日に、一斉に長吏の逮捕に踏み切ります。騒動に参加した村の長吏たちが次々と逮捕されました。その数、252人です。その後、取り調べが続き、252人のうち97人が江戸送りになりました。97人は唐丸《とうまる》カゴに入れられて、東松山から鴻巣《こうのす》に出て、中山道《なかせんどう》を通って江戸に送られました。

江戸の取り調べは勘定奉行の跡部能登守《あとべのとのかみ》がおこないます。裁判の結果、長吏側には、磔《はりつけ》獄門《ごくもん》・死罪など重い刑罰が科せられました。それに対して、喜兵衛ら百姓側はわずかな罰金を科せられただけでした。幕府は崩れかかった身分制度を維持するために、一方的に百姓側に立って、長吏を処罰したのです。しかし、命をかけた長吏身分の人々の闘いは、たとえ身分制度のあった時代でも人間の尊厳をかけた闘いとして歴史に残る闘いであったといえるでしょう。

3　部落の起源

ここまで江戸時代の長吏の人たちの仕事や暮らしを見てきましたが、ここで一番最初の問題、つまり被差別部落の起源について話したいと思います。つまり、なぜこのような同和地区ができたのか、同和地区の先祖はどういう人たちであったのか、それが知りたいという疑問です。この点を整理しておきたいと思います。

では、どんな人が被差別部落の人になったのか。結論からいうと、江戸時代の前の時代、すなわち戦国時代に皮なめしの技術を持って皮革の仕事をしていた集団が、江戸時代に入ってから次第に幕府の手によってひとつの身分として固定化され、一番低い身分として制度化されたものだということです。先ほど仕事の話をしましたが、江戸時代、長吏身分の人たちは、草履つくりや水番など、さまざまな仕事をしていましたが、基本的には農業で暮らしていました。ただ、百姓とひとつだけ違っていた仕事、つまり死んだ牛や馬の処理や皮革の仕事があるといいました。これはほぼ全国共通です。西日本でも、九州でも、「えた・ひにん」と呼ばれた人たちは、農村で皮なめしの仕事をしていたことが共通しています。ここに被差別部落の起源のヒントがあると思います。被差別部落の人たちは、農業をやっていた百姓のなかで皮なめしの技術を持って仕事をしていた人たちだったのです。皮なめしの仕事をしていた者がなぜ一番下に位置づけられるようになったのかはよくわかりません。しかし、皮なめしの仕事は、それ以前の時代、戦国時代には一種の軍需産業として領主から大事に保護されていました。軍需産業といいましたが、戦《いくさ》に必要な馬の鞍や鎧兜《よろいかぶと》という武具は皮で作られていました。だから、どの大名も皮革の仕事を大事に保護しました。新潟の上杉謙信の子孫が山形県米沢に領地替えをしたときに、皮なめしの技術を持った人たちを連れて行ったという記録が残っていますが、そのように皮革の職業集団は必要とされていたと思います。それが、戦国時代が終わって江戸時代に入ると、次第に下の身分として扱われるようになったのではないかと思います。その背景には、動物を解体することを忌み嫌う宗教的な理由や死に対する畏れなどがあったのかも知れません。理由はいずれにしても、皮なめしの技術を持った人が一般の百姓から区別され、最終的に違う身分、一番下の身分にされていったということです。

この点、従来は、徳川幕府が民衆を支配するために命令を下して無理やりに一番下の身分を作ったという説明がなされていましたが、そんなことをすれば、もちろん大きな抵抗が起きたでしょう。しかし、どこにもそのような抵抗の記録は出てきません。第一、いくら領主や幕府に権力があるといっても、そう簡単に身分をつくる、しかも一番下の身分をつくるというようなことはできません。ですから、無理やりに下の身分をつくった、ということはなかったと思います。「えた・ひにん」身分は、幕府ができた17世紀中頃から18世紀初めにかけて次第に幕府の手によって制度化されたものだといえると思います。実際、幕府は17世紀中頃から、けがれが多いという意味の「えた」の名称を使うようになり、人別帳を別扱いにし、次第に低い身分を固定しています。そういう意味で、徳川幕府が民衆を支配するためにとったさまざまな身分政策のなかで被差別身分が制度化され、固定化され、今の部落ができたものと考えます。

4　明治維新と「解放令」

さて、部落の歴史の最後に、「解放令」のことを話して終わります。

260年続いた封建制度も、黒船の来航によって激動の時代を迎え、鳥羽伏見《とばふしみ》の戦いをきっかけにした戊辰《ぼしん》戦争で徳川幕府が倒され、新しい明治政府が登場します。明治政府は、廃藩置県や地租改正など次々と近代化政策を打ち出しますが、身分制度についても四民平等をスローガンにこれまでの身分制度を廃止し、武士を士族とし、百姓・町人を平民として、職業や居住地を自由にするという政策を打ち出します。これが明治2年（1869）のことです。実は、四民平等のなかには「えた・ひにん」は含まれていませんでした。この時点では、「えた・ひにん」は念頭になかったと思います。それほど差別意識が強かったといえるかと思います。しかし、「えた・ひにん」の人たちの強い要望が出されるなかで、ついに「解放令」を決定します。事実、「えた・ひにん」の人たちは、新政府に嘆願書をだして、被差別身分の廃止を訴えています。

そして明治政府は、明治4年（1871）8月28日、「えた・ひにん」という差別的な身分を廃止し、身分と職業が平民と同様に自由であることを法令で宣言した「解放令」を発表しました。「解放令」というのは後に付けた名前で、正式には「太政官布告《だじょうかん》」といいます。「賤称廃止令《せんしょう》」とか「身分解放令」と呼ばれることもあります。太政官とは今の総理大臣に当たる立場の人です。それはともかく、この「解放令」は、浦和《うらわ》県庁や浅草の弾左衛門役所から、県内に伝えられました。吉見町の鈴木家には、「解放令」の写しが大事に残されていました。その「解放令」には浦和県庁の文字が見えますが、国から県へ、県から村々にこの「解放令」が通知のかたちで下ろされていきました。

長い間差別に苦しんできた長吏身分の人々がどんなに喜んだかは、想像に余りあります。長吏の人たちは、大喜びでこれを迎え入れました。埼玉でも、例えば、八幡山町（本庄市）では、名主から「解放令」の内容を聞いた長吏たちが喜んで祝いの酒を町内の主だった人たちに配り、町の人たちも返礼の酒を長吏の代表の家に届けたという記録が残っています。

5　貧困史観の克服

かつて私が部落の歴史を学んだ頃は、「主要な生産関係からの除外」論が全盛でした。「部落民は土地を持つことを許されず、権力者の手先となって百姓一揆を鎮圧するのを生業とした」というような認識が一般的でした。また、かつては部落の歴史といえば、食うや食わずの貧しい生活を送って、橋の下に住んでいたというような教え方がありましたが、これもまったく事実ではありません。

その後の調査・研究によって、本日話したように、部落の先祖は、皮革処理や草履作りだけでなく、農業を営み、年貢を納め、さまざまな産業に従事して民衆の生活を支えていたことがわかってきました。また、水番や町の警備の仕事を引き受け、命がけで民衆の生命や財産を守ってきました。部落の先祖は、差別のなかにあってもこれにめげず、たくましく生き抜きました。今日話しましたが、部落の祭りに近在の百姓が集まってきて一緒に楽しむという光景は、既成概念にとらわれていたわれわれの認識になかった場面です。また、部落の先祖は、武州鼻緒騒動のように人間の誇りを失わず差別と闘いました。部落の人々はただ黙って耐え忍んでいたわけではありません。

こういうことを強調するには理由があります。同和地区に対するマイナスのイメージの克服です。部落は、貧しくてみじめな生活を送っていたというイメージを持っている人がずいぶんいます。これを「差別と貧困史観」と呼ぶのですが、貧乏で食うや食わずの生活を送っていた。これには教科書の記述も大きな原因があると思います。埼玉県内で使用されている小・中・高校の教科書は、表現の違いはあるものの、いずれも大筋において「差別と貧困」を基調にして部落が描かれています。例えば「町や村の外れや荒れ地などに居住を制限し」（中２社会・東京書籍）のように書かれています。

この点については、「差別は不当だ」ということを強調するために、ことさら「差別と貧困」を強調しがちな教師の姿勢も見過ごしにできません。実際、同和教育に熱心な先生ほど差別は不当だと強調する傾向が見られ、「部落の人たちは、差別されたうえに住むところも仕事も奪われ、橋の下で生活していた」というような説明が見られます。しかし、それではかえって偏見を植え付けることになりかねません。それを克服することが、この部落の歴史の学習に求められています。この点を強調して話を終わります。

第2　天保14年　武州鼻緒騒動

今日の話のテーマは、武州鼻緒騒動です。江戸時代、「えた・ひにん」とか「長吏《ちょうり》」と呼ばれていた被差別部落の人々は、ひどく貧しくて、悲惨な生活を送っていたというような印象を持っている人が見られます。また、身分制度のなかでひどい差別にあって、毎日泣いて暮らしていたというような認識を持っている人が大勢います。しかし、実際はそうではありません。被差別部落の人たちは、農業を中心に生産的な仕事に従事して社会を下から支えていました。また、さまざまな職業についてたくましく暮らしを営んでいました。差別に対しても、決して泣き寝入りを続けていたわけではありません。時には人間として敢然と差別に立ち向かっていきました。本日のテーマである武州鼻緒騒動は、差別に立ち向かった被差別部落の民衆の闘いの物語です。

1　事件の発端

事件は、天保14年、西暦でいうと1843年の7月22日から始まります。事件が起きる6年前の天保8年（1837）には、大阪で「大塩平八郎の乱」が起きていますが、幕府の屋台骨が揺らぎ始める時代のなかでこの事件が起きています。事件から10年後の嘉永《かえい》6年（1853）には、ペリーが4

隻の艦隊を引き連れて浦賀の沖に現れ、これをきっかけに日本は大動乱の時代に突入し、とうとう幕府が倒されて新しい時代がやってきます。

さて、この日、越生今市村《おごせいまいちむら》（現越生町）では市《いち》が立っていて、近郷からさまざまな商品や日用雑貨が街道沿いに並べられ、それを買い求める人々で町は大いに賑《にぎ》わっていました。今市の町は、埼玉県の西の端で、背後に山が連なり、山沿いの街道が延びています。

長瀬村（現毛呂山町）の長吏・辰五郎も、この市に鼻緒を販売しようとやってきました。しかし、鼻緒は全部は売り切れず、辰五郎は売れ残った鼻緒を買ってもらおうと、日野屋という雑貨屋に立ち寄りました。辰五郎という名前が出てきますが、これから以後出てくる名前はすべて実名で、実在した人の名前です。じつはこの鼻緒騒動は裁判の記録を含めて相当の資料が残っていて、その詳細がわかっています。この事件を迫力のある物語として説明できるのは、事件の一部始終がそれらの資料で裏付けられているからです。講談師風に多少は脚色してしゃべるところもありますが、ほぼ史実に沿って話します。

それはさておき、辰五郎は日野屋に立ち寄りましたが、あっさり日野屋の主人・喜兵衛に断られたようです。しかし、ちょうどそこに居あわせた一人の百姓が辰五郎の話に乗ってきて、売買交渉をしました。「安くするなら買ってやってもいい」と言ったのでしょう。しかし、値段がかけ離れていたため折り合いがつかず、最後は口論となってしまいました。おそらく百姓が、辰五郎の足元を見てべらぼうな値段で買いたたいたので、けんかになったのではないかと思います。その様子を見ていた日野屋喜兵衛は、仲裁に入るどころか2人のけんかに乗り出してきて、百姓の加勢をします。これに店の下男や隣の家の男も加わって3人で、辰五郎をボコボコにしてしまいます。おそらく「長吏のくせに生意気だ」というようなことではなかったかと思います。辰五郎はさんざん殴られたあげく、町の外に叩《たた》き出されてしまいました。越生の日野屋の跡地が今も越生駅前に残っていますが、ちょうど門前町の中心地で、街道に面した場所です。おそらく市に来ていた人たちが見守るなかで、「長吏のくせに」などと罵声を浴びながら、袋だたきにあったのではないかと思います。これが、事件の発端です。

ひどい目に遭った辰五郎は、やっとの思いで長瀬村に帰ってきました。今市から長瀬村までは約4キロあります。1時間くらいの道のりです。

村に戻った辰五郎は、今日あったことの一部始終を村の仲間に訴えます。聞いた村人は、みな憤慨しました。「いくら身分が違うといっても、あんまりじゃないか」「日野屋の野郎、ただじゃおかない」などと言い合ったと思います。そして実際、その夜、辰五郎は仲間数人と日野屋に押しかけて仕返しをしようとしました。日野屋の主《あるじ》はいなかったようで、空振りで帰っていきました。しかし、長瀬の長吏は腹の虫が治まりません。翌日、辰五郎ほか3人は再び日野屋に押しかけました。しかし喜兵衛がいなかったので、店先の品物を蹴散らしました。これがあとになって災いの原因になるのですが、騒ぎを聞きつけた今市の村役人らが駆けつけ、4人を拘束します。

2　関東取締出役への訴え

4人を拘束した今市の村役人は、長瀬村の長吏の代表を呼び付け、責任を追及します。しかし、長瀬の代表は反論します。「そもそもは辰五郎に暴力をふるった喜兵衛に非があるのではないか」。そして、辰五郎ら4人を引き取って村に引き上げます。しかし、今度は収まらないのは今市の側です。「生意気にも長吏が村役人にたてつくとは」などといったところでしょうか。今市側は態度を硬化させ、今市村37カ村組合の名主たちに廻状《かいじょう》をまわし、臨時の会議を開きます。会議はいろいろ意見が出てまとまらなかったようですが、最後には関東取締出役に訴えることを決定しました。関東取締出役とは、当時、治安が悪化したために設置した幕府の役職のひとつで、「八州廻り」とも呼ばれ、強力な権力で無宿者や博徒などを取り締まっていました。この関東取締出役に、今市村の名主・又作ほかの3人が訴えることになりました。

もともとは鼻緒の商いから始まったけんかが原因ですが、今市村側が関東取締出役に訴えたことで、話が辰五郎ら長吏対越生今市村の争いになりました。このとき、今市村37カ村は、長吏の代表を法恩寺に呼び出し、大総代が調停に乗り出しています。おそらく、事件を拡大しないために長吏にわびを入れさせ、一件落着としたかったのではないかと思います。しかし、長吏側はこれを拒絶しました。「悪いのは日野屋の方で、こちらに非はない」ということです。調停は失敗に終わりました。ここでも面目を失った今市村組合は、今度は長瀬村長吏の「出商い禁止」の処置を一方的に決めます。出商い禁止とは、言葉通り市での商いの禁止です。しかし、鼻緒の販売をはじめ商いが禁止されれば、長吏の生活は成り立ちません。

これが事件のあらましですが、みなさんはどう感じましたか。私は、いくつか感じるところがあります。ひとつは、町の市場に長吏の人たちが自由に出入りして、品物を販売していたという点です。考えてみれば至極当然のことですが、身分制度の厳しい社会でも大きな障害もなく1人の商人として商いをしていた点です。また、値段の交渉からけんかになって袋だたきになったのですが、どうもその背景には、日頃から長吏の活動をおもしろくなく眺めていた感情があったのではないかと感じます。いくら言葉のやりとりのなかでけんかになったとはいえ、この事件には長吏に対する不満というか、反発というか、そういうものがそれ以前からあったような気がします。だからこそ長吏の側も、簡単には引き下がらなかったのではないかと思いますが、どうでしょうか。

3 捕り方29人を捕虜に

さて、8月4日、事件は思わぬ展開を見せます。小川村（現小川町）にいる関東取締出役の御手先《おてさき》を務めている勘次郎・千吉が、この日の早朝、今市にやってきて、今市役人に対して辰五郎らの逮捕の準備を指示します。彼は、近村の名主で御手先の弁之助に応援をたのみ、逮捕のための人足の徴集を依頼します。関東取締出役の指示があったのではないかと言う人がいますが、指示があった場合は、正面から関東取締出役の指示だと言うでしょうから、それがなかったということは、先走ってやったのではないかと思いますが、そこのところはわかりません。御手先というのは、手下という意味です。そして御手先の勘次郎・千吉らは夜に入ると、辰五郎ら3人の捕縛のため、長瀬村に踏み込みました。このとき、29人が捕り方として一緒に行動しています。ところが、捕り方がやってくることを予想していた長瀬側は、逆に六尺棒・竹槍などの道具を手にして捕り方を取り囲み、虜《とりこ》にしてしまいました。逮捕に行った御手先らが逆に捕虜にされるという格好になってしまったわけです。

それにしても不思議なことです。捕り方は逮捕に向かっているわけですから、それなりの用意はしていたと思います。しかも29人もいたのですから、そうやすやすと捕虜にはならないと思いますが、ほとんど大きな衝突もなく、捕虜になってしまっています。長吏の側の数に負けたのでしょうか。それとも長瀬の人たちの迫力に圧倒されたのでしょうか。長吏の人たちは日頃、犯罪者の捕縛をおこなっていますから実力と経験が違った、と言う人がいますが、どうだったのでしょうか。

それはともかく、長瀬の人たちは六尺棒や竹槍で村役人ほかの捕り方を取り囲み、抵抗できないようにして拘束します。後ろ手に縛って、むしろの上に座らせたと報告されています。捕り方の周辺には篝火《かがりび》が焚《た》かれ、逃げ出さないように一晩中、見張りを立てて監視したと言われています。

なぜ捕り方を捕虜にしたのかについては、これもよくわからないところもあるのです。いくらこちらに非はないといっても、逮捕に来た御手先を捕虜にするということは、よくよくのことでなければできないことです。この真相は不明なのですが、私は、この事件を描いた「騒動記」のなかに出てくる八両二分をとったという話が、もしかしたら原因なのかも知れないと思っています。騒動記では、御手先の連中が辰五郎の家に踏み込んだときに、そこにあった講の金、八両二分を見つけて行きがけの駄賃だとばかりに取ってしまった。これを見ていたものが「金を盗《と》った」と叫んで、長瀬の村の人たちがいっぺんに態度を硬化させたということです。研究者のなかには、悪いのは日野屋のほうで辰五郎の逮捕は不当だから、対抗手段として捕虜にしたという意見もありますが、しかし、だからといって逮捕に来た29人の捕り方を捕虜にするというのは、やや飛躍しているような気がするのです。その点、金を取ったということになれば、これは明らかな窃盗ですから、いくら御手先であろうが許せない、泥棒と同じだという理屈が成り立つと思います。それで「こいつらは泥棒だ」「泥棒は逮捕されて当然だ」というような判断のなかで捕虜にした、と思うのですが、そうとでも考えないと、捕り方を捕虜にしてしまうのはやはり行きすぎていると思いますが、私の考えすぎですかね。

さて8月5日、一晩中むしろの上で縛られていた29人の虜たちは、夜が明けると、ようやく茂吉家に押し込められることになりました。

ところで、余談になりますが、捕虜の飯は今市村から運ばれているのです。おもしろいですね。今市村側では、逮捕に向かった29人が捕虜にされてしまったという連絡を受けて、上を下への大騒ぎになったと思います。おそらく大勢の村人を動員して、人質を取り返しに行こうというようなことを検討したと思います。しかし、結果的にはそういうことにはなりませんでした。ここもよくわからないところですが、おそらくは「人質を返せ」「返さない」というやりとりが裏で続いていたと思います。しかし、とりあえず捕虜の飯だけは用意しようということで、飯を届ける、こういう場面だったわけです。

4 続々と応援が

いっぽう、長瀬の長吏たちは、いつ取り返しに来るかも知れないわけですから、極めて緊張した雰囲気のなかで夜明けを迎えました。長瀬の長吏の人たちは、周辺の長吏の村に応援を頼みに使いを走らせます。また、捕虜の取り返しのための村側の襲撃があった場合に備えて、応戦態勢を整えます。記録によれば、来襲に備えて主要な出入り口に潜《くぐ》り戸《ど》を設け、出入りをチェックしました。また、竹槍、目潰しの製作などをおこない、髪に白紙を結び付けて、長瀬の者か応援の者かを区別したとあります。

この騒動の指揮は、万吉と林蔵がとりました。本来なら小頭・与兵衛の役目ですが、小頭は事態の打開のために浅草の弾左衛門のところに向かっていたため、万吉と林蔵が指揮をとったわけです。あとの話ですが、この2人は主謀者として厳しい処罰を受けることになります。

さて、人質を監禁状態にした長瀬の長吏たちは、大至急応援を頼むために使者を周辺の長吏の村に走らせます。おそらく手分けして夜中じゅう駆け回ったのでしょう。応援を頼まれた周辺の長吏はどう対応したでしょうか。事情がうまく飲み込めないで応援をためらった村や、騒動に巻き込まれたくないと体よく断った村もあるようですが、呼びかけられた多くの長吏村では急いで応援に駆けつけました。応援の長吏仲間は、ほとんど翌5日のうちに到着しています。

この日の早朝、はやくも女影村《おなかげ》（現日高市）から第一陣が到着しました。午後になると各地からぞくぞくと応援部隊が到着した。なかでも川越からの助っ人《すけと》は揃《そろ》いの出《い》で立《た》ちで到着し、人目を引きました。どんな格好をしていたのかは記録が残っていませんが、今の消防団が着る半纏《はんてん》のようなものでも着ていたのでしょうか。今もそうですが、川越の人は昔から派手好きだったようです。応援の人々は頭取たちの指示で行動し、法螺貝《ほらがい》を吹き鳴らしたり、鬨《とき》の声《こえ》をあげるなど、意気軒昂《いきけんこう》であったと記されています。まさに百姓一揆さながらの様子でした。応援部隊のなかには、西は今の東京都青梅《おうめ》市や、北は熊谷《くまがや》市、深谷《ふかや》市など、遠くからの参加も見られます。集合した人数について、「大徳家日記」は「808人」、「小室家日記」は「1000人」、「石井家文書」は「長吏仲間500人余」（年代記）と記し、「越長騒動記（根岸家本）」は「十里四方之穢多《えた》仲間徒党凡六百人余」と書いています。鼻緒騒動研究会の間々田会長の調査では、23カ村から総勢500人ほどが結集したことになっています。

それにしても、待っていたように翌日すぐに参加するというのは実に手回しの良いことで、ここは少し考えなければなりません。それなりに準備というか、事前の申し合わせがなければこんなにすぐには集まりません。その点を少し補足しておきたいと思います。

東松山市に正法寺・岩殿観音という名刹があります。この岩殿観音の観音堂の正面に天水桶《てんすいおけ》の台座が残っているのですが、この台座には196人の名前が刻まれています。全員ではないのですが、事件で逮捕された人たちの名前や村の名前がこの台座に出てきます。じつは、この天水桶の台座と天水桶は、事件が起きた前年に長瀬村を含めた埼玉県西部地方の長吏が寄贈したものです。この時代になると、長吏の人たちも経済力をつけて組合を作って活動し、その発展を願って寄贈したのがこの天水桶だったわけです。たぶん通婚圏があり、商売上の繋《つな》がりのある村々だったと思います。このとき、天水桶の奉納を記念して長吏の人たちが集合し、何か仲間内で困ったことがあったら助け合おうと誓ったといわれています。その記憶がまだ新しい一年後に鼻緒騒動が起きたわけですから、おそらくその誓いに沿って各地から「それいけ」とばかり集合したのではないかと思います。それが、事件後、あっという間に５００人の長吏が支援に駆けつけた背景にあったと思います。もちろん、そのまた背景には、長吏身分としての連帯意識や長年受けてきた差別に対する不満が存在していたと思います。

5　人質の解放

舞台を長瀬村に戻します。29人の捕虜は依然として長瀬村に拘束されたままで、各地から応援に来た長吏約５００人が、村側の来襲に備えて身構えている緊迫した状況が続いています。

こうした状況のなか、現場では事態の打開を図るための交渉が続きます。長瀬村の本村、つまり長吏の村を含んだ長瀬村の村役人が、長吏の代表に会って説得工作をおこないます。村役人は、おそらく釈放するように申し入れたと思われます。しかし、不調に終わっています。

また６日の昼頃には、長瀬村小頭・与兵衛が急遽《きゅうきょ》、江戸から戻ってきました。小頭・与兵衛は長瀬長吏の責任者です。この人が最初からいたならば、事件はこうはならなかったのかも知れません。

与兵衛は、事態を解決するために村側の責任者・弁之助と折衝していますが、この折衝も失敗に終わりました。この折衝には、長吏仲間では名前が通っている大里郡和田村（現熊谷市）の長蔵も同席しています。この人は、和田の長蔵として知られた人物です。

こうした状況が続くなかの8月6日の夜、上州《じょうしゅう》（群馬県）太田方面を巡回していた関東取締出役・富田錠之助がやっと今市に到着します。そして、富田の登場で事態が大きく転回します。

上州から駆けつけた富田は、休む間もなく一揆側の代表を今市へ呼び出しました。「どういういきさつでこうなったのか」「なぜ虜にしている」などと問いただしたと思います。これに対して長吏の代表は、日野屋喜兵衛が辰五郎を袋だたきにしたことから始まった一連のいきさつを説明したうえで「自分たちには非がない」と主張しました。これに対して富田錠之助は「わかった。この事件については長吏であっても公平な扱いをする」と約束したのでしょう。長吏側も納得して、虜の解放を約束して引き上げました。

そして8月7日夕方、虜の引き渡しがおこなわれました。引き渡しの様子もわかっていますが、富田は今市村37カ村組合に大動員を指示し、約千人の人足を背景に引き取りに向かいます。今市・上野・如意の村役人が受取人になり、組合村からは大小惣代《そうだい》が立ち会い、引き渡しの儀式がおこなわれたのちに引き渡されています。この辺はやはり時代を感じさせます。これによって、8月4日以来続いた捕虜事件が解決し、一件落着となりました。長吏も、今市側もホッと一息ついたことでしょう。また、釈放に合わせて応援に来ていた周辺の長吏もホッとして、それぞれ村に帰って行きました。

6　長吏252人の捕縛

しかし、関東取締出役の御手先の弁之助らを約三日間にわたり監禁し、さながら百姓一揆のごとき行為をおこなったことを、幕府側が黙認するはずがありませんでした。

関東取締出役・富田は休む間もなく、虜になった29人から騒動の実態を聴取しています。また、翌日の8日の夜には、同僚の園部弾次郎が江戸から到着しています。園部弾次郎は、大阪の大塩平八郎の乱を鎮圧した強硬派の幕府の官僚です。この人物の登場で、事態は一気に長吏への弾圧へと突き進みます。

8月9日夜、今市村37カ村組合に急廻状がまわされ、大動員令が発動されました。長吏の側にも「村々に動員がかかっている」という情報が流れます。それが長吏逮捕のための動員であることは容易に想像できます。この動きを察知した長吏側に、動揺が広がりました。難を逃れるために逃走する人が出てきました。長瀬村の長吏はある程度覚悟はしていたと思いますが、親たちはせめて子どもだけは守りたいと考えたのでしょう、少しばかりの食料と小遣いを渡して秩父の山に逃がします。そのときに逃げた子どもの話を聞いたという古老の話が残っています。子どもたちはどんな心細い気持ちで山道を秩父へ向かったでしょうか。私は峠に登ってみましたが、眼下には越生の街が、その先には長瀬が見えます。「逃げろ」という親の指示で峠を登ってきた子どもたちも、きっと振り返って村を見たことでしょう。親たちが捕まるかもしれないという恐怖のなかで、子どもたちもさぞや不安だったに違いありません。

8月10日、とうとう長瀬村への一斉逮捕は始まりました。まず早朝、長瀬村に15歳から60歳までの男子全員に出頭命令が出されました。しかし、出頭したのは20人程度です。彼らはその場で逮捕されました。続いてその日のうちに、出役に指揮された捕り方一行が長瀬村に踏み込み、残りの長吏19人を逮捕しました。

翌11日は、出役・園部弾次郎が指揮して、日高、狭山など南側の長吏村へ一斉に踏み込み、翌日以降は坂戸、松山方面の村に手入れが実施されました。これと並行して川越藩でも領内の長吏の捕縛が断行され、次々と越生今市村に護送されていきました。その数は252人にのぼります。

逮捕された長吏の人たちは、現地で取り調べがおこなわれ、事件への関与の度合いが調べられました。すなわち、事件への関わりの深いものは江戸に送られ、関わりの軽いものは村に残すという方針にそって分類されたわけです。おそらく、捕虜になったものの証言などから、リーダー的な役割を果たしたものや煽動《せんどう》したものが分類され、江戸送りの組に入れられたと思います。その結果、98人が江戸送りにされました。

7　江戸送り

江戸送りといっても、それは大変なことです。一人ひとり駕籠《かご》に入れて運ぶわけです。しかも98人もいますから、前後に2人の担ぎ手がいたとして300人、さらに護衛の人数などを入れると400

人を超えるような大行列で江戸に送ります。ところで、江戸送りということは、判決によっては死刑まであるわけですから、江戸送りはいわば、もう戻ってこられないかも知れないという悲愴《ひそう》な別れになるわけです。

8月24日、こういう雰囲気のなかを逮捕された一行98人は、駕籠に入れられて今市村を出発します。この日はあいにくの雨だったと記録されていますが、長瀬村の家族は見送りに行ったのでしょうか、それとも見送りは許されなかった可能性もあります。

一行は、今のときがわ町、嵐山町などを通り、東松山市に出ます。沿道には、雨天にも関わらず、多くの見物人が詰めかけたといいます。おそらくは「長吏の分際で生意気な振る舞いをするからこういう目に遭うのだ」というような悪罵が投げつけられたものと思います。そういう視線に晒《さら》されながら、荒川を渡って中山道は鴻巣《こうのす》宿へ向かいました。余談になりますが、今、東松山－鴻巣間の荒川は「川幅日本一」という看板が掛かっていますが、あれは、土手から土手までの土手幅が広いだけで、川が広いわけではありません。川幅日本一というのは、やや誇張しすぎているのではと思いますが。それはともかく、おそらく当時は広い河原のなかを進んだと思います。一行は荒川を越えて鴻巣宿に出、そこからは中山道をまっすぐ江戸へ向かいます。途中、桶川《おけがわ》宿で一泊しています。そして、翌25日は板橋宿に宿泊、虎の御門外の勘定奉行の役宅に到着したのは、26日正午だと記録に出てきます。3日がかりの長い護送の旅の間、囚《とら》われ人《びと》になった長瀬村をはじめ近隣の長吏の人たちは何を思ったでしょうか。

8　厳しい処罰

囚人を取り調べたのは、勘定奉行・跡部能登守です。しかし、跡部は幕府の高官で、実際には評定所留役・増田作右衛門がおこなったようで、増田作右衛門は江戸に到着した翌日から取り調べを始めています。騒動記などによると、取り調べは翌年の天保15年5月までかかったようです。取り調べを始めてから8カ月が経《た》っています。

そして5月、98人の囚人のうち15人に厳しい処罰が言い渡されます。1人が獄門、1人が死罪で、4人が重追放、3人が敲《たた》きのうえ中追放、1人が敲きのうえ江戸十里四方追放、1人が江戸払い、3人が所払い、1人が敲きとなっています。獄門は、長瀬のリーダーとして29人を虜にした万吉です。また、死罪になったのは同じく長瀬の林蔵です。15人のうち10人までが長瀬の長吏で、残り5人が応援に駆けつけた近隣の長吏です。長瀬村が大きな犠牲を払ったことがわかります。

ところで、裁許状、これは判決文ですが、それによれば16人が判決前に牢《ろう》内などで死亡しています。これについては、その当時から「牢内で毒殺されたのではないか」といううわさがあって、研究者のなかには毒殺説を主張する人もいます。しかし、今回の研究では、毒殺はなかっただろうと判断しています。当時は、牢屋の環境は極端に悪かったので、毒を盛られなくても、病気や栄養失調などで死ぬものが結構いたようです。だから、牢屋に入れられるというのは、実際に罪があろうがなかろうが、それ自身刑を受けているようなもので、死ぬこともめずらしくなかったようです。

ところで、事件のもういっぽうの当事者である越生今市側の関係者の処罰はどうなっていたでしょうか。まず、事件の発端となった日野屋喜兵衛と同下男・音五郎、隣家・藤次郎の3人については、手鎖《てぐさり》（手錠）の処罰が言い渡されています。手鎖の刑というのは、一定期間手錠をかけたままで生活をすることですが、身体生命に害はありません。また、長瀬村に逮捕に向かった御手先の千吉と弁之助も手鎖で、越生今市村名主・組頭、長瀬村本村名主はそれぞれ過料銭が科せられたにすぎません。捕り方である千吉、弁之助の罪状は、出役の指示を待たずに独走したためとされ、また越生今市村の役人の場合は長吏に対する「出商い禁止」の処置が不適切であったこと、長瀬本村の役人へは長吏側の騒ぎを抑えられなかったことなどが主な理由としてあげられています。いずれも長吏に対する処罰と比べて、ずいぶん軽いものです。ともあれ、大きな犠牲を出して武州鼻緒騒動はその幕を閉じます。これが武州鼻緒騒動と呼ばれる事件の顛末《てんまつ》です。どうですか、感想は。なかなかおもしろい話でしょう。

9　事件の背景

最後に、この事件をどう考えるのか、事件の背景と性格について申し上げて終わりにします。

この騒動には二つの背景があったと思います。ひとつは、財政力を背景にした長吏身分の社会的な台頭と、それに対する一般民衆の反発という点です。鼻緒騒動の前年（天保13年）に、長吏仲間が岩殿観音で知られた正法寺に巨大な天水桶を奉納したことはすでに説明しましたが、天水桶を奉納するというのは、それだけの経済力がなければできません。じつは長吏たちが寺社にさまざまな奉納をするということは、これがはじめてではなかったようです。事件の25年前の文化14年（1817）には、天水桶奉納の村とかなり重なる35カ村170人の長吏たちが、50両近い金額を集めて相模《さがみ》の国、今の神奈川県の大山に唐銅の灯籠を奉納しています。一両10万円で換算すれば500万円近くの金額になるのですが、それは長吏の経済力を示すものです。正法寺の岩殿観音の天水桶にいくら集められたかはわかりませんが、これに近い金額が集められたのではないかと思います。この長吏の経済力に対して周辺百姓が反発し、嫉妬したことは容易に想像できます。自分たちよりも下の身分の長吏が生意気だということになるでしょう。そういう意味で鼻緒騒動の背景には、財政力を背景にした長吏身分の社会的な台頭があり、それを好ましく思わない百姓の不満があったと思われます。

もうひとつの背景は、身分制度を根幹にした幕藩体制そのものの崩壊です。この頃すでに幕藩体制は、経済的にも政治的にも土台から大きく揺らいでいます。実際、幕府の権威は地に落ちていて、各地で百姓一揆や騒動が頻発しています。身分制度も相当緩んできています。それだけに幕府は身分制度と幕藩体制を守ろうとして、小手先の引き締め政策をおこなっています。長瀬で起きた長吏身分への大弾圧は、この身分制度の引き締め政策の流れのなかで引き起こされたものといえると思います。それが事件の背景に存在しています。

鼻緒騒動は、一口にいえば、身分制度に基づいた差別に対する長吏たちの抗議だったと思います。もちろん、長瀬村に集結した長吏たちは、身分制度そのものの廃止を叫んだわけではありません。しかし、一連の行動を振り返ってみれば、長吏たちの動きは、長年の身分制度と長吏に対する差別への不満と反発によって貫かれていることがわかります。日野屋の暴力に対する強い抗議、大惣代・小惣代ら村役人の調停の拒否、そして捕り方の監禁——。これらの行動からは、「非は、長吏だと侮って辰五郎を袋だたきにした日野屋らにこそある。村役人といえども理不尽な差別は承服できない」という強い意志が伝わってきます。鼻緒騒動を「一揆」と呼ぶ人もいますが、まさしく一揆だったと思います。そして長吏たちを一揆へと駆り立てたものは、ほかならぬ差別への抗議であったと思います。彼らは命がけで差別と身分制度にあらがったのです。応援に駆けつけた近隣の長吏もそのことがよくわかっていたのでしょう。

騒動記によると、最後の取り調べを終えて帰る途中、主謀者の1人として重追放になった長吉は、道々、次のように語ったと記載されています。

「この騒動は江戸始まって初めてと有らば、これ日本一の騒動なり。その騒動に発頭人と見立てられし所は千両道具、我々ども冥加《みょうが》に叶《かな》いし所、一度死ねば二度とは死なず、一命捨てる所は本望なり」

また貞右衛門も、「こっちにも荒神様が有る。我々下司下臈《げすげろう》の身分なれども、蟻《あり》の思いも天に昇る、この恨みいつかはらさんや」と言ったと伝えられています。

この言葉は本当だったのかどうかはわかりません。後に騒動記を書いた人が書き加えた可能性もあるのですが、実際に発言があったかどうかは別にして、このような心情であったことは十分伝わります。武州鼻緒騒動と呼ばれる長吏身分の一揆は、やはりその本質において差別への抗議であったと思います。彼らは命がけで差別と身分制度にあらがったのです。これで今日の話は終わります。

第2章　埼玉の解放運動の歴史

〈解　説〉

部落解放同盟埼玉県連合会は1984年、埼玉県水平社60周年記念事業として『埼玉県部落解放運動史』を発刊しました。松村正照さんを委員長に編纂《へんさん》委員会を立ち上げ、3年がかりで出版しました。このときの調査や研究には、石田貞さんや永瀬正臣さんらが加わって調査や聞き取りを重ね、解放運動史としてはそれなりのレベルのものを出版できたと思います。当時はまだ水平社の活動家が生きていて、生の体験談を聞くことができました。私自身も編集委員の1人として、江南町の水野綏茂さんや本庄《ほんじょう》市の中原清一さんらの聞き取りをしたことを思い出します。ただ、500ページを超える分量の本になったために、支部員から「こんな分厚い本は、最初から読む気がしない」という声が聞こえてきました。そこで「運動史」の要約版を作成することにし、1989年に『埼玉の解放運動』という104ページの啓発用パンフレットにまとめて発行しました。原稿は私が一人で書きました。それがこの「埼玉の解放運動の歴史」です。わかりやすくしてほしいという注文に応えるために、物語風に10話にまとめました。この章は、それを一部修正してそのまま転載しています。埼玉県は、全国水平社が結成された翌月の1922（大正11）年4月14日に現在鴻巣《こうのす》市の箕田《みだ》村で結成大会を開きましたが、なぜ鴻巣だったのかは本編で書いているとおり、運動の中心を担った近藤光《こんどうひかる》が鴻巣の出身であったからです。全国水平社はあと4年で結成100年を迎えますが、結成から一世紀という節目を迎えるにあたって、今後解放運動をどう進めるかは大きな課題です。

第1　解放運動の歴史（戦前編）

埼玉県水平社が結成された1922（大正11）年から部落解放運動は今年96年目を迎えます。あと4年もすれば、水平社結成100周年の大きな節目を迎えます。100年目を迎えたとき、部落解放同盟はこれまでと同じような運動を続けるのか、それとも新しいスタイルの運動に転換するのか、あるいはこれまでと同じように部落解放同盟という名称を続けるのか、それとも名称を変更して新しい運動に転換するのか。一部には100年という節目に名称を変えたらどうかという意見がありますが、今のところまだ踏み込んだ議論になっていません。私は、名称はともあれ、格差と貧困が広がるなかで深刻な人権侵害が続いている現状を考えたとき、部落解放運動の果たす役割はますます重要になっていくものと考えています。

いずれにしても、部落解放運動は戦前戦後を通じて、長い間続けられてきました。この第2章では、埼玉における部落解放運動を紹介します。

さて、部落解放運動といえば、普通、1922（大正11）年の全国水平社の結成から始まったように考えられています。たしかに全国的な規模で差別撤廃を目標に掲げて運動を始めたのは全国水平社からですが、差別をなくそうとする運動、もしくは差別に抵抗する運動はそれ以前から存在していました。そこで、まず水平社よりも半世紀前の時代、すなわち明治維新の直後から始まった差別撤廃の運動から始めます。

1 「解放令」を武器に

よく知られているとおり、1871（明治4）年8月28日、明治政府は「解放令」を出して「えた・ひにん」の身分を廃止し、平民としました。「解放令」と呼ばれているこの布告は、正式には太政官《だじょうかん》布告で、そこでは「えた・非人の称を廃止し、身分職業とも平民とする」ことがうたわれています。太政官とは、今の総理大臣にあたる官職です。この太政官布告で、「えた・ひにん」と呼ばれてきた私たちの先祖も法律上は平民になりましたが、しかし、それで差別がなくなったわけではありません。長い間、一番下の身分として差別されてきた私たち先祖に対する差別は、一片の法律ですぐなくなるほど簡単なものではありませんでした。「解放令」が出されたあとも、江戸時代と変わらないかたちで部落民に対する差別は続きました。そのため部落の人々は、「解放令」を武器にして平等を求める闘いを始めます。ここでは記録に残されているもののうち、二つの闘いを紹介しましょう。

●成沢村の津島神社事件

「解放令」の出された翌年の1872（明治5）年のことです。大里郡《おおさとぐん》成沢村《なりさわむら》（現熊谷市《くまがやし》）の部落の人々がこぞって戸長（村長）に訴えをおこないました。自分たちも平民になった以上、村祭りに参加させてもらいたいという要求です。成沢村にある津島神社は旧暦の6月15日がお祭りで、神輿《みこし》をかつぎ山車《だし》を引き回すにぎやかな祭りでした。しかし、部落の人たちは長い間、この村祭りに参加できなかったのです。訴えは差別への抗議でもありました。

ところが、津島神社の氏子たちは、この神社は天保《てんぽう》年間につくった私有の神社で、祭礼費用や神社修繕費は氏子68名が負担しているので村持ちの神社ではないと、この申し入れを拒否しました。部落の人たちを入れたくないための口実でした。間に立った成沢村戸長は上級役所の県へ指示をあおぎましたが、県からは「祭礼を全戸で一緒におこなう場合は、費用は新古の差別なく村内全体に割りかけるように」というあいまいな返事しか返ってきません。そこで部落の人たちは、熊谷裁判所に提訴しました。明治5年といえば、「解放令」の出された翌年です。いくら「解放令」が出されたといっても、まだ徳川幕府が倒された直後であり、江戸城が明け渡しになってまだ4年しかたっていない頃です。この頃もうすでに「解放令」を武器に差別扱いに反対し、裁判を起こしているのですが、そのすばやく、また堂々とした勇気と行動力には驚きます。

熊谷の裁判所の判決は、１８８０（明治13）年11月に出されました。判決は、「氏子68名の私有の神社が官有地である村の鎮守境内にあるはずがない、また神社明細帳にも68名の私有の神社とは記載されていないから、祭礼は部落の人たちも入れた村民一同でおこなうべきである」という、はっきりしたものでした。

しかし、あくまでも部落の人たちを入れたくない氏子側は、これを不服として、ただちに東京上等裁判所へ控訴しました。東京上等裁判所は翌１８８１（明治14）年４月５日、今度は氏子側の主張を認める判決を下しました。「解放令によって平民になったことと、民間の慣習でいとなまれる祭典への加入は別の話である」というのがその理由でした。

そこで今度は部落の人々が、いまの最高裁判所にあたる大審院に控訴しました。大審院はこの年の11月に判決を出しましたが、このときの判決は「最近、氏子側はあらたに一戸をなした者を異議なく祭礼に加えているのに、部落の人のみ参加させないというのは彼らが『元えた』であったためであることは明らかで、今や『えた・非人』の身分が廃止されたのだから、村全体のまつりとして平等におこなうべきものである」という極めて明快なものでした。

こうして「解放令」を武器にした裁判闘争は完全勝利をおさめたのですが、成沢村で実際に祭りがいっしょにおこなわれるようになるには、それから30年もたった昭和のはじめ、水平社の登場をまたなければなりませんでした。裁判に負けても、氏子側は「神社は村のものでも、祭具はわれわれのものだ」と祭具の所有権を主張し、あくまでも部落の人々の参加を拒んだのです。

●和名村の部落学校事件

もうひとつは、1872（明治5）年に学制が定められ、日本にも近代的な学校制度が発足したときの話です。埼玉県内でも、各地に学校が建てられていきました。比企《ひき》郡和名《わな》村にも1873（明治6）年に山東校、1874（明治7）年に久米田校が創立されました。

部落の親たちの教育にかける期待は大きく、すぐに子どもたちを就学させようと思い、どちらの学校に就学させたらよいのかを村役場に問い合わせました。しかし、役場からは返事がもらえず、就学できないまま3年がたってしまいました。そして1877（明治10）年、ようやく就学することができるようになりました。和名村では、学校の運営のための学資金を人口割3割、財産割7割の割合で村内各戸から徴集することを決め、その学資金を出せば部落の子弟たちも入学できることになったのです。このとき、部落の人たちは二つの学校のどちらに入学させてもさしつかえないと聞いたので、1878（明治11）年に学資金を納めたうえで、通学に便利な久米田校に通学させはじめました。ところが、その年の12月、部落の代表者は役場に呼び出され、次のことを言い渡されました。和名村全戸60余戸のうち、部落の26戸は久米田校に、部落外の30余戸は山東校に通学させることにする、また学資金は、部落の者は一戸あたり20銭を納めるようにとのことだったのです。部落の子どもと同じ学校に通わせたくない村民は、部落の子どもだけを分離する露骨な態度に出たのです。学資金の一律20銭の徴集も不当に重いものでした。

部落の人たちはただちに戸長（村長）に抗議しましたが、戸長側はこれに答えようともしません。そこで部落側では翌1879（明治12）年1月、「御説諭願」を上級役所の入間《いるま》県の校務係に提出し、戸長や村役人を指導するよう求めたのです。この「御説諭願」で部落の人は次のように要望しています。

一、ひとつの村を二つの学区に分けてしまっては、村民は二つに分かれてしまい、すべてのことに隔たりが生じ、日常的な付き合い方にも隔たりが出てくるので、これまでのようにひとつの学区にして、住居に近い学校に行くようにすべきである。
二、学資金を1人当たり20銭にするということは、貧しくて子どもの多い家では金を出すことが困難になる。だから学資金については、明治10年の村会で決まった、財産に応じて7割、人数割3割の方法でおこなうべきである。

この事件は、その後しばらく戸長側と部落側との間で交渉が続けられましたが、やがて戸長側と部落側で示談が成立し、学資金については人口割で6割7分5厘、財産割で3割2分5厘を徴集することになりました。ひとつの村を二つの学区に分けたことについては、その結末ははっきりしていません。いずれにしても、同じ村に住んでいながら部落の子どもと部落外の子どもを分けることは明らかな差別です。当時は、このような露骨な差別が平然とおこなわれていたのであり、これに対して部落の人々は「解放令」を武器にして敢然と立ち向かっていったのです。

2　人の世に熱あれ、人間に光あれ

1922（大正11）年3月3日、日本の民衆運動の歴史にさん然と輝く全国水平社の創立大会が開かれました。この日、京都の岡崎公会堂に集まった部落の兄弟3000人は、相いだき、感激の涙にむせびました。

この全国水平社の創立を呼びかけたのは、奈良県の阪本清一郎《さかもとせいいちろう》、西光万吉《さいこうまんきち》、駒井喜作《こまいきさく》らの若い青年たちでした。彼らは、当時広まってきた社会主義の思想にふれ、それまでの融和主義では部落の真の解放はできないと考え、新しい解放の道を模索したのです。それまで政府は、部落が差別されるのは部落民の風俗習慣が見苦しく、怠け者で貧乏だからと、差別の責任を部落民にかぶせ、問題の解決のためには部落民自身が自らを反省し、「品性の向上」や「風俗の改善」をはかることだという姿勢で問題に臨んでいました。この政府の融和政策に、部落のなかから強い不満と反発が出ていました。そのうちのひとつが先の奈良の青年たちだったわけです。彼らは、「同情的」な融和政策はいらない、解放は自分たち自身の自発的運動によって勝ち取るという趣意書を全国に配布し、全国水平社への結集を呼びかけたのです。それに応えて京都の南梅吉《みなみうめきち》、奈良の米田富《よねだとみ》、三重の上田音市《うえだおといち》らが集まり、ついにこの日の全国水平社の創立となったわけです。

大会では三カ条の綱領が提案されました。

一、特殊部落民は部落民自身の行動によつて絶対の解放を期す
一、吾々《われわれ》特殊部落民は絶対に経済の自由と職業の自由を社会に要求し以《もっ》て獲得を期す
一、吾等は人間性の原理に覚醒《かくせい》し人類最高の完成に向つて突進す

怒とうのような歓声が起こり、拍手はしばらく鳴りやみません。続いて「人の世に熱あれ、人間に光あれ」という言葉で結ばれる水平社宣言が、嵐のような拍手と感激の涙のうちに採択されました。

宣　言

全国に散在する吾《わ》が特殊部落民よ団結せよ。

長い間虐《いじ》められて来た兄弟よ、過去半世紀間に種々なる方法と、多くの人々とによつてなされた吾等《われら》の為《た》めの運動が、何等《なんら》の有難い効果をもたらさなかつた事実は、夫等《それら》のすべてが吾々によつて、又他の人々によつて毎《つね》に人間を冒瀆《ぼうとく》されていた罰であつたのだ。そしてこれ等の人間を勦《いたわ》るかの如き運動は、かへつて多くの兄弟を堕落させた事を想へば、此際《このさい》吾等の中より人間を尊敬する事によつて自ら解放せんとする者の集団運動を起せるは、寧《むし》ろ必然である。

兄弟よ、吾々の祖先は自由、平等の渇仰者であり、実行者であつた。陋劣《ろうれつ》なる階級政策の犠牲者であり男らしき産業的殉教者であつたのだ。ケモノの皮剥《は》ぐ報酬として、生々しき人間の皮を剥取《はぎと》られ、ケモノの心臓を裂く代価として、暖い人間の心臓を引裂かれ、そこへ下らない嘲笑の唾まで吐きかけられた呪はれの夜の悪夢のうちにも、なほ誇り得る人間の血は、涸《か》れずにあつた。そうだ、そして吾々は、この血を享《う》けて人間が神にかわろうとする時代にあうたのだ。犠牲者がその烙印《らくいん》を投げ返す時が来たのだ。殉教者が、その荊冠《けいかん》を祝福される時が来たのだ。

吾々がエタである事を誇り得る時が来たのだ。

吾々は、かならず卑屈なる言葉と怯懦《きょうだ》なる行為によつて、祖先を辱しめ、人間を冒瀆してはならぬ。そうして人の世の冷たさが、何んなに冷たいか、人間を勦る事が何んであるかをよく知つてゐる吾々は、心から人生の熱と光を願求礼賛《がんぐ》するものである。
水平社は、かくして生れた。
人の世に熱あれ、人間に光あれ。
大正十一年三月三日
全国水平社創立大会

このときの模様を雑誌『水平』は次のように述べています。「一句は一句より強く、一語は一語より感激し来り、三千の会衆皆な声をのみ、面を伏せ、歔欷《きょき》の声四方に起る、氏は読み了《おわ》ってなお降壇を忘れ、沈痛の気、堂に満ち、悲壮の感、人に迫る」と。人間としての権利と尊厳を求めるこの水平社宣言は、自由と平等を求める部落の人々の心を深くとらえました。そして、この日を出発点として、上からの同情融和をしりぞけ、部落民自身の手で完全解放をかちとろうとする水平運動が、まさに燎原《りょうげん》の火のごとく全国にひろがっていったのでした。

3　埼玉県水平社の創立

この全国水平社の創立大会に関東から2人の人物が参加していました。1人は近藤光で、もう1人は平野小剣《ひらのしょうけん》です。近藤は、北足立《きたあだち》郡箕田《みだ》村（現鴻巣市）の出身で、もとは成塚惣右衛門といいましたが、京都で近藤よねと結婚して近藤姓を名乗るようになっていました。彼は社会主義運動の活動家でした。

いっぽう平野小剣は、本名は栃木重吉といって福島県の出身で、東京に出て印刷工として労働運動に加わり、活動家の1人でした。2人とも全国水平社の創立大会では重要な役割を果たしたのですが、大会が終わるとただちに近藤は生家である埼玉県箕田村に帰ってきて、埼玉県における水平社の結成にむけて動きを開始します。

2人の呼びかけに共鳴して、箕田村と田間宮村《たまみや》（現鴻巣市）の青年たちがまず動きはじめました。京都の創立大会からまだ1カ月も経《た》っていない4月のはじめの頃です。青年たちは、埼玉県水平社創立の呼びかけビラを持って、いっせいに県内の部落に散っていきました。ビラは近隣の部落へは脚絆《きゃはん》姿で配られ、遠くの部落へは郵送されました。そのときのビラを紹介します。

「埼玉水平社創立大会に来れ」

水平社は俺達《おれたち》のみの集りであり、俺達の兄弟姉妹のみの団体を結ぶ会である。外部の人は一人も交ってゐない会であり団体運動である。今までは、帝国公道会、同情融和会、同愛会、平等会などの沢山の種々雑多なものがあった。しかしそれ等は、………実際に於《お》いて何一ツ碌《ろく》なことをしては居ないではないか。

同情的差別撤廃だ、とか、彼等を解放してやるなどと云《い》ってもドンなことをして呉《く》れたんだ。嘘で固めたゴマカシ家の解放運動ではなかったか。モー俺達はソンな偽善者の運動におすがりしてゐられないんだ。同情者などの差別撤廃運動なんかにマカして居られないんだ。

吾が特殊部落の兄弟よ。暗黒の世の中から光ある世の中に生きる為《た》めに、サア手をグッと出して固く握り合ってくれ！「よき日」を一日も早くつくり出そう。来れ部落青年よ！　真実を叫べ！　正義に燃ゆる兄弟姉妹、振ひ起《た》て！　二千年来の圧迫から、虐待から脱せよ！

来る四月十四日午後一時より　北足立郡箕田村下町成塚方に於て　埼玉県水平社創立大会

4月14日、ついに埼玉県水平社の創立大会の日がやってきました。この日はあいにくの雨でしたが、その雨をついて県内各地の部落から300人が参加しました。会場には、箕田村の近藤光の生家の納屋があてられました。

大会ではまず、近藤光が水平運動への参加を訴えました。演説がおわるたびに嵐のような拍手が湧きおこりました。そのあと初代委員長に就任することになる地元の成塚政之助《なりづかまさのすけ》が全国大会の綱領と宣言を朗読し、割れるような拍手と感激のうちにこれが採択されました。

大会は続いて四つの決議文の提案に移りました。

決　議

一、吾等に対しエタ及び旧来の名称を以て侮蔑の意志を表示したる時は徹底的糾弾をなす
一、部落民小作争議に対しては全国水平社の威力を以て徹底的に解決を期す

一、吾等は祖先より伝統されたる職業は社会構成の重要なる者と認むよってあくまで尊重す

一、吾等は未《いま》だ組織されざる地方部落に水平社組織を促し全国的大同団結の実を挙げんことを期す

この決議の第二項、「部落民小作争議に対しては全国水平社の威力を以て徹底的に解決を期す」という決議は、全国水平社はもちろん、他の府県の決議にも見られません。農村部落が多く、小作争議が続発していた埼玉の実情をふまえた内容で、社会主義の影響を受けて労農水三角同盟を提唱した近藤光の考えのあらわれでもありました。

創立大会の感激は、演説会に移っていちだんと高まりました。そして最後に水平社万歳を三度高唱して、感動の渦のなかで大会を閉じました。ときに大正11年4月14日のことです。

この日、創立大会に参加した主なメンバーは、田間宮村（現鴻巣市）の成塚政之助、小林駒蔵《こばやしこまぞう》、成塚藤次郎、成塚亀吉、箕田村（現鴻巣市）の棚沢照吉、小林吉五郎、三橋《みはし》村（現さいたま市）の小林秀吉、原市《はらいち》村（現上尾《あげお》市）の藤岡亀吉《ふじおかかめきち》、毛呂《もろ》村（現毛呂山町）の森利一《もりりいち》、秋平《あきひら》村（現本庄市）の竹内照政、共和《きょうわ》村（現本庄市）の岩上弥三郎、本庄町（現本庄市）の山田時次郎、大里《おおさと》村（現熊谷市）の福田喜長、御正《みしょう》村（現熊谷市）の水野綏茂《みずのやすしげ》、水野利悦、吉田《よしだ》村（現嵐山町《らんざんまち》）の坂本幸三郎らで、彼らはこの創立大会のあと、それぞれの地元に水平社の支部を結成して運動を担っていきました。

4　荊冠旗を高くかかげて

　全国各地に水平社が結成され、差別糾弾闘争を中心とした水平運動が全国にひろがってゆくと、政府はこの水平運動を「暴力・脅迫行為」とみなして激しく弾圧しました。実際、内務省は水平社創立直後の1922（大正11）年5月、早くも地方長官会議で「水平社の状況及び之が取締方」について内務大臣の指示を発し、またこの年の12月、社会運動弾圧の元締めであった内務省警保局長名で各府県知事あてに「水平社の取締方に関する件依命通牒《つうちょう》」を出し、その取り締まりを命じています。水平運動、とりわけ差別糾弾闘争は犯罪扱いされ、1923（大正12）年には全国で329人が検挙され、そのうち164人が牢獄につながれています。

　差別糾弾闘争が激しく闘われたのは、もちろんそれだけ部落に対する差別が露骨でひどいものであったからです。だから少々の弾圧があっても、部落の人々はそれをものともせずに立ち向かっていきました。じじつ、糾弾闘争は相手が警察であろうが軍隊であろうが徹底的に闘われました。こうした糾弾闘争を代表するものとしては、1923（大正12）3月の奈良の水国争闘《すいこくそうとう》事件や同年7月の高崎《たかさき》区裁判所襲撃事件があります。

　弾圧といえば、埼玉県内でも1924（大正13）年、御正村（現熊谷市）の小作争議の先頭に立って闘っていた水平社同人が30人近く逮捕されるという事件がおきています。

　ところで政府は、水平社を厳しく弾圧するいっぽう、水平社を抑え込むための懐柔政策をすすめます。埼玉県も1923(大正12)年3月に急遽《きゅうきょ》、埼玉県社会事業協会を発足させ、各市町村に方面改善委員を配置して運動の懐柔をはかろうとしました。県は各地区の有力者を方面委員に任命し、年に何回か県会議事堂に招待して知事や社会課の役人を交えて部落の改善策について座談会をおこない、一回の会合ごとに金10円を支給して、これら部落の有力者を県の側に取り込もうとする姑息《こそく》な手段をとったわけです。部落内の有力者85名が県から任命されて方面改善委員に就任しています。水平社はこれに強く反発しました。水平社の活動家・辻本晴一は次のように書いています。

「埼玉県社会課は依然として陋劣なる偽善的恩恵的施設に吾等の兄弟を堕落せしめんとしている」「(彼らは)部落同人の伸びんとする自由の芽生えを断ち切らんとするもっとも下劣な吾等の裏切者である」「方面委員の肩書きに酔払って、兄弟それ自身の解放運動に妨害を試みている。部落無産階級に対して官憲と社会課と連絡を企てて暴威を揮《ふる》って抑圧している」(新聞『関東水平運動』)

しかし、水平社は決して懐柔にも弾圧にも屈しませんでした。いや、むしろそうした妨害があればあるほど、よりいっそう激しく燃えあがってゆきました。

翌1923(大正12)年にはいると、埼玉県水平社の第2回大会が熊谷町電気館で開催され、このときの参加者は1500人といわれています。大会は、県当局の妨害を排除しながら開催されたと報告されていますが、同時にこの大会には、それまで融和的な部落改善運動にたずさわっていた人たちや、県の改善事業の委員をしていた人たちまでが、その職を投げ返して続々と水平社に参加したと報告されています。

●青年水平社の結成

いっぽう部落の青年たちは、この年の7月10日、青年水平社創立大会準備会を忍町《おしまち》（現行田《ぎょうだ》市）の忍座で開き、つづいて7月17日、同じ忍町の大正座で埼玉県青年水平社創立大会を開いています。この創立大会は関東青年水平社創立大会もかねるもので、警官200余名がものものしく警戒するなかを埼玉、群馬、栃木、茨城、東京、神奈川の各県から800名の青年が集まって創立大会を開催しています。

青年水平社創立を成功させた青年たちは、休む間もなく7月19日には、大宮町《おおみや》（現さいたま市）の氷川公園「遊園地ホテル」で夏季大会を開き、そのあと8月にかけて県内巡回講演にも取り組んでいます。北足立郡石戸村《いしと》（現北本市《きたもと》）の巡回講演会には300名が集まり、入間郡入間町（現入間市）では400から500名の会衆が集まり、入間の水平運動の出発に大きな影響を与えました。また、北足立郡の大石村《おおいし》（現上尾市）や桶川町《おけがわ》でも驚くほど大勢の人々が集まりました。埼玉県水平社は、翌年の8月も大宮公園の桜雲閣で夏季大会を開き、各地で巡回講演会を開いています。この年は、大里郡の奈良村《なら》（現熊谷市）、幡羅村《はたら》（現深谷市）、北足立郡の石戸村（現北本市）、児玉郡《こだま》の青柳村《あおやぎ》（現神川町《かみかわまち》）、大沢村（現美里町《みさとまち》）、大里郡の明戸村《あけと》（現深谷市）、岡部村《おかべ》、寄居村《よりい》で講演会を開いています。こうした活動を通して、水平運動はいよいよ全県内にひろがってゆきました。実際、地区ごとの水平社の結成は1922（大正11）年の箕田村水平社、御正村水平社、熊谷市の柳原水平社に続き、翌12年には松久村《まつひさ》（現美里町）、共和村（現本庄市）、菖蒲町《しょうぶ》（現久喜《くき》市）、幡羅村（現深谷市）、並木村《なみき》（現さいたま市）、原市町（現上尾市）、神保原《じんぼはら》町（現上里町）、川俣《かわまた》村・新郷《しんごう》村（現羽生《はにゅう》市）、鶴ヶ島《つるがしま》村（現鶴ヶ島市）と次々にひろがっていったのでした。

●婦人水平社の結成

水平運動のひろがりは、なにも男性だけではありませんでした。１９２４（大正13）年の10月１日には、児玉郡秋平村（現本庄市）の竹内政子《たけうちまさこ》の自宅を会場にして、埼玉県婦人水平社が結成されました。竹内政子は、夫の竹内照政が水平社の指導者であったことからその影響を強く受け、早くから女性の闘士として活動に参加し、その名を知られていました。この日は２００人にもおよんだ婦人の参加者を前に、政子は開会のあいさつで「水平運動は男のみに任しておくべきものではない」と訴えました。参加した婦人たちはこれに続いて水平歌を合唱、全国共通の水平社綱領と水平社宣言を採択し、そのあと「私達婦人は、一致団結して恵まれた社会到来の為に不断の聖戦を試む」などをうたった決議を満場一致で可決しました。また大会後の演説会では、全国水平社本部からきた栗須七郎《くりすしちろう》や平野小剣にまじって、金屋《かなや》村婦人水平社の森本りき子、森本みね子も力強い演説をおこないました。

こうして水平運動はいよいよ全県内にひろがっていったのですが、この頃の運動の中心はもちろん差別事件に対する糾弾でした。そのうちのひとつ、深谷で起きた差別糾弾の闘いを紹介します。

5　拡がる差別糾弾の闘い

１９２４（大正13）年の８月、深谷町の小口館製糸工場で、たび重なる男子工員の差別に耐え切れなくなった部落出身の女子工員が地元の水平社に訴え出るという事件が起きました。

この時代、県北では養蚕が盛んにおこなわれ、大きな製糸工場がたくさんありましたが、それらの工場に山梨や長野、群馬などの部落出身の若い女性が大勢働きにきていました。この小口館製糸工場にも90人近い部落の女性が働きにきていました。差別事件の糾弾闘争のなかで73名が部落出身を名乗り出たといいます。彼女たちは故郷を遠く離れてやってきた工場のなかでも、不当な部落差別に苦しんでいたのです。彼女たちの訴えを聞いた深谷水平社の松島松寿らがさっそくその真相を調査し、工場側をきびしく糾弾しました。工場主の小口清一も最後には謝罪を表明して、今後ふたたびこのような差別がないように「水平社講演会」の開催を約束しました。これには工場内はもとより、地元深谷の町民たちも傍聴させて「迷盲打破」をはかることが盛り込まれていました。

講演会は1924（大正13）年9月21日に開かれました。工場のなかでは、この事件をきっかけに婦人水平社がつくられました。彼女たちは胸に赤いバラのリボンをつけ、会務係、会場整理係、接待係などの係を分担して、この日の講演会を準備しました。会場は工場内の大食堂があてられ、千余名の参加者で広い食堂も埋めつくされました。

講演会の司会は、この糾弾闘争の中心を担った松島松寿がおこないました。そして、この日の弁士には全国水平社本部の栗須七郎と関東水平社の平野小剣、それに群馬から坂本清作《さかもとせいさく》、川島米次《かわしまよねじ》、植松三郎、長野から朝倉重吉《あさくらじゅうきち》、高橋くら子、そして地元から水野綏茂、水野利悦、辻本晴一らが名を連ねました。彼らは口々に差別の不当性を訴え、「賤視観念に対する迷盲と封建思想の打破」を説きました。なかでも女性活動家として有名だった長野の高橋くら子の演説は、工場内で差別に泣いてきた部落の女子工員を大いに勇気づけました。彼女たちは講演会が閉会したあとも高橋くら子を囲んで話し合い、最後は深谷駅まで見送って別れを惜しんだといいます。

6　農民運動の先頭で

水平社が活躍した戦前、日本の農村には地主制度があり、地主から土地を借りていた小作人たちはおどろくほど高い小作料をしぼり取られ、どん底の生活を強いられていました。埼玉県水平社は、糾弾闘争とともにこの貧しい小作人のために農民運動の先頭で闘い抜きました。部落のみならず日本の農民の生活と地位の向上を語るうえで、水平社の果たした役割ははかり知れません。

1924（大正13）年4月15日、日本農民組合埼玉県連合会（日農埼連）の結成大会が鴻巣の青物市場で開催されました。埼玉においても小作人のための本格的な農民組合が誕生したのです。埼玉で最初の農民組合の結成を中心で担ったのは、ほかでもない埼玉県水平社にあつまる部落の人々でした。労働運動や農民運動との連携を説く近藤光に指導された成塚政之助や小林駒蔵たちが県内各地の貧しい小作人や水平社同人に呼びかけ、この日農埼連が結成されたのです。大会には、日本農民組合中央本部委員長の杉山元《すぎやまもと》治郎《じろう》や三宅正一《みやけしょういち》、浅沼稲《あさぬまいね》次郎《じろう》らの幹部が出席しました。彼らは地主の高い小作料を非難し、小作人の権利と生活を守るために農民が一致団結して立ち上がることを訴えました。大会では、「一、小作米三割引を永代断行せしむ、二、土地の社会化を要求す」などの項目のなかに

「水平社と協力する」という項目が盛り込まれています。

日農埼連は、発足当時は箕田支部、下忍《しもおし》支部の2支部42名のささやかな組織でしたが、地主や小作人たちに与えた影響ははかり知れません。地主たちは、この日農埼連の誕生に戦々恐々としましたが、小作人たちは大きな希望と勇気を見いだしました。

発足当初、農民運動の発展をおそれた地主側の懐柔政策や、「日農は水平社だけの組合だ」というような宣伝がおこなわれたために、十分に組織を拡大することはできませんでした。しかしその後、田ケ谷（現加須《かぞ》市）や下忍（現行田市）、中条《ちゅうじょう》（現熊谷市）、須加《すか》（現行田市）、星宮《ほしみや》（現熊谷市）、志多見《しだみ》（現加須市）、埼玉《さきたま》（現行田市）など、徐々にその影響力をのばしてゆきました。当時の闘いの目標は「小作料の3割引き」に置かれ、小作料が5割を超える横暴な地主に対して、3割引きを要求して各地で激しい闘いがくりひろげられてゆきました。これに対して地主側は、貸してある土地の取り上げなどの対抗手段をとりましたが、日農に指導された小作人たちは、学校や寺院、河原などに集合して決起集会を開いたあと、デモをおこなって地主宅に押しかけて交渉をもちました。地主が要求に応じないときには地主宅を包囲して気勢をあげるほか、小作地の共同返還、小学生の同盟休校など、多彩な戦術をくりひろげました。この指導にあたったのが日農のリーダーであった水平社同人で、水平社運動の経験や闘争精神、エネルギーが農民運動を引っぱったのです。

7　昭和恐慌と農民運動の再建

ところで農民運動も、1928（昭和3）年3月15日の三・一五弾圧事件や運動の方向をめぐる内部の対立などで、一時解体状態に追い込まれます。しかし、1929（昭和4）年の世界恐慌によって民衆の生活がどん底に突き落とされると、ふたたび労働運動や小作争議が全国各地で激しく燃えあがりました。恐慌はそれほど民衆生活に打撃を与えたのです。実際、倒産、休業、工場主の夜逃げ、賃金不払いなどが続出し、街には失業者があふれました。また、農村においても野菜やマユの価格が大暴落し、零細な小作農たちの生活は悲惨な状態に追い込まれました。

なかでも部落の小作人の生活は極限状態に達しました。このため部落の人々は、日傭《ひよう》とりや土方仕事、わらぞうりや竹皮ぞうりの行商、川魚やしじみ採りなど、現金をえるためになんでも手がけ、かろうじて生活を維持しました。しかし、こうした日銭仕事では、苦しい暮らしから抜け出すことはできません。当時の行商の中心はわらぞうりや竹皮ぞうりでしたが、一日百足売ることは並たいていのことではありません。とくに自転車が買えず、風呂敷さえ持てない人は、百足のわらぞうりをかついで山道を上り下りして行商をせざるを得ません。例えば、次のような体験談が残っています。花園の大久保秀作さんは、「弁当を買って食べると10銭もするので、5銭の豆腐を食べてがまんしました。ひもじい思いでした。群馬県の鬼石や万場まで行商に行っても5銭の豆腐でがまんしたのです」と語っています。

このような農民の苦しい生活は、当然あらたな小作争議を呼び起こしました。全国各地で小作争議が勃発し、解散状態にあった農民運動も次々と再建されてゆきました。それまで二つに分かれていた農民組合も組織を統一して全国農民組合が結成され、それを受けて埼玉でも農民組合の立て直しがすすめられてゆきました。

この立て直しの中心になったのも箕田の小林駒蔵や成塚政之助、棚沢照吉ら埼玉水平社の人々でした。1929（昭和4）年5月15日、全国農民組合埼玉県連合会（全農埼連）の結成総会がやはり水平運動の中心地であった箕田（現鴻巣市）の棚沢照吉方で開催されました。この結成総会では、委員長に佐野良次、書記長に渋谷定輔が選出されましたが、本部書記に小林駒蔵（教育部長）、小林吉五郎（連絡部長）、常任執行委員に成塚新次郎（調査部長）、山口定一（宣伝部長）、このほか各支部代表に棚沢照吉（箕田）、成塚政之助（田間宮）、高橋常三郎（大石）、棚沢門次郎、棚沢丈吉（上之《かみの》）、田口万吉、菊地倉松（肥塚《こいづか》）、伊早坂幸好（丹荘《たんしょう》）、岩田市太郎（神保原）、塚越善治（榛沢《はんざわ》）らの水平社同人が選出され、主要ポストを占めました。

●田桑会社争議

再建された全農埼連は、ふたたび活発な活動を開始しました。丹荘（現神川町）の共済会被害金奪還同盟闘争、熊谷町上之の土地取り上げ反対闘争、同じく熊谷町肥塚の小作料軽減闘争、あるいは七本木《しちほんぎ》（現上里町）、下忍（現行田市）、大石（現上尾市）の小作料軽減闘争などが次々とくりひろげられてゆきました。なかでもとくに大きな闘いは児玉の田桑争議、小川町の八和田争議、吉見争議、寄居争議です。ここでは「共和村の小作争議一千名が持久戦、自転車隊までも組織」と新聞に報道され、注目を集めた児玉の田桑争議を紹介します。

争議は農業恐慌の真っ最中の1931（昭和6）年におこりました。文字どおり水呑百姓《みずのみびゃくしょう》として悲惨な生活を強いられた小作農民が、田桑会社を相手に「田5割、畑7割の小作料引き下げ」を要求して一斉に立ち上がったのです。田桑会社というのは地主が作った会社で、土地を小作人に貸すいっぽう、広大な小作地から得る小作米を集め、地方銀行と結んで酒蔵会社をつくり、その利益を配当するという典型的な寄生地主の土地会社でした。この頃の様子を吉田林の岩上喜一郎は次のように語っています。

「私は田5反、畑4反5畝を耕作していたが、食事は米2割の麦飯生活で、米は南京米を食べていた。小作料は物納で、一反につき米3俵から3俵半、娘を売ったものが3軒あった。秋蚕一貫目の相場が1円50銭に暴落した頃で、米の収穫も一反歩一等地で5俵だ。苦しい生活が続き、高い小作料に不満が爆発したんです」

児玉、共和、金屋、東児玉の小作人たちが立ち上がりました。指導者は岩上弥三郎や岩上寅蔵たちで、共和村水平社に属し、また全農埼連共和支部のリーダーでした。

田桑会社と小作側の対立が先鋭化するにつれて田桑会社の社長・谷矢力太郎は、社員を使って小作人組合の切り崩しにやっきとなりました。小作側はこれに対して1931（昭和6）年1月15日、小作料を供託して対抗しました。争議は一段と激しくなり、切り崩しを防ぐために蛭川地区の青年たちは自転車隊を組織して警備にあたりました。争議は長期におよび、1932（昭和7）年1月の全農埼連ニュースは、「三百町歩の大地主田桑会社をむこうに廻《まわ》し、兄弟達は小作料を共同保管し、これに地主どもは悲鳴をあげ、付近の木っ葉地主は兄弟達の勇敢な闘争に驚いている。もう一息だ」と檄《げき》をとばしています。

田桑会社との争議は約2年にわたりましたが、最後は小作側の勝利となりました。1932（昭和7）年9月15日、田桑会社が「昭和5年度分小作料3割引き、昭和6年度分小作料4割引き、桑畑小作料7割引き」という案をのんだのです。この争議は、水平社員が中心となって闘った農民運動として、日本の農民運動史上の一ページを飾りました。

8　世良田事件と水平社の分裂

結成直後、燎原の火のように全国に燃えひろがっていった水平運動も、内部にいろいろな対立が生まれ、それを一つひとつ乗り越えながら進んでゆきました。時間を水平社の結成された直後に戻します。

1924（大正13）年3月に開かれた全国水平社第3回大会は、徳川一門に対して辞爵を勧告するという九州水平社の提案を可決しました。士農工商の下に「えた・ひにん」という賤民身分をつくった徳川の子孫が公爵の爵位を受けているというのは不当であるという提起でした。

そして大会後の3月26日、当時九州水平社の委員長であった松本治一郎《まつもとじいちろう》は東京千駄ヶ谷《せんだがや》の徳川邸を訪れ、徳川家達《とくがわいえさと》に辞爵を申し入れました。4月2日にはふたたび辞爵勧告書を渡しました。

こうした水平社の動きをにがにがしく思っていた官憲は、弾圧の機会をねらっていました。そして7月9日、警視庁は徳川公爵の暗殺を企てているという理由で、上京してきていた九州水平社の佐藤三太郎という若い男を逮捕したのです。さらに佐藤の「自白」に基づき、その首謀者として松本治一郎と九州水平社の幹部・松本源太郎《まつもとげんたろう》が逮捕されました。もちろん、暗殺計画というのはまったく事実無根です。しかし松本源太郎はきびしい拷問を受け、9月24日、東京の市ヶ谷《いちがや》刑務所内で獄死しました。ところがその後、この徳川家達暗殺計画というのは、当時水平運動の情報誌『同和通信』を発行していた遠島哲男という警視庁のスパイによるデッチあげ話であることが判明しました。

遠島スパイ事件は、全国水平社に大きな波紋を投げかけました。というのは、水平社の幹部のなかに遠島と親しい人物が何人かいたからです。委員長の南梅吉、執行委員の平野小剣らがそうでした。遠島は警視庁からもらった金でこれら水平社幹部に接近し、内部情報をえていたのです。

事件は組織内部に暗い影をおとしました。このため、1924（大正13）年12月1日から3日にかけて大阪で全国水平社執行委員長会議が開かれました。もちろん遠島スパイ事件が中心議題です。会議ははげしいやりとりの結果、遠島と接触の深かった委員長・南梅吉と平野小剣を「処分」することを決定しました。2人がスパイをしていたというわけではなかったのですが、責任を取らされたかたちになったわけです。

しかし、平野小剣の影響を強く受けてきた関東水平社にとって、この大阪会議の平野処分というのは認めがたい決定です。12月15日、熊谷で急遽、関東水平社執行委員会が開かれ、埼玉をはじめ栃木、群馬、長野、東京、千葉、茨城から約80人の幹部が集まりました。会議では、大阪における平野処分を非難する声が次々に出されました。そして、「南・平野の二氏に対する決議は……絶対に承認せず」という申し合わせをおこない、さらに「大正14年度の関東水平社大会は3月3日をもって開催する」ということを決定したのです。3月3日といえば、毎年全国水平社の大会が開催される日です。明らかに全国水平社に対抗した別行動を計画したのです。徳川家達辞爵勧告問題は思わぬ方向に発展し、ついに全国水平社の分裂にまでおよんだのです。

しかし、1925（大正14）年3月3日に関東水平社の大会は開かれませんでした。その前に、かの世良田《せらだ》事件が勃発し、その処理をめぐって関東水平社そのものが分裂するのです。

●世良田事件

遠島スパイ事件で組織内部に大きな亀裂が生じた全国水平社でしたが、それに追い討ちをかけるような事件が群馬県でおこりました。世に言う世良田事件です。

事件は1924（大正13）年12月31日、つまり大晦日《おおみそか》から始まります。群馬県境町の材木店で、世良田村の室田忠五郎という男が差別発言をしているのを、ちょうど材木を買いにきていた剛志《ごうし》水平社（現伊勢崎《いせさき》市）の松島滝次郎が聞いたのです。

彼はすぐに水平社に報告し、1月2日に松島の家で糾弾会がおこなわれました。糾弾は深夜におよびましたが、最後に講演会を開くことで話がまとまり、その夜は解散となりました。このとき、2人の駐在の巡査が中に入っています。ところがその後、忠五郎側は約束を破り、「講演会は開かない」という手紙を送りつけてきたのです。忠五郎の側には茂木高十郎という有力な地主がいて、彼が裏で指図していたのです。実はこの世良田村では前の年、村でおこった小学校教員の差別事件から自警団がつくられていました。「もし、将来水平社側から過酷な糾弾を受ける者ある場合には、一般村民が協力して之を擁護し、尚《なお》交渉委員を選んで事件の解決に備え、有事の際は毎戸一人を出して之に衡らんこと」という規約を起草し、自警団をこしらえたのはこの茂木高十郎でした。そこへこの忠五郎の事件です。茂木は時来たりとばかりに陣頭に立ち、いったん約束した講演会の中止を指導したのです。中止の手紙も彼が書いています。事態は険悪な状態となりました。村長・保坂新助は和解調停に乗り出しましたが、結局、茂木の反対にあい失敗し、辞表を提出してしまいました。

このころ自警団は、講演会を断ったため水平社の連中が襲撃してくるかも知れないという幹部の煽動のもとに、竹槍《たけやり》をもって各区内の巡回を始めるという異常な行動をとりはじめました。しかし水平社側はまったくこうした動きをつかんでいません。

そして1月18日がやってきました。この日、見回りの自警団が酒に酔って大声で差別言辞をはき捨てるのを、下原部落の水平社の者が聞きとがめたのです。そこで数名の者が区長宅に抗議にいったところ、それを「水平社の襲撃」と錯覚した区長のせがれが、隣家に助けを求めて飛び込んだのです。これが襲撃の引き金になりました。気の早い者がたちまち近くの普門寺にかけつけ、鐘を激しく打ち鳴らしました。鐘の音は人々の恐怖心と差別意識をかきたてます。かねて準備をしてきた自警団や村民がいっせいに竹槍やこん棒をもって家々から飛び出し、世良田村の下原部落に押しかけたのです。暴徒と化した村民は23戸しかない部落になだれ込み、雨戸や障子、タンスなどの家財道具を壊し、道に放り出し、火をつけました。とくに水平社幹部の家はひどくやられました。このとき、「家は決して焼くな、人は決して殺すな」と指示がとんでいます。放火罪や殺人罪に問われることを避けるためのもので、襲撃が組織的計画的であったことを物語っています。その後かけつけた警察は事態を傍観するだけで、なかには襲撃した村民と一緒に焚火《たきび》にあたっていた者もいるというありさまです。

●関東水平社の分裂

世良田事件は、全国の水平社の仲間に大きな衝撃をあたえました。知らせを聞いた人々は翌日、早速救援にむかいました。この救援活動でとくに目立ったのは、もちろん川ひとつ隔てた埼玉でした。知らせを受けた人々が徒歩で、あるいは自転車で世良田にむかいました。しかし、利根川の橋はすでに警官が検問をおこなっていました。このため、真冬の利根川を泳いで渡る剛の者もいました。

ところで、あれだけの惨事が起こったのに、警察の動きは極めてにぶいものでした。館林《たてばやし》や伊勢崎《いせさき》から派遣された警官約40名が現場に着いたのは夜おそくなってからで、襲撃が峠を越してからでした。しかも、竹槍やこん棒をもった村民の殺気だった動きにおそれをなしたのか、事態を傍観するだけでした。やっと検挙が始められても、襲撃した村民たちはわずかな罪に問われただけでした。それどころか警察は、襲撃された部落の人々の検挙を始めたのです。事件の発端となった1月2日の糾弾会が「脅迫傷害監禁罪」だというのです。実際、5人の水平社同人が起訴され、そのうち3人が懲役

6カ月、2人が懲役5カ月という判決を下されています。

ところでこの世良田事件では、全国の水平社から義捐金《ぎえんきん》が続々と集められました。そしてこの義捐金の使途と事件の事後処理をめぐって、関東水平社は分裂の危機に突入するのです。

事件後の2月15日、関東水平社の執行委員会が熊谷町桜雲閣で開かれました。ところが、この席で関東水平社の委員長・村岡静五郎《むらおかしずごろう》（群馬）と大幹部・宮本熊吉《みやもとくまきち》（埼玉）は突然、部落への襲撃で検挙されていた村民のための助命嘆願書を裁判所に出すことを提案し、これを強引に決定したのです。当然、会議は混乱しました。それを押し切って2人は関東水平社委員長村岡の名で、前橋地方裁判所長あてに「この事件は、双方の誤解に起因するもの」という内容の嘆願書を提出したのです。

そのうえ3月28日、世良田村の八坂神社で県、郡、村の代表、警察官、各大字代表、それに水平社側一戸一名を集めて神前手打式をおこなったのです。いっぽう、総額2920円といわれる義捐金の使途は不明のままです。2人はこのあと、水平社を離れて「アジア融和連盟」をつくるのですが、この宮本、村岡ら幹部に水平社内部から強い批判がわきおこりました。

批判グループのひとつは、平野小剣を中心とした一群の青年たちでした。彼らはこの年の4月に桶川で全関東水平社青年連盟を旗揚げし、混乱した運動の克服をめざしました。

しかし同じ批判にも、もうひとつの動きがありました。成塚政之助率いる埼玉県水平社の動きです。成塚は、労農党を支持する全国水平社の方針に沿ったかたちで運動をすすめていましたが、村岡、宮本らのボスを批判しつつ、もういっぽうで、遠島スパイ事件で処分されていた平野小剣をも批判する動きをとっています。じじつ、成塚政之助率いる埼玉県水平社は翌年の埼水第5回大会で、平野小剣の除名を決めています。

かくして遠島スパイ事件から世良田事件への過程で関東水平社は大きく混乱し、埼玉の運動も成塚派、平野派、宮本派へと分裂してゆくのです。

9　高松結婚差別事件と水平社の再建

昭和初期の恐慌でゆきづまった日本の支配層は1931（昭和6）年、「満州事変《まんしゅうじへん》」をひきおこし、侵略の手を中国大陸に拡大していきましたが、国内はいぜん不景気にあえいでいました。いっぽう、水平運動も弾圧と懐柔、そして内部の分裂によって停滞してしまっていました。こうしたなかで、その停滞を打ち破る事件がおきました。世に高松《たかまつ》差別裁判糾弾闘争として知られる事件がそれです。

●高松差別裁判糾弾闘争

事件は1932（昭和7）年、四国の高松市でおこりました。この年の12月、香川県鷺田《さぎた》村馬場の部落出身の山本雪太郎、久本米一が岡山県にくず鉄買いの商売に出かけての帰り道、坂出港に向かう船のなかで丸亀《まるがめ》市のカフェーの女給・石原政枝と知り合いになりました。船から降りた山本ら3人は食堂で夕食を共にし、意気投合するなかで久本と石原政枝の結婚話が持ち上がりました。政枝はカフェーの前借金37円を支払い、父親の承諾さえとれば異存はないと答えました。2人は高松市の友人宅で数日間過ごし、その間37円の金策に走り回りました。しかし金が工面できないうちに、博打《ばくち》打ちの政枝の父は金になる娘を奪ったと久本らを誘拐罪で警察に訴えたのです。山本・久本は高松署に逮捕されたあと起訴され、6月3日に高松裁判所は久本に1年、山本に10カ月の懲役を言い渡し、2人は服役したのです。

しかし、この裁判は驚くべき問題を含んでいました。

裁判のなかで、2人を起訴した白水検事は、「そもそも結婚するには互いに身元調べをし、身分職業その他総《すべ》てのことを明かし合い、双方納得の上結婚するのが世間の習慣である。しかるに雪太郎・米一は特殊部落民でありながら、自己の身分をことさらに秘し、甘言詐謀を用いて彼女を誘拐したるものなり」と論告して1年6カ月の懲役を求刑しました。また、三浦裁判長も同様の判断に立って有罪判決を下したのです。警察の取り調べ、予審尋問、検事論告、判決のいずれの段階でも差別意識が露骨にむき出され、「特殊部落民」であることを相手に知らせなかったことが犯罪とみなされたのです。これは法律上すでに廃止されている封建的身分を、国家権力自身が容認したことになります。

この差別裁判が全国各地の水平社に伝えられると、怒りが爆発しました。全国水平社はただちに高松地方裁判所糾弾闘争全国委員会を設置、8月には大阪において全国部落代表者会議を開いて、この糾弾闘争の方針を協議しました。

会議には、それまでの運動の停滞を打ち破って3府19県から126名の部落代表者と傍聴者500余名が参加し、埼玉からは川越《かわごえ》水平社の森利一《もりりいち》が出席してあいさつをのべています。また、会議に関東水平社埼玉支部、原市支部、菖蒲支部、御正村支部、児玉郡藤田村支部が祝電を送っています。

代表者会議では差別裁判徹底糾弾の方針が決定され、差別裁判の取り消し、犠牲者山本・久本の釈放、検事・裁判官の免職を求めて請願行進隊を組織することが決定され、この行進隊に埼玉を代表して第2隊に森利一、第4隊に藤岡亀吉が参加することになりました。またその後、この大請願行進隊を支えていくために全国でカンパがおこなわれました。埼玉でも県内各地で募金が続けられ、埼玉目標額50円を上まわる53円を集めることに成功しました。森利一は、その募金をもって「身ぶるいするほどの感動を覚えながら行進隊の壮途についた」と語っています。

行進隊は1933（昭和8）年10月1日に福岡を出発し、全国各地で大歓迎をうけながら10月19日に東京に着きました。翌日からただちに法務大臣、検事総長らを訪問して裁判の不当性を訴え、2人の釈放と担当検事・裁判官の懲戒処分を要求しました。この結果、司法当局も山本・久本の両名を釈放し、差別裁判に関わった高松地裁の裁判長は退職、検事と警察署長は「左遷」という処分を受けました。闘いは勝利したのです。そして、この闘いを通して水平社は3府33県に組織を広げ、停滞していた水平運動もふたたび盛り上がってゆきました。

●全水埼玉県連の再建

高松差別裁判糾弾闘争の勝利を背景に、関東各地で水平運動の再建の動きが生まれてきました。1936（昭和11）年4月には、入間郡田面沢村《たもざわ》（現川越市）の白山会館で差別撤廃関東地方代表者会議が開かれ、各府県が水平社の再建に努力することを申し合わせました。この会議には東京の深川武《ふかがわたけし》、群馬の杉田喜春、そして埼玉の高松六之丞、野本武一《のもとたけいち》らが顔をならべています。さらに翌5月16日、この年の2月に衆議院選挙に当選した松本治一郎をむかえて、桶川町の甲子座で全埼玉部落代表者懇談会が開かれています。この会議で全国水平社埼玉県連合会の再建と新役員の相談がおこなわれました。

かくして1936（昭和11）年12月17日、埼玉県水平社はあらたに全国水平社埼玉県連合会と名称をあらため再建されたのです。この再建大会の会場には桶川町の甲子座があてられ、大会では次のような「再建宣言」が発表されました。

「全水埼連再建宣言」

明治四年八月二十八日、維新政府によって発布せられた解放令は、長い間残ぎゃくなる封建的身分制度の鉄鎖から始めて人間としての自由と平等の権利を与へられたかの如くであった。だが解放令はインチキな一片の空文にしか過ぎず、公法の上では完全に解放された筈《はず》の封建的身分関係は、社会生活の現実の上では依然として執ように残存し、社会生活のあらゆる領域に亘《わた》って吾等被圧迫三百万兄弟の自由と権利をむごたらしくじゅうりんしている。

一九二二年全国水平社の結成と共に、数千年の間社会外に置かれたいわれなき差別に対して限りなき痛フンを抱いて来た全国三百万兄弟は、感激的情熱を以《も》って之を迎え其《そ》の運動は驚くべき勢いで拡大した。

吾等埼連も其の勢いの下に全埼玉に全水埼連の姿を拡大したのであった。

然《しか》し其の熱烈な姿も一般民対部落民に対する対立にのみ徹底的糾弾を唯一の戦術としてそれ以外一歩も出なかった為、現われた差別事件が減少するに従って、闘争の方針を見失い其の為吾等の運動は沈衰した。其の間反動融和運動は其の毒手を吾等の上にのべ、昭和八年以来吾等の陣営からは反動主義者ダラカンの続出を見、其の闘争力は減退した。

然し本日の再建大会はそれらのすべてを清算し、代議員諸君の熱烈なる討議と全埼玉県下の被圧迫部落大衆諸君の熱れつなる支援の下に極めて勝利的に、部落大衆諸君の間に盛り上って来た自由と権利に対する要求を代表して、今後より活発なる闘争を展開し、部落大衆の最も切実なる叫びである改善費増額獲得トウソウを捲《ま》き起《おこ》して戦う事こそ、本大会の成果を生かし大しゅうの要望に応える所以《ゆえん》でなければならぬ。

今や埼玉の全水運動は長いあいだの沈衰をケトバシて、差別と迫害によって最低生活からじゅうりんせられて来た部落大衆の自らのけん利を主張して其のセイカツケンをだっ還すべき火蓋は切られた。

吾等は全埼玉県下の被圧迫部落大衆を動員し、完き解放への条件を戦い築く事こそ当面の全水埼連に課せられた最大の任務である。

被圧迫部落民の絶対的のカイ放は、トウソウなくして絶対にあり得ない。吾等の前途は人ミン運動の勝利に輝く希望と確信に満ちている。

この任務の勝利的遂行を固く期し絶大なる確信を以って、千九百三十七年度に戦い抜くべき事を誓い再建大会の宣言とするものである。
全水埼連再建第一回大会万歳！
一九三六年十二月十七日

（注：原文に若干の句読点をつけた）

全水埼連の再建を担った主なメンバーは、小林駒蔵（田間宮）、野本武一（桶川）、藤岡亀吉（原市）、森利一（川越）、岩上弥三郎（共和）、山田時次郎（本庄）、水野利悦（御正）らです。彼らは、1933（昭和8）年に全国水平社が決定した「部落委員会活動」の方針に学びながら、部落改善費獲得闘争をテコにして組織の再建を準備していったのです。

こうして念願の水平社の再建がはかられ、「要求闘争を中心にすえて」という大会の運動方針に沿って「地方改善費一千万円増額要求」の署名運動に取り組んでゆくのですが、折しもそれは日中戦争の勃発直前のことでした。

10　日中戦争と水平社の解散

1937（昭和12）年7月7日、日本軍国主義は、蘆溝橋《ろこうきょう》事件をきっかけに中国大陸への全面的な侵略戦争を開始し、国内の政治、経済、文化、教育のすべてを戦争遂行のために総動員してゆきました。政府は、日中戦争が勃発したあとすぐに「国民精神総動員実施要綱」を決定し、国民の間になお残っている反戦意識あるいは厭戦《えんせん》意識の一掃をはかり、つづいて翌年4月には「国家総動員法」を公布し、戦争のためにすべての経済や物資を国家が統制するという総力戦体制を築きました。この「国家総動員法」では、輸出入の国家統制はもとより民間会社の経営、新聞、出版、集会までもが勅令によって統制下に置かれることになりました。このような国家ぐるみの戦争体制をめざした日本の支配層は、その後侵略戦争への道をまっしぐらに突き進んでゆきました。しかし、それは歴史上のいかなる戦争や災害をもはるかにしのぐ人々の生活と生命の破壊以外のなにものでもありませんでした。このとき、国民は世界の民衆と力をあわせ、なによりもこの野蛮な戦争に反対し、この戦争を止めなければならなかったのです。しかし中国大陸への侵略が開始されてゆくと、この戦争に協力することが「国民融和の道」とされ、水平運動のなかからも次々と戦争に協力するものが生まれました。

１９３８（昭和13）年2月21日、すでに融和運動に変質していた関東水平社は、村岡静五郎の主催によって府県代表者会議を開き、関東水平社の解散を決定、これに基づいて3月23日、群馬県太田町の大光院で「解散式」をおこないました。各府県から代表１３０人が参加したこの日の解散式では、「皇軍戦捷《せんしょう》武運長久《ちょうきゅう》」の祈願式、皇居遥拝《ようはい》、国歌斉唱がおこなわれ、解散にあたっての宣言、声明書が朗読されました。また、つづいて「関東水平社ならびにこれに付随する一切の水平社団体結社解散す」という決議がおこなわれました。このとき、代表として報告をおこなった平野小剣は、関東水平社結成以来16年の歴史を回顧し、「尽忠報国億兆一心隠忍持久の精神を以て解散し銃後の万全を期することとなった」と報告しています。解散式は日本の侵略戦争を賛美し、戦争への協力が差別の解消になるという皇国融和運動に積極的に参加することを表明するものでした。式後、平野小剣の手によって関東水平社の荊冠旗が焼かれました。ここに関東水平社は終わりを告げたのでした。

いっぽう、これに対して小林駒蔵、野本武一らの全水埼連は、あくまでも荊冠旗を守り続けていました。そのため国家権力の激しい弾圧を受けることになりました。日中戦争から半年たった1938（昭和13）年2月、全水埼連の委員長・小林駒蔵と書記長・野本武一は、埼玉人民戦線事件に関連したとして検挙され、きびしい訊問《じんもん》を受けるのです。そしてこの弾圧によって全水埼連は事実上、解散させられてゆきました。

第2 解放運動の歴史（戦後編）

1 戦後の民主化と農地改革

1945（昭和20）年8月15日、日本はついに戦争に敗れ、連合国に降伏しました。ここに「満州事変」から15年にわたる中国やアジア諸国に対する日本軍国主義の無謀で野蛮な侵略戦争は、その幕を閉じたのです。

ところで、この戦争が日本の国民にもたらしたものは何だったのでしょうか。直接の戦争被害だけをとってみても、失われた人命は軍人230万、民間人80万、合わせて310万人にのぼります。戦災によって家や家財を失った者はおよそ一千万人、「外地」でいっさいの財産を失って引き揚げた者は340万人に達しています。そのほか、ほとんどの国民が食糧難、生活難にあえぎ、餓死寸前の栄養失調状態を経験しました。また、戦後のインフレによってすべての預金や債券や保険は無価値になってしまい、国民の財産が失われてしまいました。日本の歴史のなかで、民衆がこれほどの生命の危険と餓死の恐怖を味わったことはかつてありません。いっぽう侵略戦争は、日本以外のアジアの諸国民に対してもはかりしれない損害を与えました。とりわけ植民地として日本に支配された朝鮮や台湾、「満州」の民衆が日本によっていかに苦しめられたかは、奴隷狩り同然の強制連行の事実ひとつをとってみても明らかです。長期間の戦争相手だった中国も、軍人400万人、一般民衆一千数百万人の死傷者を出しています。また東南アジアでも、フィリピンで約100万人、インドネシアで約200万人の死傷者を出しています。このため、拭うことのできない日本への不信感をアジア諸国民に残しました。

●占領軍の民主化政策

戦争に敗れた日本は、アメリカを中心とした連合国によって占領されました。占領軍は、日本がふたたび世界の平和と安全に対する脅威とならぬよう、ただちに日本の軍隊を武装解除し、すべての軍事機構を廃止しました。また、同時に軍国主義の基盤になった政治制度や社会制度、それに教育・文化を大胆に改革しました。マッカーサーの率いる占領軍は、帝国陸海軍を武装解除すると、続いて10月には治安維持法を廃止して政治思想犯を釈放しました。また、全国の警察首脳部を罷免し、全特高警察を廃止したうえで右翼団体の幹部や戦争協力者を次々と公職から追放し、東条英機ら戦争犯罪人を逮捕しました。また占領軍は、軍国主義の経済基盤となった財閥を解体するいっぽう、労働運動や政治運動を弾圧する法律を撤廃しました。これによって、長いあいだ抑圧されてきた労働運動や政治運動はいっきに息を吹き返しました。戦時下の弾圧によって窒息させられていた部落解放運動も、いち早く再建に着手します。1945(昭和20)年10月、全国水平社の中心的なメンバーであった松田喜一、朝田善之助《ぜんのすけ》、上田音市らが三重県の志摩で会議を開き、再建を協議しました。そして、194

6（昭和21）年2月19日、京都市の新聞会館で全国部落代表者会議を開き、「部落解放全国委員会」を結成しました。再建大会には全国から500人が参加し、松本治一郎を委員長に選びました。戦前の全国水平社の運動をひきついだかたちで解放運動が再建されました。

●日農埼連の再建

ところで、占領軍は日本の軍国主義の温床となった地主制度の改革にも乗り出し、地主の反対を押し切って農地改革を断行しました。この農地改革の主役として活躍したのが、戦前、農民運動の先頭で闘ってきた水平社の活動家や指導者でした。占領軍の一連の民主化政策を背景にしながら、農民たちは勇躍して立ち上がっていきました。戦争中の不当な供出割当反対、飛行場・軍用地・軍事工場敷地の返還、農地改革を見越した地主の土地取り上げ反対などの闘いが全国にひろがっていきました。

埼玉では戦前の伝統をひきつぐ農民組合が再建されました。再建の中心的役割を果したのは、もちろん戦前、農民運動の先頭で闘った水平社の小林駒蔵、野本武一、岩上弥三郎、山口正一、藤岡亀吉らでした。1946（昭和21）年2月6日、日本農民組合埼玉県連合会（日農埼連）が結成されました。この日、浦和の共立会館で開かれた結成大会は、「自作農の創設」「土地取り上げ反対」などを当面の運動目標に掲げました。

大会では、会長に松永義雄《まつながよしお》、副会長に佐野良次、そして会計に野本武一が選ばれ、水平社の活動家であった田島謙三郎、岩上弥三郎、山口正一、田島家幸、坂本幸三郎、山田時次郎らも顔をならべました。

日農埼連は、政治的イデオロギーの対立によって一年後に全国農民組合と日農に分裂しますが、このときから主流派の日農埼連は、師岡栄一会長、野本武一書記長の２人が率いる時代となり、２人のリーダーのもとで県内の農地改革をけん引します。

ところで農地改革というのは、地主の農地を国がほとんど無償に近い低価格で買い上げて、その農地を耕作していた小作人に安く払い下げるという改革です。もちろん、これがすんなりとおこなわれたわけではありません。土地を取り上げられる地主は、あくまでもこれに抵抗しました。この農地改革は１９４７（昭和22）年春から着手され、１９４９（昭和24）年秋までにはほぼ完了しました。この改革の途中でさまざまな衝突が生まれました。地主の土地取り上げ、ヤミ価格による売り逃げ、事実上は小作地でありながら自作地に擬装するいわゆる擬装自作地化など、手のこんだ地主の脱法行為がさかんにおこなわれ、そこに農民運動が激しく対抗したのです。このとき、戦前から農民運動の指導者として地主を相手にしてきた水平社の活動家たちが大活躍しました。事実、水平社で鍛えられた部落出身の活動家たちがいたからこそ、埼玉の農地改革はほかの地方に比べてより徹底したものになったのです。ＧＨＱ（連合国軍総司令部）をバックにしていたとはいえ、個々の市町村における農地改革は結局、農民組合の力を背景にした地主対小作人の力関係によって左右されたのでした。

例えば、大里郡藤沢村（現深谷市）は、国の平均解放率80％を超えて90％まで解放しました。小作地がなくても農業を希望する者には、農民組合が強力に働きかけて農地を分け与えました。部落では、苦しいなかでも小作をやり続けたことが、この農地解放の際に生きてきました。「戦時中に地主が、手間がないため底辺で苦しみに慣らされている部落民に貸してやらせていた土地が、農地改革の闘いで手に入ったんです」（野口角次郎）ということもありました。藤沢村の8割は小作農民で、部落の人たちを含めた全員が農民組合に結集し、その結成大会は、藤沢小学校の校庭にむしろを敷いて野天でおこなうほど盛大なものであったといいます。

●野本武一の当選

さて、こうした農地改革と湧きあがる農民運動を背景に、1947（昭和22）年4月におこなわれた第1回統一地方選挙では、県会議員選挙に埼玉県水平社のリーダーであった野本武一（桶川町）、岩上弥三郎（児玉町）、山口正一（大里郡）が社会党公認候補として立候補し、それぞれ上位当選しました。なかでも、日農埼連の書記長として活躍した野本武一は最高点で当選し、社会党・日農と多方面にわたって奮闘しました。また、各市町村議会にも多数の部落の代表が当選しましたが、その多くはもちろん、戦前の水平運動や農民運動を担った人々です。戦後の民主化のなかで、これまでの運動がようやく社会的に評価されるようになったのでした。

しかし、農地改革が一応の終末をむかえ、農民のほとんどが農地を手に入れると、農民組合もぱったり人が集まらなくなり、火が消えたようになってしまいました。このため、1951（昭和26）年4月の第2回の選挙では、野本武一をはじめ部落出身の議員はみな落選してしまいました。

2　オールロマンス事件

あれほど燃え上がった農民運動も農地改革の終了とともに急速に衰退してしまいましたが、しかしこの年、京都において戦後の解放運動の方向を決定づける重大な差別事件が発生しました。オールロマンス事件です。

この年の10月、当時カストリ雑誌などといわれた『オール・ロマンス』に、京都市九条保健所の杉山という職員が書いた「特殊部落」という小説が掲載されました。その内容は京都市の東七条部落を舞台にしたもので、そこでは部落が犯罪とヤミ取引と売春の巣窟《そうくつ》のように描かれていたのです。杉山は保健所の環境衛生指導補助員として東七条の部落を巡回していたのですが、そこで知りえた知識をもとに、興味本位に部落をことさら悪の温床のように誇張して書いたのです。

部落解放全国委員会京都府連合会は、すぐに作者の杉山清次とオールロマンス社を糾弾しました。また、このとき京都市行政とも交渉しました。京都市長は、差別の責任を作者の杉山個人になすりつけて、彼を免職処分にしてこの問題を処理しようとしました。これに対して朝田善之助《あさだぜんのすけ》の率いる京都府連は反発します。差別小説を書いた本人は悪いが、杉山が描いた部落の劣悪な生活実態は、誇張はあるものの事実であり、その生活実態を改善しようとせずに放置している京都市にも大きな問題があると批判したのです。糾弾会のなかで「部落を差別していない」と主張する行政の担当者を前に、京都府連は「京都市内で不良住宅が密集しているところ、消火栓のないところ、トラホームや伝染病の多いところ、水道の入っていないところ、道が狭くて消防車が入れないところ、不就学児童の多いところ、それはみな部落ではないか」と糾《ただ》しました。

このオールロマンス事件を通して、差別は文字や言葉で侮辱するだけの問題ではなく、部落の劣悪な環境や生活実態のなかにあること、そして部落の劣悪な環境や生活実態を放置している行政に大きな責任があることが明るみに出されました。京都府連はこれ以後、この生活と環境の改善をめざして京都市に対する行政闘争を闘ってゆきます。そして、やがて京都のこの闘いが全国にひろがってゆくことになるのです。

京都の闘いを教訓にした部落解放全国委員会は翌1952（昭和27）年3月、部落解放全国代表者会議を開いて行政闘争の方向を打ち出しました。そこでは、「差別を観念としてのみとらえ、部落の生活状態を改善しようとせず、悲惨な状態のまま放置している政治・行政は、いかに弁解しようと差別を温存・助長している。したがって部落に対する行政の停滞こそ差別を残す根源である」（『差別撤廃闘争をいかに展開するか』）という見解がはっきりと示されました。こうして行政闘争はしだいに全国にひろがってゆきましたが、運動の広がりを眼のまえにして、政府は1953（昭和28）年に戦後はじめて部落対策の予算をくみました。

3　部落解放全国委員会埼玉県連合会の再建

ところで、野本武一が選挙に敗れたあと、埼玉の解放運動はすっかり停滞してしまっていましたが、京都のオールロマンス闘争によってふたたび全国の解放運動が活発になってくると、それに触発されて埼玉でも解放運動が復活してきました。

1952（昭和27）年の秋、野本武一が運動に復帰すると、彼はすぐに組織の再建に着手しました。1953（昭和28）年1月3日には再建を呼びかけるハガキを県内各部落に送り、2月7日には岩上弥三郎と野本武一の連名で呼びかけた支部代表者会議が大宮市（現さいたま市）桜木《さくらぎ》町の野本の自宅で開催されました。この会議では、早くも県に対する同和予算の要求（生業資金）が協議されています。

そして1953（昭和28）年4月3日、「部落解放全国委員会埼玉県連合会再建大会」が県立熊谷女子高校の講堂で開催されました。この大会は参議院選挙にあわせて開催されたもので、全国三百万のきょうだいの期待を一身にあつめて出馬していた松本治一郎が姿を見せて、力強いあいさつをおくりました。当日、参加した500余名の参加者は松本必勝を誓うと同時に、解放運動の再出発を互いに確認しました。大会では、委員長に児玉の岩上弥三郎、副委員長に上尾の藤岡亀吉、書記長に野本武一を選出しました。また大会では「日本の真の独立と平和を勝ち取るために、今こそ全勢力をあげて闘い抜くことを誓ひ、今日の宣言とする」という宣言を発し、あわせて「部落解放のための二千万円県費支出要求」を決議しました。

●二度の県庁座り込み

埼玉県連が再建され運動が活発になってくると、県はこれに押されてその年の5月の県議会で部落解放事業実施のための県条例を定め、同和行政に取り組む姿勢を示しました。しかし、県条例を作ったものの、それはいつまでたっても実行に移されませんでした。県は部落解放事業に取り組むということを決めただけで、具体的に何をどう取り組むかをいっこうに明らかにしなかったのです。そこで業を煮やした県連はこの年の12月7日、県庁に押しかけ、民生部長、総務部長、農地部長、福祉部長、教育長代理らと会見し、8時間におよぶ交渉をもちました。このとき、県側は一週間後の12月14日に回答すると答え、いったん交渉は終わりました。ところが12月14日、ふたたび県連代表20余人が県庁に出向いたところ、約束していた大高民生部長は約束を守らず、しかも不在であったのです。激怒した一行は、回答があるまでは徹夜しても頑張ると民生部長室に座り込みました。このとき、県連が要求したのは、①53年度予算を速やかに実行に移せ、②54年度予算は正式に県会に提案せよ、③凶作対策として営農資金の貸し出しをおこなえ、④救農土木事業を実施せよ、⑤部落内貧困家庭に対する生活保護費を支給せよ、などでした。ここで凶作対策とあるのは、この年、埼玉は60年ぶりといわれる霜害に見舞われ、桑や野菜は収穫がゼロという状態におちいったための要求です。

交渉は深夜におよび、12時過ぎになってようやく県は、次のような回答をおこなってきました。①53年度予算を速やかに実行に移すため、近く実態調査をする、②54年度予算は一般予算としてではなく、正式に解放行政予算として提案する、③凶作のための一般的な営農資金の貸付額は1戸1万円にしかあたらないので、部落に対してはさらに厚生資金5万円の貸し出しの便宜をはかる、④政府からの割り当てのあった臨時救農土木費を部落の事業に優先的にまわす。

十分なものではないとはいえ、交渉は成功したのです。県も重い腰をあげてようやく取り組みはじめたのです。

　こうして県は、1954（昭和29）年度から同和事業に着手しました。最初に手をつけたのは、便所の改修事業でした。当時、部落には便所らしい便所がありませんでした。庭に醤油樽《しょうゆだる》を埋めて四本の柱を立て、それにむしろを垂らしておくだけというのが、部落の便所の代表的な姿でした。このため、雨が降ると傘をさして入らなければならないということもめずらしくありません。便所が道端にある場合、若い娘など昼間使うのをひかえるという状態であったのです。土地の低い地域では雨が降ると水が便所に浸入し、汚物が外に流れ出ることもあって、不衛生そのものでした。この便所の改修が戦後同和事業の第一号であったのです。便所改修は1954（昭和29）年から3年間で508戸におよびました。こうして開始された同和行政ですが、その歩みはまことに歯がゆいものでした。行政は何かにつけて同和事業の実施をしぶったのです。

　そこで1954（昭和29）年10月1日、県連はふたたび県庁で座り込み闘争をおこないました。このときは、再建された日農埼連や県労評の支援を得て、24時間におよぶ交渉をおこなったのです。約50人の交渉団は、同和行政の全面実施と国有地の払い下げを掲げて、朝10時から翌朝の11時までねばりました。夜はひとつの部屋で椅子の上に服のまま仮眠をとり、翌日朝食をとってからまた交渉を再開しました。なかにはカーテンにくるまって眠った者もいました。交渉の中心は野本武一、岩上弥三郎、藤岡亀吉、田島謙三郎らでした。こうして県連再建以後、二度にわたる徹夜の交渉によって、ようやく県も環境、教育、農林、衛生など総合的な同和行政に取り組んでゆくようになりました。そして、これが埼玉の同和行政の出発となったのです。

4　国策樹立求めた全国大行進

埼玉で県庁座り込み闘争が闘われていた1953（昭和28）年頃、全国各地で同じような行政闘争が開始されていました。そして、その運動のなかから当然のように国策樹立を求める声が生まれました。県や市町村の行政が取り組むためには、どうしても国が予算の裏付けをおこなうことが必要となり、またそのためには根拠となる法律の制定が必要とされるからです。こうした背景のなかで1957（昭和32）年12月、部落解放同盟第12回全国大会が大阪で開かれました。そして、この大会ではじめて国に法律を求める国策樹立請願運動がはっきりと打ち出されました。

この第12回大会の方針に基づいて1958（昭和33）年1月24日、東京・四谷の主婦会館で「部落解放国策樹立要請全国代表者会議」が開かれました。会議には、部落解放同盟はもとより、労働組合の代表や都府県・市町村などの代表、そして政府各省代表、政党代表ら600人が集まりました。これまでにない画期的な集会が開催されたのです。会議では活発な討議が交わされ、最後に全員一致で次のことを決議しました。

一、内閣に部落問題対策審議会を設け、部落問題完全解決のための各種の調査、研究、企画、立案並びに審議、答申、勧告等の外に行政査察、指導を行わしめること。

二、国会内に部落問題解決のための特別委員会を設けること。
三、政府は各省の責任において部落問題の行政施策を積極的に実施せしめること。

こうして審議会の設置を当面の目標と定めた運動が開始され、この年の10月、大衆運動の高まりを無視できなくなった政府は「内閣同和対策閣僚懇談会」を発足させ、また自民党も「自民党同和問題議員懇談会」を設置してその対策をさぐりはじめました。しかし、岸信介総理がこの必要性を認めなかったため、審議会の設置は1年延期され、翌1959（昭和34）年秋の国会でふたたび設置法案が提案されました。これもまた自民党の反対で流されてしまいました。そして1960（昭和35）年、三度目の提案がなされ、やっと可決されました。この年はいわゆる60年安保闘争の年で、国民的規模で「安保反対」の闘いが燃えひろがり、政治がゆれ動いた年です。その激動の安保闘争後の国会で「同和対策審議会設置法」が成立したのです。

●1200キロの大行進

政府は審議会を設置したけれど、まったく消極的な態度をとり続け、審議会の委員の選出さえすぐにはおこないませんでした。そのため、実際の審議会の発足は1年もおくれてしまいました。そこで1961（昭和36）年3月、部落解放同盟は京都で第16回全国大会を開き、その年の秋に「部落解放要求貫徹請願大行進」をおこなうことを決定しました。

大行進隊は半年の準備を経て9月11日、福岡を出発しました。行進隊は、「部落を差別と貧乏から完全に解放する政策をたて、速やかに実施せよ!」「国民を分裂させるいっさいの差別に反対しよう!」などのスローガンを掲げて全国各地をまわり、部落のきょうだいに国策樹立要求運動への参加を訴えました。行進隊は福岡－東京間の西日本隊と長野－東京間の東日本隊に分かれましたが、東日本隊の責任者は野本武一が務め、埼玉県連からは10名が行進隊に参加しました。

10月8日に埼玉入りをした行進隊は、翌9日、折からの風雨のなかを大宮市（現さいたま市）で開かれた歓迎集会にのぞみました。この日、安保反対県民会議と大宮地区労の500人がこの行進隊を迎えました。それは、翌年の県連大会で「埼玉四〇年の解放運動史上で忘れることのできない思い出」と報告されているように、行進隊にとって感動的な歓迎集会でした。行進隊は歓迎集会のあと、雨のなかを大宮公園までデモ行進し、その夜は、その年の5月に完成したばかりの「埼玉県同和会館」に宿泊し、翌10日、婦人団体の応援を得てつくられたにぎり飯を食べて、東京で開かれた「部落解放要求貫徹国民大会」の会場に向かいました。

1200キロの大行進を終えて意気盛んな行進隊を迎え、国民大会は燃え上がりました。参加した2000人の人々は集会後、国会請願デモをおこない、「部落解放、要求貫徹!」を叫びました。つづいて翌11日、政府各省との交渉をおこないました。総理府との交渉では、設置が決められた「同和対策審議会」が1年間も委員を選出せず、開店休業で放置されている点を激しく批判しました。突きあげをうけた政府は、ようやく11月1日付で19名の委員を任命し、審議会を発足させたのです。

5　同和対策審議会の答申

こうしてやっと同和対策審議会が設置されましたが、それからがまた大変でした。というのは、選ばれた委員は、学識経験者といいながら部落問題についての学識や経験をもった人たちではなかったのです。委員の半数以上をしめる政府各省の次官にいたっては、まったく無知といってもいい有様でした。しかもその各省次官は、次々と交代していきます。このため審議会は、まず委員を教育することから始めなければなりませんでした。それはもっぱら部落解放同盟から参加した委員の北原泰作《きたはらたいさく》、調査部会専門委員の米田富、野本武一の3人の役割となったのです。3人は、差別を放置してきた政府の責任を巧妙に回避しようとする無理解な政府側委員に対して、ねばり強く説明と説得をくり返しました。こうした事情のために審議会は2年間の期限の延長をおこなったのですが、その2年が過ぎても結論を出すことができず、さらにもう1年の再延長をすることになってしまいました。こうして期限ぎりぎりの1965（昭和40）年8月11日、審議会のまとめた「同和地区に関する社会的及び経済的諸問題を解決するための基本方策」が同和対策審議会の「答申」として、ときの総理大臣・佐藤《さとう》栄作《えいさく》に手渡されました。

ようやく誕生した同和対策審議会「答申」は、いくつかの不備な点を残しながらも、部落問題の解決にとって極めて大きな意義を持つものでした。

その第1は、国民や行政のなかにある「寝た子を起こすな」「もう差別はないんだ」という考えをきっぱりと否定して、部落差別は「現実の社会に実在する」ことをはっきりさせたことです。第2は、部落差別の起源を明確にしたことです。「答申」は、部落の住民は「異人種でも異民族でもなく、疑いもなく日本民族であること」を明らかにし、世人の一部にある偏見を打ち破りました。第3は、部落差別とは何かをはっきりさせたことです。答申は「市民的権利と自由が同和地区住民に対しては完全に保障されていないことが差別である」と規定し、しかも「これらの市民的権利と自由のうち、職業選択の自由、すなわち就職の機会均等が完全に保障されていないことが特に重大である」と差別の本質を強調しました。第4は、政府の責任を明確にしたことです。「答申」は、部落差別を存在させていることは政治の責任であるとし、これまでの行政施策は「応急的であって、長期の目標に基づく計画性と……総合性とに欠けていたことは否定できない。このような行政施策の欠点は、いわゆる縦割行政の弊害から生ずるだけではなく、同和問題の根本的解決に対する政府の姿勢そのものに問題があったといわなければならない」と、政府の姿勢を指摘しました。第5は、国の責任と国民の課題を明らかにしたことです。「答申」は、「同和問題は人類普遍の原理である人間の自由と平等に関する問題であり、日本国憲法によって保障された基本的人権にかかわる課題である」と問題の重要性を強調したうえで、「したがって、これを未解決に放置することは断じて許されない」と国の責任を明確にしました。

このような内容を柱にして「答申」が出されたのですが、しかし、政府はなおこの答申に基づいた施策の具体化をしぶり、法律の制定を引きのばしたのです。このため、部落解放同盟はさらに4年間、法律の制定のために苦労を重ねなければなりませんでした。

6　狭山事件の発生

野本武一が同和対策審議会の専門委員として活躍を始めた頃、狭山《さやま》市で16歳の女子高校生が何者かによって殺害されるという事件が発生しました。1963（昭和38）年5月1日に起きた狭山事件です。この日、狭山市堀兼の農業、中田栄作の四女・善枝（県立川越高校入間川分校一年）ちゃんが学校から帰る途中で行方不明になり、同日夜、身代金として現金20万円を要求する脅迫状が中田宅に届けられました。5月2日深夜、善枝ちゃんの姉の登美枝さんが警察の指示どおり現金20万円に見せかけた紙包みをもって指定された佐野屋にいきました。おどろいたことに暗闇のなかから犯人があらわれ、登美枝さんに「オーイ、オーイ金を持って来たか」と声をかけてきたのです。しかし犯人は、警察の張り込みに気づいて逃走してしまいました。県警と狭山署は四十数人もの警官を現場に配置し、しかも犯人と登美枝さんが10分間もの間やりとりをしているにもかかわらず、犯人を取り逃がしてしまったのです。あわてた埼玉県警は、翌日から県警機動隊や地元の消防団からなる捜索隊をつくって山狩りをおこないましたが、事件発生から四日たった五月四日、彼女は狭山市入間川の茶畑の農道で絞殺死体となって発見されました。

犯人を取り逃がし、被害者が死体で発見されたことから、世論の非難が警察に集中しました。というのは、この年の3月に発生した東京の「吉展《よしのぶ》ちゃん事件」でも、警察官を張り込ませておきながら身代金を奪われたうえ犯人に逃げられ、吉展ちゃんが死体で発見されるという事件があったばかりだったからです。このため、警察当局は世論の轟々《ごうごう》たる非難をあびました。

ところで、事件発生後、警察は中田善枝ちゃんの顔見知りの犯行と判断して捜査をすすめました。しかし、善枝ちゃんの死体が発見された翌々日の5月6日、中田家で農作業の手伝いをしていたことのあるOさんが自殺したあと、急に捜査方針を変え、市内の2カ所の部落に集中して見込み捜査を始めました。Oさんは、自分の結婚式を2日後にひかえて自殺するという不自然な死に方をしています。Oさんの自死のあと、2カ所の部落には連日150人近い警官が入り込み、何の証拠もないのに次々と部落の男性の筆跡や血液型をとりました。警察は、まるで犯人は部落民に決まっているというような予断と偏見に満ちた態度で捜査にあたったのです。こうした不当な捜査の続くなかで5月23日、何の証拠もないまま、石川一雄《いしかわかずお》さんが別件で逮捕されました。

●差別捜査への抗議

地元菅原四丁目の区長からこの不当な捜査と逮捕の実情を聞いた野本武一は、関東ブロックの代表者にも応援を求め、5月24日、堀兼の特捜本部にむかい、狭山署長に面会して差別捜査に抗議し、また6月にはいって県警の中刑事部長と会見し、違法捜査に抗議しました。野本武一は国会や県会にも働きかけました。6月5日、県議会で社会党の宮岡義一議員が狭山事件の違法捜査を追及しました。宮岡県議は「日頃から警察が眼をつけていた市内の特定地域、未解放部落だけ特に力を入れ、ここから犯人を洗い出そうとしたのではないか」と県警本部を追及しました。

ところで、石川さんを逮捕した警察は、極めて厳重な監視のもとで弁護人の接見も禁止して、不当な取り調べを続けました。しかし、石川一雄さんは終始善枝ちゃん殺しの容疑を否認し、これに抵抗しました。実際、彼は、6月19日から不当な取り調べに抗議してハンストをおこない、6月20日の浦和地裁での裁判官の拘留質問に対してもきっぱりと善枝ちゃん殺しを否認しました。石川さんは逮捕されてからじつに29日間にわたって無実を主張し続けたのでした。しかし6月23日、石川さんはついに捜査本部の拷問と誘導によって「自白」してしまいました。警察当局は「お前でなければ兄の六造をひっぱる」「善枝を殺したといえば10年で出してやる」と脅し、とうとう善枝ちゃん殺しを「自白」させたのです。

裁判は9月4日に開始されましたが、1964（昭和39）年3月11日、浦和地裁の内田武文裁判長はわずか6カ月、12回の超スピード裁判で石川一雄さんに死刑の判決を下したのです。

弁護団はただちに東京高等裁判所に控訴しました。そして同年9月10日、東京高裁で第2審の第1回公判が開かれました。その第1回公判の途中、石川一雄さんは突如として立ち上がり、発言したのです。

「裁判長、たびたびおさわがせして申し訳ありませんが、私は中田善枝を殺してはいません。今後、事実をありのままに申し上げます」

石川さんは、正面をしっかり見据え、よく通るはっきりした声で訴えました。裁判官や検事はもちろん、弁護士さえもこの予期せぬ発言に驚きました。なぜなら、それまで彼は「10年で出してやる」

という警察の言葉を信じて、ウソの「自白」を続けていたからです。裁判はこの「自白」の否定によって一変しました。第2審の法廷では、「自白」がどう誘導され、事件がデッチあげられたかを弁護人が次々と明らかにしていきました。それとともに部落解放同盟の組織的な支援運動が始まりました。その背景には、事件直後から無実を確信して活動した野本武一の努力があったのです。

7 法律制定求めた大行進

狭山事件の第2審が東京高裁で開始された頃、部落解放同盟は政府・自民党を相手に法律の制定を求めて激しい攻防戦をくりひろげていました。同和対策審議会の「答申」を出させたものの、政府や自民党はこの答申を尊重せず、いつまでたっても法律制定の動きを見せません。業を煮やした部落解放同盟は1966（昭和41）年、二度目の大規模な国民大行進を計画しました。行進は、全国の部落大衆に解放運動への参加を呼びかけ、解放同盟の組織を拡大し、支援の輪をひろげ、その力で政府に法律の制定を迫ろうというものでした。

8月11日、福岡市役所前における全九州総決起集会を皮切りに、国民大行進隊は徒歩で東京までの1200キロの行進を開始しました。この日、全行程を歩き続ける全国行進隊を守るように、九州各県の部落大衆、労働組合、民主団体、それに市町村行政の代表が荊冠旗や各団体の旗をなびかせて行進に参加しました。いっぽう、9月1日には東日本隊が長野を出発しました。東日本隊は群馬・栃木をまわって9月8日に埼玉に入り、9月9日には埼玉県庁を訪れて埼玉県の解放行政の樹立を要求しました。そして9月12日、東西両隊はあいついで東京に入り、中央国民大集会の会場である文京公会堂に到着しました。この国民大行進は真夏の焼け付くような炎天下のなかで始まり、途中台風にも襲われるという厳しい行進でした。文京公会堂にはすでに全国から集まった大衆が待ち受けていました。日焼けした東西の行進隊は、熱狂的な拍手と歓声に迎えられ、堂々と入場しました。会場の舞台には「政府は同和対策審議会の答申を尊重し完全急速に実施せよ」「部落の完全解放のために『特別措置法』を即時制定せよ」などのスローガンが大きくかかげられています。集会のあと、参加者は国会にむかってデモ行進をおこないました。先頭には朝田善之助や米田富、八木一男《やぎかずお》とともに野本武一がならびました。そのうしろには「国民大行進―『同対審』答申完全実施要求―福岡・東京１２００キロ」の横断幕、そして行進隊が続きます。

この歴史的な国民大行進に対して、政府は「答申を尊重し、責任をもって部落問題に取り組む」と言明しましたが、翌年、政府の組んだ部落対策関係予算はわずか47億円にすぎませんでした。また「特別措置法」の制定に対してはいっこうに重い腰をあげようとしませんでした。そのため、部落解放同盟は次の年も、またその次の年も「特別措置法」の制定をかかげて政府への運動を続けなければなりませんでした。そしてこうした粘り強い運動がようやく実って、１９６９（昭和44）年7月10日、ついに「同和対策事業特別措置法」が制定されたのです。この日、部落解放同盟は、「かえりみるならば百年の闘いの成果として、明治の解放令から初めて部落問題が法律的に制定されたのである。長い苦難の歴史的闘いの成果であり、解放運動史上の一頁を飾るものである」という声明を発表しました。

8　差別裁判反対と特別措置法具体化をかかげて

ところで、狭山事件はその後どうなっていったのでしょうか。１９６４（昭和39）年の9月に東京高裁で第2審の公判が開始されましたが、その後、裁判長が交代したために裁判は一時ストップし、法律の制定された翌年の１９７０（昭和45）年4月に再開されることになりました。この間、野本武一の努力によって第24回全国大会（1969年3月、東京）で石川一雄さんの両親がわが子の無実を訴えました。裁判が再開された１９７０（昭和45）年には「同和対策事業特別措置法」が制定されていましたが、狭山事件はまだ全国の部落に十分には浸透していません。そこで部落解放同盟は、狭山事件と特別措置法の二つの問題を全国のきょうだいに知らせるために、ここで三度目の全国行進を決定しました。この行動によって狭山事件が一挙に全国にひろがり、また特別措置法を武器にした行政闘争もひろがってゆくことになるのです。

ふたたび編成された行動隊は、１９７０（昭和45）年5月18日、福岡で開催された部落解放第４回全国研究集会の最終日に会場を出発しました。行動隊は、今度は3台のマイクロバスに分乗し、本隊が山陽路を進んだほか、四国と山陰にも分隊が入りました。行動隊はその後、岡山で合流し、近畿を経て名古屋に入り、名古屋から長野に入り、関東各県を回って6月14日、狭山市入間川小学校で開かれた「特別措置法具体化要求・狭山差別裁判反対部落解放国民大行動狭山総決起集会」に合流しました。この大行動によって、ついに狭山と特別措置法の二つの闘いはしっかりと結合されたのです。そしてこれ以後、この狭山事件の支援運動と特別措置法の具体化を二つの柱とした部落解放運動が全国にひろがってゆきました。

第3章　戦後同和行政の歴史と「部落差別解消推進法」

（解　説）

第1節は、２０１７年4月に開かれた人権行政情報交換会に合わせて書いたもので、戦後の同和行政の大きな流れを要約したものです。戦後の同和行政は、大きく4区分されます。第1期は敗戦から同和対策審議会答申が出されるまで、第2期は特別措置法に基づいて同和事業が実施される時代、第3期は特別措置法が期限切れを迎えて「空白の15年」といわれる時代、そして「部落差別解消推進法」が制定されて、これから始まる時代。もっとも、これからの時代がどうなるか未知数ですが、過去の成果を踏まえて部落差別を完全になくす時代にしたいものです。第1節のまとめに、特別対策が終了した以降すすめられてきた人権行政の問題点を整理して書いた２００５年の文章を追加しました。

第2節は、「部落差別解消推進法」の経過と意義について書いたものです。世の中には、「推進法」は「時代に逆行する」などと批判するものがいますが、「推進法」ができた理由は、一にも二にも現に差別が続いているからです。特別対策が終了して以降の「空白の15年」の間にも毎年、差別事件が起きました。近いところでは戸籍の不正取得による身元調査事件（２０１1年）、住宅販売会社による同和地区調査事件（２０１3年）、そして鳥取ループ・示現舎《じげんしゃ》の「全国部落調査」復刻版販売事件。これ以外にも相当数の差別事件が起きていますが、これらの事実こそが「推進法」の立法事実であり、法制定の根拠です。「推進法」ができた経過と意義をよくよく理解してほしいと思います。

第1　戦後同和行政の歴史

はじめに

「部落差別の解消の推進に関する法律」（以下「部落差別解消推進法」）が2016（平成28）年12月9日、参議院本会議で可決され、12月16日に施行、公布されました。同和問題解決のための国の特別対策であった「地域改善対策財政特別措置法」が2002（平成14）年に期限切れとなって失効して以来、直接、同和問題の解決を謳《うた》った法律がない時代が15年間続き、「同和行政は終わった」とか「同和教育はもうやらなくてもいい」という風潮が広がるなかで、今回あらためて同和問題解決のための法律、それも「部落差別解消」という、問題をストレートに表現した法律ができたことは、問題解決にとって極めて大きな意義を有する歴史的な出来事といわなければなりません。長年の運動がようやく実を結んだといえるでしょう。この間、協力をいただいてきた企業や宗教団体、労働組合など関係団体のみなさんに心から感謝申し上げる次第です。

この「部落差別解消推進法」ができるまでには、戦後の長い同和行政の歴史が存在しています。同和行政は、戦後いきなり始まったわけではなく、戦前にそのルーツが存在していますが、そこまで範囲を広げると大変長い解説になってしまいますから、それは割愛して、戦後の同和行政の歴史をたどってみたいと思います。

1　同和対策審議会「答申」と特別措置法

知ってのとおり、戦後の本格的な同和行政は1960（昭和35）年の同和対策審議会の設置から始まります。まずはこの同和対策審議会から戦後同和行政の流れをたどってみます。

日本国民とアジア諸国の民衆に計り知れない被害を与えたアジア太平洋戦争は、1945（昭和20）年8月15日に敗戦というかたちで終焉《しゅうえん》を迎え、焦土と化した焼け跡のなかから日本が再出発しました。人々は飢餓の恐怖のなかでも未来に希望を抱いて生活を再建し、連合国の占領政策に沿ったかたちで政治や社会の民主化が進みました。しかし、同和地区の住民は戦前と変わらない貧困と差別のなかであえいでいました。戦前の水平運動に携わっていた人たちは、この差別と貧困から部落の兄弟姉妹を救い出すために、いち早く解放運動の再建に乗り出します。

全国の部落の代表は1946（昭和21）年2月19日、京都市の新聞会館で全国部落代表者会議を開き、「部落解放全国委員会」を結成し、戦前の全国水平社の運動をひきついだかたちで解放運動を再建しました。全国委員会はその後、1955（昭和30）年に開催した第10回大会で名称を部落解放同盟と改称しましたが、解放同盟は1957（昭和32）年に開いた第12回全国大会で、はじめて国に法律を求める国策樹立請願運動の方針を打ち出しました。そして翌1958（昭和33）年には、東京・

四谷の主婦会館で「部落解放国策樹立要請全国代表者会議」を開き、国に同和問題の解決のための施策の実施を迫ると同時に、審議会の設置を求める方針を採択しました。部落解放同盟の動きを無視できなくなった政府はこの年、「内閣同和対策閣僚懇談会」を発足させ、1960（昭和35）年に「同和対策審議会設置法」を制定します。

審議会は設置したけれど政府の動きは鈍く、実際の審議会の発足は1年おくれた1961（昭和36）年の11月でした。また、その後おこなわれた審議も大変長引き、当初の予定を2回延長した末、期限ぎりぎりの1965（昭和40）年8月11日にようやく「部落問題を解決するための基本方策」（以下、同和対策審議会答申、または「答申」と略称）としてまとめられ、ときの総理大臣（佐藤栄作）に手渡されます。

●同和対策審議会の「答申」

このような経過をたどって発表された同対審答申は、いろいろな問題を含みながらも、同和問題の解決にとって極めて重要な文章となり、その後の同和行政の基本となりました。答申は、ぜひ一度は読んでください。非常に格調の高い文章です。ここではポイントだけを紹介しますが、答申はその前文で同和問題とはなにかを次のように述べています。

「同和問題は人類普遍の原理である人間の自由と平等に関する問題であり、日本国憲法によって保障された基本的人権にかかわる課題である。したがって、……これを未解決に放置することは断じて許されないことであり、その早急な解決こそ国の責務であり、同時に国民的課題である」

答申は、部落差別について、日本国憲法に照らして放置できないとはっきり述べ、その早急な解決は国の責務だと述べました。また、「同和問題の性格」について、第1部の「同和問題の認識」で次のように述べました。

「いわゆる同和問題とは、日本社会の歴史的発展の過程において形成された身分階層構造に基づく差別により、日本国民の一部の集団が経済的・社会的・文化的に低位の状態に置かれ、現代社会においても、なおいちじるしく基本的人権を侵害され、とくに、近代社会の原理として何人にも保障されている市民的権利と自由を完全に保障されていないという、もっとも深刻にして重大な社会問題である。」

このような認識に立って審議会は、同和問題を解決するために法律をつくって抜本的な取り組みをする必要があることを政府に提言しました。また政策の柱として、①生活環境の改善、②社会福祉の充実、③産業職業の安定、④教育文化の向上、および⑤基本的人権の擁護の五つを提言しました。

●「特別措置法」の制定

答申を受けた政府は、その後4年間にわたって議論を重ね、1969（昭和44）年にようやく「同和対策事業特別措置法」を制定しました。審議会が設置されてから法律ができるまで、実に10年もかかっています。

この「同和対策事業特別措置法」に基づいて同和地区の環境改善をはじめとした事業が進められるのですが、どこでもすぐに同和対策事業が実施されたわけではありません。同和行政の実施に消極的な行政も多く見られ、同和対策事業が実施されるまでに3年から5年近く時間がかかっています。なかには最後まで同和対策事業の実施を拒み、とうとう特別対策が終わるまで同和行政を実施しなかった地域も見られました。なぜ実施に抵抗したのか。それは一口にいえば、同和行政をやることが差別を助長するという考え方、つまりは「寝た子を起こすな」という考え方に固執したためですが、この点については別なところで説明したいと思います。

●同和対策事業の実施

このように反対もありましたが、全国的には法律の趣旨が理解され、漸次、同和行政が実施されていきました。埼玉でも、法律ができてから5年くらいの間に各地で同和行政がスタートしていきました。では埼玉県では、どのような同和対策事業が実施されたのでしょうか。県内でおこなわれた主な事業をあげてみたいと思います。

まず、①の生活環境の改善では、持ち家のための住宅新築資金や住宅改修資金の貸し出し、同和向け公営住宅の建設などの住宅対策がおこなわれました。また、道路の整備や下排水、公園整備などの環境改善事業がおこなわれました。②の社会福祉の充実では、隣保館や保育所の設置のほか、生活安定のための世帯厚生資金の貸し出し、生活相談員の設置、巡回保健相談などの事業がおこなわれました。③の産業職業の安定では、零細な企業向けの経営資金の貸し出しや経営相談、経営指導員の配置のほか、農業を営んでいる農家のための農業資金の融資、また、きゅうり・トマトなど野菜や果物をつくるためのビニールハウスの設置、牛・豚・鶏などの畜産施設の建設、共同利用農機具の導入などがおこなわれました。安定した職業に就くための職業対策では、職業訓練や就職支度金の支給、自動車の免許取得資金、職業相談員の設置などの事業がおこなわれました。④の教育文化の向上では、なによりも子どもたちの教育を保障するための高校・大学奨学金の支給がおこなわれました。また、同和地区に隣保館や教育集会所が設置され、学力向上のための小中学生学級が開かれました。学校における同和教育を推進するために同和教育推進教員が配置され、同和教育向けの映画の製作や副読本の作成がおこなわれました。⑤の基本的人権の擁護については、同和問題を正しく理解するための差別を許さない県民運動や講演会開催などの啓発事業などがおこなわれました。ただ、あとで述べるように、この啓発については、十分に実績を上げることができませんでした。それはさておき、１９６９（昭和44）年から２００１（平成13）年までに国がおこなった事業の合計は、16兆円と報告されています。埼玉県が実施した同和対策事業の合計は１２２４億５０００万円です。ただし、融資が相当入っていますから、その分を差し引いて考えないと誤解が生じます。

2　特別対策事業の成果と課題

●同和対策事業の成果

33年にわたって取り組まれてきた同和対策事業は、大きな成果を上げました。ここではその成果と残された課題を、主要な点だけあげてみたいと思います。

成果のひとつは、劣悪だった同和地区の住宅や環境の改善が進んだことです。特別対策法ができる前の時代、同和地区には不良住宅や劣悪な環境が見られました。埼玉の場合は、関西にあるような都市型の部落はないので、いわゆるスラムと呼ばれるようなバラックが密集したような都市型の地区はありませんでしたが、やはり相当古くてボロな住宅が各地で散見されました。また、曲がりくねった細い道があるだけで、車の通行もままならないような地域も各地に見られました。このような住宅環境に対して、道路の整備や下排水、公園などの環境整備事業がおこなわれ、また住宅の改修や持ち家のための住宅新築資金の貸し出しがおこなわれ、住環境はずいぶん良くなりました。ただ、借りた住宅資金がまだ払えていない家も残っていて、これが今日も課題のひとつになっています。

二つ目は、社会福祉の充実です。県内で11カ所に隣保館が建設され、隣保館の建設要件に満たない小規模な地域では、隣保館に代わる施設として教育集会所が建設されました。集会所の数は１０３館を数えます。西日本と違って同和地域の戸数が少ない少数点在型の埼玉では、この集会所が主流となりました。また、13カ所で同和保育所が建設され、同和地区の乳幼児の子育て支援に大きな役割を果たしました。このほか社会福祉対策では、生活支援のための小口の融資制度である厚生資金の貸し出しや健康診断を目的にした巡回保健相談などが取り組まれました。隣保館には生活相談員が設置され、生活困窮者の生活相談がおこなわれました。

三つ目の成果は、産業対策、職業対策が取り組まれて、零細事業者の経営の安定と職業の安定がある程度図られたことです。産業対策としては、零細企業向けの経営資金の貸し出しや経営相談がおこなわれましたが、専門の経営指導員が配置され、融資の斡旋《あっせん》や確定申告の相談にあたり大きな成果を上げています。また、埼玉の同和地区は農家が多いのですが、農業をやっている人のための農業資金の融資のほか、トマト、きゅうり、観葉植物などの栽培のためのビニールハウスが設置され、牛・豚・鶏などの畜産施設がつくられました。ただ、畜産関係は、日本の農業環境が年々悪化するなかで、事業の成功率はあまり高いとはいえません。途中で挫折した組合もずいぶんありました。このほか埼玉で多かったのは、共同利用農機具の設置です。今も利用しているところがありますが、大変利用者が多かった事業です。このほか、安定した職業に就くための職業訓練や就職支度金の支給、自動車の免許取得のための資金などが特別対策事業として取り組まれ、成果を上げています。このほか、職業安定所に同和向けの職業相談員が設置され、就職相談や斡旋がおこなわれました。

教育文化の向上では、高校や大学奨学金の支給が非常に有意義な事業として成果を上げました。同和問題の解決を考えたときに、その核心をなす大きな課題のひとつが教育の問題です。かつて住民の大半は義務教育も満足に受けられず、安定した仕事に就くことができませんでした。また、それが子どもの教育にも影響するという「負の連鎖」が続いていたのですが、その連鎖を断ち切るためには、何よりも子どもたちの教育を保障すること、つまりは高校・大学に行くことが大きな課題でした。その意味で、高校・大学の奨学金は非常に大事な事業でした。また、隣保館や教育集会所を利用した子ども会や小中学生学級は、子どもたちの学力を向上させるうえで大きな成果を上げました。子ども会や小中学生学級の取り組みでは、同和地区を校区に抱える学校に同和教育推進教員が加配され、加配教員が子ども会や学級の面倒を見てくれたことも、大きな成果を上げた要因となりました。

最後に基本的人権の擁護についてですが、埼玉では同和問題を正しく理解するために「差別を許さない県民運動」などの啓発事業や講演会などがおこなわれました。県民の差別意識を払拭するためのこの啓発については、「部落差別は許されない」という社会的な意識が共有されるようになったという意味では、成果があったといえます。しかし、最近の調査に見られるように、部落に対する偏見や差別意識はいまなお社会の底辺に根強く残されており、各種の啓発が必ずしも十分に成果を上げることができなかったという課題を残しました。その原因は、啓発事業や人権教育が徹底されなかった点にあるのですが、それ以上に国民の間に残る偏見や差別意識がいかに根強いものであるのかを示すものでもありました。部落差別に限りませんが、いったん社会意識として根付いた差別意識や偏見を取り除くことは簡単なことではありません。付け加えれば、この社会意識としての差別意識や偏見は、姿やかたちを変えて継承されていく側面を根強く持っている点に特徴が見られます。静岡大学の黒川みどり教授は、これを「つくりかえられる徴《しるし》」と呼んでいますが、貧しくて身なりや環境・住宅が悪ければ「汚いから差別されるのだ」と言い、同和対策事業などによって生活が向上すれば、今度は「国から金をもらってよくなった」と言って差別する、つまりは、時代が変わり状況が変わっても、何か差別の理由を探し出して差別するという部落差別の特性を指摘しています。これはまた別の機会に説明します。

●残された課題

特別措置法に基づいておこなわれた同和対策事業は、大きな成果を上げました。しかし、それで問題がすべて解決したというわけにはいきませんでした。やはり、いろいろな課題も残されました。次に残された課題について述べてみたいと思います。

まず、一番大きな課題は、なんといってもいまなお差別意識が根強く残っていることです。2014（平成26）年に県内の58の市町村が人権意識調査をおこないましたが、身元調査を「当然だ」と考えている人が1割前後いました。また、住宅を選ぶときには「同和地区は避けたい」と考えている人も1割前後いることがわかっています。できれば避けたいと思っている人を足すと、半分以上の人が結婚や住居で同和地区を避ける意識をいまだに持っています。これは全国各地の意識調査でも同じ傾向が見られます。同和問題については、「もう差別なんてない」、「だから同和教育なんかいらない」と言って反対する人がいるのだけれども、何を根拠にして言うのか、やはり主観ではなくてきちんと調査をして、ものを言う必要があります。調査結果を見るかぎり、国民の同和地区住民に対する差別意識や忌避意識は、特別対策以前も以後も大きな変化はありません。いずれにしても、毎年のように繰り返される身元調査や結婚差別事件に示されるような、また意識調査の結果に示されるような差別が残っていること、これが何より大きな課題です。

二つ目の課題は、環境改善については用地買収が進まず、計画的な街づくりができなかったことです。同和地区の住宅や環境改善が進んだことは先ほど言いましたが、しかし、全部の地区が良くなったともいえないのです。その一番の理由は、用地買収が進まず、計画的な街づくり事業ができなかった地区が多かったからです。例えば、さいたま市のM地区は80戸近くあるのですが、地区のなかには幹線道路がありません。そのために、住宅は良くなりましたが狭苦しい街の雰囲気は昔のままです。原因は用地買収ができなかったことです。幹線道路を通すには個人の住宅地を買い取らなければなりませんが、これは容易なことではありません。結局、U字溝にふたをするとか、十字路の角の隅切りをして、なんとか車がすれ違えるようにしましたが、計画的な街作りができたとはいえません。同じさいたま市でも、N地区のように区画整理をやって街づくりを成功させたところもありますが、こういう問題が残りました。

三つ目の課題は、同和地区内にも大きな格差が見られるようになり、生活に困窮する人が増えていることです。知ってのとおり、1990年代以降、日本は大きな格差社会になりました。いま、6世帯に1世帯が貧困家庭といわれ、なかでも子どもの貧困が大きな問題になっています。実際、給食費が払えないとか、三度の食事がきちんととれていない子どもが増えています。先日も高校の先生から、修学旅行の積立金が払えないので修学旅行に行かないという生徒がどのクラスにも何人かいる、という報告を聞きました。貧困の問題は本当に深刻です。みんなが楽しく修学旅行に行っている間、その生徒はどのような気持ちで過ごしているのか、生徒の気持ちを考えると切なくなります。

ところで、同和地区についてですが、同和地区のなかでも格差が進み、生活困窮者が増えています。むかしはみんな貧乏だったのですが、この40年間に格差がひろがり、同和地区にも大きな格差が見られるようになりました。調査はありませんが、たぶん生活困窮者の割合は周辺より高いと思います。格差は同和地区だけの問題ではないのですが、同和地区における格差は残された大きな課題です。

四つ目は、児童虐待・DVなどの人権侵害や虐待が深刻化したことです。かつて同和地区に対する差別が人権侵害の象徴のようなかたちで取り上げられた時代がありましたが、いま、いじめや児童虐待、DV、あるいは高齢者への虐待など、深刻な人権侵害や差別、虐待が大きな社会問題になっています。最近では、ヘイトスピーチという、外国人の排除を叫ぶあからさまな差別煽動《せんどう》が堂々とまかり通るとんでもない社会になってしまいました。もちろん、部落差別がなくなったわけではありませんが、部落差別と同じように深刻な人権侵害や虐待が広がっています。差別に優劣を付けられませんが、児童虐待やヘイトスピーチなど、本当にひどい時代になってしまいました。私はその背景に今日の格差と貧困があると思います。また、格差と貧困だけではなく、社会の倫理観の変化、社会規範（モラル）の喪失、教育力の低下、つまりは子育ての格差、そして核家族化、地域の連携の喪失、マスコミの煽動的報道、インターネットやSNSによる個人攻撃、さらに格差拡大による不満と社会の閉塞感、政治への不信などがあげられると思います。それはまた別の機会に述べたいと思いますが、格差と貧困の拡大が今日の深刻な人権侵害の背景に横たわっていると思います。

さて、最後の課題は、人権侵害の被害者救済ができていないことです。被害者救済制度というのは、具体的にいえば、結婚差別や就職差別などの差別が起きた場合、差別した人や会社に差別が間違っていることを指摘し、反省を求め、また、被害者を救済する制度です。現状では、日本には差別や人権侵害の被害を救済する法律や制度がありませんので、被害者が加害者に対して反省や救済を求めようとした場合、裁判所に訴え出るか、直接本人に抗議して反省を求める以外に救済の道はありません。

そのために、ほとんどの場合、被害者は泣き寝入りをするしかないのが現状ですが、これを公的な制度を設けて、しかるべき機関がきちんと対応する制度です。部落差別だけに限定しないで、すべての人権侵害に対応できる救済制度をいいます。この救済制度が日本にはありません。日本は人種差別撤廃条約などに批准しているから、国連の人種差別撤廃委員会や自由権規約委員会からもたびたび救済制度を導入するよう勧告されているのですが、いまだに実現していません。その昔、法務省は、日本には人権侵害の救済のための人権擁護委員制度があるからいらないと言っていましたが、しかし全国に1万4000人いる人権擁護委員は、ほとんど名誉職のような仕事しかしておらず、人権侵害の相談や訴えに対して効果的な対応ができていません。なぜかというと、人権擁護委員は調査や指導の権限が与えられていないからです。現状では、人権擁護委員は相談を受けて報告するだけで、あとの処理は全部、地方法務局の人権擁護課がやるというシステムになっています。だから、やりたくてもできないというのが実情なのですが、この人権擁護委員制度を抜本的に改変して、人権侵害に関連した相談に迅速に対応し、調査や調整など一定の権限を持って指導する効果のある制度にするために、人権擁護委員制度を抜本的に変えていくべきだというのが私たちの主張です。法務省もようやく腰を上げて法案提出まで行ったのですが、国会解散で二度も廃案になっています。これについては、第4節で取り上げます。

3　人権擁護推進審議会「答申」と人権教育・啓発推進法

さて、話を本題に戻します。本題は「戦後の同和行政の歴史」についてです。先ほど述べたように、同和対策事業特別措置法に基づいて33年間にわたってさまざまな事業がおこなわれ、生活環境の改善や教育の向上など、大きな成果を上げました。それを踏まえて国は、特別措置法が制定されてから27年経《た》った1996（平成8）年に、同和対策事業の目的はおおむね達成できたとする地域改善対策協議会の「意見具申」（地対協意見具申）を発表しました。これが、戦後続けられてきた特別対策としての同和行政の大きなターニングポイントとなりました。

●地対協「意見具申」

意見具申は、「我が国固有の人権問題である同和問題は、憲法が保障する基本的人権の侵害に係る深刻かつ重大な問題である。戦後50年、本格的な対策が始まってからも四半世紀余、同和問題は多くの人々の努力によって、解決へ向けて進んでいるものの、残念ながら依然として我が国における重要な課題と言わざるを得ない」という認識を示したうえで、結論として「これまでの特別対策については、おおむねその目的を達成できる状況になったことから、現行法の期限である平成9年3月末をもって終了することとし、教育、就労、産業等のなお残された課題については、その解決のため、4で述べるような工夫を一般対策に加えつつ対応するという基本姿勢に立つべきである」と述べました。

私たちは、この「意見具申」、なかでも特別対策の終了に強く反対しました。それはなんといっても同和地区の生活格差、教育格差が残っており、また、同和地区住民に対する差別が依然として残っているからです。これに対して政府は、差別意識はまだ残っていることを認めながらも、「実態的差別」はおおむね解決されたとして特別対策事業を終了させました。ここではかなりの意見の対立が見られたのですが、意見具申は私たちの主張を反映したようなかたちで、次のように特別対策後の同和行政について述べています。

「同対審答申は、『部落差別が現存するかぎりこの行政は積極的に推進されなければならない』と指摘しており、特別対策の終了、すなわち一般対策への移行が、同和問題の早期解決を目指す取組みの放棄を意味するものでないことは言うまでもない。一般対策移行後は、従来にも増して、行政が基本的人権の尊重という目標をしっかり見据え、一部に立ち遅れのあることも視野に入れながら、地域の状況や事業の必要性の的確な把握に努め、真摯に施策を実施していく主体的な姿勢が求められる。」

意見具申は、特別対策は終了させるが、同和問題解決の取り組みを止めてはならないことを強調しました。そのうえで同和問題の解決については二つの課題が残っているとして、それらの問題の解決についての施策のあり方について審議会の設置を求めました。二つの課題というのは、ひとつは教育・啓発で、もうひとつは人権侵害の被害者救済制度です。

●人権擁護推進審議会の二つの答申

さて、二つの課題が残っているという地対協の意見具申を踏まえて、政府はその年（1996年）に人権擁護推進審議会を設置し、人権教育及び啓発についてと人権侵害の救済制度の二つのテーマを諮問しました。審議会はまず人権教育・啓発について審議し、1999（平成11）年に第1号答申「人権尊重の理念に関する国民相互の理解を深めるための教育及び啓発に関する施策の総合的な推進に関する基本事項について」を出しました。また、もうひとつの諮問事項である人権侵害の救済制度については、2001（平成13）年に第2号答申「人権救済制度の在り方について」を出しました。その後、この二つの答申に沿って法律の整備が国会で議論されることになります。

●人権教育・啓発推進法の制定

まず、第1号答申の教育・啓発について国会で審議がおこなわれました。国会の審議では、法律制定に対して反対する意見もあったけれど、全国的な運動に押されるかたちで2000（平成12）年に「人権教育及び人権啓発の推進に関する法律」（以下「人権教育・啓発推進法」）が制定されました。この法律は第1条の「目的」で、次のように法律の目的を述べました。

「この法律は、人権の尊重の緊要性に関する認識の高まり、社会的身分、門地、人種、信条又は性別による不当な差別の発生等の人権侵害の現状その他人権の擁護に関する内外の情勢にかんがみ、人権教育及び人権啓発に関する施策の推進について、国、地方公共団体及び国民の責務を明らかにするとともに、必要な措置を定め、もって人権の擁護に資することを目的とする。」

同和問題の解決を図るための法律であるという直接的な表現はしませんでしたが、同和問題は「社会的身分」として表現し、同和問題を人権教育・啓発の重要な課題のひとつとして位置づけるとともに、人権教育・啓発を推進する地平の先に同和問題の解決を目指しました。これが後になって、「同和教育は終了させて、今後は人権教育をやればいい」というような混乱を招く原因にもなるのですが、この点はあとで触れたいと思います。

この人権教育・啓発推進法は第3条で、国や地方公共団体が学校、地域、家庭、職域その他のさまざまな場を通じて、国民が人権尊重の理念に対する理解を深め、これを体得することができるよう、多様な機会の提供、効果的な手法の採用、国民の自主性の尊重及び実施機関の中立性の確保を旨として、人権教育や啓発に取り組むことを呼びかけました。また、第7条「基本計画」で、国は、人権教育及び人権啓発に関する施策の総合的かつ計画的な推進を図るため、基本的な計画を策定しなければならないとし、第9条「財政上の措置」では、人権教育・人権啓発を実施する地方公共団体に対し、当該施策に係る事業の委託その他の方法により、財政上の措置を講ずることができる、と財政措置を明示しました。しかし、国はわずかな財政支援をおこなっただけで、時間がたってしまいました。このため、同和教育は大きく後退してしまいました。

いずれにしても、同和問題については、特別措置法が期限切れとなって以降、この人権教育・啓発推進法が行政の根拠法とされ、県や市町村は、この人権教育・啓発推進法を根拠にして同和行政や同和教育を続けることになりました。

●2回廃案になった人権委員会設置法案

ところで、審議会のおこなったもうひとつの答申「人権救済制度の在り方について」については、なかなか法案の提案が実現しませんでした。「被害者救済制度」というのは、名前のとおり、差別や虐待など人権侵害があった場合に被害者を救済するための法律です。ただし、同和問題だけを対象にした法律ではなく、児童虐待や女性差別、DV、外国人差別、高齢者虐待など、すべての人権侵害や虐待を対象にしたものです。

さて、この被害者救済法はどうなったか。これについては、2002（平成14）年に「人権擁護法案」としていったんは国会に提出されました。「人権擁護法案」は、名前は人権擁護ですが、実質的に人権委員会の設置法です。人権侵害や虐待があった場合、その相談を受けて被害者を救済するための人権委員会を設置するという法律です。具体的には、現在ある人権擁護委員制度を抜本的に改正して、新しく人権委員会を設置し、その人権委員会が相談や救済をおこなうという内容の法律です。その法案ですが、法案が国会に提出されて審議が始まったのだけれど、しかし残念なことに国会の解散によって廃案となってしまいました。そして、法案が成立しない状態のまま、2002（平成14）年3月末で同和問題の特別対策法が失効してしまいました。それ以後15年間、部落問題を直接テーマにした法案がない状態が続きました。

このため、私たちは何とか同和問題解決を謳った法律を制定しようと運動を続けてきましたが、政府はなかなかそれに応えようとしません。そうしたなか、2009（平成21）年に民主党政権が誕生しました。私たちはこれを千載一遇のチャンスととらえ、最大限の運動を起こしました。その結果、2012（平成24）年にようやく「人権委員会設置法案」が国会に提案される状況が生まれました。鳩山由紀夫《はとやまゆきお》内閣は法案を閣議決定し、いよいよ国会に提出するというところまでこぎ着けました。しかし残念なことに、民主党は党首が鳩山さんから菅直人《かんなおと》さん、そして野田佳彦《のだよしひこ》さんに交代し、その野田内閣は、いわゆる消費税問題で国会が紛糾し、解散してしまいました。この解散劇で、またしても法案は廃案になってしまいました。こうして救済制度については、いまだに法律が整備されないで放置された状態が続いています。政府および立法府の怠慢というほかありません。

4　人権教育・啓発推進法と人権行政

話をもう一度、２０００（平成12）年の人権教育・啓発推進法に戻します。この法律は、すでに説明したとおり、地対協意見具申を受けて設置された人権擁護推進審議会の答申を踏まえて制定された法律です。意見具申では、依然として存在する差別意識の解消に向けた教育・啓発の推進と、人権侵害による被害の救済等の対応の充実強化を求め、教育・啓発については、「これまでの同和教育や啓発活動のなかで積み上げられてきた成果とこれまでの手法への評価を踏まえ、すべての人の基本的人権を尊重していくための人権教育、人権啓発として発展的に再構築すべき」であると提言しています。したがってこの法律は、特別対策から地対協意見具申、人権擁護推進審議会答申と続く同和問題に関する一連の議論を踏まえて、人権教育・啓発として「発展的に再構築」されたところの同和教育や啓発を進めるために制定された法律としての役割を担っています。もちろん、この法律に直接、同和教育・啓発の名称は付けられていませんが、法律ができた経過からして、人権教育・啓発のなかに同和教育をしっかり位置づけ、その取り組みの先に部落問題の解決を展望する法律であることは明らかです。この点を忘れてはなりません。

●人権教育・啓発推進法に基づいた人権行政

さて、国は人権教育・啓発推進法に基づいて「人権教育・啓発に関する基本計画」を策定し、そのなかに同和問題を位置づけました。基本計画は「これまでの同和問題に関する教育・啓発活動のなかで積み上げられてきた成果等を踏まえ、同和問題を重要な人権問題の一つとしてとらえ、以下の取組を積極的に推進する」と述べ、同和問題解決のための教育・啓発の推進を唱えました。これが地方自治体のモデルとなり、全国各地で基本計画に沿ったかたちで基本方針や推進指針が作成されました。埼玉県も2002年に「埼玉県人権施策推進指針」を発表し、同和問題を人権問題の重要な課題の一つとして取り組むという行政上の位置づけをおこないました。具体的には、教育・啓発を中心に講演会や人権研修会の開催、あるいは差別をなくす県民のつどいの開催のほか、郡市の人権フェスティバルへの補助などに取り組みました。いっぽう、市町村は、人権講演会や研修会のほか、子どもを対象にした学級開催や健康ダンス教室などの教育集会所や隣保館をつかった事業を続けました。

また、この方針の変更に合わせて同和行政は施策の面でも変更や位置づけ直しがおこなわれました。具体的には、同和対策事業として地区のなかに建てられていた隣保館や同和保育所については、施設はそのまま残し、やっている事業もそのまま続けましたが、法律上は公立の福祉施設や保育所と同じような位置づけとなりました。また、市町村が設置していた同和対策課が人権推進課や人権政策課というように名称が変更されました。学校の同和教育も人権教育と変更され、人権教育のなかの重要な課題のひとつとして同和教育がおこなわれるように変更されました。しかし、これらの取り組みは決して手放しで喜べるようなものではありませんでした。そこには大きな問題が含まれました。次にこの点について指摘したいと思います。

5　人権行政の現状と問題点

特別対策が終了したあとの人権行政の問題点はいろいろありますが、ここでは主要な3点に絞って指摘します。

まず第1の問題点は、なんといっても人権行政が教育と啓発だけになっている点です。「教育と啓発だけになっている」というのは、教育・啓発以外の他の分野の取り組みが無視されているという意味です。

そもそも人権行政とは、どのような内容の行政なのでしょうか。私は、人権行政とは次の4つの柱から成り立っていると考えています。第1の柱は、人権教育・啓発です。これには誰も文句はないと思います。人権を尊重する意識や態度を身につけるための教育と啓発、あるいは差別を許さない生き方ができるような教育と啓発、これが人権行政の重要な柱であることに異論はないでしょう。しかし、もちろん、人権行政はこの教育・啓発だけではありません。それ以外にも重要な柱があります。では、それ以外のどんな柱があるのでしょうか。

二つ目の柱は、自立支援です。自立支援というのは、障がいをもった人や外国人労働者、同和地区住民、ＨＩＶ等感染者、アイヌ民族など、被差別の立場に置かれている人に対する支援です。ただし、障がい者や外国人労働者、同和地区住民のすべてが支援を必要としているわけではありません。それらの人たちのなかで支援を必要としている人たちへの支援です。だから正確にいえば、障がい者や外国人、同和地区住民、ＨＩＶ感染者、アイヌ民族など、被差別の立場に置かれている人のうちで、生活や教育、医療、介護などの支援を必要としている人への支援ということになります。これが人権政策のもうひとつの重要な柱です。具体的には、住宅や子どもの教育、介護・福祉、就労などの生活上のさまざまな支援をおこなうことですが、それが今日の人権施策のなかに含まれていません。

例えば、夫の暴力のために子どもを連れて逃げ出した女性を例にとって考えてみましょう。ＤＶは、犯罪であり、たとえ夫婦の間でも暴力は暴力であって、明らかな犯罪です。この犯罪をやめさせるためにさまざまな啓発がおこなわれていますが、啓発だけでは問題は解決されません。夫の暴力から逃げている女性は、住むところも生活費もありません。この女性が自立して生活できるようにすることが、まずは何よりも優先する「人権行政」です。そう考えたとき、人権行政は啓発・教育だけでないことはわかるはずです。

この自立支援は、日本経済が破綻し、失業者や生活困窮者が増加している現在、とくに重要性を増しています。もちろん、失業者や生活困窮者は、同和地区住民や外国人、障がい者、ＨＩＶ感染者、アイヌ民族だけではありませんが、その割合は一般的な国民よりもずっと高いことが問題です。

最近、国民の格差の拡大と固定化が大きな社会問題として指摘されていますが、年収２００万円以下で生活している勤労者が2割を超え（国税庁・民間給与実態統計調査２００４）、低所得者層が親子2代、3代にわたって固定化しているという深刻な現実は、弱肉強食の競争社会の行き着く先を映し出しています。２００５（平成17）年3月にはＮＨＫが「格差固定化」の特集番組を組みましたが、子どもの学費も満足に払えない貧困層が増えている一方、セレブなどと呼ばれる富裕層の無意味な浪費が美徳のように喧伝《けんでん》される日本社会は、いったいどこへ向かうのでしょうか。それはともかく、格差の拡大・固定化のなかで呻吟《しんぎん》している被差別の立場にある人たちへの支援、これが人権政策のもうひとつの柱に据えられなければなりません。

ただし、です。人権行政としての自立支援策がほとんど何もない現状のなかで、いくら自立支援施策の必要性を叫んでも、それは単なる空念仏にすぎません。そのため、現実的な取り組みとしては、自立支援のための「相談活動」が重要です。自立支援のために、本人に寄り添って既存の行政サービスや施策をていねいに紹介し、提供する相談活動、これを当面の人権施策として提起したいと思います。すでに大阪府や神奈川県などでは相談員制度が成果を上げていますが、住宅や教育、就労の相談はもちろん、子育てで悩んでいる人や心が病んでいる人、引きこもっている青年、家族関係で悩んでいる人などのさまざまな相談活動を充実させること、これが人権政策の2番目の柱です。

人権政策の第3の柱は、人権侵害の被害者救済です。被害救済というのは、文字通り差別や虐待などの人権侵害が起きた場合、本人の訴えに応えて救済する制度です。人権政策という場合、この被害者救済がもうひとつの柱に据えられなければならないことはいうまでもありません。私たちは、現在の人権擁護委員制度が機能していない現状を踏まえて、人権擁護委員制度を抜本的に改革して、実効性のある人権委員会をあらたに設置するよう運動を続けていますが、この人権委員会を軸にして効果的な人権侵害の救済制度を誕生させることが日本政府に求められています。制度の詳しい解説は省きますが、２０１２（平成24）年に国会に提出された「人権委員会設置法案」が廃案になって以降、現在のところ法案が提出される見通しは立っていません。

第4の柱は、障がい者や外国人、同和地区住民、ＨＩＶ感染者、アイヌ民族など、被差別者との交流です。この交流は啓発の一環として考えてもいいのですが、私はあえて人権政策の柱のひとつにこの交流を入れるべきだと考えています。というのは、差別や偏見は知識だけでは取り除けない側面をもっており、被差別の当事者との交流や連携がないかぎり、本当の理解が生まれないからです。実際、同和問題にしても外国人にしても障がい者にしても、その差別意識や偏見を取り除くためには当事者とのふれ合いや交流が欠かせません。当事者との交流を通じて、当事者の痛みや苦労、あるいは人間としての誇りやすばらしさを理解しないかぎり、知識だけでは偏見は簡単には取り除けません。

以上、人権行政の柱をかいつまんで説明しましたが、ここまで説明すればわかってもらえると思います。現在の人権行政が教育と啓発に限定され、それ以外の人権施策が無視されてしまっているということの意味が。これが今日の人権行政の一番大きな問題です。

●同和問題抜きの人権教育・啓発

人権行政の2番目の問題点は、人権教育・啓発が同和問題抜きのそれになってしまっている点です。

いま私は、人権行政の一番大きな問題点は人権行政が教育と啓発だけになっていると指摘しましたが、その教育・啓発もよくよく見てみると、同和問題を抜きにした教育・啓発になっているところが多いことに気づきます。「ところが多い」と言ったのは、きちんと同和問題を位置づけているところもあるからで、全部の市町村がそうだというわけではありません。しかし、やはり同和問題を抜きにした人権教育・啓発が見られることも事実です。その背景には「やっかいな同和問題をなるべく避けたい」という心情があるように思います。しかし、もうひとつ、「人権教育や人権啓発をやれば、同和問題の教育や啓発はいらない」という考え方が存在している点も見過ごすことができません。この背景には、1996（平成8）年の地対協意見具申が存在しています。地対協は「（部落差別解消のための）教育及び啓発は引き続き積極的に推進していかなければならない」と言いながら、同和教育・同和啓発は「人権教育、人権啓発として発展的に再構築すべき」と述べ、あたかも人権教育や人権啓発をやれば同和教育はやらなくてもいい、というように解釈できる怪しげな言い回しをしました。これは、同和教育・啓発をサボりたい人間にとってはまことに都合のいい言い回しです。実際、「人権教育をやれば同和教育はやらなくてもいいのだ」と言って、校内の同和問題研修会の企画を潰した校長もいました。

しかし、もちろん、同和教育が化学変化を起こして人権教育に化けたわけではありません。また、「人権教育をやれば同和教育はやらなくてもいいことになった」わけではありません。同和教育・啓発は、人権教育の「重要な柱の一つ」として位置づけされたのであって、「重要な柱の一つ」は、どこまで行っても「重要な柱の一つ」です。事実、国の人権擁護推進審議会の第1号答申および人権教育・啓発基本計画も埼玉県の人権施策推進指針も、人権問題の重要課題として同和問題を掲げています。

ここでの問題は、人権教育が同和教育をやらないための「方便」として利用されている点です。また、人権教育をやれば同和教育はやらなくてもいいというように都合よく解釈されている点です。もちろん、われわれは「同和教育だけを特別にやれ」と主張しているわけではありません。障がい者や外国人、感染症患者など、さまざまな問題を理解するための人権教育も大いに取り組まねばなりません。しかし、だからといって同和教育はやらなくてもよいわけでは決してありません。同和教育は人権問題の重要な課題のひとつとして取り組むべきであり、当事者としては人権課題の中心に据えて取り組んでほしいと訴えたいところです。それはともかく、人権行政の2番目の問題点は、人権教育・啓発が同和問題抜きのそれになってしまっていることです。

●人権政策推進の無理解

3番目の問題は、解放同盟がなぜ「人権政策の確立」や「人権教育の積極的な推進」を提唱しているのか、がよく理解されていない点です。

われわれ埼玉県連は、特別対策終了時の2002（平成14）年の大会で、「これからは部落差別だけでなくすべての差別をなくすための人権運動の先頭に立つ」ことを決定し、その方針に沿って地域ごとに人権フェスティバルの開催などに取り組むことを呼びかけました。その結果、地域ごとにフェスティバルがにぎやかに、かつさまざまな人権団体の参加によって多様なかたちで開催されるようになりました。人権施策は何も人権フェスティバルだけではありませんが、このフェスティバルをはじめとした人権運動をなぜ解放同盟が提唱しているのかが、行政の側に、またわれわれ解放同盟の内部にも必ずしも理解されていない、これが3番目の問題です。

先に答えをいうと、解放同盟が「これからは部落差別だけでなく、すべての差別をなくす運動に取り組もう」と呼びかけるのは、ほかでもない部落差別をなくすためであって、法律が切れて「人権」の時代になったからではありません。

もちろん、そもそもの話として、すべての差別をなくすことが解放同盟の究極の目的だから、一般論として人権運動に取り組むことはそもそもの運動の目的ではありますが、一番のねらいは、部落差別をなくすためにこそ人権運動に取り組もうとしていることです。

ここは少々理屈になりますが、聞いていただきたい。問題の核心は、部落差別をなくすためには、日本の国民の人権意識そのものの底上げが必要だという点にあります。——なぜか。一口にいえば、日本人の人権意識の低さが、部落差別を生み出す土壌になっており、部落差別をなくすためには、同和教育と並んで、人権意識の底上げのための人権教育が必要だからです。実際、意識調査を見てもわかるとおり、部落出身者との結婚に強く反対しているのは、家柄や血筋にこだわり、外国人や女性や障がい者を蔑視している人間、すなわち人権意識の低い人間、人権感覚の乏しい人間です。このことは、部落への差別意識をなくすためには、同和問題を理解するための同和教育だけでなく、人権教育・啓発を進めること、人権意識の底上げが不可欠であることを表しています。日本人全体の人権意識の底上げをしないことには、部落への差別意識も簡単に取り除くことができないのです。特別対策としての33年間に、同和地区に対する差別意識や偏見をなくすための教育や啓発が取り組まれてきましたが、結果的には差別意識や偏見はなお社会のなかに根強く残ったままです。その原因のひとつは、人権教育のきちんとした位置づけが弱かった、別の言い方をすれば、同和問題の理解だけを求めるような傾向が強かった、その点に原因のひとつがあったのではないか、と私は思っています。もちろん、同和問題を理解する、同和地区への差別意識や偏見をなくす同和教育は必要不可欠ですが、それと並行して人権意識を底上げする取り組みが必要であったことをあらためて考えなければなりません。このような考え方に立って解放同盟は、人権教育や啓発の重要性を訴え、人権フェスティバルや人権教育研究集会に率先して取り組んできました。しかし、その狙いがまだ十分に理解できないこと、そのためにフェスティバルなどへの関心がいまだに弱いこと、これが3番目の問題です。

まとめ

同和対策審議会の答申から特別措置法の制定、それに基づいた同和事業の実施、そして特別対策の終了から人権行政への転換――。この章では、戦後同和行政の流れを駆け足でみてきましたが、戦後同和行政はさまざまな変転をたどって進められました。いま振り返ればその足取りは、文字どおり不当な差別と、それが原因となってもたらされた同和地区の貧困や格差をなくしたいという住民の願いを実現するための長い闘いの歴史であり、同時にその訴えを受け止めた国や地方自治体の取り組みそのものであったといえるでしょう。いずれにしても、戦後の同和行政は、課題を残しつつも大きな成果を上げてきたもので、日本の政治史にその足跡を残す戦後の一大プロジェクト事業でした。

ところで、特別対策終了後も、同和地区の住民に対する差別は相変わらず続きました。２０１１（平成23）年のプライム事件や２０１３（平成25）年の住宅販売会社による同和地区調査事件など、全国にまたがる差別事件が毎年発生しました。さらにインターネットの普及とともに、匿名性を悪用して同和地区や地区出身者をネット上にさらす悪質な差別事件がかえって増加しました。このような状況に対して、私たちは繰り返し差別の不当性を訴え、差別をなくしていくための国の政策と、それを裏付ける法律の必要性を訴えつづけてきました。しかし、その声はなかなか届かないまま、いたずらに歳月ばかりが過ぎ、15年も待たなければなりませんでした。その間、同和行政や同和教育は年々後景化し、なかにはやめてしまうところも出てきました。しかし、それにもめげず、私たちは粘り強く部落差別をなくすための国の政策を求めつづけてきました。それはなんといっても、毎年のように差別事件が続いていたからです。そして２０１６（平成28）年、ようやく私たちの運動が実を結び、部落差別をテーマにした法律が日の目を見ることになりました。それが「部落差別解消推進法」です。「部落差別解消推進法」は、したがって戦前から戦後へつながる90年にわたる部落解放運動の成果であり、また、同和問題の解決をめざして取り組みを続けてきた地方自治体の期待に応える国の回答でもあるといえるでしょう。

第2　「部落差別解消推進法」の意義

「部落差別の解消の推進に関する法律」（以下「部落差別解消推進法」）が2016（平成28）年12月9日、参議院本会議で可決され、12月16日に施行、公布されました。同和問題解決のための国の特別対策であった「地域改善対策財政特別措置法」が2002（平成14）年に期限切れとなって失効して以来、直接、同和問題の解決を謳った法律がない時代が15年間続き、「同和行政は終わった」とか「同和教育はもうやらなくてもいい」という風潮が広がるなかで、今回あらためて同和問題解決のために法律、それも「部落差別解消」という、問題をストレートに表現した法律ができたことは、問題解決にとって極めて大きな意義を有する歴史的な出来事といわなければなりません。長年の運動がようやく実を結んだといえるでしょう。

1　「部落差別解消推進法」制定の経過

まず、この「部落差別解消推進法」がどのような経過をたどって誕生したのか、法制定にいたる経過をたどってみたいと思います。すでに前節で説明したように、2002（平成14）年に特別対策法が終了して以降、同和問題の解決を直接謳った法律がない状態――私たちは「空白の15年」とよんでいますが――、それが15年間続きました。人権教育・啓発推進法はあったけれど、同和問題をテーマにした法律ではありません。そのために「同和問題はもう終わったとか」「差別はもうない」というような風潮が広がり、実際にやめてしまったところも出てきました。しかし、本当に同和問題はもう終わったのでしょうか、差別はもうなくなったのでしょうか。そんなことはありません。現実に15年の間も、毎年のように結婚差別や身元調査事件などが起きました。もうなくなったとは、到底言えません。そのため、私たちはなんとかこの空白状態をなくすために、法律の整備を求めて運動を続けましたが、15年間実現しませんでした。

しかし、２０１６（平成28）年になって法制定の話が具体的に動き始めました。直接的には、前年の２０１５（平成27）年の11月に開かれた「人権課題解決に向けた和歌山県集会・人権フォーラム」がきっかけとなりました。和歌山県では、与野党を超えて以前から法制定の運動が続いていたのですが、和歌山県選出の自民党の二階俊博《にかいとしひろ》さんが幹事長に就任したことを踏まえて、「長年の懸案である同和問題に関する法律の制定を」という声が高まりました。この集会は、そのような雰囲気のなかで開催されました。その後、全国的にこの機会に法律の制定を進めようという運動が盛り上がりました。その運動を背景に、２０１６（平成28）年３月に自民党のなかに部落問題小委員会が設置され、有識者や解放同盟からのヒアリングをおこない、法律の原案をまとめました。

法案の原案ができた後、５月に入って自民党政調会と総務会がこの法案を了承し、５月19日には議員提案として法案を国会に提出しました。そして５月20日に衆議院法務委員会に付託され、その日、自民党部落問題小委員会事務局長の門博文《かどひろふみ》・衆議院議員が法案の趣旨説明をおこない、続く5月25日に法案が審議されました。ここでは共産党の議員が、法案に部落差別の定義がないことを理由にあげて執拗《しつよう》に反対質問を繰り返しました。これに対して山口壯《やまぐちつよし》・衆議院議員（自民）が「部落の出身者であることをもって差別されるということが部落差別であって、これについては一般的な理解はすでに得られている」と説明し、公明党の江田康幸《えだやすゆき》・衆議院議員も「法律上の定義を置かずとも理解できるというのは、多くの国民の皆様が実感なされていること」と答弁しています。

こうして審議が始まったのですが、国会が参議院選挙の関係で閉会となるため、6月1日に継続審議の扱いになり、9月26日から開かれた秋の臨時国会で審議が再開されました。この段階で、埼玉を先頭に福岡や香川、大阪、新潟など各府県の人権政策確立要求実行委員会が東京で集会を開き、法制定を後押ししました。

そして法案は、11月16日に衆議院の法務委員会で採決され、翌17日に衆議院本会議で可決されました。その後、11月30日に参議院に送られ、12月1日に参議院の法務委員会で趣旨説明と質疑がおこなわれました。12月6日には参考人意見陳述がおこなわれ、部落解放同盟、全国人権連、自由同和会の推薦する参考人が意見を述べました。部落解放同盟からは西島藤彦《にしじまふじひこ》・中央本部書記長が参考人として出席し、鳥取ループ・示現舎《じげんしゃ》の「全国部落調査」復刻版出版事件や結婚差別事件などの具体的な事例をあげて、法律の必要性を強く訴えました。これに共産党の参考人は執拗に反対意見を繰り返し、採決を妨害しました。しかし、最終的に12月8日に法務委員会で採決され、翌12月9日に参議院本会議で共産党を除く全会派の賛成で可決され、成立しました。なお、法律の附則で、施行は公布日とするとされており、法律が公布された12月16日に施行されました。

こうした経過をたどって、今回あらためて部落問題解決のために法律、それも「部落差別解消」という問題をストレートに表現した法律ができました。この「推進法」制定は、部落問題の解決にとって極めて大きな意義を有するもので、歴史的な出来事といっていいでしょう。

2 「部落差別解消推進法」制定の背景

ところで、世間にはこの法律が突然できたように受け止めている人がいます。しかし、決して唐突に法律ができたわけではありません。まずは、法律が誕生した背景を解説します。

「推進法」が制定された背景には、いくつかの要因があげられますが、まず第1は、法制定を求める長年の運動の積み重ねです。埼玉でも、部落解放・人権政策確立要求埼玉県実行委員会が毎年、国に対して法制定を求める集会を開催してきました。その回数は22回を数えます。2016(平成28)年も二度にわたって埼玉単独の集会を議員会館で開催し、県選出の国会議員や各省に要請しました。

もうひとつは、国連からの度重なる勧告が出されていたことです。国連の人種差別撤廃委員会や自由権規約委員会などがたびたび日本政府に対して、政府から独立した人権侵害救済機関の設置など、人権政策の実施を勧告してきました。またもうひとつ、今回は自民党のなかで部落差別に関する法律制定が必要ではないかという動きが生まれたことをあげることができると思います。とくに和歌山出身の二階俊博さんが自民党の幹事長に就任したことが大きかったと思います。先ほど触れたように、二階幹事長は、長年にわたって部落問題に関わってきた人ですが、幹事長に就任して以来、部落差別に関した法律の整備に意欲を見せ、党内の反対意見を押さえ込んで法案提出をリードしました。

しかし、一番大きな理由は、やはり現実に起きている差別の実態そのものです。実際、２００２（平成14）年に特別対策が終了した後も、毎年のように身元調査事件や結婚差別事件、土地調査事件が起ききました。このような差別の現実が「立法事実」として大きな重みを持って存在しています。ここでは、法制定の理由となった三つの差別事件を簡単に紹介しておきます。

ひとつは、プライム事件と呼ばれた、２０１１（平成23）年の戸籍の大量不正取得事件です。この事件は、東京・神田《かんだ》のプライム法務事務所の社長や司法書士ら５人の逮捕から始まった事件ですが、５人は、行政書士などが使うことができる職務上請求書を大量に偽造印刷して、戸籍や住民票の不正取得を繰り返していました。事件はその後、全国に拡がり、ハローワーク横浜の非常勤職員やソフトバンクの店長、長野県警の現役巡査２人、国土交通省関東運輸局の技官、千葉県船橋《ふなばし》市の職員など、合計33人が逮捕され、いずれも有罪判決が言い渡されています。裁判で首謀者の１人は、「不正取得した戸籍や住民票は、結婚相手が同和地区出身者ではないかどうかの身元調査に使っていた」と証言していますが、身元調査が今も続いている実態を浮き彫りにした事件です。

二つ目は、２０１３（平成25）年に起きた住宅販売会社の同和地区調査事件です。中古住宅を買い取ってリフォームして販売する、全国に１０６の支店を持つ業界最大手の住宅販売会社が、買い取る物件が同和地区かどうか調べて、同和地区の場合はなるべく買わないようにしていたという事件です。国が調査に入ってその会社を行政処分しましたが、会社の社員は「以前に同和地区と知らずに買い取って販売しようとしたが、同和地区だったためにまったく売れなかった」「その経験から同和地区の物件はなるべく買い取らないようにしていた」と証言しています。この事件を教訓に、埼玉県宅建協会と不動産協会がガイドラインを作成しましたが、同和地区を避けようとする一般市民の忌避意識を物語る事件でした。

●「全国部落調査」復刻版出版事件

もうひとつは、今回の「部落差別解消推進法」制定に直接影響を及ぼした「全国部落調査」復刻版出版事件です。「全国部落調査」とは、戦前に中央融和事業協会がおこなった調査の報告書です。1936（昭11）年に作成されたこの報告書には、全国5367の同和地区の地名、戸数、人口、職業、生活程度が詳細に記載されています。川崎《かわさき》市にある出版社「示現舎」は、昭和初期の地名の横にわざわざ現在の地名を書き加えて販売を企《たくら》みました。また、裁判所から出版禁止の仮処分決定が言い渡されたにもかかわらず、書籍の中身である全国の同和地区所在地一覧をインターネットのウェブサイトに掲載しています。部落差別が現存し、身元調査が続いているなかで、同和地区の所在地一覧を出版し、インターネットに掲載する示現舎＝鳥取ループの行為は、同和地区出身者を暴く行為そのものであり、部落差別を助長・煽動する許しがたい差別行為にほかなりません。示現舎の代表と鳥取ループは同一人物で、鳥取ループはインターネット上の名前です。1975（昭和50）年に発覚した「部落地名総鑑」事件では、それを使って身元調査がおこなわれ、前途ある同和地区の青年の就職の道が閉ざされ、数多くの結婚が破談になりましたが、これと同様の図書を出版販売するとは、天人ともに許されざる行為です。現在、部落解放同盟は東京地裁に示現舎＝鳥取ループの出版禁止とインターネット削除を求めて裁判を起こしていますが、本人はまったく反省していません。反省しないどころか「隠すから差別が続くのだ。同和地区を公表すれば差別はなくなる」などと開き直っています。今回、「部落差別解消推進法」ができた背景には、この許せない非道な図書の出版事件が存在しています。法案の作成に当たった自民党の部落問題小委員会でもこの事件が取り上げられました。私は、本部委員長と2人で委員会に出席して解放同盟としての意見を述べたのですが、その際、鳥取ループの「全国部落調査」事件を資料として配付し、こんなひどいことがまかり通っているのは、部落問題に関する法律がないからだと強調しました。出席した議員は20名近くいましたが、みなさん大変驚き、これは何とかしなければならないという声が湧きあがりました。それが引き金になって法律制定が一気に加速しました。

3 「部落差別解消推進法」の特徴

こうして誕生した「部落差別解消推進法」ですが、次に法律の特徴をあげておきたいと思います。特徴のひとつは、この法律が理念法だということです。かつての同和対策事業特別措置法など「同和3法」と呼ばれた法律は、環境改善をはじめとした事業を実施するための法律でしたが、今回の法律は事業法ではありません。「推進法」には、環境改善や高校・大学の奨学金といった事業や、それを裏付ける国の予算措置はありません。これが特徴のひとつです。

二つ目は、恒久法だということです。これまでの法律は、10年とか5年というように期限がありましたが、今回の法律には期限はありません。これについて一部の人は、「部落差別をいつまでも固定する法律だ」と反対しましたが、もちろん、いつまでも法律が続くことをわれわれは望んでいるわけではありません。なるべく早く目的である部落差別をなくすことを目指して活動するための法律です。

三つ目の特徴は、法案の採択では共産党を除くすべての会派が賛成したことです。部落差別の解消のためには、与野党の対立を乗り越えて協力しなければならないことが確認され、各政党が協力して法案を可決しました。法案の作成は自民党のプロジェクトチームがおこないましたが、弁護士や検察官を経験している自民党の議員も入って部落問題を勉強し、同和地区に出向いて部落の人の意見を直接聞いたうえで法案が作成されました。国会では、自民党の原案を自公民3党が了承して3党の共同提案としました。採択の場面では、日本維新の会も社民党も自由党、沖縄社会大衆党も賛成し、共産党を除くすべての会派が賛成して法案が国会で可決されました。与野党の対立を乗り越えて、各会派・政党が協力して法案を可決したことは、極めて大事です。

4 「部落差別解消推進法」の意義

制定された「部落差別解消推進法」は、極めて重要な意義を有しています。次に法律の意義を述べたいと思います。

まず第1の意義は、「差別はもうない」という声があるなかで、部落差別の存在を明確にしたことです。法律は第1条で、「現在もなお部落差別が存在する」と差別の存在を明確にしています。最近では「部落差別はなくなった」と主張する人が多いのだけれども、あらためて差別が今も存在しており、不当な差別に苦しむ人々がいる現実を直視しなければならないことを、この法律は訴えかけています。

第2の意義は、身元調査やインターネットにおける同和地区の所在地暴露などが横行するなかで、「差別は許されない」ということを明確にしたことです。法律は第1条で「日本国憲法の理念にのっとり、部落差別は許されないものであるとの認識の下にこれを解消することが重要な課題である」と明確に規定しています。特別対策法がなくなって以降も、身元調査事件や土地調査事件が頻繁に発生してきたことは先ほど述べましたが、その背景には「差別は社会悪」という社会規範や人権感覚が希薄になってきたことが考えられます。人権感覚の希薄化は、同和問題に関する法律が存在しないことが影響しています。その意味から、今回の「部落差別解消推進法」制定は、法律の名前が示すとおり、国民に対して「差別は間違っている」ということを伝える大きな啓発の役割を果たすことになります。

第3の意義は、同和問題の解決は行政の責務であるということをあらためて強調したことです。全国的に見ると、埼玉の一部の市町村を含めて、特別対策法が失効したことを理由に「行政の責務」を放棄して同和行政を廃止するところが出てきています。これに対して「推進法」は、あらためて法律の名において「責務」を明確にしました。法律の第1条で「国及び地方公共団体の責務を明らかにする」としています。また第3条で「国は、基本理念にのっとり、部落差別の解消に関する施策を講ずるとともに、地方公共団体が講ずる部落差別の解消に関する施策を推進するために必要な情報の提供、指導及び助言を行う責務を有する」としています。いっぽう、地方公共団体に関しては、「地方公共団体は、基本理念にのっとり、部落差別の解消に関し、国との適切な役割分担を踏まえて、国及び他の地方公共団体との連携を図りつつ、その地域の実情に応じた施策を講ずるよう努めるものとする」と努力を求めています。その意味で「推進法」は、国や自治体に対して、いまも続く不当な差別をなくしていくための努力をやめてはならない、というメッセージでもあるといえるでしょう。また、問題解決の責任を放棄する動きに対して警鐘を鳴らしたものといえるでしょう。

第4の意義は、部落問題を解決するための行政や学校、あるいは企業や宗教団体の取り組みに根拠を与えたことです。特別対策が終了して以降、同和教育や啓発などの取り組みに対して、一部の人たちから「法律は終了した。いつまでやっているのだ、もうやめろ」という声があがり、議会では答弁に窮することがありました。しかし、今後は、「国の法律に基づいた取り組みだ」と胸を張って正面から答えることができることになりました。

●的外れの「推進法」反対

「推進法」の制定に対して、「解放同盟がまた特別対策を復活させようとしている」「事業を復活させようとしている」という批判がありました。しかし、「部落差別解消推進法」は、文字通り理念法であって事業法ではありません。かつてのような事業を復活させようとしているというのは、まったく的外れの批判です。私たちは、法制定運動において事業の復活を求めていません。

また、法制定の議論の過程で、過激な糾弾の復活を狙っている、という批判がおこなわれました。これもまったく的外れの誹謗中傷《ひぼうちゅうしょう》です。私たちは、いわゆる糾弾会や確認会を、差別事件の背景や原因を明らかにし、差別をなくす取り組みを進めるための学習の場として位置づけています。「糾弾」は、差別をした人と部落のわれわれが差別事件の背景を明らかにし、その人が差別するようになった背景や差別をうみだす社会的な背景や原因について掘り下げ、最終的には、差別を許さない人になってもらうための学習の場です。組織内では、糾弾をおこなう場合の3原則、すなわち社会性、公開性、説得性を徹底しており、脅迫などあり得ません。過激な糾弾の復活という非難はまったく的外れです。この点、法案の作成過程では、自民党からも解放同盟に対して「昔のようにやり過ぎは困る」という注文が出ました。もちろん、かつてのような「過激な糾弾」の復活など、まったく考えていません。国会審議のなかでは、提案者の自民党に対して、共産党が繰り返し質問をぶつけましたが、自民党の提案者は、「糾弾云々《うんぬん》という前に、何よりも現実に存在している差別の事実から考えることが大事だ」と述べて、反対意見を痛烈に切り返す場面も見られました。

5 「部落差別解消推進法」の活用と課題

誕生した「部落差別解消推進法」は、同和問題を解決するうえで願ってもない法律です。法律制定に込められた願いと理念をしっかり踏まえて、この法律を有効に生かすことが私たちに課せられた課題です。

まずなによりも重要なのは、「推進法」ができたことをできるだけ大勢の人に知らせることです。実際、まだ「推進法」ができたことを知っているのは、関係者のごく一部だと思います。今後どのような取り組みをするにしても、まずは法律ができたこと、なぜできたのか、その意義や背景について知らせることが大事です。その際、行政だけではなく、企業や労働組合、宗教団体、市民団体、地域団体など、さまざまな人たちに知らせることが必要です。

二つ目は、文字通り差別のない時代をつくっていくために、同和教育を柱にした人権教育・啓発をいっそう進めることです。その際、大事なことは、行政や学校はいうまでもなく、企業や労働組合、宗教団体、地域団体、あるいはスポーツ団体や福祉団体など、さまざまな団体に人権教育や啓発の取り組みを働きかけ、それらの団体の協力の下に国民全体の人権意識の底上げを目指すことです。これは、かつてのように同和教育だけを特別に取り組むというのではなく、「人権教育・啓発の推進」という大きな枠のなかで同和教育や啓発をしっかり位置づけて取り組むということです。もちろん、同和教育を人権教育に埋没させ、事実上、同和教育や啓発を消し去ることではありません。

三つ目の課題は、相談体制をつくることです。今回の法律は第４条で「相談体制の充実」を謳っています。相談体制の詳細はまだ決まっていませんが、人権侵害を受けた場合の相談や生活相談がその内容になっているものと考えられます。私たちは、長年にわたって人権侵害があった場合の被害者救済制度を国に求めてきましたが、人権委員会設置は見送られてしまいました。今回、相談体制の充実が法律に盛り込まれたことで、引き続き人権侵害に対する救済制度を求めるとともに、さまざまな人権相談に対応できるような自治体レベルの相談活動を求めていくことが課題です。

四つ目の課題は、実態調査の実施です。法律でいう実態調査は、人権に関する意識調査と、環境や産業職業、福祉、教育などの生活の実態を把握するための調査を指していると思われますが、さしあたっては同和問題に関連した意識調査を定期的におこなうことが課題です。部落差別を考えたとき、人の主観で「差別は残っている、いや、残っていない」と言う前に、調査でそれを確かめるべきです。

五つ目は、「部落差別解消推進法」の趣旨にのっとって取り組みを進めるために、県や市町村の基本計画、振興計画、総合計画のなかに部落差別解消の取り組みをきちんと位置づけることです。地方自治体は、基本方針や振興計画に沿った事業の推進を行政施策の基本にしていますから、それらの計画のなかに入っていなければ、実際には施策は具体性をもたないものになります。

六つ目の課題は、以上述べた取り組みを進めるためにも組織を整備することが必要です。まずは、国において「部落差別解消推進法」に沿った専門の組織をつくることが大事です。また、並行して県や市町村でも「推進法」に沿った組織を整備することが必要です。理念倒れにしないために、具体的な窓口や推進組織をつくらなければなりません。これまで同和行政の時代には同和対策課が設置され、特別対策法が失効した後は、それを受け継いで人権推進課がつくられました。一部の市町村では、同和地区がなくても人権政策は市の重点政策だという立場で、人権推進室や人権男女共同参画課などの組織を整備しましたが、この機会にすべての市町村で人権および同和問題の専門組織を整備することが求められています。

最後に差別禁止法の制定と人権侵害救済法の制定です。今回の「推進法」は、たびたび説明したように教育・啓発を中心とした理念法で、事業や予算はありません。また、近年問題になっているインターネットなどを使った差別情報の掲載を取り締まる法律でもありません。そのために、鳥取ループ・示現舎の「全国部落調査」も依然として垂れ流し状態のままです。このため、引き続き差別を禁止する法律の制定、この場合は一般的な差別禁止法ではなくて、「同和地区所在地や同和地区出身者の公表禁止」にしぼった法律が必要です。また、部落差別の被害にあった人を救済する救済制度の創設、これはいままで「人権擁護法」および「人権委員会設置法」として提案されてきましたが、この救済制度設置のための人権委員会設置法の制定を求めていくことが要求されています。

おわりに

「21世紀は人権の世紀」といわれてすでに18年経過しましたが、現実はどうでしょうか。世界を見渡せば、中東やアフリカ、アジアなど、各地で人種や民族の違い、宗教や文化の違いを背景にした紛争や衝突が繰り返され、幼い子どもや女性がその犠牲になっています。いっぽう、国内を見れば、そこにも深刻な人権侵害や虐待が存在しています。子どもの世界のいじめや子どもに対する虐待、女性に対する暴力＝ＤＶや障がい者に対する差別。２０１６（平成28）年にも神奈川県相模原《さがみはら》市で障がい者が19人も殺害されるという恐ろしい事件がありましたが、事件の背景には「障がい者は生きている価値がない」という差別意識が存在しています。あるいは、ヘイトスピーチと呼ばれる特定の外国人の排除を叫ぶデモや、福島原発事故の避難者への差別など、深刻な問題が山積しています。今回、「部落差別解消推進法」が制定されましたが、この法律は、私たちに対して「あらためて原点にたって差別のない社会のために努力を続けろ」と叱咤激励《しったげきれい》する法律だと受け止めています。その意味で、最後に、法制定のために協力をいただいた行政や人企連の企業のみなさん、また同宗連（『同和問題』にとりくむ宗教教団連帯会議）に参加する宗教団体のみなさん、県共闘の労働組合、人権団体のみなさんに心から感謝するとともに、私たちは「推進法」の制定を再出発の契機として、すべての差別や虐待をなくす運動の先頭で闘っていく覚悟を申し上げて、終わります。

第4章　人権教育と同和教育

〈解説〉

2002年に特別対策が終了したあと、同和教育は人権教育の重要な課題のひとつという位置づけになりましたが、場所によっては「同和教育はもう終わった」「同和教育は人権教育に変わった」というように歪《ゆが》められ、同和教育をやらないための方便として人権教育が持ち出される場面がしばしば見られました。そのため、同和教育と人権教育の違いと関連性を明確にする必要性に迫られて書いたのが、第1節の「同和教育と人権教育の区別と関連」（2005年）です。ここでは原理的なことを中心に区別と関連を書いていますが、それでは十分に趣旨が伝わらないので、よりわかりやすくするために実践事例を紹介したのが、2006年の第2節と第3節です。埼玉のサブちゃんこと永尾三郎さんと、東京の南葛《なんかつ》高校の木川恭さんに登場してもらいました。また、同和教育の意義を再確認するために、新潟の遠山典子さんの実践を紹介しました。この時期、同和教育だけではなく子ども会も存亡の危機に直面していましたが、子ども会の意義を再確認しなければならないという必要に駆られて書いたのが、第4節の「子ども会の意義と役割」（2005年）です。その後、埼玉では集会所子ども会連絡会を結成しますが、子ども会の意義は今も変わりません。ぜひ続けてほしいと思います。「部落差別解消推進法」が2016年に制定されて、あらためて同和教育の重要性が叫ばれるようになっていますが、学校における部落問題学習を経験したことのない先生が増えているなかで、もう一度、同和教育とは何か、部落問題学習とは何かを提起する意味で、四つの文章を掲載しました。

第1　同和教育と人権教育の区別と関連

1　校長の勘違い

　特別対策が終了して3年が経過したというのに、いまだに学校では人権教育と同和教育をめぐって混乱が見られる。「同和教育は人権教育にかわったのだ」とか、「要は、人権意識を育てればいいのだから、人権教育をやれば同和教育はやらなくてもいい」などの意見が幅をきかしている。なかには公然と「法律が切れたのだから、同和教育はやらなくていい」と発言するものも見られる。しかし、本当に同和教育は人権教育にかわったのか、人権教育をやれば同和教育は必要ないのか。

　ひとつ、代表的な話を紹介しよう。県南のある小学校の出来事である。その小学校では、毎年夏休みを利用して人権問題の職員研修をおこなっていた。法律が期限切れになった2002（平成14）年のその夏、人権教育主任は今年のテーマに同和問題を選び、元教員のFさんに講師を依頼した。Fさんは解放同盟の女性部で活動している活動家の1人で、もちろん、二つ返事でこの依頼を引き受けた。ところが研修会を控えたある日、人権教育主任から電話が入った。主任は申し訳なさそうな声で、「Fさん、ごめん。せっかく講師を引き受けてもらったけれど、同和問題の研修会ができなくなった」。

聞けば、Ｆさんに講師依頼をした後、その企画を校長に見せにいったところ、校長が顔色を変えてこう言ったというのだ。「せっかく法律が終わって同和教育は人権教育にかわったのに、なぜいまさら同和教育なのか」。人権主任は「すでに講師の方にも了解を取り付けているので、いまさら断れない。今回は何とか認めてほしい」と食い下がったが、校長は頑として聞き入れなかった。人権主任は同僚に助けを求め、２人であらためて校長と掛け合ったが、校長はあくまでも聞き入れず、２人は仕方なくあきらめた――。と、まあ、こういういきさつなのだが、話を聞いた私たちは、教育委員会を通じて校長に面会を求めた。

「校長、同和教育が人権教育にかわったというのは、どういう意味なのか」「どこでそんなことがきまったのか」、ストレートに質問した。校長は「私の勘違いだった」と述べ、「県の同和教育課が人権教育課に変わり、市の同和教育推進協議会が人権教育推進協議会に変わったので、てっきり同和教育は終わりになって人権教育に変わったと思った」と弁明した。これがＴ校事件といわれる事件の顚末《てんまつ》であるが、それにしてもずいぶん失礼な校長ではないか。講師依頼をしているのを知っていながら断るとは。

それはさておき、この種のトラブルがあちこちで発生した。その背景には、この校長がいみじくも述べたように「同和教育は終わった」とか、「同和教育は人権教育にかわった」というような認識がひろく存在している。あるいは、「要は、人権意識を育てればいいのだから、人権教育をやれば同和教育はやらなくてもいい」というような認識が存在している。

もちろん、同和教育が人権教育にかわったわけではない。また、要は人権意識を育てればいいのだから、人権教育をやれば同和教育はやらなくてもよくなったわけでもない。まして、法律が切れたのだから同和教育はやらなくていいわけではない。世の中、それほど人権教育や同和教育をやりたくない教員に都合よくできているわけではない。しかし、なぜこのような認識が生まれるのか。そこを明確にしなければ、この種の間違いは是正されない。結論から先にいうと、こうした誤解や混乱が生まれる大きな原因は、同和教育と人権教育の区別と関連がきちんと理解できていないところにある。そこで同和教育と人権教育の区別と関連について整理しておきたい。

2　同和教育とは何だったのか

そもそも同和教育とは何だったのか。同和教育と人権教育の区別と関連を明確にするためには、この点から始めなければならない。なぜなら、同和教育とは何だったのか、が明確になっていないことが混乱の原因になっているからである。では、同和教育とは何だったのか。

同和教育は、大きく分けて、次の三つの柱に整理することができる。第1は、教育保障の取り組み、第2は部落問題学習、第3は部落出身生徒の生き方学習、この三つである。各項目について説明する。

まず第1の教育保障について。この教育保障は、就学保障と学力保障、そして進路保障の三つの内容から成り立っている。

特別対策以前の同和地区には、貧困のために義務教育さえ満足に受けられない子どもが沢山いた。

狭山《さやま》事件の石川一雄《いしかわかずお》さんはその典型であるが、1960年代の半ばくらいまでは、全国的に義務教育を受けられないような境遇の子どもが確かに部落には存在した。その原因は、もちろんいうまでもなく差別と貧困にあった。そのため、子どもたちに教育を保障することが当時の解放運動の最重要課題であった。また、それが同和教育の出発点だった。同和教育は、差別意識をなくすための授業から出発したわけではない。同和教育は就学保障から出発したのである。「せめて義務教育だけは受けさせてやりたい」「せめて高校にだけは通わせてやりたい」という親の願いが同和教育の出発点であった。その後、親の願いが教員を動かし、また国や教育委員会を動かし、高校奨学金制度や小中学校への入学支度金制度が誕生した。その結果、部落の児童・生徒の就学や進学は着実に伸びていった。

解放運動が次に取り組んだのは、学力保障だった。学校に行けるようになっても学力の格差は簡単には埋まらなかった。そこで隣保館や教育集会所を利用した学力保障のための学級が開かれ、学力格差は着実に縮まっていった。しかし、それからおよそ40年。格差は縮まったというものの、現在でも部落と部落外の生徒の間には依然として学力格差が見られる。この背景には、部落差別の結果もたらされた部落の親の学歴と教育力が存在している。

少し本題からはずれるが、最近、国民の格差拡大が大きな社会問題になっている。また、それに関連して、子どもの学力格差が問題になっている。勉強のできる子とできない子の格差が拡がっているという問題である。その場合、注目すべきは、「親の学歴や職業によって子どもの学校での成績に格差が生じる」（刈谷剛彦『階層化日本と教育危機』有信堂高文社）という指摘だ。そのことがさまざまなデータから浮き彫りにされている。この問題を考えた場合、同和地区の子どもの学力が依然として低い原因がどこにあるのか、いやでも部落の親の学歴や職業を考えざるを得ない。明治・大正・昭和と続く長い部落差別のなかで親たちがこうむった教育的な格差や経済的な格差は、「後遺症」としていまだに部落の子どもたちのうえに影を落としているのである。

就学保障、学力保障の次に取り組んだのが進路保障である。中学や高校を卒業して進学または就職しようとする子どもたちの前には、もうひとつ、大きな壁が立ちふさがっていた。進路の壁である。この時代には、進学しようとしても金がないために進学を断念せざるを得ない子どもが大勢いた。また就職しようとしても、差別のために採用されない子どもたちが大勢いた。事実、企業のなかには半ば公然の身元調査をおこない、同和地区の生徒を排除していたところが見られた。同和地区の生徒の前に立ちふさがったこの壁をなくす取り組みが、解放同盟と学校の教師を中心に各地で始まった。高校・大学奨学金制度を実現するための行政交渉が各地で始まり、就職差別撤廃のための取り組みが教員の間で開始された。就職差別撤廃の取り組みでは、まず近畿の高校の教員が立ち上がった。社用紙や戸籍の提出によって同和地区の生徒を選別していた就職差別をなくすために、近畿高等学校進路指導連絡協議会が「近畿統一応募用紙」を作成し、企業の社用紙使用を拒否したのは、1971（昭和46）年であった。その後、この統一応募用紙は全国に広がり、73年には労働省、文部省が、全国高等学校長協会が定めた「全国高等学校統一応募用紙」を使用するよう通知を出すにいたった。

さて、同和教育の2番目の柱は、部落問題学習である。特別対策が始まった1969（昭和44）年の時点では、まだ社会のなかには部落への偏見や差別意識がはっきり存在していた。新規採用者の身元調査は、大半の企業の間では暗黙の了解事項だった。結婚に際しても相手の身元を調査することが一般的におこなわれていた。そういう時代のなかで、部落への差別意識や偏見をなくそうとしてさまざまな部落問題学習が取り組まれ、学校においても部落問題を正しく理解するための同和教育が各地で始まった。また、地域においても部落の歴史や水平社創立をはじめとした解放運動の歴史など、部落問題を理解するための講演会や学習会が開かれ、学習会向けのビデオなどの教材がつくられた。

その後、部落問題学習は、部落問題の枠を超えてさまざまな人権問題を取り上げる人権学習へと発展していくのだが、人権学習にまで領域を広げたかたちでの部落問題学習、これが同和教育の二つ目の柱である。

同和教育の第3の柱は、地区出身生徒の生き方学習だ。こういう表現には異論が出るかもしれない。実際、部落出身者の「社会的な立場の自覚」という表現もある。しかし、詰まるところは、地区出身の生徒が自らの置かれている立場を理解し、差別に負けないように生きていく力を身につける、あるいは自らの「生まれ」を卑下するのではなく、誇れるように生き方を学ぶということだ。だから私は、わかりやすく「生き方学習」という。同和教育は、この生き方学習に力を入れて取り組んだ。なぜなら、大半の部落出身の生徒は部落出身であることに誇りを持てず、出身であることを隠して生きていたからだ。その反省から各地で子ども会や解放学級がつくられ、学力の保障とあわせて部落出身者としての自覚や生き方が教えられた。狭山事件は、この生き方指導の格好の教材であった。また、生き方指導は当然、親の生き方に直結したから、各地で親子学習がおこなわれた。埼玉でも「家庭内同和教育」として取り組まれた。

大雑把《おおざっぱ》にいって、これが同和教育の第3の柱であり、同和教育の大きな特徴である。

3 人権教育とは何か

それでは、人権教育とはいったいどんな教育なのか、それが次の問題である。結論からいうと、人権教育は次の三つに要約できる。まず第1に、すべての生徒の就学保障・学力保障・進路保障を内容にした教育保障であり、第2に人権問題学習であり、第3に被差別の立場に置かれた生徒の生き方学習である。なんだ、同和教育と同じではないかと思う人がいるかも知れないが、多少解説しておきたい。

第1の柱は、就学保障・学力保障・進路保障であるが、ここでは、同和地区に限定しないで、経済的に困難な家庭で支援が必要なすべての生徒の教育保障・学力保障である点がポイントである。経済的に困難な家庭とは、具体的には外国人労働者の家庭、ひとり親家庭、若年結婚の家庭、失業中の家庭などであるが、一般的にいって、これらの家庭は生活や子育てが困難な家庭が多い。こうした困難な家庭の生徒の就学と学力を保障するのが人権教育の第1の柱である。同和教育では、差別による貧困のために学校に通うこと、進学することが困難だった同和地区の生徒の就学と学力を保障することが柱だったが、人権教育では、同和地区という枠を取り外して、経済的に困難で支援が必要なすべての生徒を対象にする。

人権教育の第2の柱は、もちろん人権問題学習である。障がい者を理解する教育、外国人を理解する学習、男女平等の教育、エイズ等感染症を理解する教育、アイヌ民族を理解する教育、そして同和問題を理解する教育などさまざまな人権問題を学び、21世紀の日本を担うにふさわしい人権感覚を養い、社会人として最低限身につけてほしい人権についての知識と態度を身につける人権学習である。

第3の柱は、被差別の立場に置かれた生徒の生き方学習である。被差別の立場というのは、障がい者や在日韓国・朝鮮人、あるいは外国人労働者、アイヌ民族など、社会的に差別を受けている人たちを指すのだが、これらの立場に置かれた子どもたちは、この社会で出会う差別にどのように対処していったらよいのかを学ぶ。また、自ら背負ったハンディを跳ね返して、一人の人間として自分自身を誇りに思う生き方を学ぶ、これが第3の柱だ。

同和地区出身の生徒に限らず、被差別の立場にある生徒にとって「差別との出会い」は、ひとつ間違えば大きなつまずきとなって、人生を台無しにすることもある。そのような問題に対して、これまでの日本の教育はあまりにも無関心だった。差別に出会ったときにそれを乗り越える知恵や対応の術《すべ》を教えるのは、重要な教育の課題だ。同和教育では、同和地区出身の生徒が差別に対する生き方を考え、学ぶことが柱のひとつだったが、人権教育では、障がい者や外国人などすべての被差別の立場の生徒を対象にする。もちろん、同和地区の子どもたちの生き方を学ぶことも含まれる。以上が人権教育の柱である。

4　人権教育と同和教育はどこが違うのか

さて、同和教育と人権教育はどこが違ってどこが共通しているのか、それを解説するのがこの文章の目的だった。では、どこが違ってどこが共通しているのか。

すでに気付いた人も多いと思う。同和教育も人権教育も、①教育保障、②人権学習、③生き方学習という三つの基本は同じだ。実際、同和教育も人権教育も、少し離れたところからながめれば人権学習であり、被差別の立場にある生徒の生き方学習であり、教育保障であるという点で共通している。しかし、違いもある。同和教育では、同和問題を対象にした学習であったものが、人権教育では、さまざまな人権問題を対象にした人権問題学習となる。また、同和教育では、同和地区出身の生徒が誇りと自信を持って生きていけるように学習することだったものが、人権教育では、外国人労働者の子どもや障害を持つ子どもなどが誇りを持って生きていけるように学習することになる。同和教育では、部落の児童・生徒を対象にした教育保障であったものが、人権教育では、支援を必要としているすべての生徒を対象にした教育保障となる。これが同和教育と人権教育の共通点と相違点である。人権教育も同和教育も、ともに①教育保障、②人権学習、③被差別の立場の生徒の生き方学習であるという点では同じだが、その対象がちがうのだ。

このように区別と関連を整理するのは、いうまでもなく、人権教育と同和教育の混乱を整理するためである。人権教育と同和教育の混乱――「同和教育は人権教育にかわったのだ」とか、「人権教育をやれば同和教育はやらなくてもいい」というような混乱は、同和教育と人権教育の区別と関連が正しく理解できていないことから発生する。同和教育と人権教育は、共通点もあるが同じではない。

私は、講演でわかりやすくするために、人権教育を果物屋の店先に並んでいる果物に例えて話すようにしている。同和教育をスイカに例え、障がい者教育や国際理解教育をリンゴやミカンに例える。スイカもリンゴやミカンも果物には違いないが、果物のすべてがスイカではない。「スイカを食えば、リンゴやミカンを食ったことになる」というわけにはいかないが、また同じように「リンゴやミカンを食えば、スイカを食ったことになる」というわけにはいかないと解説するのであるが、どうだろうか。

まあ、これは余分な話だったが、「同和教育は人権教育にかわったのだ」とか、「要は、人権意識を育てればいいのだから、人権教育をやれば同和教育はやらなくてもいい」という考え方も、「リンゴやミカンを食えば、スイカを食ったことになる」というのと同じで、正しいとはいえない。

5　同和問題固有の学習の必要性

以上が同和教育と人権教育の区別と関連であるが、それに関係して、「人権教育をやれば同和教育はやらなくてもよい」という考え方の間違いについて少し補足しておきたい。

すでに述べたように、2002（平成14）年の特別対策終了を合図にして、「人権教育をやれば同和教育はやらなくてもよい」という考え方が広がってきているが、この考え方が間違っているのは、同和教育と人権教育の区別と関連性が理解できていない点にあることは、いま説明してきたとおりである。しかし、それ以外にもうひとつ、大事なことが見落とされている。すなわち、同和問題を正しく理解するためには、同和問題固有の学習が欠かせないということを見落としていることだ。同和教育の必要性を明確にするうえでも、この点を補足しておきたい。

一般的にいって部落への偏見は、「怖い・暗い・汚い……」など、部落に対する歪んだ認識や情報から成り立っている。この歪んだ認識や情報は、その人の生きてきた生活のなかのどこかで第三者から刷り込まれたものであるが、いったん誤った情報が刷り込まれると、なかなかそれを取り除くことができない性質を持っている。これは、部落問題だけではなく、在日韓国・朝鮮人に対する差別やアイヌ民族に対する偏見なども同じである。社会意識としての差別観念や偏見は、社会の多数の人間がその集団に対してとる伝統的な慣習や態度に支えられているからである。

この歪んだ偏見や情報を取り除くには、「差別はいけない」という一般論ではだめなのである。偏見を取り除くためには、自分自身が歪んだ認識をもっていることに気づくこと、また相手を傷つけていることに気づくことが必要なのである。そしてまた、「気づく」ためには相手のこと、つまり、部落の人たちや在日韓国・朝鮮人の人たちやアイヌの人たちのことがわからなければならないからである。同和問題に引き寄せていえば、①差別によって部落の人々が傷つき、嫌な思いやつらい思いをしていること、②部落の人たちが「差別はやめてくれ」と願っていること、③部落差別が歴史のなかでつくられたものであること、④部落の人々が社会のなかで重要な役割を果たしてきたこと、⑤部落の人々が差別をなくそうと努力してきたこと、⑥国や学校や企業など、さまざまな団体が差別をなくすために努力してきたこと――などを学ぶ教育である。部落問題を理解し、部落への差別意識や偏見を克服するためには、このような中身の学習が不可欠なのである。この点は重要だから強調しておきたいが、このような中身を省いて、ただ「差別はよくない」というお説教を繰り返しても、差別がどのように相手を傷つけているかについて気づくことはできない。すでに何度か述べたが、差別によって部落の人々がいやな思い、つらい思いをしていること、また部落の人たちが「差別はやめてくれ」と願っていることが具体的に理解されなければ、問題を理解したことにはならない。その意味で、同和問題を正しく理解し、また偏見を取り除くために、同和問題に即した固有の学習が欠かせないのである。人権教育をやれば同和教育はいらないという考えは、この大事な点を見落としている。

おわりに

冒頭に、「同和教育は人権教育にかわった」と言って同和問題研修会の企画を潰した校長の話を紹介したが、この校長だけではなく、同和教育をやめようとする動きが各地で見られる。実際、同和教育を入れないで人権教育の年間計画書を作成した学校があった。同和教育だけをこっそり削除して、人権教育の指導計画案を立てたところもある。文部科学省や教育委員会は、「けっしてそのような指導をしていない」と言うが、現場には十分その趣旨が届いていない。現場では、同和教育課から人権教育課への名称変更が、同和教育の廃止として受け止められている。そこには「やっかいな同和教育はやめたい」という教員の意向が存在している。

しかし、最近の身元調査事件に代表されるように、部落差別はなくなったわけではない。依然として社会の底辺に根強く残っている。その意味で、人権教育への「名称変更」を口実にして同和教育をやめるような動きを認めるわけにはいかない。

部落差別が残っている以上、同和教育は人権教育の柱として続けなければならない。もちろん、いじめやＤＶ、児童虐待などが毎日のように報道される現在社会のなかにあって、人権教育も必要な教育である。人権教育と同和教育は、ともに21世紀の日本を担う子どもたちの人間としての豊かな知識と感性を育てる不可欠の教育なのである。

第2　人権教育の原像

はじめに

私はつねづね、学校における人権教育とは次の三つの柱から成り立っていると主張してきた。まず第1に教育保障であり、第2に被差別の立場に置かれた生徒の生き方学習であり、第3に人権問題学習である。第1の教育保障は、さらに内容的に就学保障と学力保障、進路保障に分けられるが、それを一括《ひとくく》りに教育保障と呼んでいる。この三つの柱が、同和教育の成果と理念を引き継いだ人権教育の中身でなければならない。「同和教育の成果と理念を引き継いだ人権教育」とあえて強調するのは、同和教育の成果や理念を無視して人権教育を語るものが多いからである。

ところで、現在取り組まれている人権教育は、このうちの3番目の柱、「人権問題の学習」だけに一面的に限定されてしまっている。だから私は30点も点数を付けられないと言うのだが、実際、現状はそうではないのか。学校における人権教育といえば、人権問題を正しく理解するための人権学習だけが取り扱われ、就学保障や学力保障、被差別の立場に置かれた生徒の生き方学習などはほとんど無視されてしまっている。しかし、それでは人権教育とは名ばかりで道徳教育と少しも変わらない。

このため私は、人権教育本来の課題を取り上げて取り組むよう教員に訴えてきたが、なかなか共通認識が得られないというのがこれまでの実情である。そこで、あらためてこの小文を書くことにした。今回は、学校現場の具体的な実践を紹介して、人権教育のあるべき姿を考えてみようという趣旨である。具体的には、埼玉と東京の2人の教師に登場していただいて、人権教育とは何かをあらためて考えてみたい。最初は、熊谷《くまがや》農高で活躍している永尾三郎、通称「さぶちゃん」に登場していただこう。

1 熊谷農高「さぶちゃん」

埼玉県立熊谷農業高校の永尾三郎教諭は、今年（2006年）51歳。マンガに出てくるような重量級の体型がそもそも生徒に親しみを覚えさせるのか、生徒の間では「さぶちゃん」で通っている。のちほど紹介するが、金八《きんぱち》先生なみの熱血漢で、「絶対に生徒を見放さない」というのが彼の信条だ。

さぶちゃんは、牧畜の仕事をするのが子どもの頃からの夢で、日本獣医畜産大を卒業して、いったん北海道の牧場に就職するが、理想とちがう牧場の現実に失望し、故郷の群馬県に帰ってくる。その後、埼玉県立与野《よの》高校で実習助手を務めたあと、児玉《こだま》農高に籍を置き、現在、熊谷農高に勤務している。教員になってから自分が部落出身であったことを知り、同和教育の実践者として活動するようになった。いま、児玉人権問題研究会の会長として仲間の教員を引っ張る。

●Hとの格闘

永尾の人権教育の特徴は、なんといっても、課題を抱えた生徒に正面から向き合っていることだ。

彼の報告からその様子を紹介してみたい。

その1人、Hは、相当やんちゃな生徒だった。1年生の頃はかなり荒れていた。頭髪や服装検査では何度も学年主任に逆らい、学年のなかでも飛び抜けた存在だった。授業態度や実習でも、彼のことをよく言う教員はほとんどいなかった。進級が危ぶまれたが、担任のおかげで何とか進級できた。担任は、数ある赤点をレポートでクリアさせてくれた。その彼を2年から永尾が担当した。5月の三者面談では、順番を2人とばして公務員の母親を入れて、1時間半話し合った。母親が話に入ってくるたびに、彼は興奮して怒鳴り散らす。永尾は「とにかく今のHを認めましょう」と母親をなだめ、三者面談を終えたが、それから彼の携帯には、Hと母親の両方から着信履歴が頻繁にはいるようになる。

2学期の修学旅行でもひと騒動おきた。朝5時、Hの母親が電話をかけてきた。「まだHが帰ってこないんです」。続いて「先生、やっと帰ってきました」「意識がないくらいの二日酔いです」。何も言えずに切ろうとする永尾に「さぶちゃんと、俺、絶対に行くから」と、うわ言のようにHがつぶやく。母親に「ともかく熊谷駅まで連れてきてください」と頼み、彼と親しい2人のクラスメートに介助させて別便で東京駅まで連れてこさせ、なんとか修学旅行に連れていった。

実はHは、学校をさぼってロックバンドのライブツアーの裏方の仕事をしていた。夏になると、彼の日程はバンドのライブツアーの日程が最優先になり、農場当番も実習も平気でさぼった。もちろん、そんなわけだから満足な成績が取れるわけがない。1学期には赤点が5科目を超え、追試も出ただけである。そのままでは進級できないのは目に見えている。永尾は、夏休みの間、彼の出校日に当番補充や授業の補習を組んで、なんとか進級させようとする。3年生への進級も、もちろんスムーズに行くはずがなかった。やはり進級はHが最後になった。3年でも、永尾はこの生徒を自分のクラスに引き受けた。

3年生になると、進路を決めていかなければならない。大学に進学するもの、就職するもの、専門学校に行くもの、生徒はきびしい現実社会と向かい合うことになる。Hは、自分の進路を決めかねていた。再びの三者面談でも心が揺らいでいる。仲間の2人は早々と進路を決めた。1人は牧場を目指して長野の農場へ働きに行き、もう1人は家業の造園業を継ぐ。進路が決まらないHはいよいよ焦った。その焦りからか、中間試験中に監督教師と大げんかをやらかし、そのうえ、文化祭ではたばこを吸っていたところを見つかって、ついに謹慎指導となってしまった。永尾はしかし、このやんちゃな生徒を切り捨てなかった。何度も彼の家に通い、膝詰めで話し合って、ようやく卒業式にこぎ着けた。

そのHは卒業後、ガソリンスタンドで働きながらライブ活動を続けるためにフリーターの道を選んだが、半年も経《た》たない内に県内の系列会社でトップの成績を上げ、正社員になるよう会社から勧誘されている。

●生徒の支援

永尾教諭の教育実践の特徴は、課題を抱えた生徒にとことん向き合うことだと書いたが、それは課題を抱えた生徒への支援でもある。

Tは養護施設から熊農に通っている。卒業すれば学園を出なければならない。そのために、どうしても寮のある会社を探さなければならない。永尾は、成績表だけではきびしい彼に「一番気にしている家庭の話をこちらからしてはどうか」と持ちかける。2人で印刷会社を見学に行き、家庭の事情をあえて話した。学園の先生がわざわざ革靴まで買ってくれて入社試験に臨んだが、結果は不採用だった。2人はそれから何度も会社を選び、挑戦するが、なかなか就職が決まらない。彼にとっては、就職は生きていくための生活そのものであるから、あきらめるわけにはいかない。しかし、受けるたびに落ちる。さすがに彼もまいった。「さぶちゃん、もういいよ」と言い出しはじめる。けれど、永尾はあきらめなかった。ようやく大きな電気工事会社から求人の連絡があった。「本人に会いたい」という会社の連絡で、永尾は学園に走った。履歴書を何度も書き直し、面接の練習もした。床屋にもいった。そして面接の日が来た。Tは家庭のことを全部話した。それが評価されたのか、とうとう内定の通知が届いた。永尾とTは手を取り合って喜んだ。その後、会社は親切にアパートの心配もしてくれ、最後には、離ればなれになっているTの姉との同居まで心配してくれた。

●MとN

M（女子）の両親は離婚していた。一緒に住んでいる父親が病気のために、彼女はバイトで一家の生活費を稼いでいた。勉強する時間が取れない彼女の成績がいいはずがない。欠席も多かった。永尾はこう提案する。「調査書に両親の離婚、父親の病気のことを全部書こう」「俺にまかせろ、Mがどのくらい頑張ったか、しっかり書いてやる」。2人の会社捜しが始まる。

Mの両親は、彼女が小学校のときに離婚している。母親とはそのとき以来、会っていない。就職に際して、この母親のことがMには気がかりだった。そんな矢先、彼女は、母親から電話があったことを打ち明け、永尾にこう頼んだ。「もし、さぶちゃんが見て、会った方がよかったら会うから」。とんでもないことになってきた。でも、そこまで話してくれることがうれしくて、永尾は母親に会った。その後、母と娘は地元のデパートで出会った。Mは、それまでのもやもやが晴れたように学校に現れ、いよいよ就職にも力が入った。

N（男子）は、足と手に障害があった。早くから「俺は就職はいいよ。家の農業をやるから」と言っていたが、それは本心ではなかった。永尾はNの会社捜しに奔走した。プラスティックの製造関係の会社から求人票がきた。進路主任がNはどうかと聞いた。足に障害があり、そのことで苦労してきたその会社の社長が、障害のことで悩んでいたNのことを覚えてくれていたのだ。何度も面接の練習を繰り返し、Nは内定をきめた。

●3人だけの卒業式

永尾の人権教育の実践は、文字通り課題を抱えた子どもとの格闘であり、就学保障、進路保障の実践の毎日である。彼の信条は「生徒を切らない」ことであった。しかし、もちろん、すべての生徒の就学を保障するということは困難である。なかにはついに学校を去っていく生徒も出てくる。R（女子）とK（女子）は学校をやめることになった。3年になって2人は夜のバイトに勤めるようになる。どんどん学校から気持ちは離れ、Kの妊娠をきっかけに2人は学校をやめることになった。永尾は何度も家庭訪問したが、2人の気持ちは変わらなかった。

永尾は、この2人に対しても見捨てるようなことはしなかった。卒業式を前にして、永尾はお好み焼き屋でKとRに会った。「心配かけたけど、2人とも大丈夫だよ」。2人はこう切り出した。永尾は、卒業アルバムと永尾のクラスだけの卒業文集を渡す。そして、卒業できなかった2人のために永尾が個人的につくった卒業証書を渡し、3人だけの卒業式を始めた。「君たちは、ちょっとはやく社会に出るだけで、……一生、永尾組の仲間です」。2人が泣いた。

この2人のことを永尾はクラス新聞に書いた。永尾は生徒との信頼を築くために毎月、クラス新聞を発行している。その新聞で、2人がなぜやめていくことになったのか、クラスの仲間に報告した。配られた新聞を見て、みんなが泣いた。教師と生徒が信頼によってつながっているクラスの絆《きずな》がそこにあった。

●人権教育とは何か

私は、人権教育とは何なのかと問い、それは就学保障、進路保障である、と強調した。熊農の永尾教諭の教育実践はまさしく就学保障であり、進路保障である。すでに紹介したように、彼は学校一やんちゃな生徒と向かい合い、卒業させた。ここでは紹介しなかったが、出席日数が足らなくなってこのままでは卒業できそうにないその生徒には、毎朝7時に携帯をかけて起こした。家庭に問題を抱える生徒には、飛び込んでいって親と子と一緒に考えた。「教師にそこまで求めるのか」という声があるかも知れない。もちろん、すべての先生にそのような行動を求めるのは無理かも知れないが、それが同和教育の理念を引き継いだ人権教育の一番大事な核心であり、人権教育の原型だと私は考える。

何度も述べたように、人権教育とは第1に教育保障であり、第2に被差別の立場に置かれた生徒の生き方学習であり、第3に人権問題学習である。この三つの柱が、人権教育の中身でなければならない。ところが現状では、これを無視して「人権問題の学習」だけに限定する傾向が強い。もちろん、人権問題を学習することは重要なことである。けれども、人権教育は「人権問題の学習」だけではないのだ。課題を抱えた生徒の就学保障や進路保障を無視して、人権教育は成り立たない。

かつて同和教育では、差別による貧困のために学校に行くことが困難だった部落の生徒の就学と学力を保障することが大きな課題であった。また、就職差別によって就職できない部落の子どものために進路を保障することが大きな課題であった。人権教育は同和教育の理念を継承したものだというからには、就学・学力・進路保障がその柱に据えられなければならない。事実、現在、親がリストラのために進学を断念する生徒や、卒業しても就職できない生徒が何十万と存在している。熊谷農高・永尾三郎教諭の取り組みは、まさしくこの就学保障・進路保障の実践であり、ここに人権教育の原型がある。

●生徒への信頼

永尾教諭との話し合いでいつも私が一番強く感じるのは、彼の生徒への愛情と信頼である。彼は言う。「子どもはなかまづくりのとき、相手のいいところから見ていく。教師は生徒の悪いところから見ている」「自分の教師生活は、生徒のいいところだけを見てきたつもりだ」

彼は「私は、生徒を信じる」と言い切る。この生徒への愛情と信頼が、生徒と永尾の信頼関係の元になっていると思う。生徒を信じる教師を生徒も信じようとし、生徒を信じない教師を生徒も信じないのである。

永尾は続けて言う。「いまは縛りが強くて、教師自身が生徒との信頼関係をつくる余裕が失われてきている。自己評価制度などが登場し、計画書を提出して、どこまで達成できたかを自己評価して提出する。生徒の髪の毛がどこまできれいになったかとか、部活で全国大会に行ったなどということが評価の対象になっているのだが、肝心の生徒との信頼関係や生徒同士のなかまづくり、クラスづくりが棚上げにされたままになっている。それでは、いつまで経っても教育を取り巻く問題は解決されない」

彼はまた語る。「いま、親のリストラや離婚など、家庭の問題を含めてさまざまな課題を抱えた生徒が増えている。そうした子どもに向き合わないで、どうして教育が成り立つのか」「人権教育は、子どもたちの就学と進路を保障する取り組みだ」

人権教育は、決して建前や理屈ではない。くり返して述べるように、人権教育は、生徒との信頼関係で結ばれた就学保障であり、進路保障であり、被差別の立場に置かれた生徒の生き方学習である。このことを、熊農の永尾教諭の実践から学んでほしい。しかし、それにしても、建前や屁理屈《へりくつ》ばかりの人権教育のなんと多いことか。1人の生徒も登場しない抽象的な人権教育談義が大手を振ってまかり通っているのは、腹立たしいかぎりだ。

2　南葛高校の人権教育

この節の最初に書いたように、私は人権教育とは、被差別の立場に置かれた生徒の生き方指導だと思っている。「指導」という言い方が気に入らなければ、生き方学習でもよい。それが同和教育から引き継いだ人権教育の根本理念だと思う。こう主張するのは、すでに述べたように、人権教育が「人権問題の学習」に切り縮められていることへの批判からである。実際、現在の人権教育は、ほとんど例外なしに「人権問題の学習」に終始している。もちろん、人権問題の学習が人権教育の重要な柱のひとつではあることに違いはないが、それだけが人権教育ではない。人権教育とは、就学と学力と進路を保障する取り組みであり、また今回紹介するように、部落の生徒や在日朝鮮人の生徒、障がいを持つ生徒など、被差別の立場に置かれた生徒が差別や偏見に負けず、それを乗り越えて生きていく勇気や誇りを学ぶことだと思う。それが同和教育の精神を引き継いだ人権教育のもうひとつの大きな柱である。

次はこの点に焦点を当てて、東京の南葛飾《みなみかつしか》高校定時制の木川恭教諭の実践を紹介したい。

●南葛飾高の概要

最初に東京都立南葛飾高校の定時制を簡単に紹介しておきたい。南葛定時制は、1年から4年まで各2クラスで生徒数170人、1クラス平均15～16人。10代、20代の生徒が大半を占めるが、50代、60代の生徒も少数見られる。結婚している生徒もいる。最近は中国人の生徒が多くなっている。東京都内には定時制高校は100校近くあるが、人権教育の実践という点では、南葛飾が抜きんでている。授業は毎日4時間で週5日間、5時55分開始で9時10分終了である。

生徒の特徴としては、留年しても頑張る生徒が多く、なかには10年かかって卒業する生徒もいる。中退が1割強で、経済的にあまり恵まれていない家庭の子どもが多く、6割がひとり親家庭だ。入学当初は仕事を持たない子どもが多いが、1年生の終わり頃になると、アルバイトや仕事に就く生徒が多い。自分の考えを相手にきちんと伝えることができない生徒が多い。そのこともあって、木川は表現する力を付けるための討論を組織するのだが、朝鮮人生徒を中心にしたその討論を通じて、4年1組の生徒たちは大きく成長していく。その様子は後ほど紹介したい。

●南葛飾の人権教育

南葛飾高の人権教育を概観してみよう。ここの特徴は、4年間通じて人権教育をカリキュラムの軸にしている点だ。人権科を設置して週1回、人権問題を学び、考える。これには南葛飾高定時制の長い歴史が存在しているが、それは割愛する。

2005(平成17)年度の人権教育は、次のようになっている。1年生は、中国問題をテーマに人権学習をおこなう。近年、中国人の生徒が増加してきたことがこの背景に存在している。2年生は、部落問題をテーマに人権教育をおこなう。また、演劇の授業が2単位組み込まれ、人権をテーマにした劇が生徒によって上演される。この演劇は必修科目になっていて、全員が参加する。なかには、教師の「強制」と受け止めて反発する子どももいるが、劇を通じて人権問題の当事者の心を理解しようとする。3年生は、障がい者問題をテーマにした人権の授業をおこなう。4年生は、沖縄と黒人問題を取り上げる。

木川教諭は4年1組を担任し、2004(平成16)年春に卒業生を出している。このクラスの生徒は、1年からの持ち上がりであった。

4年1組の人権学習は、6月の沖縄への修学旅行から始まる。11月には、沖縄の修学旅行の体験を踏まえて、文化祭で「沖縄」をテーマにした出し物を選んだ。

2学期と3学期は、クラスに2人の朝鮮人生徒がいるということから、「朝鮮問題」を取り上げた。木川は「クラスに2人の朝鮮人生徒が座っている事実を、日本人生徒が深く理解して卒業し、……当の朝鮮人生徒には、……朝鮮人としての確かな存在感を一人ひとりの日本人生徒の脳裏に刻印できる人になれるように自分に磨きをかけてほしい」と願ってテーマにしたと語る。

「朝鮮問題」をテーマにした人権学習は、9月から始められた。第1回は、戦前の日本の朝鮮植民地支配をテーマにしたビデオ「あの涙を忘れない」(牛山純一監督、89年、テレビ朝日)を放映し、第2回はビデオに基づいた討論をおこなった。ビデオから2カ月経っているので、討論はいまひとつ不調であったようだ。

第3回は討論の時間であったが、ちょっとしたバトルになった。「先生は、日本が朝鮮に対してひどいことをしてきたことばかりを強調して生徒に教えているのではないか」というある生徒の発言をめぐって議論が沸騰した。ここでは、生徒たちが木川になり代わって反論した。「朝鮮の問題について知識のない人に、おまえが言うようなことを教えたらどうなる。日本は悪くないっていう感じになるよ」「物事の本質を教えたいから、日本の加害行為の事実を先生は俺たちに伝えているのではないか」

この議論の最後に、日本国籍のKがなぜ朝鮮名Cを名乗っているのか、その意味は何かが議論され、その議論の延長で、もう1人の朝鮮人生徒Pに向けて質問が飛んだ。「P君の思いをいろいろ聞いてみたいな」。その結果、次回はPが自分の話をすることになった。この討論がその後の突っ込んだ議論の出発点となった。

●朝鮮人生徒Pの話

Pの話は、年の明けた1月の始業式におこなわれた。Pは、小さい頃から母親をさんざん苦しめてきた父親の話をした。

「俺が中学くらいのときかな、サラ金で金を借りて、一人で借りて、そのまま家出して、蒸発して、そのまま野たれ死んじゃったんですけど、そういう父親の姿を見てきて、それで苦労している母親を見てきたんですけど、……。父親がどう生きてきた、たぶん、もっとすごい差別の時代で、生き抜いてきたっていうことを、俺は母親から少しも聞いていない、それを死ぬまでに……。死ぬ直前に俺は親父《おやじ》と殴り合いのケンカをして、ケンカ別れになって、そのまま死んじゃったんです。だけど、自分を知るということは、親のことも知らなくちゃいけないんだと思うようになったんです」

彼は、自分が職場でも朝鮮名を名乗るかどうか、悩んでいることを語った。生徒たちは、クラスで一番存在感があるPが、そんなに深く悩んでいるのをはじめて知り、本名を名乗り、朝鮮人として在日を生きることがいかに難しいのか、ということを肌身で敏感に感じ取った。

●生徒をかえた討論

Pのこの話を皮切りに、本名問題をどう考えるのか、帰化をどう考えるのか、なぜそもそも帰化するのか、人間らしい生き方とはなにか、日本人は朝鮮人の彼に対して本名で生きてほしいと思うのか、日本名で生きてほしいと思うのかなど、踏み込んだ討論がおこなわれた。討論のなかである生徒が「帰化した方が生きやすいのではないかと思うのだけれど、P君は帰化する意志はないのか」と質問した。Pははっきりとこれを否定し、別の生徒が「朝鮮人として生きることは、確かに差別があって生きづらいのが日本の社会なんだけど、俺は生きにくくても、人間らしい生き方をした方がいいと思う」と、ずばり帰化を否定する発言をする場面があった。

討論は、卒業試験が終わった後も続けられていった。導入部で木川は、あらためて卒業生Tの「自分史」を取り上げた。Tの自分史の要点は、次のようなものであった。朝鮮人のTが友人に朝鮮人であることを打ち明けたとき、その友人が「気にするな」と言った。そのとき、「気持ちはホーッと」するのだが、しかし、「日本人というのは言うことが一緒だ」「俺は気にしてないどころか、悩み抜いて、時には親を恨んで必死に日本人らしく生きてきて、友達にも隠してきたことを、文字通り断腸の思いで明らかにして言っているのに、日本人はその重さをあまりにもわかっていない」。

卒業生のこの作文を考えるなかから、討論は「在日朝鮮人の内面の世界に分け入っていった」。討論は、朝鮮問題から始まって、それぞれの生き方や南葛で学んだことの総括など、連日のように深夜までおこなわれた。討論は生徒自身の手で進行され、すぐに自分の意見を言えない生徒には、温かい待ちの姿勢でのぞんだ。聞きっぱなしにせず、なるべく話し手に返していく努力を心がけておこなわれた。「この討論を通じて生徒が変容し、成長した」と木川教諭は報告する。

ここまで南葛定時制・木川教諭の人権教育の様子を紹介したが、南葛の実践に学びながら、「人権教育とは何か」、もう一度考えてみたい。

結論から先にいう。人権教育とは、被差別の立場にある生徒が社会的な立場を自覚することである。社会的立場の自覚とは、在日朝鮮人や部落出身の生徒が、社会的に置かれた被差別の立場を認識するということであり、またそれを乗り越える勇気と誇りを身につけるということである。この点を、あらためて木川のクラスの2人の朝鮮人生徒に焦点を当てて見てみたい。2人の生徒は、朝鮮問題学習とその後の討論を通じて、何度も悩みながら、朝鮮人として自らの社会的立場を自覚し、勇気と誇りを獲得していった。

●朝鮮人生徒Pの自覚

その1人、朝鮮人生徒のPは、職場では朝鮮人であることを隠して日本名を名乗っていた。彼は、在日朝鮮人の問題から逃げている自分は「臆病」であると悩み、揺れていた。彼は、先に紹介したように、クラスの仲間の前で小さい頃から母親をさんざん苦しめてきた父親のことを話したのだが、「朝鮮人として隠さないで生きてほしい」というクラスの仲間の励ましのなかで、卒業式の答辞で次のように語る。

「俺自身も、この議論を経て今までは目を背けてきた朝鮮という現実に今一度目を向けるいい機会だったのではないかと思う。名前に対して今ひとつ勇気がなかった俺だけど、手始めに大学でも『P・S（朝鮮名）』で行こうときめたし、バイト先でも『P』を名乗ろうと思っている。……卒業したあと、新しい世界に飛び立っていくわけだが、朝鮮人として恥じない生き方をしていきたいと思う。まだまだ日本の社会で、在日朝鮮人の立場は非常に苦しい。だが、苦しい社会を『一朝鮮人』として生き抜いていきたいと思う」

Pは、見事に自分の立場を自覚し、朝鮮人であることを隠さずに生きていこうとする勇気と誇りを獲得した。

彼がこう自覚できるのは、もちろん、木川の人権教育にかける情熱があり、クラスの仲間の支えがあったからだ。朝鮮人を違った眼で見るのではなく、仲間として受け入れ、支援しようとする仲間の目が、彼をしてそのように語らせた。

●朝鮮人生徒C

もう1人の朝鮮人生徒Cも、木川のクラスのなかで変わっていった。1年の頃からクラスのなかで話をそらしたり、大言壮語を放ったり、人の話に割って入ったりしていたために、クラスのなかではウザイ奴《やつ》と嫌われていた。彼は、差別問題の勉強に対しても「そんなことやっても意味はないんだ」などと繰り返していた。授業中も、しばしば関係ないことをべらべらしゃべりまくり、茶化《ちゃか》してみんなのひんしゅくを買っていたが、彼も日本と朝鮮の間で揺れ、朝鮮名を名乗ることに抵抗していた。その彼を変えたのはクラスの仲間だった。クラスメートは「驚くほどねばり強く、そして優しくかつ辛辣に」朝鮮名を名乗るかどうかで揺れる彼に対して問いかけたと、木川教諭は報告している。その結果、彼は次のように変わった。

「俺は、この南葛に入学して朝鮮のこと、部落のことなど多くの差別問題を学び、自分自身が朝鮮人の血をひいていることもあり、自分の身の回りの、そういったことに対して、かなり考えるようになった。……今の社会でおれ達がどう生きるのかを考えるための授業を受けて、朝鮮と日本の血をひくものとしてどう生きるかを考えさせられ、そして二つの血をひくハーフだからこそその生き方をしたいと思うようになった」

木川の人権教育——といってもこの場合は、生徒自身の討論が原動力になっているのだが——は、間違いなく朝鮮人生徒の自覚を促し、日本の社会のなかで隠すことなく生きていこうという勇気と誇りを与えた。ここに人権教育のもうひとつの意義と役割がある。人権教育とは、被差別の当事者の生徒が勇気と誇りを身につけていくことなのである。

●生き方変える人権教育

人権教育は、被差別の当事者の社会的な自覚を促すだけではない。被差別の生徒の立場や生き方を考えることを通じて、生徒の一人ひとりが自らの生き方や人間としての見方を考えていく教育でもある。人権教育は、生徒を鍛え、育てる営みでもあるのだ。

「みんな本気で考えているヤツなんかいないんだから、自分一人頑張ったってしょうがない、馬鹿を見るだけだ」と言っていた女子生徒Wも、「日本人の朝鮮人や外国人への差別や決めつけ、偏見などがなくなり、本当の自分を消したり、隠したりしないでスッキリ生きていける人があふれる国になってほしい。そのために日本人一人ひとりが心の中を見つめ直し、間違っている人にははっきり言える人にならなくてはいけない」と語るようになった。

入学以来、自分の殻に閉じこもったままで、なかなか心を開こうとしなかったKも変わっていった。彼は、2年の演劇の授業では、みんなが畳の上で授業を受けているのに、1人だけ畳と廊下を隔てている柱の陰にカバンを抱えてうずくまっていた。その彼がこう言う。「今までこういう話し合いってのはなかったので、最初何を話していいのかわかんない感じだったんですけど、実際、話を聞いていて、今までは、言ってはいるけど本心かどうかわからず、早くこの場を終わらせたいっていうくらいにしか感じなかったんだけれど、実際、一人ひとりが言ってて、ああこれはって思って、意外と考えているんだと思って、ちょっと何かうれしいって言うか、ああよかったなって思ったわけさ。それでみんながそうやってるからさ、自分も変わんなければいけないって思うようになった、そんな感じ。……自分なりに変わってきた、どう変わったかって言われると困るけど、自分自身のなかで変わったんだよね。完全なかたちにはなってないんだけど、考えるようになったって言うか、で、卒業した後、これからの人生を一つひとつ考えて、南葛で学んだことを大事にして、どう自分を成長させたらいいのかなって思いました」

この発言には、クラスメートから大きな拍手が送られた。

卒業式で生徒を代表してSは、次のように答辞を読んだ。

「南葛飾では、朝鮮問題・部落問題・その他さまざまな人権問題など、ほかの学校では教えてくれない、人として生きていくうえでの大切なことを教えてくれています。しかし、クラスにはPがいなかったら、在日朝鮮人がいなかったら、教えてもらっても理解するにはほど遠かったかもしれません。……クラスでは、HRの時間で人権問題に取り組むことが多く、ほとんどのHRの時間を人権問題について学んでいたような気がします。でも最初の頃は、どこか自分とは関係ないと思いこみ、ただ時間が過ぎていくのを待っていただけだったと思います。しかし、4年の卒業試験が終わったあと、毎日夜中まで朝鮮問題についてクラスで話し合ってきたなかで、たくさんのことを学びました。自分自身の知らない、あるいは見ないようにしてきた問題を考えるようになって、自分自身、一回りも二回りも成長することができました。また、お互いの心の奥底に踏み込まなかった自分がいたことに気がつきましたし、それによってみんなの本心を聞けたことは、成長への第一歩であり、さらにクラスのみんなとの仲も、うわべだけでなく、本当の友達になれたような気がします」

木川は、クラスにいる朝鮮人の同級生の問題をテーマとして取り上げることを通じて、「生徒同士がお互いに鍛え、磨き合い、そして支え合うことで人としてより豊かな自分をつくって行くことを目標にクラス形成を考えてきたが、最後の最後にようやくその小さな可憐《かれん》な花を咲かせることができたように思う」と記しているが、まさしく生徒同士がお互いに鍛え合い、磨き合い、そのようなものとして、木川の人権教育の実践がここに実を結んだ。そこには、クラスのみんながお互いに信頼し、自分の心を開いていった生徒自身の見事な成長と変革があった。

●建前ではなく

人権教育は、決して建前や理屈ではない。ここでは、２人の教師の実践を通じて紹介したが、人権教育は就学保障であり、進路保障であり、被差別の立場に置かれた生徒が自らの立場を自覚して勇気と誇りを獲得する生き方学習である。かつまた、人権教育は、被差別の生徒の問題を考えることを通じて生徒自身が自らの生き方を考え、成長することである。このことを熊谷農高・永尾三郎教諭と都立南葛定時制の木川恭教諭の実践から学んでほしい。

第3　部落問題学習の意義と役割

1　部落問題学習の実践

同和問題を解決するための国の特別対策法が期限切れとなって以降、全国各地で同和教育の後退や縮小が進んでいる。「同和教育は終わった」「同和教育は人権教育にかわった」などの声が学校現場を席巻《せっけん》し、地域によっては実質的に棚上げにしただけでなく、名目的にも同和教育を終結させるところが出ている。しかし、同和教育は本当に歴史的な使命を終えたのか。同和教育は、教育としての意義や価値を失ったのか。そのことをもう一度考えようというのがこの小文のねらいである。もちろん、同和教育は、いまなお重要な意義と役割を担っており、今後においても継続されなければならない。では、同和教育はどのような意義と役割をもっているのか。それを新潟県立十日町《とおかまち》総合高校の実践から考えてみたい。

その前に、十日町総合高校の事件を紹介しておきたい。というのは、十日町総合高校の同和教育は、2002（平成14）年におきたひとつの差別事件の反省から始まったものであるからだ。

●十日町市立下条中学校事件

2002（平成14）年1月、県立十日町総合高校の「現代社会」の授業で、1年を対象に人権に関するアンケートがおこなわれた。アンケートでは、質問の最後に「部落問題について知っていることや習ったことがあったら書いてください」との項目が設けられ、担当教師は「中学校時代に習ったことや、家庭や地域で聞いたことがあったら書いてください」と指示した。このとき回収したアンケートのなかに「部落は昔、本当に昔に、罪を犯した人などが集められ、閉じこめられた地域だ……」と記述した生徒が1人いた。担当教師は気になって同和教育推進委員長に報告し、その生徒に直接聞いたところ、「中学校で習ったことがあるような気がする」と返事した。同じ中学校出身の生徒に聞いたところ、彼も「同様の内容を学校の先生または身内の人から聞いたことがある」と返答した。この件は、その後県教委に報告され、調査された結果、「『被差別部落民＝犯罪者』という誤った認識を一部の生徒がもつにいたった直接的な原因が中学時代の社会科授業にあったこと、……が明らかになった」（2004年・部落解放第21回新潟県研究集会・第2分科会「十日町市立下条中学報告」）。

これが十日町総合高校の事件である。その詳細を紹介することがテーマではないので、ここでは省く。

●遠山教諭の授業構成

十日町総合高校は、この事件を反省材料にして同和教育に本格的に取り組むことになった。そして、その同和教育の取り組みを2002（平成14）年に赴任してきた遠山典子教諭が担当した。私は、2004（平成16）年9月に十日町市で開かれた部落解放新潟県研究集会で、この遠山教諭の同和教育の実践報告を聞いた。同和教育の意義と役割をもう一度明確にしたいと思っていた私は、なかなかいい実践だとそのとき率直に思った。そこで昨年（２００５年）の秋、日を改めて十日町総合高校に遠山教諭を訪ね、詳しく内容を尋ねた。

ここで遠山教諭の同和教育の授業をかいつまんで紹介しておきたい。授業は、基本的に新潟県同和教育研究協議会が編纂《へんさん》した『同和教育副読本・生きるＶ・高等学校用』をもちいて構成され、おおむね５時間ないし６時間かけておこなわれる。各時間の内容は、次のとおりである。

１時間目は、導入部として「現在の差別事件」と「差別の形成」を取り上げる。ここでは、新潟県内で発生した結婚差別による青年の自殺事件や、部落解放同盟新潟県連合会委員長であった故山田三郎さんの生い立ちなどを具体的な事例として紹介し、なぜこのような差別が生まれてきたのかを考える授業を展開する。２時間目は、「中世被差別民の成立」を取り上げる。平安時代から鎌倉時代にかけて生み出されていった中世の被差別民の成立の過程を、「ケガレ」の思想や「キヨメ」の役割を軸にしながら考える。３時間目は、前の授業の続きで、「キヨメ」の役割を縦軸にしながら、「中世のひにん・河原者――仕事と文化に果たした役割」を説明する。ここでは、この時代に成立した能楽の観《かん》阿弥《あみ》・世阿弥《ぜあみ》や、室町御所などの庭園をつくった庭造りの善阿弥《ぜんあみ》などの被差別民の活躍を紹介し、室町文化に果たした河原者の役割を考える。４時間目は「身分制度の成立（戦国・江戸）」を取り上げる。戦国時代から江戸時代にかけて「えた・ひにん」の身分制度がつくられていった背景を考える。また、江戸時代の「えた・ひにん」の仕事と社会に果たした役割が説明され、江戸時代中期以降に差別が強化・拡大され、一般民衆にまで厳しい差別感が拡がっていったことを学ぶ。

5時間目は、明治維新と「解放令」や資本主義と部落問題、部落解放運動、そして現在の被差別部落問題など、「現在の部落問題——差別をなくすために」を取り上げる。授業では、『生きるV』の「部落差別の歴史と解放運動に学ぶ」や「水平社はかくして生まれた」などを活用する。最後に「現在の様々な差別と全体のまとめ」がおこなわれ、いじめなどとの関連や「差別がある社会とはなにか」を考える。

●同和教育の特徴

これが十日町総合高校・遠山典子教諭の同和教育の概要だが、ほとんど同和教育が取り組まれてこなかった新潟県のなかにあって、この取り組みはある意味では突出している。その件についてはあとで触れるとして、まずはこの遠山教諭の実践の特徴をあげてみたい。

まず第1の特徴は、何といってもていねいに時間をかけて同和問題を取り上げている点だ。

遠山教諭は、合計6時間かけて同和問題を集中的に取り上げている。同和教育といえば、30分くらいのビデオを見せて教師が解説し、あとは感想文を書いて終わりというパターンが一般的な現状のなかにあって、遠山教諭は計6時間かけて同和問題を取り上げている。私は、「少々時間をかけ過ぎているのではないか。よそのクラスでできなければ意味がないのではないか」と訊《たず》ねたが、その問いに遠山教諭は、「ていねいにやるから授業が面白い。ていねいにやるから生徒もよく理解できると思う」と答えた。また、「中途半端にやれば、かえって問題が生まれることも心配になる」と述べ、一コマだけの同和教育の危険性を指摘した。

なるほど、そうかも知れない。1時間や2時間の授業で、部落問題を理解させようとするのは、どだい無理な話だ。その結果、一知半解というか、消化不良というか、肝心なことが伝わらず、ことばだけが一人歩きする。実際、生徒がふざけ半分に差別用語を使って友だちをからかうような事件のなんと多いことか。新潟でも、過去にロックバンドが「被差別部落民」を名乗ったり（長岡《ながおか》市・1984年）、新潟大学のワンゲル部が登山用のペナントに「殿、姫、平民、えた」などと書き込んで使用していた事件（1990年）がおきている。そのことを考えれば、遠山教諭が指摘することはもっとものことだ。

「時間をかけてていねいにやることで授業を面白くする」というのが遠山教諭の持論だが、授業を面白く構成するために、彼女は具体的には、例えば歴史上の人物を登場させる。銀閣寺の庭園をつくったことで有名な、善阿弥の孫の又四郎は自分たちに向けられた差別に対することばを残しているが、授業では又四郎の言葉を引用して、差別されている者の気持ちや心情を理解させ、差別を理屈ではなく感情的にとらえるように工夫する。差別問題を考えるというのは、年号の丸暗記ではないのだ。具体的な被差別者の生き方を見つめるということであり、知識ではなく感覚や感情で「わかる」ことなのだ。

「差別に対してこんなに授業で勉強したのははじめてだと思う。今回の授業で差別についてたくさん知ったことがあった。でも昔の話で、古代の話や中世の話は何となくしかわからなかったけど、現在に近づいていくうちに、だんだん分かるようになった。結婚差別や就職差別や部落差別は絶対にあってはいけないと思った」（2003年・感想文・女子）

●具体的で身近な事例の紹介

第2の特徴は、具体的で身近な新潟の事例を教材に取り上げている点だ。

遠山教諭は、具体的に授業のなかで新潟の事例として「糸魚川《いといがわ》結婚差別事件」と部落解放同盟新潟県連合会の故山田三郎委員長の生い立ちを取り上げている。糸魚川事件というのは、1970（昭和45）年に結婚差別に出合った27歳の青年が「ぼくは死をもって身分差別をなくします」という遺書を残して自殺した事件だが、県内で起きた痛ましい事件を紹介することで、差別の問題を身近にある現実的な問題として認識するよう働きかける方法を取っている。

「新潟県の事例を紹介すると生徒の反応がちがう」と遠山教諭は言うが、その報告を待つまでもなく、同和教育では一般的に生徒は「それが自分とどう関係あるんだ」「自分たちの住んでいる地域ではどうなのだ」と考えるのが普通だ。だから、できるだけ地域に即した事例を取り上げることが望ましい。自分との関わりが見えないと、「自分には関係ない問題」「よその県の問題」「関西の問題」というように他人事になってしまう。

「新潟県内でこんな部落差別の問題があったことに驚いたし、いまだにこんな差別のせいで多くの人たちが傷ついたり悲しんだりしていることが悲しかった」（アンケート・女子）

●差別の非科学性・不合理

第3の特徴は、歴史の学習を通じて差別の非科学性と不合理さをていねいに解説していることだ。遠山教諭は、「最初の2~3年くらいは、近世以降の被差別部落について、政治起源説、職掌、いかにひどい差別を受けてきたのか、現在における差別事件、解放運動などを中心として、授業を展開してきた。いわゆるセオリー通りである」(『小千谷《おぢや》西高校研究紀要』10号、1998年)。しかし、生徒の感想文から授業に疑問を感じて、授業の再構成に取り組んだ。生徒の感想というのは、「かわいそうだと思った」「自分はそうでなくてよかった」など、自分とは別の世界のこと、他人事としてとらえているものばかりであった。遠山教諭は自身の体験から、同情をさそう自分の授業に強く疑問を抱き、「手当たり次第」に本を読み、「生徒に何とかしてわかりやすく授業で伝えていきたいと心の底から思った」(同上)と語り、その心意気をもって授業を構成した。

●人権教育としての部落問題学習

第4の特徴は、同和問題だけを切り離さず、人権問題を考えるきっかけとして部落問題学習を位置づけていることだ。

遠山教諭は、同和教育の授業で部落問題だけを教えているのではない。同和問題を通じて、生徒たちの身の回りにあるさまざまな差別や人権侵害を取り上げる。「授業では、被差別部落問題にとどまらず、現在社会における他のさまざまな差別・いじめなどと関連づけて、また私自身の体験なども交えながら話をした」と語る。実は遠山教諭は、2歳半のときに電車事故にあって足が悪い。そのためにいじめられた経験を持つ彼女は、「生徒に真剣に差別のことについて考えてもらうためには、自己――私自身の赤裸々な体験――を教室で語らなければならない」と述べ、「教師が他人事ではなく、自分の体験を通して、自分の問題として生徒に語りかけるとき、はじめて生徒も自分のこととして考えてくれる」と、同和教育の核心点を強調する。差別問題を取り上げるということは、取りも直さず取り上げる側の姿勢を問うのである。教師も裸になって向かい合わなければ、生徒には伝わらない。彼女は、自らの体験から自信を持ってそう言う。

2　部落問題学習の現在的な意義

十日町総合高校の遠山教諭の同和教育を紹介した。ここで同和教育の現在的な意義について考えてみたい。現在的意義とは、冒頭に書いたように「同和教育はもう終わった」というような風潮が支配するなかで、あえて同和教育にこだわり、同和教育を取り上げることの意義と役割を問うということだ。実際、全国的に同和教育が終了しかかっている現状のなかであえて同和教育を取り上げるのは、いかに差別事件があったからといっても、そこに「同和問題を正しく理解する」という以上の教育的な意義がなければ、時代錯誤などと批判を浴びかねない。あるいは、風変わりな先生の個人的な趣味として一笑に付されかねない。しかし、遠山教諭の同和教育の授業の実践は、これから述べるように、単に「同和問題を正しく理解する」という次元にとどまらず、それ以上に重要な意義をもっている。そのことを、同和教育の現在的な意義として提起したい。では、どのような意義があるのか。

●人権感覚を育てる同和教育

まず第1の意義は、同和教育は生徒たちの人権感覚を育てるうえで大きな役割を果たしていることである。いじめ、非行、引きこもり、少年犯罪、家庭内暴力、親殺し、子殺し……。いまの若者を取り巻く状況は、社会を覆う閉塞感や不安感を反映して、底の見えない息詰まり状況を呈している。人権という角度で眺めれば、いよいよ人権意識が麻痺《まひ》してきたのではないかと思わせるような事件で溢《あふ》れかえっている。この背景には、現在の若者が置かれている社会状況が存在している。バブル経済の崩壊以降、企業が学卒者の採用を抑制し、派遣社員やパートに置き換えたために、大学を出ても月15万円程度の派遣社員にしかなれない若者がごまんといる。高校においては、なおさらである。教育がかつてのように、卒業して、就職して結婚して家庭を持つという将来を保障するための機能を果たさなくなっているのだ。そのような展望のない状況のなかで若者たちは、ニートやフリーター、パラサイトシングルなどと呼ばれながら、希望を持てずに生きている。

希望だけではない。システムが壊れかかった社会のなかで、若者たちは人権を大事にする〈こころ〉を持てなくなっている。それはそうだろう。自分たちが大事にされていないのだから、どうやって人を大事にすることができるだろうか。自分の人権が大事にされていないものは、人の人権を大事にすることもできない。これが人権を大事にできない現在社会の諸相の根本的な原因だと思う。だからこそ人権教育が必要だと強調するのだが、その人権意識や人権感覚を育てる人権教育の重要な手段として同和教育が存在している。十日町総合高校・遠山教諭の同和教育の実践は、このことを十分に立証している。もちろん、同和教育以外に人権問題を学習する手だてがないわけではない。障がい者、ハンセン病、外国人労働者……。社会には、さまざまな人権問題が存在しており、それらを学ぶことは同和教育と同様に人権意識を育てるうえで重要な役割を果たす。その意味で、人権問題学習は同和教育でなければならないということはない。ただ、同和教育はその歴史的な経過や蓄積、地域性という意味で、同和地区が存在する地域において重要な意義を担っている。そのことを、あらためて確認したのが遠山教諭の実践である。

●確かな歴史認識を育てる同和教育

第2の意義は、同和教育は生徒たちの確かな歴史認識を育てるうえで大きな役割を果たしていることである。歴史認識とは、人間が歩んできた歴史の真実をどう見るのか、そこから何を学ぶのかということだ。同和教育は、その特質からして歴史の正しい見方や歴史の真実を学ぶ教育として大きな役割を果たしている。

いまさら言うまでもないことだが、社会の発展の本質を考え、人間の暮らしにとって何が重要であるのかを問い返すのが歴史教育である。人間は、歴史の反省から現在の社会や政治のあり方を問い返し、未来のあるべき方向を模索してきた。歴史を正しく学んだものだけが、真に社会の進歩に貢献できる。ところが、これまでの歴史教育は、必ずしもそのような方法を採用してこなかった。それは、無味乾燥な年表の丸暗記であったり、為政者の立場から見ただけの一面的な歴史の解説であった。しかし、それでは歴史の真実は見えてこない。だいいち面白くも何ともない。場合によっては、偏狭な歴史観や社会観を植えつけることになる場合も少なくない。近いところでは、最近の教科書問題がそのいい例だ。そこまで生臭い歴史認識ではないにしろ、日本の歴史をどのように把握するのかは、これからの時代を生き抜く若者にとって重要な問題である。その際、私たちは、為政者の側に立った一面的歴史観ではなく、民衆の立場に立った歴史の見方を学ぶことを提唱してきた。それは、歴史の真実は決して為政者側からだけでは捉えきれないからだ。社会の発展を支えたのは底辺に置かれた人々であり、その民衆の暮らしや文化をとらえてこそ正しい歴史認識が育つ。同和教育は、この歴史認識を育てるうえで重要な役割を果たしてきた。十日町総合高校・遠山教諭の同和教育の実践は、この歴史認識を育てるうえで重要な役割を果たしている。もちろん、彼女はけっして「偏った歴史教育」をやったわけではない。副読本を縦軸にしながら、ていねいに歴史の事実を解説しただけである。それが生徒たちの確かな歴史認識を育てた。実際、十日町総合高校の生徒たちの感想文にそれがにじみ出ている。これが同和教育の果たすもうひとつの役割だ。

「今回の授業は、とても詳しかったと思う。どういうところから差別が始まって、どんな差別をされてきたのかなど。（略）差別をなくすためには、どういうふうな社会にするべきか考えていくことも大切だと思った。温故知新」（2003年・生徒感想文・男子）

●豊かな社会認識を育てる同和教育

第3の意義は、同和教育は生徒たちの豊かな社会認識を育てるうえで大きな役割を果たしていることである。

豊かな社会認識とは、政治や経済を柱にした社会のあり方を考え、人間の生活をよりよいものにするためにに社会はどうあるべきなのか、どんな政治が必要なのか、そのような問題意識や社会を見る見方を育てることだ。同和教育は、社会の底辺に組み込まれた被差別部落の人々をテーマにした教育であるが、その対象の社会性と歴史性からして、社会のあり方や政治のあり方を考える教材として大きな役割を果たしている。

実際、どんな時代にも、差別や貧富の差というものが存在し、そのなかで呻吟《しんぎん》している人たちが生活しており、また差別や圧迫をはねのけてたくましく生きている人々がいる。しかし、政治は往々にして、これらの人々を救うのではなく、犠牲にして成り立ってきた。被差別部落の先祖は、その代表的な存在である。為政者は、被差別民衆の犠牲のうえにその地位や権力を保ち、贅沢《ぜいたく》で優雅な生活を送った。そのことを生徒は同和教育を通じて学び取る。

生徒はまた、もっとも疎外されてきた人たちが、実は社会の原動力として役割を果たしていたことを、同和教育を通じて学ぶ。部落問題に即していえば、例えば近代において被差別部落の民衆は、人間の自由と平等を求めて立ち上がり、はげしい運動を繰り返したが、その運動は日本の発展に大きく寄与した。

ところが、これまでの社会認識に関わる教育は、必ずしもそのような踏み込んだ内容を取り上げてこなかった。うわべだけの政治や社会の解説に終始した。これでは物ごとの本質をつかむことはできない。

社会の本質は、決して為政者側からだけでは捉えきれない。社会を支えた底辺の人々の闘いや運動を捉えてこそ、正しい社会認識が育つ。同和教育は、この社会認識を育てるうえで重要な役割を果たしてきた。十日町総合高校・遠山教諭の同和教育は、この社会認識を育てるうえで重要な役割を果たしている。同和教育のもうひとつの意義は、この点にある。

以上が、十日町総合高校が同和教育を題材にして考え、取り組んだ意義だと思う。もちろん、同和教育の出発点となった事件の反省から、「同和問題を正しく理解する」という目的は重要であるし、それに十分応えた取り組みであったことはいうまでもない。しかし、最初に強調したように、十日町総合高校の同和教育は、「同和問題を正しく理解する」という次元にとどまらず、それ以上の重要な意義をもっている。そこに同和教育の現在的な意義がある。

●生徒にとっての同和教育

いま同和教育の意義を3点にわたって整理した。同和教育は、単に「同和問題を正しく理解する」「生徒の誤解や偏見を取り除く」という以上の意義や役割があることを強調した。しかし、もうひとつの意義をあげておきたい。それは、生徒にとって「勉強してよかった」と言えるものであるかどうかということだ。なんとなれば、同和教育は「就職や進学のために役に立たない」授業なのだから。この点を考えてみたい。

私は以前から、同和教育は誰のためでもない、生徒のためにおこなわれるべきだと考えている。「生徒のため」というのは、生徒が社会に出て人生を送るうえで身につけておくべき「教養」であり、

「常識」という意味からだ。実際、素直に考えれば、同和問題や、同和問題の学習を通じて学ぶ人権についての知識や感覚は、これから社会人として人生を送るうえで身につけておくべき「教養」であり、「常識」ではないか。その意味で、同和問題や人権問題の学習は、生徒自身が「勉強しておいてよかった」と感じるものでなければならないと思う。

「この本は、高等学校用となっているので、中学生用も作って早いうちから差別や人権に対する意識を高めていった方が良い。高校3年でこの内容を知るというのは遅すぎる！」（アンケート・男子）

「中学の頃や現代社会の時間にも、何度か同和問題の学習をしたことがありました。ですが、それでも私は正直、自分には無関係だと思っていました。周りにそのような問題がなかったからだと思います。今回あらためて同和の問題を知り、私は良かったと思います。いま勉強しなければこれから社会に出て勉強することなど無いと思うからです。（略）」（２００３年・感想文・女子）

十日町総合高校の多くの生徒がみずから実感し、「学んでよかった」と感想を書いている。同和教育は、生徒の人権感覚を育て、確かな歴史認識を育て、社会認識を育てる。それは生徒にとっても意味のある、「授業で学べてよかった」教育なのである。

おわりに

同和教育の目標は、もちろん、直接には被差別部落に対する差別意識や偏見をなくすことだが、本当のねらいは、同和教育を通じて差別やいじめなどの人権侵害を許さない態度や行動の取れる知識や態度を養うことにあることはいうまでもない。差別を差別として受け止め、批判する感性を育てる人権教育・同和教育の取り組み、豊かで確かな歴史や社会を見る眼を育てるこの取り組みの重要性は、以前よりも現在のほうが高い。十日町総合高校・遠山教諭の同和教育の実践は、この課題に応えるものだ。

第4　子ども会の意義と役割

同和問題を解決するための国の特別対策が終了し、部落解放運動を取り巻く環境が大きく変わった。市町村の同和対策課が人権推進課等に改組され、同和教育も人権教育の重要課題のひとつとして位置づけ直された。

子ども会、または小・中学生学級（＝名称については以下、埼玉で一番多く使われている「学級」を使う）として取り組まれてきた活動も、大きな転換を余儀なくされてきている。学級のための国の予算が廃止されたため、市町村は、これからは一般予算を持ち出して運営しなければならない。また、これまで学級を担ってきた同和教育推進教員制度が廃止されたために、人の面でも学級の運営に支障が生じてきた。しかも、それに加えて「いつまで続けるのだ。もうやめた方がいいのではないか」などという反対意見も出ている。実際、ある政党は学級の廃止を公然と叫んでいる。

現在、埼玉県内には42の市町村に１０７館の集会所があり、そのうちの87館で小・中学生学級や子ども会が開設されている。学級の開設者である市町村教育委員会は、「今後も継続していきたい」という考え方を表明しているが、学級を継続するためには、なぜ学級を続けるのか、学級開設にどんな意義があるのか、その意義と役割を明確にしなければならない。それが本稿の目的である。学級の役割を述べる前に、代表的な学級をひとつ紹介したい。この学級を通じて、いま一度、学級の意義を考えたい。

1 岡部町の「みらい塾」

埼玉県大里郡《おおさとぐん》の岡部町《おかべまち》（現深谷市《ふかやし》）では、南岡、棒沢、本郷の三つの集会所で「みらい塾」と名付けられた小・中学生学級が開設されている。岡部町は、関東平野の真ん中にあって、ブロッコリーとねぎ、トウモロコシの産地で、漬物産業と冬の赤城《あかぎ》おろしが名物だ。

2月初め、南岡集会所の小学生学級「みらい塾・きぼう組」を訪ねた。私が訪れた日も、冬の名物が吹き荒れた。「大砂塵《だいさじん》」という映画があったが、北風にあおられた乾いた砂礫《されき》が吹きすさぶ様は大砂塵そのものだ。髪の毛の中まで砂だらけだ。

岡部の学級は、これまで推進教員が中心になって運営されてきた。しかし、2002（平成14）年に推進教員制度が廃止された途端、たちまちこの運営に支障が生じた。誰が学級を運営するのか、学校、教育委員会、地元でもめた。もめた末、各学校の校長と人権教育主任、教育委員会で「人権教育担当者協議会」をつくり、そこが集会所学級を運営することに落ち着いた。しかし、推進教員が廃止されたことは、やはりずしりと応えた。この年、学級運営は「大変だった」（「埼人教報告書」）。フリーの推進教員がいるならばいざ知らず、クラスを担任している先生が放課後、地域に出張ってきて子どもたちの面倒を見ることは容易ではない。「どうするのか」。この事態に直面して、一部の先生が考えたのが「みらい塾」だった。「こんなにもめるなら、来年は人権教育担当者協議会に頼らない集会所学級をつくっていこう」。これが「みらい塾」の出発である。

みらい塾という名前は、岡部の特産トウモロコシ「味来《みらい》」から付けたという。一粒一粒が集まっておいしいトウモロコシになっているように、「一人ひとりが仲よくつながっていけるように」という願いから名付けられた。

2003（平成15）年4月に第1回の「みらい塾実行委員会」が開催された。このとき、結局、教育委員会も学校も積極的に協力することになり、この日は教育長や次長も参加して、年間計画などが協議された。実行委員には、町内の小・中五つの学校から2名ずつが参加、それに教育委員会から2名が加わって12人で構成された。その協議に踏まえて、みらい塾がスタートした。

みらい塾は、基本的に従来の学級活動を踏襲したが、三つの学級の合同活動を増やした。これまでは集会所単位でおこなうことが多かったのだ。また、町内で唯一、同和地区を校区に持たない西小学校にも、この際、学級生を募集することにした。こうして新装開店となったみらい塾は、5月から2月までの10カ月間、毎週1回から2回のペースで教科学習（国語・算数）のほかにスポーツ、ものづくり、調理教室、社会見学、楽器演奏、サマーキャンプ、そして人権学習などに取り組んだ。ちなみに今年の参加者は、南岡集会所が62人、棒沢集会所が41人、本郷集会所が36人、中学生学級は9人の合計148人である。子どもたちは、集会所のある部落の子どもたちを中心に、校区全体から参加する。校区に同和地区のない西小学校からも参加者があった。学級の指導は、金子良次・堀内正之先生を軸に地元の学校の先生が交代で担当した。保護者も行事に参加するようになった。

2 「みらい塾」の特徴

以上が、みらい塾のあらましだ。このみらい塾には、次のような特徴がある。

第1の特徴は、すべての児童・生徒に開放されていることだ。

みらい塾は、すべての児童・生徒に開放されている。同和地区であろうがなかろうが、学級に参加したい子どもは、誰でも自由に参加していいことになっている。ただし、これはみらい塾になってから始まったのではない。ずうっと前からだ。10年以上前からこのような公募方式を採用している。学校は、新学期になると、すべての児童・生徒の保護者に募集のチラシを配付して学級生を募る。だから学級は、地元の同和地区の子どもを中心にして、参加したい子どもが全員参加している。

かつて集会所の子ども会は、同和地区の子どもたちのみを対象にしていた。しかし、少数点在の埼玉の部落では、一学級が2人、3人というところも珍しくなかった。その学級に先生が2、3人付くのである。ありがたいといえばありがたいのかも知れないが、「いったいなぜ同和地区の子どもたちだけがそのように特別に大事にされるのか」という声があがるのは、ある意味では当然だ。同和地区のなかからも「特別扱いしないでほしい」という声が生まれ、何より子ども自身がいやがった。これでは学級が成立しない。そこで埼玉では、公募方式に切り換えるところが生まれてきた。運動側としても、学級の基本理念を踏まえるのであれば、同和地区だけにこだわらないという方針をとった。だから、すべての生徒に開放された学級であるというのはいまに始まったことではないが、やはり第1の特徴としてあげておく。

第2の特徴は、仲間づくりを目標に掲げていることだ。どこの学級でも似たような目標が掲げられているが、みらい塾の場合、仲間づくりがとくに重視されている。仲間づくりといっても、子どもの世界であるから、それは友だちをつくることであり、みんなと一緒に遊ぶことなのだが、そこが重要なのだ。学級は、週1、2回くらいのペースで開設されるのだが、子どもたちは集会所で実に生き生きと遊ぶ。その遊びを通じて友だちをつくり、互いに助け合い、支え合う。

この点に関してもうひとつ補足すれば、みらい塾は、異年齢の子どもたちの集団活動を重視する。学級では、年齢のちがう子どもたちが一緒に過ごすのだが、大きな子は小さな子の面倒をみ、小さな子は大きな子に教わり育つ。6年生を送り出す感想文のなかには、「お兄ちゃんが一緒に遊んでくれて楽しかった」とか、「国語や算数を教えてくれてありがとう」ということばがたくさん出てくる。この関係が大事だと思う。というのは、いまの子どもたちは、学校で同級生と遊ぶことはあっても、異年齢の子どもと遊ぶことが少ない。通学班でも、遊ぶことは少ない。子どもたちは、地域で遊ばなくなっているだけでなく、異年齢間で遊ぶことがほとんどなくなっている。これが人間としての人格の形成や人間関係の間合いの取り方に影響していると指摘する学者も多い。大きな子どもは小さな子どもの面倒を見ることを通じて一歩、人間として成長する。小さな子どもは、大きなお兄ちゃんやお姉ちゃんに教わりながら何事かを学んでいく。

「子どもたちは、学年の枠を超えた遊びのなかで学習するのですよ」

担当の金子先生は、そう解説した。確かにそうだと思う。この日も、競馬ゲームがあった。予選で負けると、そのグループはそもそも出場資格がなくなって1点も点が取れない。グループ全員、次の出場権を得るまで我慢して待たなければならない。「そこで彼らは、ルールを守り、我慢することを覚えるのですよ」と先生。いくら勉強ができても、社会生活を送るうえで必要な最低のマナーやルールを知らないわがままな子どもが最近は多い。そのことを考えると、あらためて学級の意義を考えずにはいられない。

第3は、人権感覚を育てることを目標にしていることだ。

みらい塾では、学級の大きな目標に「人権感覚の育成」を掲げ、部落問題や人権問題をテーマにした学習をおこなう。社会に存在している部落差別や外国人差別、女性差別、障がい者差別などを取り上げて、みんなで考える。

実は、私がみらい塾を評価するひとつは、同和地区の集会所において地区外の子どもたちも一緒になって人権問題を学んでいることである。また、保護者もそれを承知で参加させている点だ。学校は、4月の新学期に募集要項を全保護者に配付し、参加者を募るのだが、チラシの目的の欄には「学力の向上・仲間づくり・人権感覚の育成」とはっきり人権が謳《うた》われ、内容の欄にも「人権学習」が謳われている。「先生、親は同和地区の集会所で、同和問題やら人権問題の勉強をすることをわかっているのでしょうね」と尋ねると、「開所式で親にちゃんと説明しますから、わかっていますよ」と金子先生。「なるほど」

第4の特徴は、学校では疎外されている子、立場の弱い子を大切にしていることである。

ここは金子・堀内両先生がとくに強調したいところだった。「学校のなかでは友だちができない子、付き合いができない子に視点を当てて支援するというのが、このみらい塾のいいところだと思っています」「教室のなかで疎外されている子も、ここでは表情が変わって生き生きしている」と金子先生。「学校ではすみの方でひとりぼっちで寂しそうにしている子どもが、私の側に来て、『先生、次の学級は何日だったっけ』と尋ねてきたりすると、思わず学級をやっていてよかったと思いますね」と堀内先生。「われわれ教員は、学校ではどうしても順位を付けてしまう。でも、この学級ではできる子、できない子の順位は付けない」

2人の教員が声をそろえた。

第6の特徴は、先生や学校の主体的な協力によって運営されていることだ。

学級は、金子・堀内先生を軸に、地元の岡部小学校のほぼ全員の教員が協力して担当している。推進教員制度がなくなった今、特定の先生に頼るということはできないし、それではそもそも学級の趣旨に反する。実はこのみらい塾には、校長さんも手伝いにきている。強制ではなく、教師の自主的な協力で成り立っている。これが地域における集団活動としてのみらい塾の第6の特徴だ。

3　子ども会の意義と役割

本稿の目的は、冒頭に書いたように、予算の面でも人の面でも継続に支障が出ているなかで、なぜ集会所学級を続けるのか、その必要性と役割を明確にすることだ。実際、子ども会や小・中学生学級の開設にどんな意義や役割があるのか、それを明確にしなければ今後の運営が危うくなる。では、どんな必要性と役割があるのか。岡部町のみらい塾に学びながら、私の意見を積極的に述べたい。

●基礎学力をつける

集会所や隣保館を利用した子ども会や小・中学生学級を開設する第1の理由は、いまの子どもたちにとって基礎学力を身につけることが必要だからだ。

いま、さかんに学力低下が喧伝《けんでん》されている。これには「競争原理導入のための政治的なキャンペーンだ」との批判も出ているので、どこまでが真実なのかはわからないが、しかし、割り算ができない高校生がいることは事実だ。また、10万人いるといわれる高校中退の大きな原因のひとつが「授業についていけない」点にあることも真実だ。

いっぽう、非行や不登校の原因はさまざま考えられるけれど、そのひとつが「授業についていけない」点にあることも事実だ。授業についていけない子どもは、教室にいることが苦痛になり、やがて学校から逃避するか反発する。私は、非行の大きな原因のひとつは依然として基礎学力ができていないことにあると思っている。非行や少年犯罪の背景に基礎学力の問題がある点を軽視してはならない。

これまで同和教育では、学力保障を大きな目標として掲げてきたが、子どもたちが将来の生活を切り開くためにも、また非行や不登校を防止するためにも、同和地区に限定しないで、すべての子どもたちに基礎学力をしっかりと身につけさせることは、現在教育の大きな課題だ。もっとも、週1回や2回、学級に行くだけで基礎学力がすぐに身につくほど問題は簡単ではない。学級の果たす役割は、家庭学習の習慣、「くせ」をつける点にあると思う。まったく家庭では勉強しない子どもが40％近くもいるという現状を考えたとき、学級は、基礎学力を身につけるための訓練の場として重要な役割を果たす。学級は、「基礎学力を身につける場」なのである。

●なかまづくり

第2の理由は、いまの子どもたちにとっていじめや不登校を克服するためになかまづくりが必要だからだ。

周知のとおり、不登校が大きな社会問題になっている。２００４（平成16）年度の不登校児童・生徒は、13万人いる。専門家ではない私には不登校の原因を解説することはできないが、ひとつ強調したいのは、学校以外に行き場がないことが大きな要因になっていることだ。

いまの子どもは、「学校がすべて」になっている。「学校がすべて」というのは、学校における成績がすべてに優先している、と言い換えてもいい。親もそうだ。成績のために子どもに一人部屋を与える。成績のために、母親はパートに出て塾の金を工面する。この背景には、いうまでもなく、東大を頂点にした学歴至上主義、学力第一主義が存在している。成績と学歴を唯一の価値基準として子どもたちが評価される。子どもたちにとって、また親たちにとって大事なのは、何点取ったのか、どの学校に進学するのか、である。成績と学校がすべてだ。その学校に適応できなければ、子どもたちには、居場所がなくなる。地域にも、家庭にも自分の居場所が見つからない。

かつて学校は、生活の一部であった。子どもたちは、家に帰れば家業や家事を手伝い、近所の子どもと遊ぶという生活があった。しかし、いまほとんどの子どもは、学校から帰れば塾や習い事に行く。塾に行くのも学校の成績をあげるためであるから、結局、すべての生活は、学校＝成績のために回っている。

私は、塾通いを非難しているわけではない。学校以外に行き場がないことを問題にしているのだ。学校がすべての子どもたちには、学校以外に行き場所がない。だから、学校でつまずいたら行き場がなくなる。行き場を失った子どもは、引きこもるしかなくなる。

文部科学省も今年（２００５年）から「居場所づくり」事業を予算化した。これも不登校対策のひとつだと聞く。こう考えたとき、集会所学級は、学校以外の子どもたちの居場所そのものだ。事実、岡部のみらい塾には、ＬＤ（学習障害）やＡＤＨＤ（多動性障害）の子どもが通っている。昨年（２００４年）までは、不登校の子どもも複数通っていた。彼らにとってみらい塾は、学校以外の居場所なのである。

いっぽう、いじめはどうか。いじめの問題でいつも思うのは、相談する友だちや大人、先生がいないことだ。いじめによる自死は男の子が圧倒的に多い。なぜ、男の子に多いのか。女の子は母親や友だちに相談するが、男の子は相談する相手や仲間がいないのである。こう考えたとき、集会所学級は、悩みやトラブルの「相談の場」としての機能を果たしていると思う。学校以外の「居場所」「相談の場」としての学級、学級にはそういう役割がある。学級は、「なかまづくりの場」なのである。

●人権感覚を育てる

第3の理由は、いまの子どもたちにとって人権感覚を育てることが必要だからだ。

いま、毎日のようにいじめや少年犯罪が報道されている。児童虐待も年々深刻化している。昨年（2004年）8月の文部科学省の報告では、いじめが再び悪化しており、なかでも埼玉県は増加率43％という数字が示され、関係者をあわてさせた。校内暴力も3年ぶりに増加し、公立小学校では過去最悪の件数となった。新聞報道では「キレル子」が増加しているというが、なぜキレルのか。テレビの暴力番組の影響だとか、受験のストレスだとか、食べ物のせいだとかの理由があげられているが、どれも当たっているように思う。脳神経科の医者が書いた『ゲーム脳の恐怖』（森昭雄著、日本放送出版協会、生活人新書）という書物では、ゲームが脳に与える影響がデータ付きで書かれている。ゲームは、子どもたちから感受性と人間らしさを奪うというのだが、なるほどと思わせる。

いずれにしても、問題は相手のいのちや人格を尊重することができない子どもたちが増えているということであり、相手のいのちや人格を尊重する子どもをどう育てるのかということだ。もちろん、そこに人権教育の役割がある。しかし、現状では、限られた授業時間のなかでは、人権教育にも自《おの》ずから限界がある。実際、人権教育に情熱がない先生はほとんど無視しているのが実情ではないか。

岡部のみらい塾が人権学習を大きな目標に掲げていると紹介したが、みらい塾では、物語の読み聞かせや被差別の当事者の体験談などの人権学習に取り組んでいる。学校の授業ではない、体験型の人権学習を通じて人権を守ること、守られることを学ぶ。ここに集会所学級のもうひとつの意義がある。学級は、「豊かな人権感覚を育てる場」なのである。

●豊かな体験

第4の理由は、いまの子どもたちにとって豊かな感性を育てることが必要だからだ。

前項で「豊かな人権感覚を育てる」ことの必要性を説いたが、では、豊かな人権感覚は何によって身につくのか。私は、豊かな人権感覚は、文字通り豊かな社会体験や自然体験、創作活動、人とのふれあいなど、多様な体験によって育まれると思っている。

いま、夢や希望が少なく、何事にもしらけて感動しない子どもたちが増えている。その背景には、制度疲労を起こしている現在社会が横たわっている。失業者293万人、失業率4・4％。高校や大学を卒業しても就職できない現状。親のリストラや離婚……。このような現実のなかで、夢を持てという方が無理なのかも知れない。それはともかく、心の豊かさは学校生活だけで身につくものではない。家族や同じ地域で暮らす人たちとのふれあいと豊かな体験のなかで育まれる。

岡部町のみらい塾は、この人とのふれあいや社会体験や自然体験を大事にしている。今年（2005年）は、夏のキャンプ、社会見学（川越の菓子屋横町）、ケーキ作り、他の学級とのスポーツ交流、親子のバーベキューなどに挑戦した。

学級は、人とのふれあい、社会体験や自然体験、創作活動など、多様な体験を子どもたちに提供する場だ。学級は、学校ができない体験や遊びを通じて未来を担う子どもたちの「豊かな感性を育てる場」なのである。

●社会性を身につける

第5の理由は、いまの子どもたちにとって社会性を身につけることが必要だからだ。

無責任、礼儀知らず、わがまま――これが現代っ子の三大特徴だといわれているが、確かに挫折や我慢を知らない子どもが多い。

いっぽう、親は何でも買い与えるが、肝心なことは「学校まかせ」になっている。しかし、学校は万能ではない。学校は基本的には「知識を教えるところ」であって、社会で生きていくうえでのルールやマナーを教えるところではない。こういうと反論が返ってくると思うが、いまの学校を見ていると、先生はあまりにも雑用が多くて、授業以外に子どもとふれあう時間がほとんど取れない。

ところで最近の少年問題は、地域の教育力の低下に原因があるとする意見がある。地域の人間関係が希薄になり、子どもたちの社会性を培っていく機会がなくなったことが原因だという指摘だ。確かにそうだと思う。

ここに、地域における集団活動としての学級の存在意義がある。学校ができない、社会生活を送るうえでのルールやマナーを親や地域が責任をもって教える、これが学級の果たすもうひとつの役割だ。具体的には、お金の使い方、友達や大人との付き合い方、労働の大切さなどを学級活動のなかで学ぶということだが、ここでは保護者や地域の大人がかかわることがポイントだ。現在、県内の学級では保護者やボランティアの参加によるたこ揚げ大会や餅つき大会、盆踊り、そして大工さんとのものづくりなど、さまざまな活動がおこなわれている。子どもたちは、大人と付き合うなかで、家庭や学校では得られない貴重な体験をし、知恵やルールなどの社会性を身につけていく。集会所学級は、大人や社会との付き合いを通じて「社会性を身につける場」なのである。

おわりに

集会所や隣保館の子ども会・小中学生学級の意義と役割は、以上のように整理できるのではないかと思う。

冒頭に述べたように、特別対策が終了し、集会所学級や子ども会の運営が困難になってくるなかで、その役割や意義をあらためて確認しなければならない時期にきている。私は、学級は33年間の特別対策の大きな財産だと思っている。これを何とか継続してほしい。ただし、従来の形態を漫然と続けるのではなく、新しい役割、新しい位置づけのなかで学級活動を無理なく、楽しく再生し、活性化するべきだと考えている。そのために、この小文をたたき台にしてほしい。

第5章　埼玉で起きた差別事件

（解　説）

部落解放運動の原点は、いうまでもなく不当な差別に対する抗議です。代表的には結婚差別や就職差別があげられますが、これから紹介するように、それ以外にもさまざまな差別事件が起きています。この章では、これまで埼玉県内で起きた差別事件を紹介します。ところで、差別事件が問題になるのは、差別を受けた当事者がそれに納得せずに訴え出たものだけです。同和地区住民に対する意識調査を見ると、同和地区住民の過半数は「差別を受けても黙って我慢している」と回答しており、運動団体に訴えるのはそのうちの1割にもなりませんから、ほとんどの差別事件は誰にも知られることなく封印されているのが現状です。「同和地区の人間は、何でもかんでも差別だと言いがかりを付けている」というように認識をしている人が多いようですが、解放同盟が取り上げているものは、実際にはごく一部にすぎません。

ところで、１９７０年以降、解放同盟埼玉県連が取り上げた事件は、私が勘定したところ、およそ１２０件あります。結婚差別や日常の交際のなかの差別など、さまざまな分野で差別が起きています。もちろん、これを全部紹介することはできないので、その一部を報告します。選定に当たっては、解放同盟が取り上げた事件であって記録が残っているもので、私自身が関わった事件を基準にしました。古い事件が多いが、これまでどのような差別が起きていたのかを認識することで、部落差別の実態や本質を理解してほしいと思います。「差別なんかどこにもない」と言う人が多く見られますが、見ようとしなければ知ることができないのが部落差別です。

第1　結婚をめぐる差別

1　T教団結婚差別事件（1980年）

結婚差別でいまも忘れない事件がいくつかあるが、なかでもこの事件ははっきり記憶に残っている。1980（昭和55）年のことである。結婚式の2日前に怪文書が郵送されて結婚式が中止になった事件だった。解放同盟ではT教団差別事件と呼んでいる。

被害を受けた女性は東京に住んでいて、親が同和地区の出身だった。彼女は、自分の親が同和地区出身であることを事件に遭遇するまで知らなかった。婚約者の男性は埼玉に住んでいた。2人は親同士がT教団の信者で、その縁で見合いをして交際した後、結婚することになった。結婚式の直前までは、なんの問題もなく順調に進んでいた。ところが、結婚式の前々日に突然、男性の親戚やT教団の役員など、出席予定者に怪文書が郵送された。文書には、「面従内夜叉《やしゃ》、花嫁は同和地区」「結婚式でうっかり新婦側の人間と口をきくな」と書かれていた。面従内夜叉とは、表向きは従順であるように見えるが、内側は夜叉のように怖いぞ、という意味であると思える。これが走り書きのように書かれていた。2人の結婚に対するいやがらせを目的にした文書だと判断された。投書を受け取った新郎側の家族や関係者は、急遽《きゅうきょ》、川口《かわぐち》市内にあるT教団の教会に集まって相談した。一晩協議した結果、翌日に迫った結婚式を中止することを決め、電話で出席予定者に中止を知らせた。中止の理由は「花嫁が急に体調を崩したので」ということにした。

その後、女性の叔母さんが「このままでは、あの子があまりにもかわいそうだ」と解放同盟に訴えてきたことで、この事件が明らかになった。私は直接、女性にあって経過を尋ねたが、誰がそのような怪文書を郵送したのか、彼女にも心当たりはなかった。もしかして、文面から彼女の結婚に恨みを持ったものの仕業かも知れないと思い、その旨を尋ねたが、彼女は「昔、交際していた人はいたけれど、そんなことをすることは考えられない」と語った。念のためにその人物に会ったが、その態度や説明から彼が出したとは思えなかった。結局、怪文書の差出人は最後までわからなかった。

ところで、このとき、私たちはT教団の役員にも問題提起した。「文書を受け取ったあなた方にも問題はあったのではないか」と。しかし、T教団の会長をはじめ関係者は「解放同盟は、言いがかりをつけるのか」「悪いのは文書を出した人間で、われわれも被害者だ」と強く反発した。そこで話し合いがおこなわれたが、このとき私たちが指摘したのは、受け取った関係者の対応であった。じつは怪文書を受け取ったあと、彼女と母親が教会に呼び出されているのだが、役員は2人に対して「よくもだましてくれたな。なぜ、同和地区だということを隠していたのか」と相当の剣幕《けんまく》で怒鳴りつけ、2人は土下座して謝っている。なぜ、土下座して謝らなければならないのか、また、同和地区であることを告げなければならないのか、この点を問題にした。怪文書は、誰が見ても結婚に対するいやがらせの文書であることがわかる。こんないやがらせは、無視しようと思えば無視できた話である。無視して結婚式をそのまま執り行おうと思えば、おこなえたはずである。しかし、そうはしなかった。怪文書に踊らされて、大変なことになったと結婚式を取りやめたのだが、その背景に同和地区に対する偏見があったといわざるをえない。実際、一晩がかりの協議のなかでは、「大変なことになった。同和地区とは知らなかった」「同和地区の人間は暴力団よりまだ悪いと聞いたことがある」「もし結婚式に来たお客さんにケガ人でも出たらどうしようか」「警察に連絡して立ち会ってもらったらどうか」などの話が出たと、その場にいた叔母さんが報告した。どこの世界に結婚式に警察官を呼ぶ人間がいるのか。それ自体が同和地区に対する偏見ではないか。確かに怪文書を出した人間が悪いことはわかっているが、受け取ったT教団の関係者も同類だといわれても仕方がないような対応を取ってしまった。

その後、T教団の人たちもこの指摘に気づき、宗教界のなかで一番早くから同和問題に取り組むようになったが、そのきっかけとなった事件である。東京に住んでいた女性が涙を浮かべて不当な差別を訴えた顔を、いまでも忘れない。2人は結局、結婚しなかった。

2　栗橋町結婚差別事件（1985年）

近年では、相手が同和地区であっても結婚する人が増えている。しかし、かつては、相手が同和地区だとわかったために、家族や親戚が反対して結婚式に出席しないという事例がいくつもあった。私は、相手側の家族や親戚が出席しない結婚式に3回出席している。

栗橋町《くりはしまち》（現久喜《くき》市）に住んでいたAさん（女性24歳）は、高校を卒業したあと、東京・神田《かんだ》の会社に勤めていた。Bさん（男性25歳）と知り合い、交際を続けたうえで結婚することになった。Bさんは栃木県N町に住んでいて、東京ガスの都内の営業所に勤めていた。2人は、1985（昭和60）年12月に、Bさんの実家の近くの小山《おやま》市内で結婚式を挙げることをきめ、結納も済ませ、あとは結婚式を待つばかりの状態であった。ところがこの縁談は、思わぬことから暗礁に乗り上げてしまった。Bさんの家族が、Aさんの身元を調査したのだ。そして、Aさんの父親が茨城県西部の同和地区の出身だという情報をつかんだ家族が猛反対したのだ。

Bさんの話によれば、彼が会社を終えて家に帰ると、近くに住む叔父さんや叔母さんが座敷で彼を待ち構えていた。親戚は口を揃《そろ》えて「大変なことになった。お前のもらう嫁さんは、親が同和地区だ」「そういうところの娘をこの家に入れるわけにはいかない」「結婚はやめろ。すぐに別れろ」と責めた。彼は、同和問題については「同和」という言葉を知っていたくらいで、ほとんど知識はなかったが、理不尽な親戚の反対に反発した。Bさんと親戚や家族との間で言い争いが続いたが、最後は彼が「おれがもらう嫁さんなんだから、ほっておいてくれ。みんながどうしてもいやだというなら、おれがこの家を出るから」と言って、本当にその場で家を飛び出した。彼は、車で栗橋町の彼女の家にやってきて、いまあったことを彼女に報告した。結局2人は、そのまま同棲《どうせい》生活を始めることになったが、結婚式場は予約したままの状態であった。

Aさんには、姉の夫であるCさんという義理の兄さんがいた。労働組合のリーダーで、狭山《さやま》事件を通じて部落問題をよく勉強している人だった。義理の妹から相談を受けたCさんが私のところに相談にきた。ちょうど日比谷《ひびや》公園で開かれた狭山事件の集会で、私はCさんから相談を受けた。私は、「まず、2人に会わしてもらいたい」と頼み、2人に会って、意思を確かめた。2人とも会社勤めをしている立派な社会人である。「反対があっても結婚したい」という固い気持ちがよく伝わってきた。私は「親族の人をなんとか説得してみるから少し時間をくれ」と言い、さっそく解放同盟栃木県連の当時書記長だった河田源治さんに協力を要請した。河田書記長も全面的な協力を約束してくれたが、しかし、解放同盟の人間が直接出かけていって衝突しても困るので、まずは地元の役場の人に事情を説明し、説得を頼むことにした。役場の課長が3回ほど家を訪ね、説得を試みたが、まったく受け入れてもらえなかった。教育長にも行ってもらったが、だめだった。その結果、最初準備していた12月の結婚式はとうとう流れてしまった。

その間、Bさんも一度、親の説得に実家に帰るのだが、あまりにも反対が強いので、あきらめて帰ってきた。1月、2月と時間が過ぎていったが、どうしても説得ができない。2人の表情にも次第に焦った様子が見えた。なんとか説得すると言った手前、私にも責任がある。このままでは埒《らち》があかないので、Cさんと相談して、改めて4月に結婚式を挙げることにした。親や親戚の反対があっても、2人は立派な社会人だから結婚できないということはない。東京の世田谷《せたがや》にある結婚式場を借りて式を挙げることになったが、その際に親戚に案内状を出すかどうか、ということが問題になった。いくら反対しているからといって、はじめから招待状を出さないわけにはいかないだろうということになり、案内状を出すことにしたが、4月に入りもうすぐ結婚式だというのに返事は返ってこない。

結婚式は普通の結婚式場を借りておこなったが、新婦側と新郎側それぞれ家族や親戚用に10人ぐらい席を用意している。案内は出しているが誰も来なかったら、その席がガラッと空いてしまう。もちろん、どんな結婚式でも、病気やけがで1人、2人が欠席することはあるだろうが、1人も出席しなかったということになれば、参加した人は何があったのかと思うだろう。案内は2人の職場の上司や友だちに出している。そこでCさんは、予備軍をつくることにした。予備軍というのは、もし来なかった場合、親戚の代わりに披露宴の席に座ってもらうことを頼んで引き受けてもらうことにした。Cさんが事情を説明して、労働組合の人たちに礼服を着て結婚式場に来てもらうことになった。7、8人いたかと思う。結局、それが役に立ったのだが、結婚式の当日、来たのはお母さんとお姉さん夫婦、それに妹さんの4人だけだった。親戚の人は、誰も来なかった。披露宴に先立って三三九度《さんさんくど》の杯を交わす神前結婚では、両方の親戚が並んで儀式をおこなうが、新郎側は4人しかいない。そのままでは不釣り合いなので、とっさの判断で、私が新郎側の5番目に並び、その場にいた人に頼んで、新郎側の頭数を揃えて何とか格好を付けた。

披露宴は、にぎやかにおこなわれた。私は、親戚でないが新郎のお母さんの隣の席に座った。「お母さん、こうしてみんなお祝いしてくれているのに、なぜ反対するの」と言うと、お母さんは「申し訳ありません。家族はもう諦めているのですが、親戚が反対しているので」と言った。「親戚と結婚するわけではないでしょう」と言いたかったけれど、披露宴の席で苦情を言うのもなんだから言わなかったが、新婚用の家まで建てて歓迎していたのに、同和地区だとわかった途端に手のひらを返すように反対して、結婚式にも出席しない。差別の理不尽さに怒りを覚えると同時に、家族や親戚を説得できなかった責任を痛感する場面だった。花嫁さんは、この問題が起きるまで父親が同和地区の出身であったことを知らなかった。お父さんは、娘にもまた連れ合いにも隠していた。

3 川本町差別事件（1987年）

親が結婚に反対するというケースは多いのだが、なかには結婚させないために監禁して外に出さないという暴力的なケースも見られる。

川本町《かわもとまち》（現深谷市《ふかや》）に住むAさんは、部落解放同盟の支部長の息子で、サラリーマンをしていた。交際相手の女性Bさんは、北埼玉在住の女性で、やはり会社に勤めていた。2人は交際の末、結婚を約束する間柄になったが、身元調査で娘の結婚相手が同和地区出身だと知ったBさんの親が、2人の結婚に猛反対した。親は、手を切るよう毎日、娘に迫った。しかし、Bさんの意思は固く、付き合いをやめようとしなかった。娘が付き合いをやめないため、Bさんの親は、なんと彼女を自宅に軟禁してしまった。仕事を辞めさせたうえで四六時中彼女を見張り、単独で外出しないよう家族が監視した。しかし、そこは今の若い人だ。彼女は友人を介してAさんと連絡を取り合っていた。裏で電話連絡を続けていることをつかんだ親は、このまま埼玉に置いておいたのでは付き合いをやめないと判断して、

Bさんを北海道の親戚に預けるという強引な手段に出ようとした。このままでは無理やりに引き裂かれてしまう。しかし、どうしても一緒になりたい。2人は連絡を取り合い、ある日、家から逃げ出す計画を立てた。ここからはテレビドラマのような話になるが、実際に起きた話だ。彼が自宅の近くまで車で迎えに来て待機し、彼女は自宅の2階から抜け出して彼の車に駆け込んで逃げた。2階からの脱出には、パンストを何本もロープのようにつなぎ合わせ、それを伝って2階から下に降りたという。2人はそのあと、婚姻届を出したうえで居場所を隠して生活を始めた。

娘がいなくなったBさんの家族は、娘はきっと彼の元に逃げたと考えた。翌日、さっそくAさんの実家にやってきて、「娘をどこにやった」「娘を帰せ」と大変な剣幕で責め立てた。しかし、この時点では、2人はAさんの親にも行き先を知らせておらず、Aさんの親も行方は知らない。ただ、息子が彼女を連れ出して「駆け落ち」していることはわかっているので、「申し訳ない」と謝罪するしかなかった。「私の方でも2人の居所は知らない」と弁解したが、「そんなはずはない。隠しているのだろう。今すぐ返せ」と責め立てた。Bさんの親は翌日も、またその次の日もやってきて、「娘をどこへやった。娘を帰せ」と繰り返した。

そしてさらに行動をエスカレートさせた。警察署に出向き、「娘が誘拐された」と訴えたのだ。警察も、誘拐となれば放置できない重大事件になるが、話の様子から若い2人の駆け落ち事件と判断して、受け付けなかった。すると今度は、知り合いのCさんに依頼して娘の行方を探ろうとした。Cさんは解放同盟に知り合いがいた。数日後、依頼を受けたCさんが解放同盟の事務所にやってきた。C

さんは「誘拐されたと言っているが、本当なのか。誘拐とはひどいじゃないか」と抗議した。解放同盟はそこではじめていきさつを知った。県連は、すぐに支部長の自宅に職員を向かわせた。支部長は、そこでようやく事件の経過を説明した。このとき、支部長であるAさんの親が怒った。せがれが駆け落ちしたことの責任を責められても仕方ないと思っていたが、「誘拐とは何事だ。そもそも部落だからと反対した結果、２人が駆け落ちしたのであって、それを棚に上げて誘拐とは許せない」と憤慨した。

その後、県連の事務局員のF君が2人に会ったが、２人は、どんなに反対されても一緒になりたいと述べたうえで、「いまはそっとしておいてほしい」と訴えた。Bさんは「家族は部落には大変な偏見を持っています。結婚には絶対に賛成はしない」と語り、「もう帰るつもりはない」と述べた。事務局員のF君が何度か親の説得を試みたが、親は感情的に激しく娘を恨むばかりで、まったく受けつけなかった。また、事務局員の立ち会いの下に2人とBさんの両親の4人で話し合いをおこなうことになったが、Bさんは「親に会うとどんな目に遭うかわからないので会わない」と出席しなかった。2人の間にはその後、子どもができたが、親は会おうとしなかった。

4　深谷市結婚差別事件（２０００年）

結婚差別では、婚約を破棄するだけではなく、人間としての尊厳までも踏みにじるような行為に出ることもめずらしくない。

深谷市横瀬《よこぜ》の会社員Sさん（24歳・男性）は、1998（平成10）年の夏に熊谷市の女性Tさん（24歳）と出会って交際を続けた。彼女は当時、群馬県前橋《まえばし》市にある会社に勤めており、前橋市内にアパートを借りて住んでいた。

9月に入ると、彼女が妊娠していることがわかった。出産の予定は2000（平成12）年の5月である。妊娠していることが判明してからSさんは、彼女の実家に頻繁に出入りするようになり、彼女もSさんの実家にたびたび顔を見せるようになった。彼女の父親は「子どもができるなら早く結婚した方がよい」と言った。9月に入り、Sさんは父親と2人で彼女の実家を訪れ、「ぜひ、息子の嫁になってほしい」と頼んだ。Tさんの両親もこれをこころよく了解した。2人は10月に深谷市内の結婚式場で式を挙げることを決め、Sさん親子とTさん親子は、結婚式場で式の打ち合わせをおこなった。両方の家族は、結婚式の衣装や料理、引き出物などを打ち合わせたあと、食事をして別れた。

ところが10月中旬、突然、Tさんの父親から電話がかかってきた。「話があるので、お父さんと2人ですぐ来てほしい」というのだ。Sさん親子は何事かと思って彼女の家に行くと、家にはSさんの両親と兄、姉、本人の5人が待っていて、いきなり父親が「付き合いが浅いから結婚については見合わせたい」と切り出してきた。驚いた2人は理由を尋ねたが、父親は「付き合いが浅いから」ということを繰り返すだけであった。Sさんが「子どもはどうするつもりなのか」とただすと、父親は「子どもはおろす」と言った。Sさんが「自分は産んでほしい」と頼んだが聞き入れなかった。Sさんが彼女に「自分自身はどう思っているのか」と聞いたが、彼女は泣くばかりで一言も話さなかった。

何度聞いてもおなじ説明しかないので、この日、２人はあきらめて帰った。しかし、２人は納得できない。結婚式場も予約して、親戚に案内も出している今になって破談とは、納得できるはずがない。例えば、若い２人がけんかして、もう結婚は取りやめるというようなトラブルでもあったのなら仕方ないことだが、そのようなことはまったくなかった。付き合いが浅いという理由だけでは、納得しようがない。第一、子どもができているのに無理やりに別れさせるというのはひどい話だ。

納得できないSさん親子は、その後、部落解放同盟に相談に来た。私と小野寺書記長がSさんの家を訪ねた。秋の終わりで、すでに掘《ほ》り炬燵《ごたつ》が出ていたが、Sさんが会社から帰ってくる間、Sさんの父親とおばあちゃんと世間話をした。母親は、５年前に病気で亡くなっていた。このとき、Sさんの父親が「うちは運が悪い。親子二代にわたって差別された」と言った。「親子二代？」と私が尋ねると、父親は自分の体験を話し始めた。

父親は、30年前に隣の岡部町の女性と恋愛で結婚したのだが、このときも相手方から強い反対があって、結婚式には相手の家族や親戚は誰も来なかったというのだ。このとき、仲人を頼んだ人がよく理解している人で、花嫁の親代わりになって結婚式に出席してくれた。仲人さんは、結婚式の当日、花嫁衣装を着けた彼女をタクシーに乗せて、彼女の実家まで連れて行き、玄関先で「これから私が責任を持って式を挙げますから」と口上を述べて、結婚式場に向かったというのである。テレビドラマのような話だが、本当にあった話だ。父親はさらに続けた。「女房は、５年前に病気で死んだのだけれど、そのときはじめて、女房の兄弟が葬式に来てくれた」「結婚式に来なかったし、その後も一度も来てなかった兄弟がはじめて来たのが葬式のときだった。死んではじめて来てくれたが、全然ありがたくなかった」と言った。なんという話だろうか。

話を息子の結婚に戻すけれど、Sさんの話では、別れたあと、預かっていた彼女のアパートの鍵を返すために彼女に会いにいったそうだ。そのとき、彼女に「お前は本当にどう思っているのか」と訊《たず》ねたところ、彼女は「自分としては結婚したいが、親が強く反対しているので仕方がない」と言った。Sさんは、親が反対したのは「自分の家が部落だったからだ」とわれわれに語った。

この問題で、二度にわたって事実確認会を開いたが、Tさん家族は「差別したわけではない」と繰り返した。しかし、それでは説明がつかないために、話し合いは時間がかかったが、最後に「部落であったことも破談にした理由のひとつにあった」と述べた。

5　群馬県玉村町差別事件（2002年）

結婚式に出席しないという行動の背景には、同和地区と親戚づきあいをしたくない、同和地区の仲間に見られたくない、自分たちはあの人たちとは違うという意識が存在しているが、なかには婚約を破棄したうえに、ひどい仕打ちをするような事例も見られる。

本庄《ほんじょう》市内でブティックを開いていたA子さんは、利根川を渡った群馬県玉村町《たまむらまち》に住んでいた。1988（昭和63）年に中学校の同窓会が開かれ、A子さんは同級生のB男としばらくぶりに顔を合わせた。2人とも独身であったこともあり、話がはずんで交際を始めるようになった。B男は大学を卒業した後、都内の会社に就職し、その当時は会社の経営する軽井沢《かるいざわ》のレストランに勤務していた。A子さんは、東京で服装学院を卒業した後、実家の手伝いをしながら、本庄市内でブティックを開いていた。

2人の交際が4カ月ほど続き、やがて彼女は妊娠した。妊娠していることがわかった後、2人は結婚することを決めた。2人は、両方の親に会って了解を取ることにし、まずB男の家族に会って了解を得た。つづいてA子さんの両親にあいさつをすることになった。

当日は、彼女が車でB男を自宅近くに迎えに行くことになっていた。約束の時間に迎えに行ったが、彼はなかなか家から出て来ない。一体どうしたのだろうと気をもんで待っていると、かなり経《た》ってからようやくB男がやってきた。彼の顔つきはすっかり変わっていた。B男は、「大変なことになった。夕べは大騒ぎだった」「親、兄弟がみんな泣いて反対した」「この結婚はできない。家中が反対している。子どもはおろしてくれ」と一方的に言った。彼女が「私の家が部落だから」と尋ねると、B男はちがうとは言わず、「弟が銀行関係の仕事をしているので……」と返事した。彼女は、それが「部落だから」という返事だと理解した。

車の中で話し合ったが、すでに心変わりしていると悟った彼女は、「この結婚はあきらめなければならない」と自分に言い聞かせ、別れることを決心した。このとき、おなかの子どもは3カ月になっていたため、ぐずぐずできない、早く決断しなければならない、彼女はそう考えた。

彼女は、子どもをおろすために高崎《たかさき》市内の病院を訪ねたが、医者から「2人で来てください」と言われ、B男に同行を求めて再び病院の門をくぐった。医者は、「年齢からして、これが子どもを産む最後のチャンスですよ。本当にいいのですね」と念を押されたが、B男は「どうしてもおろしてもらいたい」と強く言い張った。こうしてA子さんは、子どもをおろすために入院したが、B男は見舞いに来なかった。

B男の家族が、A子さんが同和地区出身であることから反対したのは明白だった。B男が別れ話を切り出した後、2人は2回話し合いをしているが、その際、B男は父親からということで、一枚のメモを彼女に渡している。メモには次のように書かれていた。

「一、B男の姓を名乗る。一、お互いの家で結婚式をあげない。一、先方へ行かない。こちらにも来ない、来る場合にはひとりのこと。親が亡くなった場合でもひとりのこと。一、よそで暮らす」同じ町に住んでいながら、結婚してもこの町では暮らすな、よそで暮らせ。お互いの家に往《ゆ》き来《き》はしない。こちらから行かないし、来てほしくない。親が亡くなっても同和地区からは誰も来てほしくない。来るのだったら、お前一人だけにしてくれ。――これがB男の手渡したメモ書きである。これが差別でなくてなんだろうか。B男は、「もし結婚するのだったら」と家族が書いたものだと説明したが、彼女が「これって私が部落出身だからですか」とB男に聞くと、否定をしなかった。

A子さんは、この話を誰にも相談しなかった。自分には運がなかったのだと言い聞かせ、こんなひどい仕打ちを封印していた。この話が表面化したのは、それから7年が経った1995(平成7)年のことである。たまたま玉村町の広報で人権相談所の案内記事を見つけた彼女は、「部落差別」という文字を見て、いまさらながら過去の悔しい思い出がよみがえった。彼女は、自分の受けたような扱いを誰にもさせたくないと思って、玉村町中央公民館の人権相談所を尋ね、人権擁護委員に7年前の話を報告した。ところが人権擁護委員は、「そういう男性が世の中にはいるが、もっといい人にも巡り会える」とか、「一応調査をして、あとで連絡を取る」というのである。差別によって傷ついた女性の訴えをきちんと受け止めようとしない何ともひどい人権擁護委員の対応だ。彼女は「私は、結婚の相談に来たわけではありません」と反発した。しかも人権擁護委員はその後2年間、何の連絡もよこさなかった。このため、彼女は1997（平成9）年になってはじめて部落解放同盟群馬県連合会に電話をかけた。ここではじめて彼女の受けた差別事件が明るみに出た。

ちょうどこの頃、人権侵害に対する救済制度の在り方が国会で議論されており、人権擁護委員制度が機能していない具体的な事例として、彼女に協力を要請することになった。私は彼女の家を訪ねて、体験を話してほしいと頼み、彼女は自分の体験を国会議員の前で報告した。いっぽう、部落解放同盟群馬県連は3回にわたってB男と話し合いを持った。B男は、「結婚をしようと思い家族に相談したら、多くの人から反対され、結婚をあきらめた。結果的に差別をしてしまい、申し訳なく思っている」と謝罪した。

第2　職場で起きた差別

部落差別は、結婚差別だけではない。職場のなかでも同和地区出身者であることを理由にいやがらせや差別を受けることがある。

1　東坂戸団地差別事件（1992年）

1992（平成4）年のことだ。坂戸《さかど》市中小坂《なかおさか》支部の支部員から「娘が勤め先でひどい差別を受けた。8年前にも同じようなことがあり、長い間我慢してきたが、これ以上我慢できない」と訴えがあった。

2日後に、支部員宅で本人に会って事情を聞いたところ、次のような経過が明らかになった。

差別を訴えたのは、中小坂支部のWさん（37歳）。彼女は12年前に㈱Dサービス社に清掃作業職員として採用され、以来、坂戸市にある東坂戸団地で仕事を続けてきたが、一緒に仕事をする仲間からいじめや差別を受けてきたというのである。

彼女の報告によれば、差別やいじめは8年前の1984（昭和59）年にもあったという。当時の班長が、仕事が遅いという理由で、彼女をいじめたのである。例えば、雨が降っている日の休憩時間に、彼女だけ管理事務所から締め出して、中からカギをかけて入れないことがあった。このため彼女は一人だけ雨のなか、外で食事した。こういうことがたびたびあった。

このいじめは、労働組合も把握していた。彼女から訴えを聞いた団地サービス労働組合は、いじめを繰り返す班長を叱責したが聞き入れないので、会社に対して班長に対する指導を申し入れている。しかし、班長が従おうとしないため、労働組合は、班長ともう1人の人物を、組合員としてあるまじき行為をおこなったとして除名処分にしている。また、労働組合は団地の住民に対して、除名にした一連のいきさつを「声明文」として発表し、班長らの人権侵害を弾劾《だんがい》している。

この問題があって以降は、彼女に対するいじめは影をひそめた。ところが1991（平成3）年4月、新たにF（58歳）が班長に就任すると、以前にも勝るような露骨ないじめと差別が始まった。Fは部下の職員を煽動《せんどう》し、彼女に対して露骨な発言や態度をとった。

彼女は、いじめや差別の事実を日記につけている。その日記によれば、次のような発言がしばしば繰り返されていた。

①作業中に「あんたはほかの職場へ行け」

②前日、風邪で休んで出勤すると「あんたがいないとせいせいする」

③休憩中に「あんたは仕事ができない。会社に言ってやめさせる」

④作業中に「あんたが居ないほうがいい」「あんたをほかの団地に回すことに決めた」

このような嫌がらせが続いたため、彼女は我慢し切れずに再び労働組合に救済を訴え出た。彼女からの訴えを受けた組合は、事情聴取のうえ92年3月にF班長あてに「催告書」を送りつけ、班長に反省を迫った。催告書は、「今後あなたが作業員としてその任務をまっとうするか、職場を離脱するか、あなた自身の判断で明確にし……6月までに回答するように」と、きびしい要求を班長に突きつけた。労働組合は、同時に会社にも抗議をおこない、東坂戸団地におけるWさんに対するいじめと差別に対して会社側が毅然《きぜん》とした処置と指導をおこなうよう申し入れた。

こうしたなかで、9月に直接、部落問題にかかわる差別発言がおこなわれた。この日の昼休み、F班長はWさんにわざと聞こえるように「今度は同和地区でない人を入れような」「同和の人はよそに行ってもらって、同和でない人を入れような」「○○さん、今度は同和でない人を捜してくれな」などと発言した。

彼女は、家に帰ってこの話を父親に報告した。これを聞いた父親が解放同盟に訴え出た。父親は「そのつど娘から話は聞いてきた。娘は子どもの頃から少し身体の不自由なところがあって、仕事も人より少し遅れるところがあった。しかし、同じ職場の上司や仲間なので、もし問題にしたら娘がかえっていじめられるのではないかと心配して、これまでは我慢してきたが、ここまで言われたのでは我慢できない」と訴えた。

県連は、当人や組合から事情を聞いたうえで、10月に事実確認会を開いた。この日は㈱Dサービス社からも支店長と課長が出席、また川越《かわごえ》市役所と上福岡《かみふくおか》市役所からも担当課長が出席した。Fは、当初はあいまいな返事をしていたが、Wさんが指摘するなかで、最終的に発言を認め、反省文を提出した。

2　県営妻沼ゴルフ場差別事件（1997年）

職場のなかの差別は、その性格からなかなか外に訴えづらい。この事件の場合、複数の同和地区の女性が結束して事に当たったので、問題が表明化することになった。

現在は熊谷市になったが、埼玉県営のゴルフ場が妻沼町《ぬぬままち》にあった。ゴルフ場には、キャディの仕事をする女性を含めて約50人の職員がいた。事件の特徴としては、同和地区の女性が複数、当事者として事件に関わり、差別の不当性を訴えたこと、また、管理職が問題を早くに解決しようとして事実確認もしないまま謝罪をさせ、研修会を開いたために、かえって問題がこじれたことがあげられる。1997（平成9）年に起きた事件だった。

4月5日の昼休みの休憩時間、キャディの控室で季節がらお花見の話が出た。休憩室には、当日休んでいた3人を除いて残りの12人全員のキャディが休憩していた。話は花見の話からムシロの話に移り、ムシロからゴザの話に移り、さらに百姓一揆《いっき》の話に発展していった。そのうちAさんがKに向かって「Kさんちは、ムシロで寝てたんかい」と言った。Aさんは同和地区の出身だった。Kはばかにされたように受け止め、「どこんちにもムシロくらいあるよね」と反発した。

これを聞いていたMが、みんなによく聞こえる声で、「きょうは休みでCさんがいないから言うんだけど、私は妻沼に生まれてよく知っている。妻沼町の○○地区と○○地区は部落で、Cさんもそうだ。うちのだんなは、同じ○○地区だけど、ちがうんだ」と話し出した。この発言で、その場の雰囲気がガラッと変わった。驚いたBさんが、「いまは学校で同和教育をやっているのにおかしいんだよ、そういうことを言うのは」と反発した。Bさんは同和地区の出身者だった。また、Bさんと親しくしている同和地区の2人がBさんの発言に同調して、「そんなこと言うのはおかしいよ」とか、「いまは学校で同和教育を受けているんだから」などと発言し、Mの発言を批判した。

しかし、Mは発言を訂正しなかった。そのうえ、先ほどムシロで寝ていたのかとからかわれたKがこの話に乗り出してきて、Bさんたちを指でさして、「あっちは、ああ言っているけど、そうなんだ。親からあっち方面には遊びに行くなとよく言われた」とあおるような発言した。「あっち」とは、同和地区のことを指している。この発言に、Bさんたちはあ然としてしまった。ちょうどこのとき、休憩時間が終わり、トップの人がコースに出る時間が来たので、発言はそれ以上に続かなかった。各自が順番にコースに出ていった。

次の日、Bさんたちは前日の話をCさんに報告した。Cさんは、ゴルフ場にキャディとして通う同和地区の女性のリーダー格の人物だった。Cさんは憤慨して支配人に面会を求め、差別的な言動をおこなったKとMの2人に対して厳しく指導するよう訴え、この件については「支配人にお任せします」と述べた。

このときCさんは、Kは今回だけでなく以前にも何回か差別発言をしている事実を支配人に報告した。Kが2年ほど前に、伝票に書かれたプレイヤーの住所を見て「あぁ、大田の○○地区か」と言いながら、4本指を出して「あそこは部落だ」と発言したこと、また、寄居町《よりいまち》の男性がゴルフ場に来たときに、同和地区出身者だという意味で「寄居のS（姓名）はこっちの人じゃない」と発言したことを支配人に報告した。支配人は「もっと早く言ってくれればよかったのに」と述べ、また「どんなささいなことでも言ってほしい」と言った。

翌日、支配人はKを呼んで事情を聴くが、そのようなことは絶対に言っていないと発言を否定した。しかし、支配人はみんなの前にKを立たせて、Kに謝罪をさせた。Kは、「大変迷惑をかけました。今後は注意します」と謝罪した。

翌々日、指摘されているもう1人のMが出勤してきたので、支配人がMを呼び、4月5日の発言について事情を聴いたところ、Cさんが部落出身だと教える発言したことを認めたので、支配人はみんなの前で謝罪させた。支配人に言われてKとMは謝罪したが、言われたから仕方なく謝罪はしたものの、心底反省した様子は見られなかった。これがあとあと尾を引くことになる。ここまでが第1幕ということになる。

差別発言という事態に、支配人は何らかの対策が必要であると判断し、ゴルフ場が休みの4月15日、急遽、全職員（約50人）を集めて同和問題の研修会を開いた。県同和対策課の職員を講師に招き、講演とビデオの上映がおこなわれた。研修会は昼前に終了した。

しかし、これで問題は解決しなかった。KやMはその後、告発したAさんやBさんたちを逆恨みするような行動を取りだした。Aさんたち同和地区の職員にはあいさつもしない、言葉も交わさないというような態度を取った。またK・Mは、キャディ内で露骨な対立感情をあおってAさんたちを孤立させるような行動に出た。このため職場の雰囲気は極めて悪くなってしまった。このままでは仕事に差し障りが出ることを心配したCさんら3人は、6月に再度支配人に会い、実情を訴え、指導を要請した。

再度の抗議を受けた支配人は、7月に入って再度、研修会を開催した。今度は妻沼町の町長が講師を務めた。妻沼町長は同ゴルフ場の理事になっている。

しかし、その後もKやMの態度が改まらないことから、思いあまってCさんが部落解放同盟県連に相談してきた。ここではじめて解放同盟が乗り出すことになった。解放同盟は7月下旬に事実関係の調査をおこない、問題点を整理した。

解放同盟は、混乱した原因のひとつは、発言の事実関係をきちんと確認しないまま、むやみに謝罪させたり、謝罪文を提出させたりするなど、事件処理的な指導をおこなった支配人の指導の在り方にあったと指摘した。また、発言者が「自分は同和地区の人を傷つけた」という自覚がないまま謝罪したことも原因になっている点を指摘した。

8月に入って、解放同盟は三回にわたって事実関係を調査した。確認会には、ゴルフ場、県企業公社、県同和対策課が出席した。事実調査は、時間をかけておこなわれ、最後にM・Kが「発言については、Cさんらが言うとおりではないが、それに近いことを言ってしまった」、「自分のなかに偏見があったことは事実で、深く反省します」と謝罪した。また、県企業公社も報告を受けていたが、対応については現場の支配人に任せきりにしてしまい、それがその後の混乱の原因のひとつになったことを認めた。

3　騎西町H伸銅会社差別事件（2004年）

職場で起きた差別を取り上げるのは、よほど勇気がなければできない行為である。問題を提起することは、自分が同和地区出身であることが公表することと同義であるから、たとえ問題が解決したとしても、それ以後、さまざまなかたちで不利益が付きまとうことになる。だから、よほどのことがないかぎり職場内の差別を指摘することはできない。それを乗り越えて告発した事件だった。

事件は2004（平成16）年の4月、現在は加須市になっている騎西町《きさいまち》のH社内で起きた。この日、休憩室で休んでいた職員の間で市町村合併が話題となった。当時、加須市と騎西町などの合併が協議されている最中であった。Gさん（48歳）が「加須市と騎西町の合併の話が出ているが、合併できるのだろうか」と聞いた。これに対してA（60歳）が「騎西と加須は合併できない。合併できない理由は騎西には同和がいるからだ」と発言した。Gさんは加須市内の同和地区出身である。非常に不愉快な発言を聞いてしまった。もちろん、同和地区があるから合併できないなんてことはあり得ない。Gさんはその場では何も言えなかった。しかしAは、発言をやめないばかりか休憩室を出るときには「会社の裏も、同和がいっぱいだ」と言い残して立ち去った。

Gさんは、この発言にどう対応するか、悩んだ。悩んだ末、会社の総務にこの事実を報告し、社員が同和問題を正しく理解するために教育をおこなってほしいと要請した。会社はAを呼んで指導したが、Aはすぐには謝罪しなかった。数日後、作業中にGさんに出会った際、運転中のフォークリフトの上から「悪かった」「あんたを差別したわけではないから」と不遜な態度で謝罪するにとどまった。また、その後、Gさんを睨《にら》みつけるような態度をとることがあった。反省の様子が見えないばかりか、返って恨んでいる様子が見られたため、考えた末、Gさんは部落解放同盟に訴え出た。

Aは秋田県の出身で、学校を卒業後、都内のH社工場に就職し、工場の移転で現在の騎西工場に勤務するようになり、この年の7月末に定年で退職した。この間、加須市内に住居を新築している。

事実確認会で「同和問題についてどのように認識していたのか」と聞かれたAは、「同和問題については、加須市に引っ越してからはじめて知った」と答え、きっかけは町内のドブ掃除作業の後の慰労会だったと語った。慰労会で、その日作業を欠席した一人の人物が話題にのぼり、その際、「出てこなかったあれは同和の人間だ」と聞かされ、「連中は、国から金をもらって、毎日仕事もしないでブラブラしているどうしようもない奴《やつ》らだ」とか、「乱暴で、すぐけんかを始めるような悪い奴らが多い」などと聞かされたと語った。Aは「そのときの印象が強くて、以後、同和地区に対してずっと悪い印象を持ってきた」と語った。「同和がいるとなぜ合併できないのか」という質問に対しては、「騎西町に同和地区があることは知っていたが、加須市にあるとは知らなかった」と述べ、「騎西町と合併すると、加須市も同和地区を抱えることになる。そうなると、同和地区の人に補助金を出したり、税金を優遇しなければならなくなり、市の負担が増える。だから合併に反対だった」と述べ、「加須市が合併に反対しているのはそれが理由だと思った」と説明した。時間をかけた事実確認会でAは、自分のなかに偏見があったことを認め、今後は勉強して正しい理解ができるようになりたいと述べた。

ところで、この事件では、その後ある政党が、告発したGさんを差別事件のでっち上げの張本人のように見なしてビラを撒《ま》いた。

これに対してGさんはこう述べた。「私はいきなり差別だと解放同盟へ訴え出たのではない。まずは会社に報告し、Aへの指導を要求した。しかし、Aはすぐには謝罪せず、フォークリフトの上から謝罪するにとどまり、その後も私を睨みつけるような態度をとったため、やむを得ず訴え出た。じつは彼は、この年の7月に定年で退職しているのだが、私はAに配慮して、彼の定年退職まで待って会社に問題提起をした」と語った。また、Gさんは、「私が訴える決心をしたのは、今回の問題だけではない。これまでも何回も差別はあったからだ。会社にはほかにも同和地区出身者が働いており、自分一人だけの問題ではないと考えた。社内で告発することのリアクションや労働組合の書記長としての自分自身の立場を何度も悩んだうえで、告発に踏み切った」と語った。

第3　日常生活のなかの差別

1　東大宮差別事件（1996年）

日頃、親しく付き合っている友だちが、何かのきっかけで相手が同和地区出身者であることを知り、急によそよそしくなって差別的な態度をとることがある。この事件は、そうした差別を象徴するような事件だったが、単に感情的に差別したというだけでなく、金品を脅し取ろうとする脅迫事件でもあった。この種の事件では、たいてい言った言わないでもめることが多いけれど、この事件は、途中からであるが会話そのものがはっきり録音されている珍しい事件だった。

大宮《おおみや》市東大宮（現さいたま市）の砂団地に住むKさん（31歳）は、同市東大宮のT（31歳）と知り合い、ママ友として親しく交際していた。Kさんには3歳と小学1年の子どもがいるが、Tにも同じような年ごろの子どもが2人おり、お互いに子どもを連れて遊びに行ったり来たりするような間柄になった。Kさんが保険の外交員の研修で3日間家を空けたときも、その間、子どもはTが面倒を見ている。

Kさんは、白岡町《しらおかまち》（現白岡市）の同和地区出身の夫と結婚し、その後、夫婦で解放同盟に加盟していた。前年に開かれた解放同盟埼葛郡市協議会主催の研究集会で、自分の体験を報告している。また、そのことをTに話している。

Tは愛媛県出身で、大阪出身の夫と結婚し、3年前に夫の転勤で東大宮に引っ越してきた。住まいは会社の借りたマンションだった。問題発言が起きたとき、再び夫の転勤の話が浮上し、マンションを明け渡さなければならなくなっていた。今回の事件の背景には、マンションの明け渡しにともなう壁紙の修繕費の問題が存在している。

2人は2カ月ほど親密に付き合っていたが、しかし11月に入ってから次第に疎遠になり、結果的に付き合いをやめてしまった。Kさんは、「毎日欠かさず3時間も4時間も電話をかけてきて、人の悪口を並べるTについていけなくなり、距離をおきたかった」と述べている。

ところが12月下旬、突然Tは自宅のマンションの「壁紙の修繕費40万円」を請求してきた。Kさんの子どもがTのマンションに遊びに来た際、おもちゃで壁紙に傷をつけたというのだ。

Kさん夫婦は、1カ月もたってから、子どものいたずらで40万円も請求されたことにびっくりしたが、Tの請求が激しいのでどう対応するか、ずいぶん悩んだ。

その後、友人を間に入れて話し合いをおこなったが、話はこじれたまま正月を迎え、正月が過ぎた後も、Tから電話で数度にわたって壁紙の張り替え費用の請求がおこなわれた。

Kさんは多額の修繕費の請求に納得しかねていたが、なんとか両者で話し合って円満に解決したかったので、1月30日、再び友人を間に入れてTのマンションで話し合いを持った。話し合いははっきりした結論がでないまま終わった。このとき、Tが激しく責め立てたため、Kさんは土下座してあやまっている。

ところで、Kさんはこのとき、はじめて問題の壁の傷を見たが、一目見ただけでは判別できないようなうっすらとした傷であった。Tはこのとき、「この傷の高さから考えると（Kさんの子どもの）○○ちゃんの仕業だ」と一方的に決めつけているが、納得できなかった。

2月3日、またTから電話があったのでKさんが対応に出たが、TはそのうちKさんの夫を電話口に出せと言ってきた。そこでKさんの夫が電話で応対したが、一方的にKさん夫婦を責める電話であった。夫は黙って聞いていたが、最後に同和という言葉がちらっと出てきて、気になる言い方をした。しかしそのときは、黙って聞き流した。

ところが、翌日の日曜日の朝、またTから電話がかかってきた。このときもKさんの夫が出て対応したが、昨晩同様、一方的に電話口でKさんをののしるものだった。しかしこのとき、夫は昨晩の話が引っかかっていたので、途中から留守番電話の録音装置のスイッチを押して、Tの発言をそのまま録音した。電話でTは、ほとんど一人でべらべらと感情的にしゃべりまくっているが、その口調はまことに野蛮で、文字通り恫喝《どうかつ》そのものである。

「やっぱりみんな、同和の人は同じことをするんだ。よくわかったわ」「お宅らでよくわかりました。そのことが。（同和地区の人間は）常識がない、普通の一般生活、何も教えてもらってない、人をうらむことしか教えてもらってない。だから人の気持ちがわからんのよ。いい加減にしてほしいわね。顔も見たくないのよ、本当に。どっかに入れててよ」

「親が同和の人間とは付き合うな言うとったけど、そのとおりやわ。やっぱり付き合うたらそのとおりやわ。昔から（同和地区は）アカン言うことに対してはね、ようわかったわ。人間性みたらようわかったわ。全然違うやないの。とにかく許せんから」

さらにTは、「奥さんが言っていたけど、あんたは同和の人間でしょう」と聞いてきた。それに対してKさんの夫がはっきり答えなかったが、それに腹を立てて、「とぼけるのお宅、同和じゃないの。奥さんそうやって言いよるのよ」「とぼけるんやったらうちも調べよるわい、だんなさん」などと恫喝した。また、「なあ、だんなさん、ここまで来たら隠してもどうもならないやろ」「それはな、『ごめんください』と言うたときの生活感がちがうんよ。これはもうしようがないけどな」「結局、どっちが（同和か）どうかはしらんけど、やっぱり結末に全部ものがたっておろう。ちがいます」「言うとけ嫁に。気分が悪いけん、（子どもの壊したカップの）ニセもの買うてくるような教育すんやろ。（同和地区の人間は）生活水準の低いのはよくわかったけん、それでもあんたら金残すんやったら、あんたら上等じゃわ。人に迷惑かけて、人の家の修理もせんと。ええことよ」などと罵詈雑言《ばりぞうごん》を並べ立て、最後に「申し訳ないけどな、わたし（転勤で）消える人間じゃけ、なんでも言うかも知れんで」と、暗に同和地区出身であることを他人にばらすぞというような捨《す》て台詞《ぜりふ》を残して電話を切った。

この事件は、たまたま会話の大部分が録音電話で正確に録音されるめずらしい事件であった。テープには、差別する人間の本音と感情が生々しく録音されており、差別する側がどういう心理や感情で発言しているのかがよくわかる。この場合は、「40万円払え」という自分の思い通りにならない苛《いら》立《だ》ちから、最後の捨て台詞で「やっぱりあんたがた部落の人間は、どうしようもない」「最低の人間だ」ということを言っている。この言葉のなかに、人間を見下し、相手の人格を否定するという差別意識の本質を見ることができる。

この事件で私たちは、T本人と3回にわたって事実確認会を持ったが、話し合いのなかでは次のような事実も明らかになった。

彼女は大阪出身の夫と結婚しているが、自分の結婚のときにも、夫が大阪の港《みなと》区の出身であったため、四国の親戚から「大阪の港区は韓国人が多いところだから、よくよく身元を調べた方がいい」と言われたというのである。このときは、新郎の勤め先が一部上場の大手の会社だから、まさか部落民や韓国人ではないだろうということで終わったというのであるが、「四国では、Ⅱ部上場の企業は、韓国人や部落民は雇わないということになっているのか」と聞いたところ、Tは、「私の周辺では、たいがいの人はそう思っている」と答えている。

2　岩槻・雑貨店差別事件（2007年）

2007（平成19）年1月19日夕方、さいたま市岩槻《いわつき》区のKさんが経営している食料品・雑貨販売店「D屋」に、蓮田《はすだ》市在住のF（58歳）がやってきて酒を買い、その場で飲み始めた。すでにどこかで飲んできている様子で、入ってくるなり店番をしていたKさんの妻に「ババァ、まだ生きていやがったのか」と言い、絡んできた。Fは前日も店にやってきていたが、最初の日は子どものお菓子を買って帰っただけだった。彼は、以前はよく酒を買いに来ていたが、この3年ほどは顔を見せなかった。話の様子では、自宅で酒を飲ませてもらえなくなったので、立ち飲みができるD屋に飲みに来たということであった。

Fは翌日もやってきて、Kさんの妻にグズグズと絡んだうえ、近くに住む友達の悪口を言い始めた。「以前、飲ませてやったのに、俺にはちっともおごり返すことがない。この辺りの連中は、まったく汚いやつが多い」などと悪態をついた。友だちは、近くに住んでいる同和地区の住民だった。Fは飲みながら悪口を繰り返し、帰り際に出口で4本指を出して「ここはこれだから」と捨て台詞を残して帰った。Kさんの妻は酔客のことだからと、このことは誰にも話さなかった。ところが、次の晩もFは店に現れた。彼は3日間連続して来店したのだが、昨晩と同じようにKさんの妻に絡み始めた。

しかし、この日は店主のKさんが店の奥にいた。Kさんは、店内の話し声が聞こえてきたので「毎度どうも」と声をかけた。ところがFは、Kさんに歩み寄って「D屋はちょうりっぺだ」「この村もちょうりっぺだ」と発言した。驚いたKさんが「これは聞きなれないことを聞いた。どういう意味だね」と尋ねると、Fは4本指を出して「ちょうりっぺ」と再び発言した。憤慨したKさんが「その意味は何だ。役所に電話して問い合わせるから、今の発言をここに書いてもらおう」と言うと、彼は逃げ出そうとした。Kさんの妻が「逃げてもだめだ。あんたの家は知っているから」と咎《とが》めると、Fは観念したように店に戻り、Kさんが出したメモ用紙に発言の内容と住所・氏名を記入した。これが一連の事件の顛末《てんまつ》だった。だが、このメモに記入した住所はデタラメで、記載の住所にFは住んでいなかった。しかしFの住所に心当たりのあったKさんは、自分の足で調べて蓮田市内のFの自宅をつきとめた。そして解放同盟に事件を報告した。

その後、2月に入って、蓮田市役所で事実確認会が開かれた。Fは、発言の事実は素直に認めたものの、なぜ発言したのかについては、「酒を飲んでいたのでよく覚えていない」とか、「発言はしたが、意味は知らなかった」などと無責任な答弁を繰り返した。このため、確認会は何度も休憩を挟んで、かなりの時間がかかった。しかし、最終的にFは次のように理由を語った。

発言した動機については「最近は仕事も減り、あの日は家族と金のことでけんかし、家で酒を飲むことを止められた。面白くなかったので酒を飲んでD屋に行き、飲んだ勢いで憂さ晴らしのつもりで言った」と話した。

これまで同和地区に対してどのような認識を持っていたのかという質問に対しては、「同和の人は、牛を殺したりしているから、おっかないところだ。その周りには近寄らないほうがいいと聞いていた」と語った。また、「朝鮮から日本に流れてきて、日本語をならった人たちだと聞いていた」と述べ、「自分たちとはどっか違う、おっかない人たちだと思っていた」と述べた。彼は「(そういう認識については)間違っているとは全然思わなかった」とも語り、偏見の根強さを表した。また、「これまで同和地区に対して4本指を出しているものを2、3回見たことがある」と述べ、仕事先の施主から「近所に同和がいるので、くれぐれもペンキで汚さないように気をつけてくれと言われたことが2回ほどあった」と語った。

3　加須市ボランティア差別事件（2015年）

2011（平成23）年に東日本大震災が起き、埼玉県加須市には、福島県双葉町《ふたばまち》の住民を中心に原発事故から避難してきた人たちが大勢住むようになっていた。避難者も、事故から2年3年と時間が経つ間に地元に溶け込み、地元の住民とボランティア活動などをおこなうようになっていた。そうしたなかでこの事件は起きた。

加須市騎西にある玉敷《たましき》神社には、推定樹齢400年で埼玉県指定天然記念物になっている「大藤」がある。毎年、ゴールデンウイークには「騎西藤まつり」が開かれ、大藤を見るために大勢の観光客が神社を訪れる。

2015（平成27）年3月、大藤を守るボランティア団体が、活動資金を得るために近くの古民家の竹を切る活動をおこなった。この日は12人が参加した。ボランティア活動には、原発事故で加須市に避難している福島県双葉町の住民2人も参加した。作業が終わったので昼食休憩に入り、地元の集会所で弁当が届くのを待った。待っている間の雑談の最中に、双葉町の参加者が「集会所とは、どういう施設なのですか」と質問した。地元のボランティアの1人の男性Aが、「集会所というのは各地区にあって、自治会が利用している」と説明した。福島の男性は、「うちのほうでは、公民館を使っている」と話した。

話の流れから、説明した男性Aは近くにはある隣保館の説明を始めた。福島の人が「隣保館って、なんですか」と質問した。Aは「昔、『えた・ひにん』と言われた部落の人が使う施設だ」と説明して、控えめにではあったが4本指を出した。

このとき、その場にBさんがいた。Bさんは、北埼玉地区狭山裁判を支援する会で長年活動してきている。Aの言動に非常にショックを受けた。Bさんは、その場の雰囲気を壊したくないので、「私が取り組んでいる狭山事件の石川さんの問題です」「隣保館は、差別を受けている人が寄り添う場所です」と言い、それ以上、話が間違った方向に広がらないようにAの発言をさえぎった。

その場にいた福島の男性は「昔、自分は郵便局で働いていたが、労働組合で部落問題を勉強したことがある」「部落というのは、福島のほうでは集落のことをいうけれど、こっちは差別される地区という違う意味で使われている」と言った。

また、離れたところにいたが、話が部落問題の話になっていることを察した市の元教育長だったCさんが「部落差別は江戸時代の支配者が民衆を支配するために政策的につくられたものです」と、話が間違った方向に発展しないように発言した。この発言で、話の流れが変わった。発言したAは、みんなに指摘された格好になり、その場は収まった。話は別の話題になった。

その後、この話が解放同盟に報告された。解放同盟は、原発事故から避難している福島の被災者に部落への偏見を植え付ける行為として、これを取り上げた。話し合いのなかでAは、「子どもの頃、親が『あそこにはこういうのがいる』と言って4本指を出して教えた」「学校の同級生もみんな知っていた。みんなそう言っていた」と語り、「今もそう思っている同級生が多いと思う」と述べた。

この事件は、同席していた人が差別発言が広がらないように話をさえぎり、また別の人物が部落問題を説明して、それ以上、話が広がらないように押さえたという意味では、めずらしい事件だった。しかし、考えてみるに、本来はこういうかたちで「対処」されることが望ましい。「対処」という言葉は適切な表現ではないかも知れないが、ここではあえて「対処」という表現を使う。というのは、「部落差別がなくなる」というのは、具体的には、この事件のようにその場にいる人が発言をとがめ、発言を指摘し、発言がその場で是正されることだと思うからだ。

少し解説するが、現状では、差別発言はほとんどの場合、その場にいる人に受け入れられてしまい、とがめられることはない。しかし、本来、そうではないだろう。人権意識が普及し、誰もが差別に対して批判的な態度が取れるような状況が作り出されていれば、差別発言はその場で批判され、指摘されてもおかしくないはずである。例えば、仮に同和地区を差別するような発言があった場合、その場にいる人が「そんなことを言うものではない、それは差別だ」「今どきそういうことを言うのはおかしい」など、口々に指摘し、批判すれば、発言者は「こんな発言をすればみんなから非難され、常識のない人間だと軽蔑される」と受け止め、二度と差別することはないだろう。それが、人権が尊重された社会の具体的な姿だと思う。差別発言があったとして、いちいち解放同盟が乗り出していかなくても、一般市民がそれをとがめ、是正する。そういうレベルに、日本の人権意識の底上げを図る、これがわれわれの運動の目標である。もっとも、これは理想であって、現実はそんなに簡単にいかないのであるが、それに近づけることがわれわれの運動の目標であり、人権教育や啓発の目標である。

第4　病院で起きた差別

病院のなかの差別事件も案外多い。けがや病気で入院した患者は、あいさつ代わりに自分の出身地を話すことが多いが、それが部落差別に結びつきやすい。いずれも、どこから来たのかという話題のなかで、あの辺はなんという部落が多いとか、なんという名前が部落民だというたぐいの差別事件だ。

1　菖蒲町接骨医院差別事件（1997年）

1997（平成9）年10月、菖蒲町《しょうぶまち》（現久喜市）のKさん（66歳・男性）はケガのために町の接骨医院に入院した。このとき、白岡町（現白岡市）出身の男性H（72歳）と同室になった。ケガもだいぶよくなったある日、Kさんが廊下でほかの患者と雑談していると、1人の女性が出身地の話を始めた。「自分は加須市の出身だ」と話した。その話に、居合わせたHも「自分の祖父も加須の出身だ」と話し出し、「祖父の後妻は、茨城県の五霞町《ごかまち》から来た」とつけ加えた。「五霞のどこか」と質問するものがいたが、Hはその地名がなかなか思い出せなかった。その際、彼は「これが多いところだ」と4本指を出した。4本指は同和地区を指す差別的なジェスチャーだ。具体的な地名は思い出せないが、彼の頭のなかには近くに同和地区があることが強く印象に残っていたのだろう。彼は何度も4本指を出して「これが多いところだ」と強調した。同和地区出身のKさんがたまりかねて「それは何だ、そういうことを言うもんじゃない」と注意し、「俺もそういうところの出身だ」と言うと、Hは青くなって「悪かった」と謝った。

Kさんは、同室のHと気まずい思いをしたくなかったので、我慢してそれ以上は何も言わずに引き上げた。ところが、しばらくしてHが病室に戻ってきて「さっきは悪かった。これでタバコでも買ってくれ」と言って一万円を差し出した。Kさんは金銭で解決しようとした態度にムッときて「なんだ、この金は」と言い、彼を叱った。その後、見舞いに来たHの息子と奥さんに経過を話して、反省するよう注文を付けた。

Hは部落解放同盟との話し合いで、「同和問題は、若い頃に勤め先の主人から教えてもらった」と弁明した。

2 羽生市病院差別事件（2003年）

2003（平成15）年11月、騎西町（現加須市）のSさん（83歳）は、羽生市内の病院に入院中の妻の看病に来ていた。Sさんがたばこを吸うために病院の玄関に出ていたところに久喜市のMがやってきて、2人で世間話を始めた。そこへ、やはり夫の看病に来ていた羽生市のYさん（72歳・女性）も加わり、3人で世間話を続けた。SさんとYさんは、たまたま病院で知り合った間柄で、面識はなかった。ただ、偶然SさんもYさんも同和地区の住民だった。そのうち話題が出身地の話に移り、M

が「自分は行田《ぎょうだ》市のO地区だ」と行った。Yさんは、O地区には自分の親戚が住んでいたので「O地区なら、Hさんは知ってるかね」と、同和地区の男性の名前をあげました。するとMは「あの辺のHは、みんなこれだ」と言って、4本指を出した。

驚いたのはSさんとYさんだ。たまたま2人は病院で知り合っただけだが、2人とも解放同盟に参加していた。2人はそろってMを非難した。

「それは差別じゃないか!」

「その年になって何だ、差別するとは」

Mは「悪かった。謝るから勘弁してくれ」と謝罪した。しかし、Mは言い訳をしながら逃げるようにして病院内に引き上げてしまった。

SさんとYさんは病院のなかを捜したが、Mの姿が見えないために玄関先で待っていた。そのうちMが出てきたので、彼をつかまえて、4階の待合室で再び話し合いを持った。このときは見舞いに来たMの妻とその弟も同席した。しばらく話し合いを続けたが、この日は話がまとまらず、「明日また話し合う」ということになった。

その後、解放同盟に報告があり、事実確認会が久喜市内の施設でおこなわれた。事実確認会で、Mの同和問題に対する認識について質問がおこなわれた。Mは、県立行田高校を卒業後、都内の信用調査会社に就職し、『会社年鑑』などの編集の仕事をしていた。

質問に対してMは、「子どもの頃から親や近所の人が近くの同和地区のことを、『あそこは違うところだ。なにかあると大勢で押しかけてくる』と聞かされて育った」と語った。4本指のジェスチャーについては「子どもの頃、まわりがみんなそうしているので、つい自分も気がつかないまま使ってしまった」と説明し、「大人になってからもそのような差別語やサインを使っていた」と語った。

また、印象に残っている体験として、久喜市内の麻雀《マージャン》屋である男性が帰った後、客の1人から4本指を示されて、「あれはこれだから気をつけろ。付き合わない方がいい」と言われたという体験を語った。そのほか彼は、以前勤務した都内の信用調査会社で同僚から「同和地区かどうかの特別な調査の依頼が来ている」と聞いたことがあったと語った。同和問題についての勉強については、「久喜市に住んでから40年になるが、同和問題については一度も研修会などに参加したことはないし、そういう研修がおこなわれていることも知らなかった」と述べた。

3 行田市M医院差別事件（2005年）

診察や看病のために病院に来ている人間が差別発言をするという事件を紹介したが、病院の看護師が差別するという事件も起きている。

2005（平成17）年7月、行田市にあるMメディカル医院にN（72歳・女性）が診察を受けるために来ていた。前の患者の診察が終わるのと入れ違いに、Nが診察室に入ってきた。彼女は、診察室にいる看護師に「いま帰ったのはこれだべ」と4本指を出した。若い看護師のAさんはその意味がわからなかったので、「これってなあに」とNに尋ねた。Nは「あとで誰かに聞きなね」と言って帰って行った。Aさんには、4本指の意味がわからない。そこで彼女は先輩のK看護師にその意味を尋ねた。ところがK看護師は、「この辺の人は、M地区（地名）の人に対して4本指を出して合図するんだよ。覚えておきなさい」と教えた。しかし、なぜ4本指なのか、それ自体、意味がわからなかったAさんは、さらにその意味を尋ねたところ、K看護師は「四つ足の家畜以下という意味だそうよ」と説明した。K看護師は、千葉県生まれで神奈川県育ち。東京で看護師資格を取得後、18年前から行田市に住んでいる。47歳のベテランの看護師だった。

この事件では事実確認会が開かれたが、K看護師は、「同和問題をどこで知ったのか」という質問に、「どこかははっきり憶《おぼ》えていないが、行田市に住んでから、近所の人か、看護師さんに聞いた」と語り、「そのときの悪い印象が強くて、その後、間違った認識のまま来てしまった」と述べた。「同和地区についてどのように思っていたのか」という質問に、「はっきりこうだという認識はないが、自分たちとはちがう人たち、程度の低い人たちと思っていた」「自分のなかに偏見があった」と述べた。彼女は「これまで一度も研修を受けたこともなく、医療機関でも一度も研修を受けたこともない」と述べた。

第5　学校で起きた差別

1　熊谷市立女子校差別落書き事件（1995年）

1995（平成7）年2月、部落解放同盟埼玉県連合会の事務所に「熊谷市立女子校在校生」と差出名が書かれた一通の手紙が郵送されてきた。封書の中には、手紙が一枚と学内のトイレに張ってあったと見られる貼り紙2枚が同封されていた。学校が作成したと思われる貼り紙には、「髪の毛を流さないこと」「トイレットペーパーで手をふかないこと」と書かれていたが、貼り紙の一部に「部落の子は便所を使うな」「部落・get out」「部落・紙を使うな手でふけ」などの書き込みがされていた。また同封の手紙には、「私は部落の出身です／私はこの紙を見てから学校に行くのがこわいです／学校の先生に話しても聞いてくれません／毎日がこわいです」などと書かれていた。

差出人の名前が書いていないので、誰がこの手紙を書いたのか、また貼り紙やそれに記入されている差別的な書き込み自体が本物であるかどうかはわからないが、文面からして実際にあったものではないかと推測された。

手紙を受け取った解放同盟は、その日のうちに熊谷市教育委員会に報告し、教育委員会は、学校長に連絡を取り、事情調査を要請した。学校側は、翌日、ただちに職員会議を開催し、落書きの有無について校内全体を点検した。その結果、貼り紙は確かに同校の教諭が書いて張ったものであること、また貼り紙が張ってあった1階のトイレには、それ以外にも3カ所に同様の差別的な落書きがあったことが発見された。

学校長は、当初、「この落書きは、本校の生徒が書いたものであるとは思えない」という発言をおこなっていたが、しかし、校内で検討した結果、「残念ながら本校の生徒が書いたものと言わざるをえない」との見解を示した。

3月に入って、熊谷勤労会館で学校および熊谷市教育委員会と部落解放同盟の話し合いが持たれた。話し合いの結果、今回の問題を同和教育の大きな課題として受け止め、今後の同和教育に生かすことが確認された。学校側は、「基本的人権を侵害する悪質で卑劣な事件であり、深刻な問題であると受けとめる」（熊谷市立女子高「見解文」）との見解を示した。

ところが、この事件に思わぬ妨害が入った。高校の教職員組合（埼玉県高等学校教職員組合＝埼高教）が、熊谷市教育委員会に対して「部落解放同盟との話し合いには一切応じるな」「教職員に出席を強制するな」と申し入れ、同時に部落解放同盟を非難するビラを配布したのだ。

なぜ埼高教は反対するのか。彼らは、次の2点をその反対理由としてあげた。ひとつは、誰が書いたかわからない落書きを、一方的に学校の責任にして追及するのはおかしいということである。2点目は、今回の問題は、部落問題ではなく学校教育の問題である。学校教育の問題は校内で解決すべきであって、校外の特定団体がとやかく言う問題ではない。これは解放同盟の教育介入だということだった。

これに対して解放同盟は次のように反論した。

まず1点目について。もちろん、落書きは誰が書いたものであるかはわからないし、また、投書も誰が出したものであるかは判明しない。しかし、「残念ながら本校の生徒が書いたものと言わざるをえない」という学校側の見解を待つまでもなく、落書きは熊谷女子校の生徒が書いたものであると考えざるをえない。同封されていた手紙も同校の生徒だと考えられる。実際、素直に考えてみて、まったく学校に関係ないものが、女子校のトイレの貼り紙に落書きをし、また、関係ないものがそれをはがして解放同盟に送付するということはおよそ考えられない。やはり、落書きとそれを訴えた投書は、同校の生徒の行為だと考えざるをえない。そうだとすれば、学校の責任が問われるのは当たり前のことで、それはいじめの問題と同じである。仮に、部落差別に関連した落書きではなくて、個人を誹謗するようないじめの落書きがあって、当事者の生徒が教育委員会なり相談員なりの外部に訴えをおこなった場合、学校はどう対処するのか。そんなものは誰が書いたかわからないから学校には責任はないということになるのか。

2点目は、今回の問題は、部落問題ではなく学校教育の問題であり、学校教育の問題は校内で解決すべきであって、外部の団体が関与する問題ではないという点について。今回の問題は、どういういきさつがあったのかは不明だが、生徒のなかにトイレの使用に関連して同和地区の生徒に対して嫌悪感や蔑視の感情をもった別の生徒がおり、「部落の子は便所を使うな」という排他的な落書きをしたのである。いっぽう、その落書きに脅威を感じる部落出身の生徒がいて助けを求めているという問題である。その意味で、この問題はあきらかに部落差別の問題である。もちろん学校教育の問題でもあるが、それ以前にあきらかな差別の問題でないか。組合は、解放同盟の教育介入と非難しているが、問題のすり替えである。部落出身の生徒がこのような訴えをおこなってきた以上、仮にそれが匿名の手紙であるとしても、それらの生徒を子にもつ部落の親の立場に立てば、「学校はどうなっているのか」「差別しないよう指導してほしい」と要請するのは当然ではないか。これは「GETOUT(出ていけ)」と脅迫を受けている生徒の抗議であり、訴えであって、「教育への不当な介入」などでは決してない。それをあたかも差別問題ではないかのように強調するのは、問題を校内問題にすり替え、話し合いを拒否するためである。こういうすり替えは許されない。

私たちは、現在の中学生や高校生のすべてが偏見に侵されているなどと考えているわけではない。各地の意識調査が示すように、正しい認識がもてないでいる生徒は、今日、一部になっている。しかし反面、人権問題や部落問題に対してきちんとした態度が取れない生徒も少なからず存在している。今回の事件は、残念ながら生徒のなかにも、社会の意識を反映して、部落に対する偏見や差別意識をもっているものが存在していること、そしてまた同和教育をきちんと取り組む必要性があることを表した事件だった。

2　北本市中学校差別事件（1995年）

生徒が同和地区の生徒に対して差別的な言動をおこなうことは、もちろん学校教育の大きな課題であるが、なかには生徒に偏見を植え付けるような言動をおこなう教員もいる。もってのほかである。

1995（平成7）年8月、県教育委員会と人事委員会に次のような投書が届いた。投書には、「私は北本市《きたもと》に在住の、中学生の息子を持つ親です。私の息子は北本市のE中学校に通学しているのですが、先日この学校のHという教師より、部落差別問題に関係するような扱いを受け、非常に嫌な思いをしており、この教師の不用意な発言に親として納得できず、お手紙を書かせていただいた次第です」と書かれていた。続いて手紙には、その教員の発言が書かれてあった。

「教師と何人かの生徒が両親の生まれ故郷の話になって、その教師は地区ごとに部落民というのは、だいたい名字がきまっていて、ある地区で○○さんと××さんは部落民だと名字でわかるのだと言ったそうです。また実際にある地区名をあげて、そこでは△△というのがそうかなと小さな声で言ったそうです。たまたま私どもの姓がその教師の言ったものであったため、……地域出身ではないのですが、それ以来息子は友だちに変な目で見られているようだと言っています」

手紙は続けて、「ある日、息子から私の出身地は同和地区なのかと突然聞かれ、ことの経緯を知り、……この教師の資質を疑わざるを得ませんでした。本来差別をなくすよう子どもを導くのが教師の役目ではないでしょうか。中学生にすればどんな教師でも『先生』なのです。影響力が非常に大きいのです。同和地区の方を見分ける方法のようなものを教えるのが教育なのでしょうか。息子は心に傷を負いました」と教員の姿勢を告発している。

県教育委員会に郵送された同様の手紙がその後、部落解放同盟にも郵送され、われわれもこの事件を知ることになったが、この母親が憤慨するのも無理はない。本来、生徒に対して指導しなければならない教師が、自分が知っている同和地区の情報を生徒に教え、そのうえ具体的な名字まで教えるとは、偏見を植え付ける行為そのものだ。市の教育委員会は「匿名による投書を、私たち教職員の人権意識や同和教育に対する姿勢、また学校教育の推進のあり方を問うものであると深刻に受け止めています」という見解を表明したが、教員の姿勢を厳しく問う事件だった。

3　県立武蔵野高校差別貼り紙事件（1998年）

この事件は、これまで学校のなかで起きた差別事件のなかではもっとも深刻な事件だった。

1998（平成10）年の3月24日、この日は県立武蔵野《むさしの》高校の終業式の日だった。8時40分に1年生の担任教員が受け持ちのクラスに入った。担任は黒板の右隅にはがき大の大きさの貼り紙をあるのを発見した。その貼り紙には「1年○組の○○A子（実名）ハ同和ダ・部落ダ・4ツ足ダ」と書かれていた。びっくりした担任教員がその貼り紙を剥《は》がそうとしたが、ぴったり貼り付けられていて、なかなか剥がせなかった。そうこうしているうちに、体育館で終業式が始まる時間が来たので、担任教師は生徒たちに体育館に入るよう指示した。生徒はぞろぞろと教室から出て行ったが、その際、2人の生徒が担任に近づいてきて、「先生、後ろのロッカーにも同じものが張ってあります」と報告した。教員が確認すると、確かにロッカーにも同じ貼り紙が見つかった。

担任教員はすぐ学年主任に報告し、学年主任はほかの教員に事情を説明して校舎内の点検をおこなうことになった。終業式が9時30分に始まったが、その最中に3、4人の教師が校舎内を点検した。その結果、男性トイレの入り口や女性トイレの鏡など、5カ所に同じ貼り紙が見つかった。貼り紙は、ボンドのような強力な接着剤で貼り付けていたため、モップでこすり取らなければ剥がせなかったという。

学校は、重大な問題と判断して急遽、職員会議を開いた。その結果、終業式のあと、1年生だけを残して指導することを決めた。終業式が終わって、各クラスで生徒に通知表を渡したあと、10時30分から1年生だけを柔道場に集めて、校長、生徒指導主任、同和教育主任らが生徒に対して指導した。教師は「学校のなかで大変残念なことが起きてしまった」「詳しいことは言えないが、重大な人権侵害が起きた」「人の心を傷つけるのはよくない。やった人は春休み中に反省してもらいたい」と指導した。しかし、1年生にはなぜ自分たちだけが残されたのか、何があったのか、まったく知らされていないために、かえってざわついた。また、のちのち、このときの話が噂《うわさ》となって一人歩きした。

生徒が帰ったあと、学校は、11時30分に再び職員会議を開催し、この問題に対する対応を協議した。このとき、学校側は、名指しされているA子に対してどのような指導をするのかについても協議した結果、まずは保護者に報告することにした。この時点で、名指しされた生徒は、騒動の中心に自分の名前があることを知らなかったようだ。

夜に入って担任と学年主任と校長が生徒の父親と近くのファミレスで面会し、経過を説明したうえで謝罪した。父親は「姉には話しているが、妹のA子にはまだ部落のことは話してない。どうするか、家族で相談したい」と述べた。

翌日、同和教育推進委員と校務委員の計13名が連絡会議を開催し、「生徒の人権を守ることが一番に大事である」ことを確認する。この日の夜、母親から担任に電話があり、母親は「同じようなことが繰り返されるおそれがあるので、子どもに事件の話をした」「A子は成績がいいので妬《ねた》まれたのではないかと思う」と述べた。

この事件は、もちろん学校内で処理されたので、解放同盟はまったく知らなかった。ところが3月26日、解放同盟県連に手紙が郵送されてきた。手紙には、「取り返しのつかない部落差別事件が起きてしまいました」と、3月24日の終業式の貼り紙事件の経過が書かれており、「職員は、無関心で……ことの重大性がわからないようで、腹立たしい思いがしました」と記されていた。文面から武蔵野高校の教員の1人が書いたものと判断された。

この告発文によって、解放同盟ははじめて武蔵野高校の貼り紙事件を知ることになった。その後、同じような告発文が朝日新聞社、埼玉新聞社にも郵送されたことがわかった。解放同盟は、県同和教育課に告発文が来たことを報告し、事実関係の調査を要請する。県同和教育課は、すぐに武蔵野高校に職員を派遣して事情を聴取した。

翌3月27日午後、学校内で担任の教師とA子さんが話し合いを持った。A子さんは「大変ショックだった」と率直に感想を述べたが、「学校へは行きます」と答えた。この日、解放同盟は県庁で校長・教頭に会い、事件の経過について報告を受けた。

3月29日には、告発文を受け取っていた朝日新聞の記者が学校を訪問、校長に面会し、取材をしたことがわかったため、解放同盟はすぐに朝日新聞記者と面会し、報道をやめるよう申し入れた。もし、報道によって事件が表面化すれば、彼女は文字通りさらし者になってしまい、学校に通うことができなくなる恐れが十分にあった。それだけは何としても避けなければならない。

以上が武蔵野高校差別貼り紙事件の経過である。

それにしてもひどい差別事件だった。「1年○組の○○A子（実名）ハ同和ダ・部落ダ・4ツ足ダ」と名指しで個人への差別をあおる行為は、もちろん前例がない。解放同盟はその後、学校、県同和教育課を交えて事実確認会を開き、真相解明のための調査を強く求めたが、最後まで誰がなんのためにこのような悪質な貼り紙をしたのかはわからないままだった。もちろん、A子を守ることが最優先の課題だったから、解放同盟としても事実確認会についても解放新聞に報道はしなかった。その後、彼女は無事に卒業して大学に進学したが、前代未聞の差別事件だった。

第6　宗教界で起きた差別

同和問題は、日本の歴史のなかでつくられた身分制度から発生した差別問題である。身分制度のもとでは、身分のほかに職業と居住地が決められ、武士は武士、百姓は百姓として生涯、因習的なしきたりや差別に縛られて暮らした。なかでも「えた・ひにん」と呼ばれ、一番下に置かれた被差別身分の人々は、人間外の人間として不当な扱いを受けた。被差別民に対する不当な扱いは、宗教も例外ではなかった。同じ檀家《だんか》でありながら墓地が別にされたり、戒名に差別的な文字が使用され、死んだあとも侮辱された。また、過去帳に同和地区とわかる徴《しるし》や表記がつけられ、それが近代に入ってからも身元調査に悪用された。上尾《あげお》市内のB寺院住職の差別発言事件は、宗教界が同和問題に取り組むきっかけとなった事件だった。

1　上尾市B寺院差別事件（1980年）

1980（昭和55）年7月、上尾市のB寺で故人の四十九日の法要が営まれ、15人が参加した。法要のあと、B寺の住職が法話をおこなったが、その法話が問題となった。以下、当時作成された報告書に沿って法話の内容を紹介する。住職は話の前段で、今の世の中は大変便利になったけれど、唯一どうにもならないことがある。それは亡くなった人と話ができないことだと述べ、そのあと幽霊の話をした。幽霊の話のあとに住職の生い立ちなどを話した。そして次のように話した。

「私が住職になる当時は、身分を厳しく言われた。みなさんもすでにご存じだと思うが、士農工商という身分制度があった。それは明治4年（1871）の解放令ですでに消滅している。しかし、現在でも何らかのかたちで差別は残っている。例えば、住職になるときには、部落民は住職になれなかった。そのようにして部落民は職業に就くのが非常に困難であった。今、私はそのようなものを持っている。その持っているものに私なりに暗号で誰は部落民である、誰は部落民ではないということがわかる。これは私なりの暗号であるから、外の人にはわからない」

部落民がわかるように暗号をつけているということが事実だとすれば、これは大変な問題である。当日、法要に参加していたSさんは、大変なことを言う住職だと思って聞いていた。法要が終わった翌週、Sさんは解放同盟原市支部の書記長にこの話を報告した。書記長は、これは大変な差別だと判断し、ほかに出席している人はいなかったのかとSさんに尋ねた。Sさんは自分の連れ合いのBさんも出席していたと言った。書記長はその場でBさんに電話して、すぐに会いたいと頼んだ。彼女は仕事中であったが、書記長は直接、Bさんの職場を訪ね、事実を確認した。Bさんは、「夫の言うとおりの話だった」と証言した。

2人の証言から確信を持った書記長は、B寺に電話をかけ、すぐに会いたいと申し入れ、午後、B寺で住職と面会した。このときは支部の副支部長も同行した。

住職は、「聞いたというSさんを連れてきなさい」と述べて、話し合いに応じようとしなかったが、書記長が「それなら、私は市の審議委員をしているので、市の方に話します」と言ったところ、住職は態度を変えて、「確かに私は言いました。言ったことは悪かった。市の方には言わないでほしい」と述べた。また、「先生（支部書記長）のところにお伺いをして、十分勉強させていただきます」と語り、書記長・副支部長もこれを受け入れて、後日、Sさんを入れて話し合うことを約束して、この日は帰った。

以上が報告書に記載されている経過だが、この事件はその後、曖昧なかたちで処理されてしまった。曖昧なというのは、いったんは発言を認めていた住職が、途中から発言を否定するようになった。また、当日法要に出席していた人のなかに「住職の発言は聞いていない」と証言するものが出てきたために真相解明が進まず、事件はあやふやなまま終わってしまった。その間に地元でどのような事情があったのかは、関係者が亡くなっている現在では確認しようがないが、後味の悪い結末となった。

本山の浄土宗もこの事件を重く見て、何度もB寺に足を運び、住職と話し合いをおこなったが、確証が得られないまま、時間だけが経過してしまった。また、浄土宗同和推進事務局が数度にわたってB寺を訪れて過去帳を調査したが、過去帳からは「暗号」らしきものは見つからなかったと報告している。

それから17年経った1997（平成9）年、このB寺差別事件は、あらためて再検証されることになった。宗教と同和問題を研究している松根鷹さんが、B寺事件に関心を持ち、浄土宗に対してあらために事件を検証する必要を訴えた。この問題提起に対して、浄土宗も「B寺事件を『発言があった』という認識の下に見直してみたい」（浄土宗報告書1998年）と判断し、解放同盟県連および研究者の松根鷹さんを交えて話し合いが持たれた。話し合いの結果、浄土宗は、「宗務当局もさまざまな疑惑を感じながらも、それを認めざるをえないという状況に追い込まれたのが実情ではないかと思われるのである。今から考えれば、誠に残念なことである」としたうえで、「本宗におけるB寺住職差別発言事件の位置づけは、極めて重要である。この事件を機に同和問題に対する取り組みに大きな転機を迎えることになる」と報告した。事実、浄土宗は1983（昭和58）年に宗議会で浄土宗同和推進事務局規定および浄土宗同和推進審議会規定を可決し、浄土宗として調査、研究、教育啓発を推進する宗行政機関と諮問機関を設置し、本格的な取り組みを開始した。浄土宗は見解文のなかで「当時の対応としては、発言の有無を不透明なかたちで終結させたように見えるが、決して『差別隠し』を容認したのではなく、事後の組織づくりや機構改革に力点を置くことで、啓発面から徹底を講じた」と総括した。

事件は「不透明」なかたちで終わったが、その後の同宗連（『同和問題』にとりくむ宗教教団連帯会議）の結成や同和問題の取り組みの契機となった。

2　大利根町住職差別事件（1999年）

1999（平成11）年6月はじめ、大利根町《おおとねまち》（現加須市）で食堂を経営するMさん（65歳）のところに大宮市（現さいたま市）在住の知人のSさんがやってきた。Sさんは「K住職が、Mさんのことを露骨に差別している。Mさんとは昔なじみの間柄なので、放っておけずに話しに来た」と報告した。K住職は浄土宗の寺院の住職で、3期町会議員を務め、前回の選挙で引退した。Mさんも同じく前回まで町会議員を務めており、K住職とは同期の議員仲間であった。

報告したSさんは墓地の分譲を仕事にしており、仕事の都合上、K住職やMさんと付き合いがあった。Sさんの話では、最近、立ち寄るたびにK住職が「Mはチョーリンボーだ」と言いながら4本指を出し、「あそこの食堂には飯を食いに行かないほうがいい」などと露骨な差別発言を繰り返した。Mさんとも長年付き合いのあったSさんは、なぜそんなひどい言い方をするのか、K住職の発言に憤りを覚え、Mさんに報告したのだ。

報告を聞いたMさんは、すぐにK住職を自宅に呼んで、発言の事実を追及した。「なぜ俺のことをそんなに悪く言うのだ」「あいつはチョーリンボーだと本当に言ったのか」と追及した。Mさんの追及にK住職は、発言したともしなかったとも言わず、「裁判で決着をつけるしかない」と繰り返したため、話し合いは決裂した。

Mさんから訴えを聞いた解放同盟県連は、大利根町役場で事実確認会を開いた。確認会にはMさんとSさんが出席して、K住職の発言について経過を報告した。Sさんは、「不動産の仕事で長年、K住職と付き合ってきたが、最近仕事上、3人の間でトラブルがあった。K住職の不誠実な態度に強い不信感を持ってきたが、しかし、それと同和問題は関係ない。Mさんに対する差別発言がたびたびおこなわれたので、我慢できずMさんに報告した」と語った。Mさんは「長年、付き合いがあり、議員の時代には同期として一緒に行動したこともあった。それを裏切るようなK住職の発言は許せない。この際、徹底的に究明してほしい」と述べた。

7月に入って開かれた事実確認会には、関係者のほか、浄土宗の代表と町行政の代表も出席した。K住職は当日、代理人と称する人物を連れてきて、「後は代理人に任せてあるので、その人物と話をしてくれ」と述べて退席しようとしたため、話し合いが紛糾した。その後、説得されてようやく出席したが、K住職は発言の事実を否定した。しかし、SさんやMさんに厳しく指摘されて、ごまかし切れなくなったK住職は、最後には発言の事実を認めた。

しかし、2回目の話し合いでは再びK住職が発言を否定し、「みなさんが『発言した』と言うのだから、私が発言したのでしょう」と開き直ったため、話し合いは再び紛糾した。何度か休憩を挟んで粘り強く話し合いが続けられた結果、K住職は、4本指を差し出してMさんを差別した事実を認め、反省の弁を述べた。

浄土宗は、この問題で埼玉教区に同和推進委員会を立ち上げ、たびたびK住職への調査や指導をおこなった。また翌年、「埼玉教区全体の問題として捉えられるよう、この事件を提起して寺族・檀《だん》信徒にある差別観念を払拭し、人権感覚を鋭くしていく必要がある」と見解を表明し、教団あげて同和問題に取り組んだ。

3 埼玉新聞「過去帳」報道事件（2015年）

2015（平成27）年11月25日、埼玉新聞に「重忠《しげただ》由来の『地蔵堂』——過去帳で伝承確認」という見出しの記事が掲載された。記事は、長瀞町《ながとろまち》の地名「地蔵堂」は鎌倉期の武将・畠山《はたけやま》重忠ゆかりのお堂に由来するものであるという地元の言い伝えが過去帳によって裏付けられたというもので、過去帳が写真付きで掲載された。過去帳については、これまで身元調査に使われたことがあり、仏教教団も原則、閲覧を禁止してきたが、それがなんの注釈もなしに写真として掲載された。部落解放同盟は、「過去帳は安易に見ることができる」との印象を読者に与えかねない問題だとして、記事を掲載した埼玉新聞社に抗議するとともに、過去帳の取り扱いについて埼玉県仏教会、同和問題に取り組む埼玉県宗教教団連絡会議（＝埼玉同宗連）、真言宗智山派に話し合いを申し入れた。なお、その後の調査で、掲載された過去帳は、正確には過去帳に添付してあった寺院の資料で、過去帳そのものではなかったことが判明した。しかし、新聞に「過去帳」と報道されたために、過去帳は簡単に見ることができるものという印象を読者に与えた点は変わらない。このため、部落解放同盟はあらためて新聞報道を問題にした。

解放同盟が問題にするのは、かつて過去帳には一目で同和地区だとわかるような徴や記述がなされていて、それを身元調査に悪用した事例があったからである。また、過去帳は原則非公開、閲覧禁止となっているのに、それが説明もなしに写真として掲載されたためである。

過去帳は、1960年代までは比較的自由に閲覧され、一部の調査会社は同和地区かどうかを調べるためにこれを利用していた。実際、新潟県上越《じょうえつ》市では、浄土宗のお寺に大阪の探偵社を名乗る人物が名刺を出して、「いま、○○さんのところに行って了解をもらってきたので、過去帳を見せてほしい」と虚偽の話をして、過去帳を見ようとしたことが報告されている。しかし、1970年代に入って、過去帳の悪用が明らかになったため、各教団は原則的に閲覧禁止や公開禁止の措置をとった。教団のなかには「取り扱い要綱」を作成して、閲覧禁止、公開禁止を義務化しているところもある。「同宗連」も、「身元調査お断り・過去帳閲覧禁止」運動を呼びかけてきた。その取り組みを進めているなかでの新聞報道であった。

もちろんわれわれは、地域に残る伝承が資料によって裏付けられたことに問題があると考えているわけではない。また、古事の由来を調べる調査が差別を意図したものでないことは理解している。しかし、新聞に写真入りで過去帳が掲載されたことが読者に与える影響を心配するのである。

解放同盟県連は、12月4日に埼玉新聞社を訪問し、編集局長に面会して、過去帳に関する報道の問題点を説明し、今後、過去帳が閲覧できるような報道をおこなわないよう申し入れた。埼玉新聞は問題の重要性を理解して、過去帳に関連した報道については、閲覧禁止の原則を踏まえた報道をおこなうことを約束した。続いて12月14日に、埼玉県仏教会と同和問題に取り組む埼玉県宗教教団連絡会議とこの件について話し合いをおこなった。

話し合いで解放同盟は、「原則公開禁止になっている過去帳がそのまま写真として掲載されたことは、読者に『過去帳は簡単に見ることができる』という印象を与えかねない」と指摘したうえで、「同宗連も加盟教団と共に『身元調査お断り・過去帳閲覧禁止』運動を呼びかけている。こうした経過を無視するものではないか」と問題提起した。そのうえで過去帳の取り扱いについて閲覧禁止の原則を徹底するよう要請し、同宗連も取り組みを確約した。

第7　差別はがき・投書事件

1　東京電力差別事件（1988年）

●匿名の手紙

1988（昭和63）年の8月、部落解放同盟埼玉県連合会の事務所に一通の匿名の手紙が郵送されてきた。手紙といっても、中には一枚の社内文書と思われる電気料金未払いに関連した事件の報告書だけしかはいっていないので手紙とはいえないが、いずれにしても、差出人不明の手紙が一通、郵送されてきた。その報告書には、次のような事件の顛末が記載されていた。

「(寄居町のAという人物が) 電気料金未収のために送電停止したが、午後3時半ごろ『自宅で支払するので送電してもらいたい』旨申し出があった。停止解除のため、作業員2人が出向したが、Aはすでに泥酔状態に近く、鉄パイプを押し付ける、首筋を掴《つか》むなどで威嚇した。また、鉄パイプで電力量計をメチャメチャに破損させ、5時ごろ『上司がすぐに来い、殺してやる。来なければ作業員2人は返さない』と電話で営業所に連絡してきた。課長、係長、主任の3人で現場出向したところ、途中で逃げ帰ってきた両名と合流できたので引き返し、上司に報告後、直ちに警察にお願いし行動を共にすることとした」

以上がトラブルの概要だが、報告書には、その後の対応状況が次のように書かれていた。

その後、警察がパトカーで出動し、今度は警察官ともみあいになったが、Aがいったん静かになったので、料金課長と話し合った。その頃、騒ぎに気付いた近所の人が出てきて、Aをなだめたが、酔いが覚め切らないため、話し合いができなかった。近所の人が、明日必ず自分たちが立ち会って料金を払うようにするからと要請するので、翌日話し合うことを約束してその日は引きあげ、次の日、あらためて話し合いをもった。報告書には、「これ以上話し合いが進まなければ告訴せざるを得ない、女の子（小6）を抱えて仕事もできなくなる」と諭したところ、月末に電気料金および計器弁償代を支払うとの約束があったので、一件落着となった。

以上が郵送されてきた「報告書」の内容だった。差出人は書いていないので誰が出したのかはわからないが、報告書は、その内容から見て、東京電力の社員が作成したものであることが判断できた。

●「同和」の記載

ところで、この「報告書」には、トラブルの発生した年月日のあとに、当事者の氏名、住所、電話を記入する欄が設けてあり、その氏名欄にはAの氏名のあとに、「古物回収業（同和）」と記入されていた。Aの氏名だけならわかるのだけれど、それに続いて「古物回収業」という職業が付記され、さらにカッコして「(同和)」と記載されていた。これはいったいどういうことなのか。素直に読めば、Aは同和地区の住民だというように受け取れるが、この報告とどう関係しているのか。仮に書いてあることが事実だとして、またAが同和地区住民だったとしても、あえて「同和」と記入する必要があるのか。トラブルを起こした人物が「同和地区」の住民であるかないかは、このトラブルとは関係ないことである。

●東電の回答

そこで解放同盟は8月の末に、東京電力本社の窓口担当者に連絡を入れ、内容からして東京電力の内部文書だと思われるが、この文書は東電が作成したものなのかどうか、また、作成したものであるとすればどういう事情で「同和」と記入したのか、それらの点について事実関係を調べてほしいと要請した。この段階では、文書は誰かのいたずらとも考えられるし、また、仮に事実であったとしても、東電からそんな文書はうちでつくった覚えがないと言われれば、証拠がない以上、それ以上究明することができない。そのため、解放同盟としては東電からの返事を待った。

9月に入ってその回答があり、埼玉支店長ほか数名が解放同盟県連の事務所にやってきた。そして次のような調査結果を報告した。

「この報告書は東電の社員の作成したものである。報告書は、今年6月に開かれた埼玉県公共料金暴力対策会議の席上、東電が事例のひとつとして他の関係六社に計15部配付したものである。配付した15部はただちに回収し、処分した。この報告書は、同和地区に対する予断と偏見に基づいた差別だと認識している。関係者のみなさんに深くお詫《わ》びしたい」

匿名で送られてきた報告書は、実際に東電が作成したもので、実在したものだった。また、この報告書は埼玉県公共料金暴力対策協議会（＝「公暴協」）の会議の資料としてつくられ、その会議の席上、配付されたものだった。

●何が問題か

私たちは、この報告書は同和地区に対する予断と偏見に基づいて作成されていると判断して、取り上げることにした。では、何が問題なのか。

まず1点目は、報告書がトラブルとは関係ない「同和」地区出身者という「生まれ」を記入していることである。報告書には氏名のあとに、「古物回収業」に続いてカッコして「（同和）」という文字が記入されているが、これは調査報告書を作成した作成者が、Aが「同和地区の住民だ」ということを会議の出席者に伝えるためにわざわざ記入したものである。しかし、なぜわざわざ記入しなければならないのか。すでに述べたように、トラブルを起こした人間が同和地区出身であるかないかという問題は、トラブルとはなんの関係もないことである。Aという人物は、同和地区出身者だからトラブルを引き起こしたわけではない。また、同和地区出身者がすべて、料金を払わず酔っ払って暴力をふるったりするわけではない。しかし、このような記入がなされると、「同和地区」の人間はひどい人間だという印象を与えることになる。これが一点目の問題である。

2点目の問題は、報告書が同和地区に対する予断と偏見に基づいて書き込まれたことである。

じつは投書があってから私たちはすぐに、Aという人物について、どのような人間なのか、同和地区の住民なのかどうかを地元の人に尋ねた。するとすぐに返事が返ってきた。Aは同和地区の出身者ではないし、同和地区に住んでいるわけでもないというのだ。確かに「古物回収業」をやっているが、彼は同和地区とはなんの関係もない、というのである。古物回収業という表現も見下したような表現であるが、この場合は便宜上、それを使用する。実際には自動車の解体業である。

関係ないとしたら、なぜ東電の職員は「同和」と記入したしたのか。記載した営業所の職員は、次のように説明した。

「まず、古物回収業をやっていた。昔から古物回収業をやっているのは同和地区の住民だと聞いていた。また、昼間から酒を飲んで暴力を振るった。同和地区の住民は暴力を振るうような人間が多いと聞いていたので、そうだと思った。また、以前その近くを通ったときに同和問題の解決を呼びかける看板があったので、この辺は同和地区かと思っていた」

しかし、これこそ予断と偏見ではないか。古物回収業、すなわち自動車の解体業をやっているのは同和地区だというが、それは事実ではない。同和地区のなかには、自動車の解体をやっているものもいるが、自動車の解体業は同和地区の専売特許ではない。同和地区以外にも解体業を営んでいるものは大勢いる。そもそも、自動車の解体＝同和地区と結びつけるのは、自動車解体業に対する職業的な差別ではないか。

また、昼間から酒を飲んで暴力を振るうような人間が多いというが、それも事実ではない。同和地区の住民がみんな酒を飲んで暴力を振るうという認識は、明らかに偏見だ。私が知るかぎり、同和地区の住民はみんなまじめに働いて家族を養っている。酒が好きな人間がいることは事実だが、酒が好きな人間は同和地区に限らないだろう。また、同和問題の看板があったから同和地区だと思ったというが、役場はなるべく人目につく場所に看板を立てたのであって、同和地区に立てたわけではない。

3点目の問題は、「同和」と記入された報告書が配付された埼玉県公共料金暴力対策協議会の各社の対応の問題である。

この報告書は、埼玉県公共料金暴力対策協議会の総会の資料として配付されたものであった。埼玉県公共料金暴力対策協議会というのは、名称の示すとおり、公共料金をとっている七つの企業、具体的には東電のほかに東京ガス、埼玉ガス協会、県南水道、NTT、NHK、通信サービスの各社が加盟している。この7社が、料金を回収する際に発生するさまざまなトラブル、特に暴力団が関連した料金回収におけるトラブルを防止するために、県警を入れて対策を協議している組織である。総会では、持ち回りで事例を報告することになっていて、この年の総会で東電が報告した、その報告書であったわけだ。総会には、各社から2名、計15人が参加していたが、結果として、誰一人、この「同和」と記入した箇所について問題を指摘するものはいなかった。指摘しなかったばかりか、それをみんな参考資料として持ち帰っている。もっとも、持ち帰ったうちの誰かが、このような記載は差別を助長することになるのではないかと判断して解放同盟に郵送してきたのであるから、全員が無自覚だったとはいえない。できればその場で、こういう表現はよくないので削除したらどうかと提起すれば、このような問題になることもなかったと思う。

以上が東電差別事件と呼んだ事件の経過だが、東電ほか関係7社は、この事件を教訓にして、同和問題の啓発に取り組むようになった。

2　慶応大学生差別脅迫事件（2000年）

1990年代に入ってから部落差別も様相が変わってきた。それまではなかった差別手紙や差別はがき、あるいは差別ビラや貼り紙が急増してきた。その原因はよくわからないが、長引く不況のなかで急増する格差や政治への不信からくる社会不安が、その背景に横たわっていると考えられる。

2000（平成12）年に発生した慶応《けいおう》大学生による差別脅迫行為はその代表事例というべき事件だったが、社会不安と言うにはあまりにも陰湿で深刻な差別事件である。

●差別脅迫はがき事件の経過

事件は、1993（平成5）年9月、部落解放同盟東京都連合会あてに差別はがきが送り付けられたことから始まる。はがきには「部落の奴らは臭い。さっさと死ね。屠殺《とさつ》場に送り返してやる」と書かれてあった。差出人は都内のF出版社社長で、東京都連の担当者がF社長に面会したが、F社長は「自分は書いていない」と否定し、「犯人はわからないが、しつこい嫌がらせを受けて困っている」と語った。

2年後の1995（平成7）年には、「部落の連中が最近デカいつらをしているようだが、あんまりつけあがるとこの俺様が分というものを思い知らせてやる。大体貴様らは動物の癖に人間のようなフリをしているのが生意気だ」という差別はがきが解放同盟東京都連の支部に送付された。差出人は、千葉県にある市川学園卒業生のAとなっていた。また、その後、97年から翌年にかけて市川学園中学の元校長名で解放同盟の支部や東京都の清掃工場、食肉市場などに差別はがきが郵送された。文面には、「貴様ら部落の屠殺人共は薄汚いなりをして、相も変わらず賤業《せんぎょう》に励んでいる様で実に実にご苦労さん。仕事が辛《つら》い時はせいぜい次の歌を口遊んで己れの身分を自覚し、穢多非人《えたひにん》としての本分を自覚してくれ給《たま》え」という挑発的な内容が書かれていた。

市川学園が千葉県にあったことから部落解放同盟千葉県連合会が調査したところ、校長宅は雨戸を閉めたままで誰もいなかった。電話も通じず、身を隠している様子であった。

また、これとは別に東京都の職員が市川学園の元校長の自宅を訪問したが、家には誰も居らず、連絡が取れなかったが、その後、ようやく家族と連絡が取れたので事情を聞くと、校長の連れ合いは「嫌がらせが続いて、本人はノイローゼになっている」と答えた。

その後の調査で、この市川学園元校長の住む地域一帯に、元校長名で「お前の妻が浮気をしているのを突き止めた。ばらされたくなかったら50万持って来い」などというはがきが大量にまかれ、周辺では大変な事件になっていたことがわかった。おそらく元校長は、この嫌がらせで町を離れたものと思われる。

●支部員の自宅へも脅迫状が

事件はさらにエスカレートし、97年暮れから98年にかけては、金品を要求する脅迫はがきが千葉と東京の複数の解放同盟支部員の自宅に送りつけられるようになった。差出人は、やはり市川学園の元校長など市川学園の関係者で、文面は「俺はこの度、貴様が江戸時代における穢多非人即《すなわ》ち特殊部落民の子孫であるという秘密をつきとめた。この秘密を日本中に暴露宣伝されたくなければ即金で500万円もってこい。もし拒絶すれば貴様は徹底的な厭《いや》がらせを受け、従来の如き平民並みの生活を営むことができなくなるであろう」という脅迫そのものだった。受け取った支部員は、この突然の脅迫状にみな一様に衝撃を受けた。なかには、ひと月後に娘の結婚を控えている家庭があり、もしかしたら娘の結婚に対する嫌がらせではないかと思い込み、金を用意するかどうか、真剣に悩んだという。

●埼玉でも被害が

ところで、東京や千葉のはがきとは別個に、この頃、埼玉にも差別はがきが郵送されていた。98年、解放同盟県連に埼玉県加須市にある平成国際大学のK講師の名前で挑発的な差別はがきと手紙が郵送されてきた。県連としては、誰かのいたずらだと無視していたが、何通も来るのでK講師に面会して事情を聞くことにした。当日、大学側は副学長も同席してわれわれとの話し合いに臨んだ。K講師は「自分の名前で、学内の同僚教師や大学の経営者に差別はがきが郵送されている。私はいちいちそれを弁明しなくてはならず、困り果てている」と語った。表情から明らかに疲れている様子が窺《うかが》われた。K講師は、誰が出しているのか、まったくわからないと語った。K講師は川越市内に住んでいたが、通勤途中の川越市内の女性にもK講師の名前で脅迫はがきが郵送され、驚いた女性が警察に被害届を出したために、K講師の自宅に警察が尋ねてきて事情聴取されたこともあったと語った。

当初、埼玉のこの件は、東京や千葉の市川学園関連の事件とはまったく別個の問題だと思われていたが、ひょんなことで、埼玉の脅迫はがきも東京、千葉と同一人物が出していることがわかった。そこで関東ブロックは差別はがき合同対策会議を設置して、調査に乗り出した。また、東京都連は98年6月に、脅迫されていた支部員と一緒に綾瀬《あやせ》警察署に対してこのはがき事件を脅迫罪で告訴した。しかし綾瀬署は、「犯人が特定されていない」との理由で告訴を受け付けず、結局、被害届になった。

●犯人が判明

ところで、一連の差別脅迫はがき事件とは別に、98年4月以降、港区三田《みた》の慶応大学の学内で、文学部の1人の学生をターゲットにした落書き事件が頻発していた。例えば、「地下鉄サリン事件は、部落民麻原彰晃が部落解放同盟の命令で実行したものである。日本人殺戮《さつりく》を企《たくら》む殺人集団・部落解放同盟に死の制裁を!! 住所○○・氏名△△（＝慶応大学文学部の学生名）」などという落書きや、その学生を性的に侮辱する極めて悪質な嫌がらせが続いていた。そのため大学は、6月12日に学長名で告示を張り出し、学生に理解と協力を呼びかけた。告示は「諸君、わが慶応義塾大学の三田キャンパス内で誠に遺憾なことが起きました。ここ数日のうちに校舎内の男子手洗所において、基本的人権に関わる極めて悪質な差別的な落書きがいくつか発見されました。基本的人権の擁護は、大学の存立に関わる重大なことであると考えています。落書きに書かれた内容は断じて容認できないものであります……」というものであった。大学はまた人権侵害問題対策委員会を設置し、犯人の特定を急いだ。その結果、落書きをされていた学生の証言から同じクラスの学生Y（27歳）が被疑者として浮上した。

6月、大学側がYをマークしていたところ、Yがトイレを出た直後、それまでなかった落書きが発見されたため、Yに事情を聴取した。当初、Yは犯行を否定したが、粘り強い話し合いが続けられた結果、8月末にYが学内外の差別落書きの事実を認めるにいたった。彼は、86年にいじめによって千葉県の私立市川学園中学を中退し、その後、中学・高校には通わず独学で勉強して、95年に慶応大学の通信生となり、98年3月に編入試験に合格して慶応大学文学部に入学している。ここではじめて「市川学園」が出てきた。そして、バラバラに見えていた東京、千葉、埼玉、慶応大学の事件がひとつのつながりを持つものであることがわかった。このYが、市川学園の関係者の名前をかたって東京や千葉の解放同盟員に差別はがきを送りつけていたのであり、また、平成国際大学の講師の名前をかたって埼玉県連に差別はがきを送りつけていた張本人だったのである。

●大学側の調査と指導

慶応大学においてYが犯行を「自供」したことによって、事態は事件の動機などの調査と本人への指導へと移っていった。解放同盟は、Yが学生であるので、基本的にはその対応は大学側にゆだねるという方針で臨んだ。そのことを受けて大学側は、粘り強い指導を続けた。大学側は、6月以降10回にわたってY本人と辛抱強く話し合いを持ち、教育的な指導をおこないながら、何とか更生させるための道を探った。しかしY本人は、大学側との話し合いに対して、ほとんど毎回のように話し合いの日にちや時間の変更を要求したり、拒否し、素直に応じることがなかった。約束しても、当日になってすっぽかすこともままあった。また、話し合いの席上、教官に対して暴言を吐くこともしばしばあった。

大学と解放同盟は9回にわたって話し合いを持った。大学側は、Yとの話し合いの経過を報告するとともに、指導のあり方について協議を重ねた。また、大学側は、Yの家族とも数回にわたって面会し、Yの生育歴や家庭環境などを把握したうえで、家族の協力を求めた。

●脅迫行為の継続

1999（平成11）年11月、東京都連、埼玉県連、千葉県連は、Yに直接会って話し合うことを決め、大学を通じて面会を申し入れた。しかし、Yはこれを拒否。しかも、大学に当てた書面で、「私は解同を民主主義破壊の暴力集団と規定し、確信しています。……そのような団体との面談が民主的な話し合いの場になるとは全く期待できません」などと書き、挑戦的な態度に出た。また、一連の差別脅迫はがきを出したことに関して、「私は……報復することが正しいと信じていたので（現在もそう信じているが）……」とか、「（関係者に対して）済まないと思う気持ちはまったくない」などと開き直り、これからも差別を利用した脅迫行為を続けていくことを宣言した。またYは、市川学園中学校の校長など自分をいじめた関係者を「引きずり出して私に謝罪と賠償をさせることができたとき私は初めて解放同盟員らに心から謝罪できる」と身勝手な説明をした。

●Yと直接面談

年が明けて２０００（平成12）年1月はじめ、Ｙは一転して解放同盟との話し合いに応じると回答してきた。これは、慶応大学が学内の倫理規則に基づいてＹを処分する方針を固め、本人に処分検討のための教授会を開催したことを通知したことによると判断される。「処分」という段になってはじめて解放同盟と会ってもいいというのは、まことに身勝手な行動だが、1月24日、解放同盟は代表者に絞ってＹと面会した。

本人との話し合いは、慶応大学内の会議室で大学側の立ち会いのもとにおこなわれた。彼はなぜこのような行動を取ったのかという問いに「特定の個人を『差別者』として傷つけるためです」と答え、「復讐《ふくしゅう》のためにやった」と動機を説明した。また彼は、「自分のやってきたことをどう思っているか」という質問に対して、「まことに申し訳ないと思っています」と謝罪した。解放同盟側は、本当に反省しているのなら反省文を出すように指示した。解放同盟は、当初は告発する方針でいたが、学生の身分であるので一回だけは様子を見ることにした。

2月に入って、Ｙは「これまで自分がしでかしてきた行為の愚かさをひしひしと実感しつつあります」「今後は、小生が同じような行為を繰り返すことは二度と再び決してないと誓います」という反省文を提出した。

●慶応大学が退学処分

いっぽう、慶応大学内では、Ｙの処分をめぐって教授会の内部で議論が重ねられていた。大学内では、これだけの人権侵害を続けているＹは退学以外にないとの意見が多数を占めていた。しかし大学側は、教育的な観点から処分については極めて慎重な態度でこれに臨んだ。ところが肝心のYは、解放同盟への反省文の提出にもかかわらず、その後、謙虚に反省する態度をとらなかった。例えば、1月末の学校側との話し合いの席上、茶碗《ちゃわん》や灰皿を投げつけ、暴言を吐いた挙げ句、帰ってしまったり、人権侵犯事件として取り扱うことをきめた東京法務局と面談をおこなうことになっていた当日、集合場所に現れずに、付き添いの学部長をすっぽかしたり、あるいは解放同盟との二度目の話し合いを拒んだり、というような態度をとり続けた。こうした行動が続いたため、慶応大学は4月、教授会でYの退学処分を決定した。

●動機は〝復讐〟

ところで、Yは一体なぜこのような脅迫行為を繰り返したのか。本人の説明によれば、それは自分をいじめ、侮辱した人間への〝復讐〟であるという。彼は市川学園中学に通っていたが、同級生からいじめを受け、最終的に中途で退学している。一連の脅迫はがきの差出人は、このときYをいじめた同級生と、いじめを訴えたが聞き入れなかった学校の担任、校長であったが、復讐のために彼らの名前をかたって差別はがきを出したという。Y自身、このいじめの体験をK出版社が95年に出版した『私の登校拒否』に書いているが、そこには「自分は無力な個人」なので、差別はがきなどを使って「解放同盟を怒らせることにより、復讐行為の代行をしてもらおうと思った」と書いている。また、「月刊誌Sから依頼を受け、登校拒否体験について原稿を執筆している最中、それまで約10年間抑圧してきた怒りと憎しみが生々しく蘇《よみがえ》り、事件の関係者たちに対する憤りで夜も眠れぬ日々が続いた。

自分の人生が狂いはじめた原点は市川学園にあるとはっきり自覚した……」と記し、復讐行為の原因がここにあることを強調している。

ところで、埼玉県加須市の平成国際大学K講師は、Yとどういう関係があったのか。これも本人の説明でわかった。彼は慶応大学通信教育時代に論文を提出しているのであるが、それを添削したのがK講師であった。K講師が彼の提出した論文を酷評したことに腹を立てて、K講師への復讐のために解放同盟に挑発的なはがきを送ってきたのである。そうすることでK講師を困らせるのが目的だったと語った。また、慶応大学の同級生への差別落書きや貼り紙は、Yが文学部に入学後、学内でYを「侮辱」したこの同級生への復讐であると語った。Yによれば、同級生が「通信教育課程出身であることを理由に公然と私を侮辱してきた」ために復讐したという。

●許されない脅迫行為

以上のように、Yは自分の受けたいじめや侮辱に対する復讐をおこなう手段として、いじめや侮辱した人物の名前をつかって部落解放同盟に差別手紙やはがきを出していたのである。もちろん、いじめや侮辱が本当にあったのかどうかはわれわれにはわからない。仮にいじめや侮辱があったとしても、だからといって彼のとった数々の脅迫行為が正当化されるものではない。まして、復讐の手段として部落差別を利用したことは決して許されない。実際、Yのおこなってきた行為は、あまりにも陰湿で、差別的な脅迫行為そのものだ。千葉県の市川学園中学の校長は、執拗《しつよう》な近所へのはがき配布のためにノイローゼになり、とうとう居たたまれずに、住んでいた家を出て雲隠れしてしまった。この場合は、追い出されたといったほうがよいだろう。埼玉県のK大学講師は、彼の責任ではないけれど、学長や学園の経営母体の理事長まで巻き込んだ差別はがき事件として責任を問われる立場に立った。そして解放同盟の支部員は、この先いつなんどきまた脅迫状がくるかもしれないという不安を抱えて暮らすことになった。娘の結婚式を控えていたある支部員は、「はがきが来たとき、娘の結婚式を壊すために脅迫状を送りつけてきたのではないかと思った。心配で夜も眠れなかった」と恐怖を語った。こうした精神的な苦痛は、交通事故にあって怪我《けが》をしたというような肉体的な苦痛よりも負担が大きい。被害者の立場に立てば、Yの行為は脅迫行為そのものであり、断じて許されない。

●背景にひそむ差別意識

Yの脅迫行為の理由は「解放同盟を怒らせることにより、復讐行為の代行をしてもらおうと思った」ということであったが、その裏にY自身の部落への差別意識と偏見が存在している。Yが解放同盟に「復讐行為の代行」を求めるのは、彼自身が、部落民は凶悪で、この連中なら単純だからすぐカッと頭に来て「差出人」のところに乗り込み、相手を暴力的に責めてくれるだろうと期待しているからである。これは差別意識そのものではないか。部落民は凶暴であるとか、解放同盟＝暴力という認識は、まさしく偏見そのものといわなければならない。実際、彼は当初、大学に当てた手紙のなかで「私は、解同を民主主義破壊の暴力集団であると規定し、確信しています。……そのような団体との面談が民主的な話し合いの場になるとは全く期待できません」という手紙を送りつけ、われわれとの面談を拒否してきた。その彼は、面談の後、「これまでさんざん日共＝全解連から暴力集団呼ばわりされてきた団体と生まれた初めて接触を持つ、ということで当日はかなり緊張していたのですが、実際に面談が始まって見ると、解同の方々のお話は予想外に理路整然としており、内心驚かされたことを告白しなければなりません」と反省文をよこしている。

●精神的疾患ではないか

ところでわれわれは、当初、犯人はある種の精神的な疾患を抱えているのではないかと考えた。したがって、仮に犯人が判明しても、精神的な疾患があるとすれば、責任を追及することはできないと考えていた。それは差別事件以前の問題であり、その場合は、人権侵害事件というよりは治療の対象の問題であると思ってきた。そのため、慶応大学との話し合いでは、まずはじめにその点について、すなわちYが精神的疾患をもっていないかどうかを精神科の専門家に相談するよう要請した。大学側はYを専門医に診せたが、医学部の精神科の医師は、「性格の偏りはあるが病気ではない」「人格障害の範疇《はんちゅう》に分類され、精神医療による治癒の可能性は低い」「犯罪者的素質が認められる」という分析であった。その後、大学側は、精神科医師によってYのカウンセリングをおこなったが、精神的疾患とは診断されず、いわゆる責任能力もあるというものだった。

●脅迫罪で逮捕

事件は2000（平成12）年5月に急展開した。警察がYを逮捕したのである。警察は、解放同盟の支部員の告発をうけて独自に捜査に乗り出していた。そして、Yが金銭を要求する脅迫行為を繰り返している事実を把握し、脅迫罪として逮捕に踏み切ったのである。

Yに対する裁判は9月から東京地裁で始まり、翌2001（平成13）年1月に東京地裁はYに対して懲役1年6カ月、執行猶予4年の判決を言い渡した。裁判長は判決のなかで、「はがきの脅迫文言は、露骨な部落差別を内容とし、極めて侮辱的かつ威迫的であって、それ自体悪質である上、……犯行の手段は陰湿かつ卑劣である」としたうえで、「はがきを送付された被害者はもとより、その家族及び関係者に与えた精神的苦痛も大きい上、本件は新たな部落差別を助長しかねない犯行というべきであって、社会に与えた影響も軽視できない」と刑事責任を問い、懲役1年6カ月の判決を言い渡した。

90年代以降、全国各地で差別落書きや投書事件が発生しているが、これらの問題に対して警察や法務局は極めて消極的にしか対応してこなかった。また、被害者や解放同盟が各地で相手を訴えた裁判を起こした場合も、器物破損罪や建造物損壊罪などにとどまっていた。差別落書きや差別はがき・手紙が部落差別に基づく人権侵害であり犯罪だという法律が整備されていないからである。これに対してこの判決は、部落差別を内容としたはがきによる脅迫事件として刑事責任を問い糾《ただ》した点で、部落問題の本質に一歩近づいたといえるだろう。現在、全国各地で差別落書きや投書事件が発生しているが、差別落書きや差別手紙・はがきなどを部落差別に基づく犯罪＝社会悪として処罰する法律の制定が急がれる。

第8　その他

1　差別戒名と過去帳（1982年）

1982（昭和57）年、部落解放同盟埼玉県連合会は、宗教教団や寺院の協力のもとに差別戒名の実態調査をおこなった。戒名に個人を差別するような文字が使用され、亡くなったあとも個人が侮辱されているという問題が全国各地で発覚したからである。

戒名は、もともと出家して仏門に入った者に与えられる名で、本来、生前に授けられるものであった。しかし、時代が経つにつれて、生前に仏教に入信していない者でも、死後は仏教の帰依《きえ》者として扱い、戒名を付けることが一般化し、いわば死後の名前という認識が通常となった。

一般的には、男性の場合は法名の下に大居士《だいこじ》、居士、禅定門《ぜんじょうもん》、信男《しんなん》、信士《しんじ》、女性の場合は大姉《だいし》、禅定尼《ぜんじょうに》、信尼《しんに》、信女《しんにょ》、子どもには童子《どうじ》、禅童子《ぜんどうじ》、孩児《がいじ》、童女、孩女《がいにょ》などの位号をつけた。とくに高い身分の人には院、院殿《いんでん》、寺殿《じでん》などをつけた。浄土真宗の場合は、二字の法名に「釈《しゃく》」の一字を冠して死後の名とするなど、各宗派にそれぞれの定義がある。法名《ほうみょう》、法号《ほうごう》、などともよばれる。この制度はインドにはなく、中国、日本でおこなわれるようになったものである。

●差別戒名の調査

実態調査の結果、24市町村・52の寺院で602基の差別戒名＝差別墓石が確認された。関係する宗教教団も曹洞宗、真言宗、臨済宗、日蓮宗、時宗の5教団におよんだ。差別戒名の代表的な事例としては、「畜男《ちくなん》」「畜女《ちくじょ》」「革男《かくなん》」「革女《かくじょ》」「屠男《となん》」「屠女《とじょ》」「朴霊《ぼくれい》」「卜灵《ぼくれい》」「卜男《ぼくなん》」「卜女《ぼくじょ》」などが報告された。「畜男」とは、読んで字のごとく畜生を表す言葉で、この墓石に葬られているのは、人間ではなく畜生と同じ立場にあるものだという意味をあらわしている。もちろん、このような侮辱的な文字を戒名に付けることはない。「革男」もそうである。当時、被差別部落の人たちが皮をなめす仕事をしていたことに由来する文字であるが、革には動物という意味が含まれており、同和地区の人たちを蔑んで使った文字である。また、動物をほふる「屠」という文字の使用例が複数見られたが、おなじく屠畜をおこなう賤《いや》しい身分のもの、あるいは動物並みの身分という意味である。「屠」の文字を「富」と置き換えたものも見つかっている。「朴《ぼく》」、もしくはその当て字の「卜《ぼく》」は、下僕《げぼく》の「ぼく」で、「しもべ」もしくは召使いという意味である。

このほか、「離山道賤禅定門」や、「妙穢禅定尼」「屠禅定尼」など、いかにも賤しい身分をあらわすような文字を使った戒名が発見されている、また、数は少ないが、幼児の戒名に「革童子」「屠孩児」などの文字をつけているものも見られた。子どもの戒名にまで、このような侮辱的な文字を使用していることに驚いた人も多い。このほか、首をかしげざるをえない文字も見られたが、いずれにしても同和地区の人たちの戒名に、通常使用されない侮蔑的な文字が使われている例が各地で発見された。

もっとも、一般的にはまだ墓石を安置するということは普及しておらず、貧しい民衆は、河原の石ころで代用する場合が多かったという当時の事情を考えれば、墓石があるだけ恵まれていたのかもしれない。その戒名に差別的な文字が使われていたのである。

差別戒名は、ほとんどが江戸時代のものであったが、明治に入ってからつけられているものも見つかっている。もちろん、よいとはいえないが、江戸時代につけられたものは時代の制約があったので致し方ないとして、同和地区住民が法律上、一般の国民と同じになったあとも、差別的な戒名をつけていたことは許されない。しかし、現に明治や大正の時代の差別戒名も出てきた。

差別戒名の刻まれた墓石の取り扱いについては、教団によって見解が異なり、曹洞宗は墓地内に供養塔を建立して諸霊を供養した。美里《みさと》町では、町行政と同町仏教会が美里町差別墓石対策推進委員会を設置して差別墓石の対応を協議し、町内で発見された42基の墓石を一堂に集めて埋葬し、その上に「萬霊供養塔」を建立して諸霊を慰めた。

●墓地の分離

この調査では、このほかに二つの問題点が浮き彫りになった。ひとつは、分離墓地の問題である。分離墓地とは、字のとおり、同和地区の人たちの墓地だけを別の場所に分離したものである。一般的には墓地は、お寺の境内か、その近くに設置されていることが多いのだが、同和地区の墓地だけはそれとは別の遠く離れた場所に設置されていることが多い。これは、同じ檀家でも同和地区を別扱いしてきたことの結果である。分離墓地は、その性格上、簡単に移転や改修することができないため、現在でも同和地区の墓地の大半は、江戸時代から引き継いだかたちで、離れた場所に置かれている。地域によっては墓地の移転を計画したところもあるが、墓地を移転させるのは大変な費用がかかるので、簡単にはできない。この点、羽生市の岩瀬地区では、いろいろな紆余曲折《うよきょくせつ》を経て、分離墓地を改善しようという運動が起こり、寺の境内にある檀家墓地にそっくり移転させている。

●過去帳の実態

二つ目の問題は、過去帳の問題である。調査の結果、過去帳にも大きな問題があることが判明した。例えば、代表的なものをあげれば、同和地区だけ別冊になっているものが見つかっている。江戸時代に同和地区は同じ檀家でも別扱いにしてきた名残ではあるが、それを改善しないで、そのまま踏襲している事例があった。もちろん、同和地区だけ別冊にするなど、言語道断である。

また、明らかに同和地区の住民とわかるような記号や徴をつけて区別していた過去帳の使用である。具体的には、同和地区の住民には赤い丸や黒い丸をつける、あるいは文字を一文字または二文字下げて書き出すという過去帳が見つかっている。また、同和地区の住民は、裏表紙の方から順次つけていたものも見つかっている。通常は、表紙の側から亡くなった順に戒名をつけて記載していくのだが、裏表紙の方から記載することで区別するというものである。このような過去帳が現在まで使用されていたことに驚くほかない。

この過去帳の問題については、各教団も事態を重視し、その後、時間をかけて全面的に改定の措置をおこなった。具体的には、過去帳を新たに書き換えたうえで、旧来の過去帳を破棄、または封印する。あるいは、過去帳の様式を、現在の時代に対応してパソコンを使ったものに書き換える、このような措置が執られた。

●幕府の宗教政策

ところで、なぜこのような差別戒名や過去帳があるのだろうか、それは伝統仏教のなかに初めからあったものなのか。初めからではないとすれば、いつ頃、なぜ始まったのか、こういう疑問が湧いてくる。差別戒名や過去帳の背景を考えるうえで押さえておかなければならない問題なので、少し触れておきたい。

知ってのとおり、江戸時代には武士、百姓・町人、そして一番下の身分として「えた・ひにん」、関東では「ちょうり」と呼ばれる身分があったが、最初からこうした身分が固定的につくられていたわけではない。教科書に出ているように、日本の歴史は戦国時代を経て江戸時代へと移っていくのであるが、「武士、百姓・町人、えた・ひにん」という身分はその間に徐々に形成され、17世紀後半に「えた・ひにん」の身分が固定化されていったと考えられている。もちろん、それ以前の時代にも身分はあったが、「武士、百姓・町人、えた・ひにん」という身分は江戸時代特有のものである。この点は学者の間に意見の違いがあるのだが、私はそう考えている。

ところで、身分制度の固定化と並行して幕府は宗教政策を進め、この時期に仏教教団における本末《ほんまつ》制度と檀家制度および宗門人別《しゅうもんにんべつ》制度を確立した。本末制度というのは、本山－末寺制度のことであるが、幕府はそれまでばらばらにあった全国の寺院に対して、必ずいずれかの本山の統制下に入るように規制し、1692（元禄《げんろく》5）年には「本末帳」を提出させて、本山＝末寺制度を確立した。その後、幕府は寺社奉行を置き、寺社奉行を通じて本山を監督し、その本山は、幕府の絶対的な権威を背景に末寺を管理統制するという、今日見られるような本末体制を完成させていく。

●檀家制度

檀家制度についても、最初からいまのような檀家制度があったわけではない。一般民衆に対して必ずどこかの寺の檀家になることを義務づけると同時に、必ずキリシタンではないという証明をおこなわせるという檀家制度ができたのは、1637（寛永14）年に起きた島原の乱以降である。島原の乱でキリシタンの反乱を経験した幕府は、この段階ではじめてキリシタン禁止のために宗門改《しゅうもんあらため》制度と檀家制度を設けたのである。全国の百姓・町人、また「えた・ひにん」に最寄りの寺院の檀家になることを義務づけ、あわせて宗門改帳もしくは宗門人別帳に登録することを義務づけた。宗門人別帳では、身分と家族の名前が記載され、最後に一括して、キリシタンでなく、その寺の檀家であることを記入した。こうして宗門人別制度が津々浦々に浸透していったのであるが、それは身分を固定化することに大きな役割を果たした。それまでは必ずしもはっきり区分けがされていなかった百姓や町人、あるいは「えた・ひにん」は、宗門人別において一人ひとりの身分が書き込まれることになり、曖昧だった身分が次第に固定化していったのである。こうして一般民衆と被差別の「えた・ひにん」の身分の区別が進み、それと軌を一にして、寺院において「えた・ひにん」を別立てに記載する過去帳や差別戒名がつくられていったと考えられる。仏教は最初から差別的な戒名をつけたり、差別的な過去帳をつくっていたわけではない。仏教教団が幕府の宗教政策や身分制度に迎合するなかでつくられていったものである。

●仏教の原点

ここで少し本題から外れて、仏教と身分制度、差別戒名の話をしたい。仏教の開祖である釈尊＝お釈迦《しゃか》さまは、知ってのとおり、インドで生まれた。当時のインドは――いまもそうだが――、厳しいカースト制度を柱にして成り立っているヒンドゥー教の社会であった。ヒンドゥー教では、祭官・僧侶であるバラモンが最高位の階級に立ち、究極の真理を悟ってあらゆる苦悩から救済されるのは、バラモンしかいないとされていた。仏教の開祖であるお釈迦さまは裕福な王子であったが、バラモンではなく、その下のクシャトリヤ（王族）であった。したがって、いくら修行しても真理を悟ることができないし、救済されることはないとされていた。しかし、お釈迦さまはこのヒンドゥー教とカースト制度に正面から挑戦した。バラモンでなくても悟りを開くことができる、自分は修行を積んで悟りを開いたと宣言した。ここに仏教の歴史的な意義があり、また、世界宗教へと発展していった仏教の核心があると私は考えている。仏教は歴史的に、カースト制度とヒンドゥー教への挑戦のなかから生まれた新しい宗教であり、宗教革命であるといえる。仏教は、宗教の上に重くのしかかっていたカースト制度を振り払って、宗教をインドの民衆に解放したのである。

そういう意味で仏教は本来、民衆の平等が特性であり、「売り」なのである。「売り」などというと安っぽく聞こえるが、非常に大事なことだった。それがなぜ日本において、差別戒名や過去帳のような差別制度を取り入れたような宗教へと変質していくのか。そこに、江戸時代の幕府の身分政策や宗教政策に取り込まれた日本の伝統仏教の弱さがあったと思う。日本中の百姓・町人や「えた・ひにん」は必ずどこかの寺院の檀家にならなければならず、同時に宗門人別帳に登録しなければ、どこへも旅することができない。こういうシステムがつくられたとき、仏教は布教の必要性がなくなり、民衆を苦悩や差別から救おうとする宗教活動が低下してしまったと考えられる。そして仏教は、幕藩体制の身分制度を支えるものに転化してしまった。

以上は私の考えだが、こういうことを解説するのは、先ほど触れたように、仏教は最初から差別的な戒名をつけたり、差別的な過去帳をつくる宗教ではなかったということである。それだけに、差別戒名や過去帳は仏教教団にとって重大な問題であることを指摘したいのである。

●原点に立ち返って

話がそれたが、今回、調査によってあきらかにされた差別戒名や過去帳は、仏教の原点から外れたものであり、釈尊の教えに背いた行為である。お釈迦《しゃか》様は、「生まれを問うことなかれ、おこないを問え」と語り、すべて仏の子として平等であることを説いた。また、親鸞は「屠沽《とこ》の下類《げるい》。いし、かわら、つぶてのごときわれら」と言い、しいたげられた者こそ救済されねばならぬことを訴えて、釈尊の教えをつらぬこうとした。今回、墓石に刻まれた差別戒名が発見されたが、死後の世界で魂のやすらぎを得ようとする死者にまで、身分や家柄によって位《くらい》をもうけるもので、それは仏教の原点である人間の平等の否定である。

2　結婚相談所の戸籍提出事件（2008年）

●戸籍の提出求めた相談所

2008（平成20）年5月に山口県萩《はぎ》市が開設した結婚相談所が、相談申込者に戸籍謄本の提出を求めていたことが判明し、人権侵害につながる問題としてマスコミに大きく報道された。このため解放同盟県連は、県内の市町村社会福祉協議会や市町村が開設している結婚相談所の申込書や相談カードの記入項目の実態を調査した。その結果、ほとんどのところで大なり小なりの違反が見られた。この件については、1995（平成7）年に通産省（現経済産業省）が登録者の人権が侵害されないように配慮を求めた指導文書を出しており、全国社会福祉協議会も1997（平成9）年および98年に「結婚相談事業における基本的人権の尊重及び個人のプライバシーの保護について」と題する指導文書を出している。それが無視されていたのである。

埼玉県内では、社会福祉協議会が24カ所、市町村直営では12カ所が結婚相談所を開設していたが、解放同盟県連が調査した結果、さまざまな問題があることが判明した。

例えば、川越市は相談申し込みの際、履歴書、写真のほかに戸籍謄本の提出を求めていた。市はその理由を「独身であることの証明のため」と弁明したが、戸籍謄本提出が身元調査に悪用される恐れがあることから通産省は95年に結婚紹介業者および社会福祉協議会に対して通達を出し、戸籍謄本を使わず、自治体発行の「結婚情報サービス・結婚相談業者に提供する証明書」（通称・独身証明書）を利用するよう求めている。また、2000（平成12）年には、法務省が地方法務局長を通じて市町村の戸籍窓口に通達を発行し、独身証明書の利用の徹底を指導している。これらの通達が無視されていたことになる。川越市はすぐに要綱を改正して是正したが、戸籍の不正取得が大きな問題になっているなかで、国からの通知を無視して戸籍謄本の提出を求めてきたことは、職員の人権意識が問われる問題であった。

本庄市、上里町《かみさとまち》、神川町《かみかわまち》の3市町は、カードに家族構成や既往症（病歴）のほか、住居の広さ、間取り、自家・借家・アパートなど、詳細な情報を記載する欄をもうけていた。熊谷・深谷・寄居の3市町も、家族状況や本人の収入、既往症、体重、身長など、取得が禁止されている情報を記載させていた。

皆野町《みなのまち》は2006（平成18）年に結婚相談所を廃止しているが、それまでは本籍地や家族の職業・勤務先などを記入させる申込書を使用していた。行田市は住宅状況について持ち家・借家・マンション・アパートなど細かな記入欄を設けていた。春日部《かすかべ》市、越谷《こしがや》市、久喜市、菖蒲町（現久喜市）、鷲宮《わしみや》町《まち》（現久喜市）の5市町の相談申込書には、全国社会福祉協議会の指導に違反して、家族状況や住居状況などの欄が設けられていた。

●結婚相談事業の問題点

結婚相談所の相談活動には、人権尊重の立場から見て、いくつか共通した問題点が見られる。1点目は、国の通知の無視である。すでに述べたように、95年に通産省が結婚紹介業者および社会福祉協議会に、申込者からの個人情報の収集で基本的人権を侵害することがないよう配慮することや独身証明書の使用を求めた通達と、2000年に法務省が市町村に独身証明書の利用の徹底を求めた通達が無視されていたのである。実際、通知が出された後も、結婚申込書に既往症（病歴）の記入欄や自家・借家・借間・アパートなどの住居状況、住居の広さ、家族の職業・勤務先などの記入欄を残していたところが多かった。それらの情報は個人のプライバシーに触れ、個人の人権を侵すことにつながりかねないものである。

2点目は、結婚相談所が申込者の要望だとして、さまざまな個人情報を無条件に取っている点である。この問題が起きてから結婚相談所の職員と話し合いを持ったが、どこの相談員も「相談所に来る人たちがあれこれ細かなことを知りたがるので、一件でも結婚がまとまるようにしたいと思って、希望者の要望の多い情報を集めた」と口をそろえた。場所によっては、登録者の収入、容姿、身長、体重、住居、宗教、結婚歴、病歴、趣味、家族構成、家族の収入など、さまざまな情報収集をおこなっていたが、それは見ようによっては身元調査そのものではないか。相談所は「一件でも結婚をまとめるため」と言うが、申込者が要望することなら何でも情報とるのか。仮に「同和地区や韓国系、障がい者は困るので紹介しないでほしい」と要望があった場合、相談員はどのように対応するのか。

3点目は、結婚紹介の基準が人柄や相性ではなく、学歴、収入、家庭になっており、その結果、条件の不利な人が後回しにされてしまっていることである。結婚相談員の話では、相談者が一番知りたがるのは第1に収入で、第2に学歴で、第3に家族関係だという。申込者がこのような情報を判断材料にして相手を選んでいることは事実だろうが、その結果、条件の不利な人が後回しにされてしまっていることが懸念される。

●公設結婚相談所の役割

それでは、公設相談所はどうあるべきなのか。積極的に提言したい。

相談所はまず第1に、条件の不利な人に結婚の機会を平等に提供することだと思う。格差社会のなかでコツコツとまじめに働き、生活している人に結婚の機会を提供するところに、公設相談所のそもそもの役割があるはずである。申込者の希望だからといって、大学卒業で、勤め先も一流の企業の人から優先的に紹介するような紹介は考え直す必要があるのではないか。また、二つ目の役割は、相談活動を通じて差別や偏見をなくすための啓発をおこなうことである。申込者の希望が「財産がある人」「家柄のいい人」「障がい・病気のない人」など、差別意識や偏見に根ざしたものであることも少なくない。時には「同和の人や外国籍は困る」ということもあるかもしれない。そのとき、相談員は人権擁護の立場からしっかり指導する、そこに公営相談所の役割があると思う。

●情報提供の範囲

それでは結婚相談所は何も情報が取れなくなってしまい、相談活動ができないという声がある。「どこまでの情報を提供するのか」については、いろいろな意見がありうるが、情報提供についても次の三つを原則にするべきだと考える。

第1は、戸籍や病歴や障害の有無などの差別や偏見を助長する情報は提供しないことである。第2は、家族の構成、職業、学歴、家族の結婚・離婚歴、収入、財産など、本人に責任のない事柄についての情報は提供しないことだ。第3は、支持政党や宗教、思想信条など、憲法で保障されている自由の権利に関する情報は提供しないことである。

もともと公共結婚相談所は、「出会いの場所」を提供することが任務のはずである。それがさまざまな個人情報を提供する場所になっていることから、結婚相談所が差別的な「情報収集機関」になってしまっているのではないか。この際、結婚相談所の役割、紹介活動のあり方を基本的に見直す必要があると考える。少子化、晩婚化、未婚化が進んでいるなかで、結婚相談活動は大事な活動だと思うが、それだけにこの機会に結婚相談活動のあり方の抜本的な改革が求められている。

第6章　身元調査と本人通知制度

〈解　説〉

２０１１年に起きた「プライム事件」は、差別事件のひとつとして第5章で取り上げてもいいのですが、この事件はその規模や内容において全国にまたがった身元調査事件であり、「本人通知制度」が全国に広がっていく直接のきっかけとなった差別事件でしたので、章をあらためて取り上げることにしました。

プライム事件は、１９７５年の「部落地名総鑑」に匹敵するような大きな差別事件でした。33人が逮捕されて、全員が有罪判決を言い渡されています。私は、事件の真相が知りたいので、公判がおこなわれた名古屋地裁にせっせと通いました。33人は別々の裁判であったために全部は傍聴できませんでしたが、全国にまたがったネットワークがつくられて組織的な身元調査が繰り返されていました。また、身元調査が完全にビジネスになっており、関与していた人間がそれぞれ何千万円、何億円という巨額の利益をむさぼっている実態に驚きました。この事件を教訓にして、戸籍の不正取得防止のための本人通知制度が全国に広がっていきましたが、２０１８年の採用自治体は６５０にのぼります。

第1節の「プライム事件と本人通知制度」は、三重県伊賀《いが》市でおこなった２０１４年9月の講演を一部補正したものです。第2節の「住宅販売会社の同和地区調査事件の経過と課題」は、プライム事件のすぐあとに発生した土地調査事件の経過と課題を書いたものですが、身元調査に続いて土地調査がおこなわれている実態に接して、あらためて部落差別の根深さを痛感せずにはいられませんでした。

第1　プライム事件と本人通知制度

1　プライム事件

今日は、身元調査事件と本人通知制度について話をします。はじめにプライム事件を説明します。2011（平成23）年の11月12日に、東京の神田《かんだ》にあるプライム総合法務事務所という行政書士、司法書士が経営する法務事務所の関係者5人が逮捕されたのが、一連の事件の始まりでした。そこからこの事件をプライム事件と呼んでいるのですが、どんな理由で逮捕されたのかというと、職務上請求書を偽造して戸籍や住民票を不正に、しかも大量に取っていたのです。

いまの法律では、他人の戸籍を第三者が勝手に取ることはできません。お父さんとかおじいさんとか子ども、孫という直系の方は取れるのですけども、それ以外は取れません。しかし、行政書士とか司法書士、弁護士、税理士、社会保険労務士などの八つの資格をもっている人については、仕事の都合上、戸籍や住民票を取ることができます。具体的には、各士会が発行している「職務上請求書」という用紙を提出すれば取ることができます。事件では、請求書の用紙そのものを大量に偽造印刷するという大胆な手口で、日本中から戸籍や住民票を集めていました。市の窓口職員もまさか偽物だとは思わないで、請求されるままに戸籍、住民票を交付していました。NHKが夜7時半からの「クローズアップ現代」というニュース番組でこの事件を特集したことがあります。それを見ていますと、東京都内のマンションの部屋には、日本中から不正に取った戸籍や住民票が段ボールで山積みになっていました。1万、2万という数ではないですね。もちろん、三重県からもかなり取っていました。これまでも何件か戸籍の不正取得事件はありましたけれども、桁《けた》が違うわけです。これが事件の発端でした。逮捕したのは愛知県警です。なぜ愛知県警なのかは、あとで説明します。

名古屋地裁は、プライム社の社長に実刑3年、神奈川の興信所社長に2年6カ月の実刑判決、司法書士に罰金250万円、元弁護士に懲役2年（執行猶予4年）、グラフィックデザイナーに懲役1年6カ月（執行猶予3年）を言い渡しました。事件はこれで一区切りついたかのように見えました。

●ハローワーク横浜の情報漏洩

ところが、続きがありました。次の年の2012（平成24）年の6月に入って、今度は横浜公共職業安定所（ハローワーク横浜）の職員と地元・神奈川県の興信所の経営者の2人が逮捕されました。これは、先ほどの東京のプライム社を捜査していた愛知県警が、戸籍の不正取得だけではなく、職安の情報も売り買いされていることをつかんで、その出所を調べたらハローワーク横浜の職員が取っていることがわかって、逮捕したものです。4万8000人分の職歴が閲覧されていました。取られていたのは職歴情報です。職歴情報というのは、雇用保険の情報です。普通、会社に就職すれば雇用保険に入ります。会社を辞めれば雇用保険を抜くわけですけども、その情報は日本中から全部東京の練馬《ねりま》にある「労働市場センター」に集められます。全国の職安の職員は、端末のパソコンを使えば、その人の過去の雇用保険情報が瞬時にわかるようになっています。ところで、職歴情報を何に使っていたのでしょうか。これは、いまだによくわかりません。普通、会社は社員を採用する場合、たいてい履歴書を取りますから、過去にどういう仕事についていたかというのはそれを見ればいいのですが、どうしてそれ以外の職歴情報が必要なのか。マスコミに聞くと、例えば、ある人を辞めさせたいなら、履歴書の職歴欄にウソを書いていた場合、例えば勤めていた会社を書いていなかったとすると、職歴詐称で簡単に解雇できる、そういう使い方があると言いましたけども、そこはまた時間があれば説明したいと思います。これが次の事件でした。

●携帯電話や車両情報も

ところが、事件はさらに続きます。２０１２（平成24）年の6月29日、今度は岡山のソフトバンクの元店長と広島の総合調査リサーチ24という探偵業をやっている経営者の２人が逮捕されました。携帯電話の情報が取られていたのです。この場合は、ソフトバンクの販売店の店員が、携帯電話の情報を興信所に売り渡していました。携帯電話情報を何に使うのかというのは、何となく想像がつきます。一番代表的なのは、例のオレオレ詐欺です。例えば一人暮らしの高齢者がいる場合、自宅の表札を見れば名前が出ているわけですから「○○さんの携帯電話の番号を知りたい」と頼むと、住所と名前だけでその人の携帯電話番号がわかるわけです。それで突然電話して、「オレオレ、風邪《かぜ》引いて声の調子が違うのだけども、会社の金を使い込んで、どうしても３００万円必要になった」とか言って年寄りから金を騙《だま》し取るという事件が続いていますけれども、そういうものに悪用されていたことがわかっています。

ところで、携帯電話の情報というのは、どういう情報でしょうか。それは、携帯電話を最初に買うときに販売店に行って、住所とか名前、生年月日、自宅の電話番号などを書きますが、それです。それを盗んで売っていたということです。これが6月29日の出来事です。

しかし、事件はまだ続きます。7月に入って、今度は長野県警の現職のおまわりさん2人が逮捕されました。これも同じように愛知県警が情報漏洩《ろうえい》を調べていくと、警察がもっている車両情報が漏洩していることがわかりました。それでその出所を追求したら、長野の現職のおまわりさん2人だとわかりました。このときは、2人のおまわりさんのほかにエイシンリサーチという興信所の社長が逮捕されました。車両情報というのは車の車検証に書かれている情報です。車検証には、車の持ち主の名前、生年月日、住所とかが書かれています。あれは国土交通省の情報ですが、警察は、国交省から情報をもらって犯罪捜査などに使っています。例えば駐車違反とか、あるいは犯罪があってすぐに緊急手配するときに、この車両情報を使うわけです。交番の端末のパソコンを使えば、車のナンバーだけわかれば、すぐその車の持ち主とか、その人の住所がわかるようになっているわけです。この情報を探偵社に売っていました。売っていた先はエイシンリサーチという興信所ですが、このエイシンリサーチの社長は、2年前まで長野県警の警部をやっていたおまわりさんです。あと2年で退職だという2年前に、満期を勤めないで辞めて、すぐにこのエイシンリサーチという興信所を立ち上げて営業を始めています。そして自分の元の部下に情報を取ってくれないかと頼んで、情報を取っていたのです。たぶん、この県警の上司は、現役の時代に自分もやっていたと思います。これは儲《もう》かると思ったのですね。実際に3年間で6000万円も稼いでいます。2人の警察官は懲戒免職になっています。これが7月の出来事でした。

その次です。9月に入りまして、また逮捕者が出ます。国交省関東運輸局の技官です。実は車両情報の不正取得はもうひとつルートがあったわけです。技官ですから、ちょっと偉い人ということになるのですが、この人がやはり車両情報を興信所に横流しをしていて逮捕されました。だから車両については、長野県警のルートと国交省のルートがあったことになるわけです。これが9月の話でした。

●元締めの逮捕

愛知県警は次々、芋づる式に逮捕していきますが、次にその本丸というか、いわば元締めのような仕事をしていた名古屋の興信所を逮捕します。この興信所は「名古屋の情報屋」と呼ばれていて、興信所業界では有名だったようです。この名古屋のグループ8人がこの段階で逮捕されるわけです。

このとき同じく、千葉のａｕの携帯電話の販売店の店員と千葉県内の探偵業の2人が逮捕されます。また、10月に入って千葉県船橋《ふなばし》市の職員が逮捕されます。この職員は市役所の市民税課の非常勤の職員ですが、市民税課がもっている情報を興信所に横流ししていました。私は船橋市に行きまして、どのような情報が取られていたのか聞きました。課長の説明だと、まず市民税の納付状況と滞納状況です。また、その人の所得、それから家族構成、あるいは離婚歴とか結婚歴も取られていました。船橋市民に限っては戸籍もわかるわけで、それも取られていました。この事件では、市役所にも責任があったと思います。船橋市は人口が60万ぐらいですが、市民税課の職員が30人くらいいました。もちろん市民の情報ですから、市の職員だといっても誰でも勝手に見られるわけではなくて、各自IDカードとパスワードをもっていて、その人しか情報が見られないようになっているのですけれども、まあ横着したのですね。いちいちそのカードを入れたり出したりするのが面倒だから、朝一番に職場に行った人がガチャンと機械にカードを入れて、夕方、最後の人が引っこ抜くまで、そのカードをみんなで使っていた。だから誰が取ったかわからないということでした。これが10月の話でした。

●33人全員に有罪判決

さて、最初に東京のプライム社の5人が逮捕されたという話をしましたけれども、実は戸籍や住民票を取っていたのはもう一グループあって、次にそれが逮捕されるわけです。私たちは「群馬ルート」と言っているのですけれども、群馬県前橋《まえばし》市の興信所経営者と東京都内の行政書士がここで逮捕されるわけです。あとでわかるのですが、このグループが元祖、「職務上請求書」の偽造印刷を始めたグループだったのです。東京のプライム社はそれを真似《まね》て自分らも偽造印刷をやったということで、群馬ルートが一番悪かったということになるのです。

以上が一連の個人情報の不正取得事件の概要です。実に33人が逮捕されました。そして33人の裁判は、いずれも名古屋地裁でおこなわれました。裁判は、個々人に分かれて、それぞれの被告が弁護士を立てて裁判をおこないましたが、全員が有罪判決を言い渡されました。6人の裁判官が担当しましたが、判決の内容はまちまちです。懲役2年半の実刑判決もあれば、罰金だけというのもあるのですけども、同じようなことをやっていても裁判長によってずいぶん判決内容が違うのです。「それでいいのか」と思いました。こうして、個人情報不正取得事件とかプライム事件と私たちが呼んできた一連の事件の裁判が全部終わりました。

●不正取得のネットワーク

ところで、いままでの話をまとめると、次頁の図のようになります。すなわち、戸籍や携帯電話、車両情報などの個人情報を依頼していたのは、北海道から沖縄まで——もちろん三重県も入りますが——、日本全国の一般市民や企業です。依頼者は、例えば誰々の身元を調べてもらいたいとか、携帯電話を調べてもらいたいということを地元の興信所、探偵社に頼みます。頼まれた興信所、探偵社は、今度は「名古屋の情報屋」に頼みます。興信所だからといって、自分で全部そういう情報を簡単に取ることはできません。それで、元締めである「名古屋の情報屋」に依頼するわけです。ここで「名古屋の情報屋」の役割が出てきます。「名古屋の情報屋」は、総合商社みたいな役割を果たしています。すなわち、日本中から情報の依頼が来る。依頼が来ると、各情報源に取り次いで、情報の不正取得を頼む。情報源の興信所はそれぞれ専門店みたいなもので、例えば職歴情報なら横浜職安の職員を買収してそこから情報を取る、あるいは車両情報なら長野の興信所を通じておまわりさんから取るというかたちです。戸籍については、神奈川のガルエージェンシー東名横浜という興信所を窓口として、東京のプライム社に依頼する。プライム社は、司法書士の名前で偽造用紙を使って全国各地の市町村か

不正取得グループ・ネットワーク図

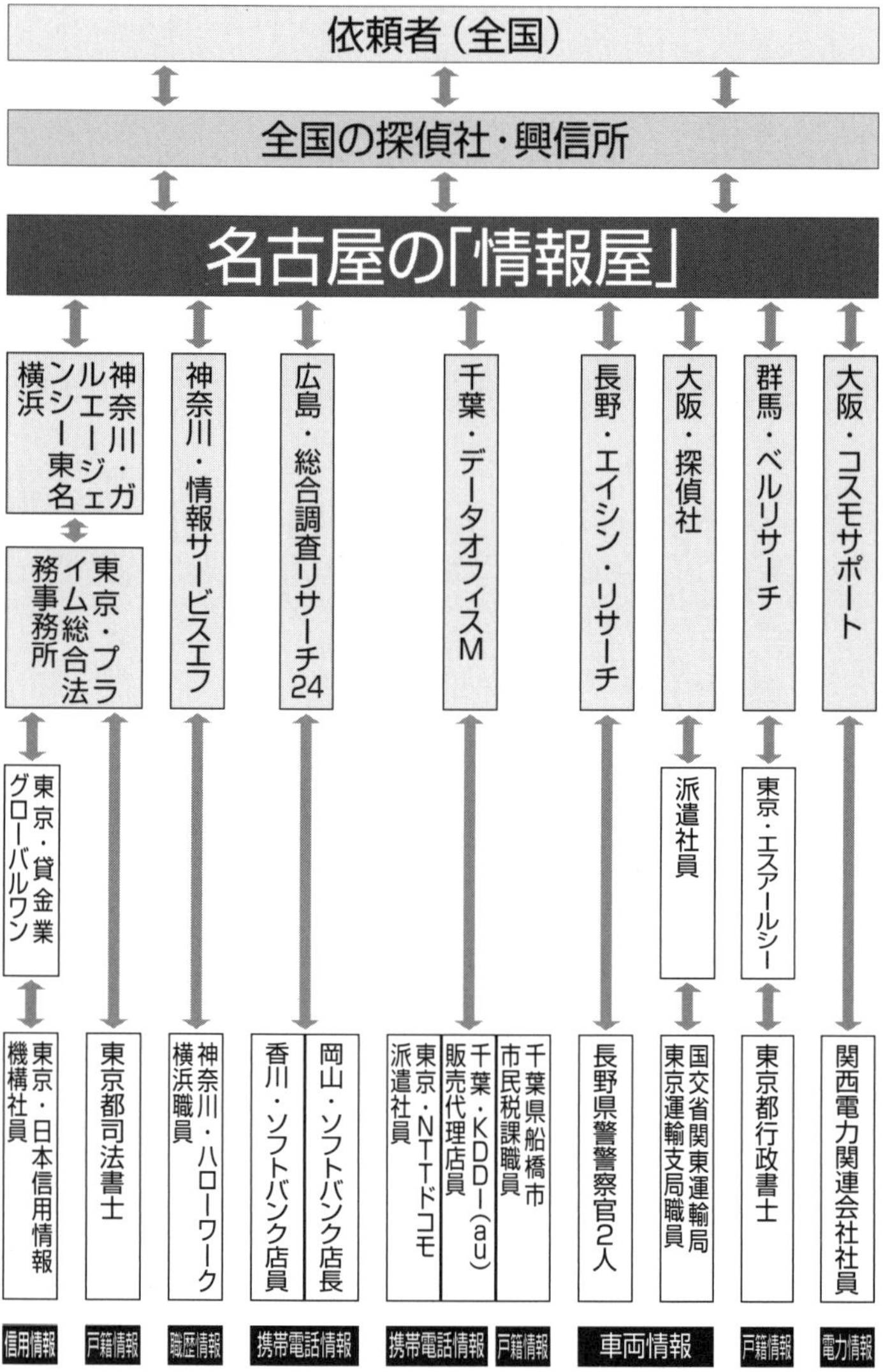

ら戸籍や住民票を取って、逆ルートでお客さんのところに返すということです。値段はまちまちです。数万円から何十万円という値段まであったようです。

同じように、携帯についての情報源は、岡山のソフトバンク、香川県のソフトバンク、それから東京のＮＴＴドコモ、千葉のＫＤＤＩなどがあり、車両情報は長野県警と国交省が情報源になっていました。

2　事件の特徴

次に今回の事件の特徴をあげてみたいと思います。特徴のひとつは、いま述べたように、非常に大がかりなネットワークができていたことです。逮捕された1人は、取れない情報はないと豪語していましたが、さまざまな個人情報がネットワークを通じて売り買いされていました。二つ目は、特に戸籍、住民票については、これまで誰も考えていなかったような、職務上の請求書そのものを偽造印刷するという大胆な手口で取っていたことです。これも非常に大きな特徴だと思います。これだと「足がつかない」わけです。3番目は、事件の背景には格差社会の問題があることです。

先ほどから説明していますように、いろんな人間が買収されて情報漏洩を手伝っているわけです。最初に摘発されたプライム社の司法書士、この人は、逮捕されたときはタクシーの運転手をしていました。聞きますと、大学を出て司法書士の試験に合格して自分で事務所を開いたのですが、3カ月で事務所をたたんでいます。事務所を出したのはいいけども、お客さんが来ない。これじゃとてもやっていけないということで、事務所をたたんでタクシーの運転手をやっていたのですけれども、司法書士の資格を活かしたいと思って新聞を見ていたら、「司法書士さん募集！」とありまして、それがプライム社の広告だったわけです。プライム社に行ってみると、社長が出てきて、こういうふうに言ったわけです。「会社には来なくてもいいです。条件は月35万払います」と。また、社長は「司法書士の職印の判子《はんこ》と司法書士会発行の職務上請求書を預からしてもらいたい」と言うわけです。彼はその条件を飲んで判子を渡すわけですが、平たくいえば「名義貸し」です。本人はその話にのったわけです。

それからもう1人、同じく群馬ルートの行政書士が逮捕されているわけですが、彼も大学を出て行政書士の仕事をしようと思ったけれども、なかなかそれでは生活ができないということで、当時は警備員の仕事をしていました。そして金に釣られて名義貸しの話にのった。彼の場合は、名義貸しの報酬は月30万、ということでした。

いっぽう、横浜職安の非常勤の女性の場合、彼女は1日の職安の報酬が７７００円です。月20日の勤務ですからちょうど月15万円ぐらいですね。彼女には小学生と中学生の子どもが2人いたのですが、夫と離婚して2人の子どもを育てているということでした。最初聞いたときは、月15万円で2人子どもを育てるのは大変だろうな、とまあ幾分同情気味に思ったのですけども、新聞報道を読んでみると、彼女には銀行の口座が七つあって、不正のアルバイト料が月30万円から40万円、多い月は１００万円くらい稼いでいたということです。そういうことでしたから、全然同情する気にはなりません。

話はそれましたが、今回の事件では、格差社会のなかで非常勤の仕事をしている人や生活が困難な人が足もとを見られて、金で買収されて情報漏洩の犯罪に手を染めるということが共通した話としてあったように思います。

3　三重県とのつながり

ところで、この一連の事件に、三重県も結構からんでいました。どういうからみかというと、まずひとつは、私自身がこういう大量の身元調査事件に関心をもつようになったきっかけが、三重県の事件からでした。さきほど説明したプライム事件よりももっと前、2007（平成19）年に同じような戸籍の不正所得事件がありました。どんな事件かというと、三重県伊勢《いせ》市の行政書士と横浜の興信所の経営者の2人が不正取得をしていた事件です。このときは2人とも逮捕されず、行政処分を受けただけでしたが、伊勢市の行政書士が職務上請求書511枚を不正に使って戸籍や住民票を取っていました。それを三重県の県庁が摘発し、処分しました。それが新聞に報道されました。新聞を見ると、伊勢市の行政書士に依頼していたのは、神奈川県横浜の興信所と書いてあります。伊勢市と横浜、なんでこんな離れたところの人が関係しているのだろうと不思議でしょうがなかった。それで、一度、その横浜の興信所の社長というか経営者を尋ねて話を聞いてみようと思って、解放同盟の神奈川県の書記長をやっていた根本さんと2人で事務所を訪問しました。

行く前は、相手は話に応じてくれるかなと思いながら行きました。その興信所は、マンションの一部屋を事務所にしていました。で、ブザーを押したら出てきたのですね、その経営者が。私が名刺を渡して「解放同盟のこういう者なのですが、今回の事件について話を聞かせてもらえませんか」って言ったら、「いいですよ」って言って、割合すんなり中へ入れてくれました。彼は、ずいぶん慣れている様子だったのです。「あれ?」っていう感じでしたね。そうしたら彼が、「片岡さんで4人目です」って言うのです。「4人目って、誰が来たのですか?」って聞いたら、最初に三重県庁の人が来たって言うのですよ。行政処分したので指導に行ったのですね。次に神奈川県庁の人が来て、さらに横浜市の人が来て指導する、ということで、私の行く前に三つの行政が行っていたのです。それで私が4番目だったわけです。そういうことで、興信所の社長とは話はできたのですが、ただ、肝心な話はしてくれませんでした。いったい、511通の戸籍を何に使っていたのか、ということについては、その日はとうとう最後まで聞けませんでした。結局、2回行ったけれども、2回目に彼は、「お客さんの依頼の半分は、結婚相手の身元調査だった」と言いました。また、お客は神奈川じゃなくて東京と埼玉だと言いましたが、それ以上言いませんでした。われわれは警察じゃないので調査権はありませんから、引き上げざるをえなかったわけです。

ところで、このときの興信所の社長が、今回、プライム社の5人が逮捕されたときの窓口になっている興信所の社長なのです。彼は、4年前に伊勢市の行政書士とつるんで不正取得をして摘発され、そのとき、二度とこういうことはしないと言っておきながら、その後も不正取得を繰り返して逮捕されたわけです。全然懲りない人です。新聞を見て名前を見たときに、「あれ! これは前に会った人物だ」ってびっくりしました。まあ、それがあったので、私は戸籍の不正取得事件に関心をもったわけです。ですから、三重県伊勢市がきっかけだったといっていいでしょう。

●不正見抜いた鈴鹿市職員

もうひとつは、職務上請求書の偽造を見抜いた三重県鈴鹿《すずか》市の職員の話です。先ほど、職務上請求書が偽造印刷されて、何万枚も使われていた話をしましたが、日本中の市役所の職員はこれが偽造印刷されているものだとはまったく気づかなかった。ところが、ただ1人、これを見抜いた人がいるのです。それが三重県内の鈴鹿市の女性の職員でした。偉いですね。

実は、職務上請求書を偽造印刷するときに、犯人グループは間違って印刷していたのです。職務上請求書に「権利行使又は義務履行」という文字がありますが、ここを「権利行使又は業務履行」っていうふうに文字を間違えて打ち込んで偽造印刷していたのですよ。「義務」とするべきところを「業務」と間違えて打ち込んだのですね。それで、犯人グループも気が付かずに、そのまま印刷した職務上請求書を使っていたのですけども、行政の窓口職員も誰も気が付かなかった。けれども1人だけ、鈴鹿市の職員が気づきました。この市民課の職員は、あるとき、「あれ？ これはほかの人と請求書の字が違う」って気づいたのです。ほかの職務上請求書は全部「義務履行」ってなっているのだけども、この人の用紙だけ「業務履行」ってなっている。なんでこの人の文字は違うのかって、不審に思った。

彼女が上司の課長さんに見せたら、「ああ、ほんとだ。なんでだろう、これ変だな」っていうことになって、じゃあ行政書士会が間違えて印刷したのかなと思い、東京の行政書士会にファックスで送って、「これ、間違ってないですか？」って問い合わせた。東京行政書士会はファックスを見て、「おお、これ絶対変だ。こんな請求書はうちの会でつくっているわけはない」ということになりまして、すぐにこの本人――Oっていう人物ですが――を呼び出して、行政書士会の5人の調査員が「これ、どういうことなのだ」と追及したわけです。

ところが、Oは元警察官です。向こうのほうが役者が一枚上でした。裁判で人物を見ましたが、なかなかのくわせもんって感じがしました。彼は追及されて、「ほんとだ、間違っている。でも、なんででしょうね」ってとぼけるわけです。「なんででしょうね」って、自分が偽造印刷したときに、字を打ち間違えただけの話なのだけども、とぼけて、「いや、私は高齢で、仕事は全部職員に任せているから、なんでこんな字が違っているのかわからない」とかなんとか言って、その調査会をくぐり抜けちゃうわけです。

でも、さすがにこのOは、これはまずいなと思ったのでしょうね。そのあとすぐに東京行政書士会に廃業届を出すのです。東京行政書士会もそれを素直に受理しておけばよかったのに、調査委員会が追及しきれないまま半年ぐらい経《た》ってから、今度は彼に始末書を出させ、それでその件をチャラにしちゃったのです。その結果、彼はもういっぺん復業して、今度は文字の間違いのない偽物を印刷し直して、それを使ってやるのです。それが新聞で報道された2万件ぐらいなのです。だから、前のものはもっとあるわけです。それにしても、なんで東京の行政書士会は、こんなはっきりした間違いの原因を追及できなかったのか、不思議でしようがないです。怪しいですね。私たちは何回も渋谷《しぶや》にある東京行政書士会と交渉をもって、彼が復職した真相の究明を迫りましたが、真相は不明のままです。いずれにしても、この偽造した用紙の文字の間違いを摘発したのは、鈴鹿市の市民課の女性の方です。できれば会ってお礼を言いたいのだけども、それも個人情報ですので、名前はわかりません。こういうことがありまして、三重県とは不思議な縁がありました。

4　何が明らかになったか

話を先に進めたいと思います。一連の不正取得事件でどういうことが明らかになったのか、私なりに三つあげたいと思います。まずひとつは、戸籍とか住民票に限ってですけども、これが結婚相手の身元調査に使われていたことがはっきりしてきました。主謀者の1人は裁判のなかで、検察から「戸籍は何に使っていたのか」「どういう依頼だったのか」と問われて、「お客さんの依頼の85％から90％は、結婚相手の身元調査と浮気の調査依頼だった」と言いました。その割合がどうかまでは言いませんでしたけども、もう1人の横浜の興信所の社長は、半分は結婚相手の身元調査依頼だって言いましたから、まあ少なく見積もっても半分ぐらいは結婚相手の身元調査にこれが使われていたというのは絶対間違いない話です。当事者が言うわけですから。

それからもうひとつは、取られた情報が犯罪や人権侵害に悪用されているということです。具体的には、振り込め詐欺やストーカー、あるいは、悪質な訪問販売とかネット販売、霊感商法、そういうものにこの情報が使われているということが次第にわかってきました。

ひとつ、例をあげます。神奈川県の逗子《ずし》市で起きたストーカーの殺人事件です。三重の方はあんまりご存じないかと思うのですけども、首都圏のテレビ局は結構この事件をワイドショーで取り上げました。このストーカーの殺人事件は、さきほどの一連のグループがからんでいるのです。このグループに頼んで情報を取って、その情報をもとに殺人を犯しているのです。被害者の女性は千葉にいた方なのですが、交際していた男性からつきまとわれて、逗子市に逃げるわけです。このとき彼女は、ストーカーに追われているということで、逗子市役所に閲覧制限を申請して、市も了解して、外部の人には女性の情報をいっさい出さない、市内に住んでいることも言わないという措置をとりました。ところが、相手の男性がさっき言いましたグループに頼んで、女性の居所を探すわけです。グループの1人が巧妙に電話をかけて、逗子市の市民課の職員がうっかり言っちゃうのです。女性の居所をつかんだ男は、その翌日、逗子の彼女のところに押しかけていって、彼女を殺して自分もその場で自殺をするという非常に特異な事件でした。テレビでも結構取り上げられたわけです。こういうほんとに悲劇的な事件に、不正に取られた情報が使われていました。

もうひとつの事例は、情報が脅迫に使われていました。この事件では、愛知県警がたびたび出てくるわけですが、なんで愛知県警が出てきたのかというと、愛知県警がある暴力団に関連した事件を捜査していたわけです。県警の暴力団対策課の課長補佐がその担当者だったみたいですけれども、ある日、電話がかかってくるわけです。「おまえ、あの事件から手を引け」と。相手は、「おまえの娘は〇

○高校に行っているだろう。娘がかわいかったら手を引け」というふうに、県警の課長補佐を脅迫するわけです。警察官ですから、「誰が調べたのか、警察を脅迫するなんて、とんでもないやつだ」となって、それで逆に調べたら、さっき出た東京のプライム社が取っていることがわかりました。しかもそれは偽造した用紙を使っていることがわかって、それがきっかけで、この一連の芋づる式の摘発になっているわけです。だから、取られた情報は犯罪に使われる、あるいは同和地区の身元調査に使われるというようなことが、事件を通じてはっきりしてきました。

●不正取得が一大ビジネスに

事件で何が明らかになったのか。二つ目は、個人情報の不正取得が一大ビジネスになっていたことです。例えば最初のプライム社は、3年間で2億3500万円稼いでいます。これを2人で山分けしているわけです。「名古屋の情報屋」、元締めは5年間に12億7000万円ですよ。これは裁判のなかで警察側が報告しています。中心人物は40歳前後の若い男性でしたが、月給200万円です。その下に使われていた社員はみんな70万円とか90万円とかの給料をもらっていた。それぐらい儲けていたということです。それから、長野県警の元警部は3年間で6000万円。群馬ルート、ベルリサーチの経営者は1億5000万円。彼は1度、逮捕されているのです。出てきて、またやっているわけです。だから、少々リスクがあっても、それだけ金になるってことなのでしょうね。裁判ではもう二度とやりませんと言っていたけれども、信用できないですね。みんなそれぞれとんでもない金額を稼いでいるわけです。こういうことが事件のなかで明らかになってきました。

5　事件の背景

なぜ、このような事件が起きるのか、次に背景を考えてみたいと思います。

背景のひとつは、いうまでもなく、部落に対する差別意識や忌避意識です。日本には、いまだに結婚相手が同和地区ではないか、韓国や朝鮮などの外国籍の人ではないか、などと調べたがる者が相当数おり、それらの人々が興信所や探偵社のドアをたたいて、依頼するわけです。結婚差別は少なくなったといいますが、各地の調査を見ると、国民の何パーセントかは同和地区出身者との「結婚には反対」と回答しており、「できれば避けたい」と答える国民はどの調査でも2、3割はいます。同和地区に対するこの忌避意識や差別意識が身元調査の背景に大きく横たわっています。この差別意識をなくさないかぎり、身元調査もなくなりません。

●同和地区の問い合わせ

この点について、別の例をあげておきます。埼玉でおこなったアンケート調査です。「問い合わせ事件」と呼んでいますが、市町村に対して、同和地区かどうか電話で問い合わせをしたり、あるいは直接、カウンターに聞きに来る人がいるのです。あるとき、そういう話を聞いたものですから、どのくらいいるものか、各市町村に対して簡単なアンケート調査をやりました。そういう「問い合わせ」があったら報告してほしいと。そうしたら、いろいろな問い合わせがあることがわかりました。そのうちのひとつを例にあげます。

2011（平成23）年6月11日のことです。ふじみ野市の市民相談・人権推進室に直接2人の女性が来るのですね、60代と思われるお母さんと30代の娘さんです。そして「今度、娘が土地を買おうと思っているのだけれど、このふじみ野市に昔、同和地区があったと聞いたのだけれど、そこがどこか教えてもらいたい」と聞いてきました。市の職員は「そういうことは教えられません。差別につながりますから」。「えー、だめなのですか？」「だめです」というやりとりをした結果、2人は引き上げていったようですが、あきらめた2人は、次はどこに行くと思いますか。じゃあ興信所に行くか、ということになるのではないですか。

もうひとつは日高《ひだか》市の事例です。これは古いのですが、2003（平成15）年、当時の係長、いまは部長になっている人の報告です。最初、午前中に女性から電話がかかってきて、「自分は近く見合いをする予定なのだけれども、相手の男性は日高市に住んでいる。日高には同和地区があると聞いたのだけれども、どこなのか教えてもらいたい」と聞いてきた。職員は「そんなことは教えられません」「なんで教えてくれないのですか！」ということで、20分くらいやりとりをします。相手がしつこくねばってきたので、対応した係長も少々頭にきて、「そんなに知りたいのならば、市役所に来れば説明します」と言って電話を切ったそうです。そしたら、ほんとに来たのです、午後にね。そして、課長と係長の2人が別室で話をしたのだけれども、彼女が言うには、自分は1回結婚して失敗して、バツイチになっている。今度2回目で、また失敗するとバツ2ってことになる、これでは世間体がよくない。だから同和地区を知りたいのだ、と言う。彼女はそのとき、相手が同和地区だと親戚が反対する、だから知りたいとも言ったようです。だから、同和地区が原因で別れたのかと推測するのですが、そこはわかりません。それで職員は「そういうことは差別になる」と言うのですが、彼女もねばりにねばって、一時間ぐらいやりとりをして、最後はブーブー文句を言いながら帰っていったという話です。

これは埼玉だけの話じゃなくて、京都、香川、福岡でも同じような問い合わせが報告されています。問い合わせのなかには、おもしろい例もあるのです。川越《かわごえ》市の例ですが、60代か70代くらいの男性が突然、市役所の人権推進課に来て、「若いころ、同和地区の団体の支部長さんに大変世話になったので、お礼に行きたいのだけれども、名前も住所も忘れちゃったのだ」と、その人は言うわけです。「えー？　世話になってお礼に行きたいのに、名前も知らない、住所も知らない？」。市の職員は怪しいと思ったが、彼は「どうしてもお礼に行きたいので、運動団体の支部長さんの名前と住所を教えてもらいたい」と食い下がる。職員は「いや、そういうことは差別につながるから教えられない」ってやりとりが続き、最後はあきらめて帰っていったということですが、これは新しい手口の問い合わせですよね。

●ひとつながりの事件

事件の背景でもうひとつ強調しておきたいのは、プライム事件は突然起きたものではなく、1967（昭和42）年の壬申《じんしん》戸籍事件から75年の「部落地名総鑑」事件へと続く、ひとつながりの事件であるということです。知ってのとおり、1967（昭和42）年に壬申戸籍事件が起きました。壬申戸籍とは、明治5年（壬申の年、1872）に近代国家として明治政府がはじめて編纂《へんさん》した戸籍ですが、この時代を反映して、戸籍には「族称」を記入する欄がありました。族称とは前の時代、つまり江戸時代の身分をもとにした身分上の呼称のことです。元武士なら「士族」、元百姓・町人は「平民」などと書くようになっていた。部落の場合は「新平民」「元エタ」などと記載されたものもあり、「新平民」という差別語はここから生まれました。この戸籍が戦後になっても手数料を払えば閲覧できる状態にあったのです。1967（昭和42）年、それが身元調査に使われていることが発覚し、解放同盟が強く抗議して、各都道府県の法務局が回収のうえ、封印しました。

しかし、その後も興信所や探偵社には、身元を調べてほしいというお客が後を絶たず訪れた。これだけ需要がある依頼を断る手はない。そこで探偵社・興信所が考え出したのが、全国の同和地区の所在地を一覧にした「部落地名総鑑」の作成・販売、すなわち「部落地名総鑑」事件です。これが1975（昭和50）年に摘発され、大きな問題になりました。そしてこの事件の反省から、他人の戸籍などを取得できるのは弁護士や司法書士など特定事務従事者（8士業）に限るという制度がつくられたわけです。それから30年。今度は、その特定事務従事者が報酬を受け取って戸籍等の不正取得を繰り返していたわけです。それが現在、全国で起きている戸籍等の不正取得事件であり、プライム事件です。だからプライム事件は、偶然に起こったのではなく、壬申戸籍事件、「部落地名総鑑」事件とつながる一連の部落に対する身元調査事件の延長線上にある事件です。

6　本人通知制度の開始

話を進めます。さて、それで私たちは、なんとかこういう身元調査を防止できないか、特に戸籍を取ることについては、なんとかやめさせることができないか、ということで、いろいろ考えました。そんななかで、大阪狭山市《おおさかさやま》が最初に本人通知制度を始めました。希望する人に限って、登録すれば、その人の戸籍、住民票を誰かが取った場合、例えば弁護士とか行政書士から請求があって交付した場合は、本人に「請求があったので交付しましたよ」という通知をする。登録型の本人通知制度というのですけども、こういう制度を始めたわけです。私もこれを聞いて、いい制度だと思いまして、埼玉でもぜひ各市町村で採用してもらいたいと運動しました。こんないっぱい不正取得があっても何も対応できないのはおかしいじゃないかということで、制度を採用するように市町村に働きかけたのです。3年かかりましたが、埼玉では、やるのだったら一斉にやろうということで、全部の市町村が「せーの」でやったのですけども、その後、全国にこの制度が広がっています。現在、この制度を導入している全国の自治体は400ほどあります。都道府県単位で全部の市町村で採用したところは、埼玉、京都、鳥取、山口、香川、大分です。次第に広がっているわけですね。三重県の場合は、この伊賀市が県内ではじめて採用されて、四日市《よっかいち》市がそれに続いているというわけです。でも、伊賀だけやればいいってわけではない。隣の町に行けば、そこはそういう制度はないっていうのも変ですから、やっぱり取り組んでほしいと思います。そこで、こういう制度を採用しようという運動を進めているわけです。

●通知制度で逮捕第1号

本人通知制度を始めたときは、「そんな制度をつくったって効果があるのか」というふうに、ずいぶん悪く言われました。ところが、効果があるのですね。埼玉県桶川《おけがわ》市で起きた話です。

桶川市のある市民の方、誰だかわかりません。個人情報で市役所が教えてくれないのですけども、市役所が、こういう制度をつくりました、希望する方は登録してくださいという広報を出したら、それを見た1人の市民が、自分も登録をしたほうがいいだろうということで登録されたようです。ところがある日、市役所から「請求があったので、あなたの戸籍や住民票を発行いたしました」という通知が来ました。その市民は「あれ、誰が取ったのだろう?」と不思議に思い、情報開示請求をしたところ、鹿児島県の行政書士が取ったことがわかりました。その方は、「あれ、鹿児島って、私は鹿児島なんて行ったことないし、誰も知り合いもいないのに、なんで鹿児島県の行政書士が私の戸籍を取るのか、これはおかしい」と思ったのでしょう、弁護士さんと相談して、何か不正に取られた可能性があるからということで被害届を警察に出したら、警察が内々に調べたのですね。そしたら案の定、行政書士が不正に取っていることがわかって、鹿児島と東京の2人が逮捕されたわけなのです。ただこれは、前の事件のように裁判にかけて判決が出るというのでなくて、書類送検だけで終わっているのです。どうも鹿児島県警はあまり重要な問題だというふうに考えなかったようです。複数の行政書士が関係していることははっきりしているのですが、微罪で見逃したということなのでしょう。でも、

「不正に取ったら、ばれるよ」「逮捕があるよ」という逮捕第1号になっているわけで、その意義は大きいと思います。

効果の点では、もうひとつあげておきます。先ほど不正グループの話をしましたけれども、名古屋地裁に傍聴に行っていると、こういう場面がありました。主謀者の1人は、「最近は不正に戸籍を取ろうと思っても、本人通知制度というものができて、そういうところからうっかり取ると、本人に通知されて、ばれてしまう可能性があるから、そういう制度を採用している市町村からは、依頼があっても取るなと内部で申し合わせをしていた」ということを法廷で証言しました。だから、彼らもよくわかっているわけですよ。下手に取るとバレる。だから取らないほうがいい、と。少なくとも抑止効果が十分あがっていると考えていいのではないですか。こういう本人通知制度をさらに広げようということを、ぜひこの機会にみなさんにも訴えたいと思います。

7　身元調査防止のために

次に、この身元調査をやめさせるためにどんなことが課題になっているかについて、何点か提案したいと思います。

ここで5点ほどあげます。まずひとつは、不正事件の真相究明です。事件では33人が逮捕されて有罪判決が言い渡されたのですが、不正に取った情報を何に使っていたのか、よくわかっていません。戸籍については身元調査に使われていることがわかっているのですけども、職歴情報や車両情報や携帯電話情報が何に使われているか、いまだによくわからないのです。ただ、よいことには使われてないと思うのですよ。何か悪いことに使っていることは間違いない。高いお金を出して取るわけですから。ここはやっぱり究明する必要があるのです。警察も裁判所も裁判のなかで、取られた情報が何に使われたのかを説明しません。その究明をすることが必要だと思います。

第2は、不正防止のための関係機関への申し入れです。ハローワーク横浜の情報漏洩に関連して、厚生労働省は再発防止のために、これまでは対象外としてきた非常勤職員を含めて全職員に「個人情報の適切な取扱いの徹底」をテーマに研修を実施するよう通知を出しましたが、それがきちんと実施されているのかどうか。また、厚労省は情報漏洩を防ぐための措置として、毎日、職歴情報のアクセス（照会）記録のチェックをおこなうように全国の職安に指示しましたが、それが正しく実行されているのかどうか。ソフトバンクやNTTドコモなどの携帯電話会社の情報管理についても、全国的にほか支店で情報漏洩はないのかなどの点を質《ただ》す必要があります。IT時代になって、全国どこからでも情報が取り出せる現在、沖縄から北海道まですべての地域の出先機関や支店が情報漏洩の窓口になる可能性をもっています。

三つ目は、事前登録型の本人通知制度をぜひ広げていただきたい。三重県ではこの伊賀市が第1号で、窓口を開けたわけでありますから、ほかの市町村でも伊賀市を真似してやってもらいたい。この制度導入では、よく「同和地区の人の制度だ」みたいに誤解している人がいるのです。それは違います。この本人通知制度は、けっして同和地区の人の制度ではありません。一般の市民を不正な情報漏洩から守る、あるいは犯罪から守るという制度です。ぜひこれを広げていってほしいと思います。

また、本人通知制度を採用した市町村は、登録者を増やしてもらいたい。制度はできても、なかなか登録する人がいないということが共通の問題です。先日も、解放同盟で全国の担当者を集めて会議をやったのですけども、そこでいろいろ工夫されていることが報告されました。回覧板に申込書とチラシをつけて回したら、次の日は市役所の窓口に行列ができるぐらいいっぱい並んで、窓口の人が大変だったというところがありました。たいていの人は「知らなかった。こんな制度があるなら自分も登録するか」ってことで登録しに来ています。それから、今日のように人権の研究集会とか講演会とかありますけれども、そういうところで受付に登録用紙を置いて、参加者に配って登録してもらいたいと呼びかけたというところもあります。それから、申し込みについても郵送でOKにしたところもありますし、一番進んでいるところは、家族の一括登録を認めたところがあります。本人通知制度は、もちろん一人ひとりの登録なのですけども、制度の趣旨からすると、その家の代表者のお父さんかお母さんだけが登録すればいいというのではなく、うちの家族の情報を守りたいということですから、一人ひとり、家族に申請書を書いてもらったうえで、代表者が一括して登録することを認めるようにしたところがあります。そうするといっぺんに増えたということもあります。やっぱり、自分の情報を守ろうということですから、1人でも大勢の人に登録をしてもらいたいと、そういう取り組みがされています。

それから4番目は、関係している企業とか、あるいは行政書士会などの8士業会、それと行政も職員研修をぜひやってもらいたい。先ほど事件の話をしましたけれども、職安で情報が漏洩していました。携帯電話も情報漏洩があった。携帯電話の情報漏洩は、ａｕもドコモもソフトバンクもみんな取られていますが、そこの社員の啓発をやってほしい。

この点では、ちょっと余談になりますが、同じ携帯電話の情報漏洩なのだけども、その値段がずいぶん違うのですよ。一番安いのはドコモで２万６０００円ぐらいだったかな。一番高いのはａｕで、７万円するのですよ。なんでこんなに携帯電話の情報の料金が違うのだろうと、不思議でしようがなかった。――なんで違うと思いますか？――、実に簡単なことなのですね。ドコモは、あっちこっちいっぱい情報漏洩の抜け穴があったから必然的に値段が安いのです。ａｕは案外ガードが固いから、なかなか取りづらいので料金が高いという単純な話でした。だから携帯電話を買うときは、なるべくドコモを避けたほうがよいのじゃないかという気がいたしますが、あんまり営業妨害になるようなことは言えません。情報漏洩は結局、人がからんで個人的に買収され、そこから情報が売り買いされるという構造ですから、それぞれの会社なり役所もきちんとした情報の管理はやってもらいたいと思います。

それから行政書士とか司法書士などの八つの業種がありますけれども、くれぐれもそういう依頼があっても荷担しないように会員を指導してもらいたいと思います。弁護士、司法書士、行政書士、税理士、土地家屋調査士、社会保険労務士、弁理士、海事代理士――海事代理士というのは聞きなれないと思いますが、海とか川のモーターボート、船などに関する行政機関への手続きを代行する仕事なのですけども――、そういう人たちが、つい金に目がくらんで悪事に加担してしまうことがないように、業界で指導をしてほしいと思います。

それから、5番目は探偵業法の改正です。2006(平成18)年に探偵業法ができましたが、日本は不思議な国で、探偵業というのはそれまで無届け、無資格、誰でもどこでもやれる仕事だったのですね。これだけ個人のプライバシーに関連したことをしていながら、資格もいらない、届けもいらない。そこでいろいろな問題が起こるということで、われわれが運動しまして、やっと探偵業法ができたのです。いまは各県の公安委員会に届けることになっています。具体的には、県警の生活安全課に届けないと営業ができないのですが、ただ届ければいいのです。別に資格はいらないわけですよ。探偵業といってもピンキリで、大きな法人の会社になっているところもあれば、個人でやっている人も多いのです。そういう人たちがほんとにきちんと人権について守っているのか、心配になるわけです。私は少なくとも探偵業というのは、アメリカではないですけども、国家資格がなければできない、その代わりに社会的に信頼がおけるというような制度にするべきだと思うのです。いきなりそれが無理だとすれば、登録者に年1回は研修をしてもらうようなことは必要ではないかと思います。

そして、最後、「人権教育・啓発の推進」です。みなさんはおわかりになると思うのですけども、この一連の身元調査事件で逮捕された33人はみんな、お客さんから依頼されて、不正な方法で情報を取っているわけです。そこには、興信所に依頼するお客さんがいるわけです。お客さんというのは誰ですか。国民の一部の人です。この依頼をなくさないかぎり、不正取得はなくならないと思います。

裁判を傍聴していますと、こういう話がありました。群馬ルートの主謀者、Oという人物が最後に上申書を裁判所に提出して、刑を軽くしてもらいたいと訴える場面があったのです。彼は、自分がやったことは大変違法な行為で反省している、二度とこういうことはやりません、だからなるべく執行猶予にしてもらいたいと助命嘆願をするのですけども、そのときに彼がこういうことを言うのです。「もちろん、自分たちがやったことは十分悪いことだ。けれども、国民にも責任がある。国民も意識を変える必要がある」ということを二度、三度、彼は強調しましたね。彼は言いました。「われわれは、好きこのんでやっているのではないのだ。お客さんがぜひ調べてもらいたい、うちのせがれの結婚相手がどういう人なのか、同和地区ではないのか、少々高くてもかまわないから調べてほしいと依頼に来るから、われわれはその手伝いをしているだけだ。だから、これは国民が意識を変えないかぎりは、なかなか解決しない」と。私は聞いていて、自分のことを棚に上げてよく言うなと思いましたけれども、でも、言っている話は一面の真理だと思うのです。

今日はプライム事件の話をしましたけれど、私はまだほかにも不正取得をやっているグループはあると思っています。なぜかというと、国民が依頼するのをやめないかぎりは、身元調査はなくならないし、何よりもお金になるからです。実際、彼らは何千万円とか何億円の単位で稼いでいました。同和地区かどうか、それを知りたいという国民がいる以上、この種の身元調査事件、不正事件はなくならないと思うのです。本人通知制度は導入されましたが、それだけで身元調査を完全に防止することはできないと思います。やはり大事なのは、国民が身元調査を頼まない、そういう状態をつくることです。そして、そのために学校における人権教育とか社会啓発を進める、これが大事です。

おわりに

時間が来ましたから、最後にひとつだけ、身元調査がおこなわれた結果、どうなったのかという事例をひとつあげて、終わりたいと思います。

いまから3年前、東京で全日本水道労働組合って水道の労働組合の結成60年のパーティーがあったのです。中央本部の委員長が都合で行けなかったので、私が名代で参加しました。そこで、全水道の元役員のAさんにしばらくぶりに会いました。「やあー、しばらくです。お元気ですか?」という挨拶をしたのですけども、そのときにAさんに「妹さんの家族は、どうされていますか?」と聞いたら、「うん、元気にやっている。子どもも大きくなって」って話をされて、「それはよかったですね」と言いました。妹さんというのは、Aさんの妻の妹さんですが、結婚のときに身元調査で大変な問題があったのです。

その妹さんの家族は、埼玉県の栗橋《くりはし》町（現久喜《くき》市）という北のほうの町で生活していたのですが、お姉さんがAさんと結婚されて東京に住んでいました。その妹さんが結婚するということになりました。相手は埼玉の隣、栃木県の方で、ガス会社に勤務していました。若い2人は結婚しようということになって、結婚式の準備をすることになりました。彼の家は、きょうだいは男1人、女2人だったのですけども、自分の家の跡取り息子にようやく嫁さんがきてくれるということで、家族は大歓迎だったようです。お金持ちの家だったようで、新婚さん用に家まで建てました。それから、まだ結婚式をあげる前なのですけども、ミニ披露宴といいますか、近くに住んでいる親戚とか近所の人を集めて、「これが今度、せがれと一緒になる嫁さんなのだ。ぜひ仲良くしてもらいたい」ということで、披露宴までやってくれたそうです。そして、その年の12月に栃木県の結婚式場で結婚するということが決まり、そこまでは順調にいったわけです。

ところが、ある日、彼が仕事から自宅に帰ったら、近くに住んでいるおじさんとかおばさんが、暗い雰囲気で座敷で待っているわけです。「あれ、何だろう?」と思ったら、「おまえ、大変なことになった。おまえがもらうあの娘は、調べたら親は同和地区だ」と言うのです。「そういうところの娘を、ここの家に入れるわけにはいかない」と、みんなで彼を取り囲んで反対するのです。彼は、同和問題についてはほとんど知らなかった。「同和」という言葉があることを知っていたぐらいだったと言っていましたけれども、「それ何?」っていうことになった。しかし、家族・親戚はみんなして「別れろ」とか「結婚はやめろ」と言うのです。そして、しまいにけんかになった。彼は、「ほっといてくれ。俺がもらう嫁さんだから、みんながそうやって反対するなら、俺は出るから」って言って、本当にその場で家を飛び出して、車で彼女のうちへやってきて、「いま、こういうわけで家を飛び出してきた」って言うわけです。以来、彼はうちに帰らないのです。

しかし、結婚式場は予約したまま残っています。私が最初に話を聞いたのは10月31日で、いまでも覚えているのですが、毎年やっている10・31の狭山事件の集会が日比谷《ひびや》公園でありまして、その集会が終わって帰ろうと思ったら、Ａさんが来て、「埼玉の責任者の方、どなたでしょうか？ ちょっと相談があるのですが」って言うわけです。そして聞いたら、いま言うような話です。結婚式場を予約しているのだけども、本人は家を飛び出している。家族は結婚に反対している、どうしたものかって。私は、じゃあとにかく２人に会わせてくれということで、２人に会いました。彼女も東京の会社に勤めている人で、年が24歳と25歳だったかと思います。２人とも立派な社会人として生活しているわけです。２人はどうしても一緒になりたいということでした。そこで私は、「なんとか男性の家族を説得するから、少し待ってもらいたい」ということで、その日は別れたわけです。

彼の家は栃木ですから、すぐ解放同盟の栃木県連に電話をしました。当時、われわれの先輩で河田源治さんっていう書記長がいたのですけども、「こういうことなので、なんとか説得してもらいたい」と頼みました。河田さんは「うん、わかった」と返事しましたが、解放同盟がいきなり行って、そこで家族とけんかになっても困るので、まずは地元の役場の人権を担当している方に相談しましたら、課長が「じゃあ、自分が説得に行くから」って行ってくれました。課長は３、４回行ったのだけども、彼の家族はまったく受け付けないわけです。その話を聞いて、教育長が「自分が説得に行くから」と行ってくれましたが、だめでした。それから、議員をやっているしっかりした方が「自分が説得するから」と言って行ってくれたのだけども、やっぱりだめで、結局、12月に予定していた結婚式は流れてしまいました。

その間、２人はもう外に出て生活をしていたのです。私は時々会って報告をしていたのですけども、

「なんとか説得する」と言った手前、なかなか説得できないので、私としても格好がつかない。これは困ったなあ。正月が過ぎて、1月、2月が過ぎた。で、2人もジリジリしているわけですよね。どうしようか。そこでAさんと相談しました。その結果、2人とも社会人で、別に親が承諾しないから結婚できないってことはないのだから、あらためて結婚式をやろうじゃないかということになりました。仲人には、栃木の河田書記長を頼み、東京の世田谷にある結婚式場を予約して、4月にやるということになったのです。

ただ、その前にもうひとつ問題がありました。彼が「反対している家族や親戚に結婚式の案内状を出した方がいいかどうか」と相談してきました。このときは、「反対しているからって最初から案内状を出さないっていうわけにもいかないだろう」っていうことで、ひととおり全部に案内状を出したのです。ところが、結婚式が次第に近づいてきたけれど、「返事が来ない」っていうわけです。結婚式に出席するともしないとも返事がない。で、どうしようかって、また相談するわけですが、案内状を出した人が結婚式に来てくれればいいけども、誰も来なかったらどうするか。席は親戚の分ということで10人くらい用意してありますから、まことに格好が悪いわけですよね。会社の上司の方も来てもらうし、もちろん友だちとかも来ますから。で、もし来なかったら、大きな穴が空く。1人や2人ならいいけど、誰も来なかったら、新郎側にごそっと10人近くの空席ができるわけです。これでは結婚式に来た人も、何があったのか、親戚・家族が反対しているのか、ということになる。それで、予備軍をつくろうということになったのです。予備軍っていうのは、その水道の労働組合の人に事情を説明して、「当日、新郎側の親戚がもし来なかったときは、席を空けるわけにいかないから、礼服を着て結婚式場に来て、親戚のような顔をして座ってくれ」と頼むことになりました。たしか、7、8人ぐらいの方に来てもらうことになったわけです。そのときに組合員の1人が「事情はわかるけれども、じゃあ来たらどうするのですか?」って聞くわけですよ。来たら用はなくなるわけですが、だけども、用はないから帰れっていうわけにもいかないから、そのときは、新宿から小田急線で行った結婚式場ですから、「金を出すから、みんな新宿まで戻って、そこで祝い会でもやってもらえないか」ということで、話はまとまったわけです。

当日になりました。どうなったかというと、間際になって4人だけ来たのですね。お母さんとお姉さんの夫婦、それに妹さんだけ。あとは誰も来ませんでした。そうこうするうちに、普通の神前結婚ですから、巫女《みこ》さんが出てきて、「両家の方、並んでください」って言うのだけども、新郎のほうは4人しかいないわけですから、その場の咄嗟《とっさ》の判断といいますか、私が5番目に並んで、「すみません、一緒に入ってもらえませんか」ってそのへんにいる人に頼んで頭数をそろえて、結婚式場に入ったわけです。私は親戚でもなんでもないのだけれども、お母さんの隣に座りましたが、そういう場面がありました。披露宴は、にぎやかにやりました。披露宴では予備軍が役に立ったわけです。私は、お母さんの隣に座ったわけですが、言ったのですよ。「お母さんね、こうやってみんなお祝いしてくれるのに、なんで反対するの?」って聞いたら、「申し訳ありません。うちはもうあきらめているのだけども、親戚が反対するから」って言うのです。「親戚と結婚するわけじゃないでしょ?」って言いたかったけど、披露宴の場所でそんな小言も言えなかったですが。

そういうようなことがありました。結婚式を予約して、家まで建てているのに、それが身元調査をしたら親が同和地区だということがわかって、出席しない。それであらためて結婚式をやり直す、そういうことがありました。

身元調査の全部がそういうことではないにしても、身元調査がそういう事態を招いていることを考えてほしいわけです。そういう事実を考えたら、やっぱり身元調査はなくしていかなきゃならないと思います。それは一朝一夕にはなくならないかもしれないけど、学校の人権教育、あるいは社会啓発、企業、宗教団体など、さまざまな場面で、みんなでこういう問題についてどう考えるのか、そしてどう乗り越えていくのかっていう取り組みをしないかぎりは、克服できないと思います。ぜひそういう意味で、人権教育や啓発を進めてほしい。また、身元調査防止の本人通知制度をぜひ三重でも広げていってもらいたい。そのことを最後に訴えまして、時間が来ましたから、私の話はこれで終わりにしたいと思います。

第2　住宅販売会社同和地区調査事件の経過と課題

身元調査のための戸籍不正取得事件、いわゆるプライム事件が発覚して2年たった2013(平成25)年、今度は和歌山で同和地区の土地調査事件が起きた。住宅販売会社が物件を購入する際に、同和地区かどうか調べ、同和地区はなるべく扱わないようにしていたのだ。

1　事件の経過

2012(平成24)年11月、群馬県桐生市《きりゅうし》に本社をおく住宅販売会社の和歌山支店の社員が、「建築設計概要書」の交付を申請するための添付資料を和歌山県伊都《いと》振興局建設部にファックス送信した。本来は、公図と住宅地図をファックスするのであるが、このとき、社員は住宅地図を送らず、誤って通常社内で使用している「競売仕入れチェック表」3枚を送信してしまった。チェック表とは、物件を購入するかどうかを判断するためにおこなう調査表で、物件の面積や最寄りの駅、ガス・水道などインフラに関する情報など、物件に関連した100項目に近い情報を記入することになっている。これは住宅販売会社の社内で使用する書類であった。社員は誤ってこれを県に送信したのだ。そのチェック表を見て、県の職員は驚いた。チェック表の特記欄には、3枚ともに「同和地区」「同和地区であり、極端に需要は減少するものと思われる」などと書き込みがされていたのだ。「この会社は物件を仕入れる際、同和地区かどうかを調べているのか」、そう思った職員は、上司に報告すると共に人権関係部署に報告し、対応を協議した。その結果、和歌山県は、これは看過できない人権問題と判断して、11月26日、同社支店を県に呼び出して事実聴取をおこなった。ごまかしようがない現物を突きつけられた支店職員は、自分が記載したことを認めた。社員は、「なぜ記入したのか」との質問に「同和地区の物件は売れないという過去の経験から自分の判断で記入した」と回答した。また、「（記入は）自分が独自の判断で記載したもので、会社の指示ではない」と述べ、会社の関与を否定した。

Y社は、中古住宅の販売を中心にした会社で、メインは入札によって競売物件を買い取り、リフォームしたうえで販売する業務だ。大阪府以外の全国の都道府県に130以上の支店をおき、競売物件の取扱業界では売り上げ全国一の企業である。社員が500人以上おり、和歌山支店には5人の社員がいた。

和歌山県は、同和問題に関わる重要な差別事案としてこの問題を取り上げ、その後3回にわたってY社支店の社員と店長に事情聴取をおこない、最終的に行政指導をおこなった。また、Y社が本社を置いている群馬県庁を訪問して事案を報告した。2013（平成25）年6月3日には、和歌山県知事名で「宅地建物取引業法第71条の規定に基づく指導について」と題して行政指導をおこなった。指導文書では、「指導の原因になった行為の概要及び本指導内容について、貴店従業員すべてに周知徹底すること」「宅地建物取引業の適正な運営を確保するため、貴店従業員に対し、宅地建物取引業者としての社会的責務を周知徹底すること。とりわけ、同和問題を始めとする人権問題に対する意識の向上に継続的に努めること」と述べ、社員教育を徹底するよう会社に申し渡した。

いっぽう、会員の差別事件で県から指導を受けた公益社団法人和歌山県宅地建物取引業協会は、6月25日にY社和歌山支店に対して「人権意識の向上を図るための措置を講じられたい」と指導文書を手渡した。

ところで、和歌山県は、Y社が和歌山だけではなく全国に支店を置く企業であることから、2月13日に国交省に事案を報告し、住宅販売会社への指導を依頼した。

●国交省の対応

和歌山県から差別事案の報告を受けた国交省は、2月21日にY社の本社から事情を聴取した。そのうえで3月8日に国土交通省関東地方整備局長名でY社に対して「同和地区と記載したことの経緯及び見解」と「3枚のチェック表以外の資料における基本的人権に関わる記載の有無」を調査のうえ回答するように文書を送達した。国交省から回答を求められたY社は、3月25日に報告書を国交省関東整備局に提出した。

報告書では、記載した理由について「（過去の体験からその社員が）顧客の引き合いが極端に少ない物件については『同和地区』に所在する可能性があるのではないかと思い始め、独自に調査を行うようになった」と説明したうえで、「もっと販売しやすい物件を担当させてほしいということを伝えるために、敢《あ》えて、『同和地区』を記載した」と報告した。また報告書では、上司が「同和地区に所在するか否かの調査やその趣旨の記載を命じたことは一切ありません」と会社の関与を否定した。

こうしたやり取りがおこなわれた末、4月19日、国交省関東整備局はY社に対して「指導書」を手渡した。指導書では、再発防止のために「指導の原因になった行為の概要及び本指導内容について、役員及び宅建取引業の従事者すべてにすみやかに周知すること」「宅建取引業者としての社会的責務に関する意識について、役員及び宅建取引業の従事者すべてに周知徹底するとともに、社内体制を整え、今後継続的に従事者の資質の向上に努めるなど所要の措置を講じ、宅地建物取引業の適正な運営を確保すること。特に人権問題に対する意識の向上に努めること」と全社員の教育を指示した。また、国交省は、問題が和歌山支社だけではないと判断して、「すべての事務所において社内文書の記載のみならず、人権を軽視する事象がないかを調査・総点検し、その結果を踏まえて必要な措置を講ずること」を命じた。

住宅の売買に関連して宅建業者が同和地区かどうかを調べ、同和地区を排除する、というのが今回のY社事件であるが、これはこのY社だけなのかどうか、もしかしてほかの業者にも同様の行為が隠然とおこなわれている可能性が否定できない。こう判断した国交省は、問題を重要視して、7月23日に宅建協会、全日本不動産協会、全国住宅産業協会、マンション管理業協会、日本賃貸住宅管理協会など、関係8団体に対して「不動産業に関わる事業者の社会的責務に関する意識の向上について」と題する通知を送った。通知では「未《いま》だ一部において人権の尊重の観点から不適切な事象が見受けられる」と述べたうえで、「同和地区、在日外国人、障害者、高齢者等をめぐる人権問題に対する意識の向上を図るため不動産業界として不断の努力が求められる」と指摘し、「講習等を通じて人権に関する教育・啓発活動のより一層の推進」を要請した。

●解放同盟による確認会

ここまでが県および国の対応だ。しかし、これはあくまでも行政の対応で、解放同盟はこのような事件が起きていることをまったく知らなかった。和歌山県は、知事名による行政指導書を送る最後の段階になってはじめて部落解放同盟和歌山県連合会に事件を報告した。県が解放同盟に報告したのは5月20日である。

驚いたのは和歌山県連だ。こんな事件をなぜ早く報告しないのかと県連幹部は怒ったが、そもそも事件の発端が県に送信されてきたファックスである以上、県が何もしないで運動団体に処理を任せるということも筋が違う。というより、行政としての責任が問われる。行政の責任において、県が主体的に差別事件として行政指導することは、当然といえば当然のことである。

それはともかく、解放同盟和歌山県連は、事件を重大に受け止め、県連内に糾弾闘争本部を立ち上げると共に、中央本部に事件を報告した。報告を受けて中央本部は、6月11日に、関係している和歌山県連、群馬県連の代表が出席して、Y住宅販売会社差別事件関連県連対策会議を開催した。会議では、全国にまたがる重大な差別事件として取り組むことを確認し、さしあたって8月に事実確認会を開くことを決めた。

こうした経過をたどって、解放同盟は8月9日に第1回確認会を和歌山市の同和企業センターで開催した。確認会で、なぜ記載したのかを追及された社員は「過去の販売で売れなくて長期在庫となった経験がある。長期在庫になると給料にかかわるので、同和地区の物件は避けたいという意識があった」と説明した。また、「会社から指示されたものではない」と説明した。

ところで、確認会では本社の代表が、内部の調査をおこなったところ、新たに同様の記載があるチェック表が4件見つかったと報告した。しかし、その4件については「和歌山県宅建協会の指示」があったのでシュレッダーで処分したと報告した。このため確認会は紛糾した。「証拠隠しではないか」「なぜ処分したのか」など、厳しい声が飛んだ。結局、この日の確認会は、この問題で時間が割かれ、誰がどのような経過で処分したのかを調査して報告することを要求して閉じた。

続く第2回確認会は、11月12日に同じく和歌山市の同和企業センターで開かれた。第2回確認会では、本社がその後おこなった全国の支店の調査結果を報告した。報告でY社は、新たに11府県の支店で同様の「記載」があったと報告した。発見されたのは、長野県、静岡県、滋賀県、奈良県、京都府、岡山県、山口県、愛媛県、徳島県、福岡県、熊本県の支店で、和歌山県と大阪府を加えて13府県で、合計26件が見つかった。会社は、過去5年間の仕入れ表1万4070件を調査し、そのうち26件に同和地区に関する差別的な記載が見つかったと報告した。

Y社は当初、和歌山支店だけだと弁明していたが、全国各地で同じような書き込みが発見されたことで、全国的な「差別書き込み」が浮き彫りになった。

確認会ではまた、社員のほとんどがこれまで一度も同和問題の研修を受けたことがなく、学校でも同和教育を受けた経験がなかったこと、社員は「同和地区」などの記入が差別になるという認識はほとんどなかったことが明らかになった。また、決済を取るうえでチェック表は必ず本社に送られているのだが、上司や本社役員は、「差別記載には気づかなかった」「見たことがあるが、関係ないことと思い、無視した」などと説明して、参加者から厳しい批判を浴びた。それはそうだろう、物件の購入（落札）には必ず本社の上部機関（店長、課長、部長）が決済印を押すことになっており、しかも「同和」云々《うんぬん》という手書きの書き込みは、特記欄に記載しているから気がつかないはずはない。この点が厳しく追及された。しかし、最後まで会社は、同和地区を調査するよう指示していないと言い張り、また同和地区の物件を仕入れないようにとか、安く買うよう指示していないと述べ、「記載は、現場の社員が独自の判断で記載したものだ」との主張を繰り返した。

●国交省の関係府県会議と立ち入り調査

解放同盟による確認会を通じて、和歌山支店だけではなく全国的な規模の差別記載事件であることが判明するなかで、国も対応を迫られることになった。11月19日、国交省は、東京で関係府県を招集して「宅地建物取引業に係《かか》わる人権意識の向上等に関する会議」を開催した。会議には、14府県の宅建業界指導担当課と人権担当課33人が出席し、国交省から7人が出席した。国交省と和歌山県が事件に係わる一連の情報を提供した。このとき、国交省は情報提供をおこなっただけで指示はしていないということであったが、その後、各府県は地元の支店に対する立ち入り調査をおこなうことになった。

●立ち入り調査の結果

立ち入り調査は10月から11月にかけておこなわれた。調査の結果、次のようなことが判明した。

まず、1点目は、記載の表現が「同和地区」「特殊部落」など、露骨でストレートな差別記載が見られた点である。会社の報告では26件の記載があったが、具体的には、「同和地区」（長野、和歌山）、「○○町は同和地区」（大阪）、「旧同和地区」（京都）などと記載されていた。また、「特別地域」（熊本）、「特殊地区」（愛媛、奈良）、「特殊地域」（奈良）など、露骨な表現をしているものも少なくない。「同和内ド真中。安く買う」（福岡）、「D地区のド真ん中　地域性注意」（山口）、「不人気小学校区（○○→△△）同和地区」（徳島）などの記載も見られた。それにしても「特殊地域」とか「ド真ん中」という記載は、何とも露骨ではないか。

2点目は、記載の理由がいずれも、同和地区の物件は売れにくいので、決裁権のある上司に入札を断念するか、入札額を抑えてほしいと「注意喚起」するためだったという点で共通していたことである。

例えば、「過去に同地域の物件で販売苦慮の経験。入札したくない思いから記載」（静岡）とか、「仕入価格を抑えてほしいとの思いから記載」（愛媛）、「入札価格を抑えるとともに、販売価格も抑えたいとの考えから記載」（福岡）、「社員としては販売しづらい。仕入値を下げてほしいという上司へのアピール」（徳島）、「同和地区の場合、高値で入札しない方がいいので。仕入値に対する注意喚起」（京都）、「同和地区の物件で販売苦慮。仕入れ価格が高値とならないよう注意喚起のため」（山口）、

「売れ残りが目立つ開発団地内の物件だったため、上司への価格決定の注意喚起」（熊本）などが記載の理由としてあげられている。

最初に発覚した和歌山支店では、社員は販売に苦慮した経験から「店長や本社に同和地区の物件は扱いたくない意思表示をした」（和歌山）と説明したが、各地で同じような理由から記載していることが判明した。

同和地区の物件は買い手がつかず、高値で購入した場合に赤字になることがあるというのは事実だろう。その背景には、購入者の忌避意識が強く存在しているのだが、だから扱いたくないし、調査して仕入れないという行為は正しいのか。

3点目は、さまざまなかたちで同和地区の情報が集められていたことだ。

調査では、同和地区であるという情報は、どこから入手したのかという質問項目がある。これに対して、「当時、地元出身の従業員から聞いて書いた」（静岡）、「奈良県出身ということもあり、知っていた」（奈良）、「当時の地元の社員から聞いて書いた」（滋賀）、「以前在籍した地元出身者（同僚）が言っていた」（京都）、「地元の方なら小さい頃から知っている場所。当時いた社員から聞いた」（長野）など、過去の販売経験や地元の社員の話などで知ったという回答が多く見られた。また、「口コミで知っていた。担当者の集まりでも『同和地区』といった言葉を耳に」（長野）、「（前の会社で）同地域の物件が立ち退きなどで苦慮した経験を聞いていた」（徳島）など、宅建業界に関わるなかで所在地を知ったという回答も多かった。そのほか、「物件調査中、近隣の人から（自分が尋ねるではなく）、相手から言ってきた」（奈良）、「物件調査中（近隣への聞き込み）、近所の方から『同和地区である』と言われ記載」（福岡）、「過去、同地域の物件の販売会において、来場者から教えられて知った」（山口）、「地元の方から聞いた情報。生まれ育って得た情報であると話していた」（愛媛）など、現地の近隣住民や販売会の来場者から同和地区だと教えられたなどの回答も多かった。なかには、「（Y社が）関東の会社だから、おしゃべりな人が来て、勝手に部落だと教えてくれる時がある」（山口）という報告も見られた。このほか、インターネットで隣保館などと検索し、「物件の所在地と照合した」「週刊誌などの部落出身者の記事をもとに、同じ名字が多い地域を住宅地図で確認し判断した」なども見られた。

4点目は、お客さんから「同和地区かどうか」の問い合わせを受けた体験を持っている社員が多いことである。「販売時にお客さんから聞かれることもある」（山口）、「依頼客から同和地区かどうかを聞かれることもあった」（長野）、「聞かれることもある」（奈良）、「年に1～2回ある」（京都）、「たまにある」（滋賀）など、顧客からの問い合わせがあったことを報告している。

これは後日にわかったことだが、Y社は社員のアンケート調査をおこなった。アンケート調査では「取引物件の所在地が同和地区かどうかの質問を受けたことがありますか」という質問に対して27％の職員が「ある」と回答しており、「1～2回」が14・8％、「3～5回」が6・2％、「それ以上ある」が6・0％となっていて、地域的には、関東・甲信越、東海・北陸・近畿、中国・四国・九州と、西に行くほど質問の経験が増えている。

●会社の責任

部落解放同盟は、その後3回にわたって中央本部主催で「糾弾会」を開催し、事件の真相を究明すると共にY社の経営責任を追及した。

第1回の糾弾会は2014（平成26）年4月18日、東京・松本治一郎記念会館でおこなわれた。糾弾会で解放同盟側は、「なぜ同和地区などと記入したのか」「どこで調べたのか」と質問した。これに対してY社は、「会社は、調査や記入を指示していない。現場の社員が情報伝達のために記載した」と回答したが、「なぜ支店の社員は情報伝達する必要があったのか」との質問に「同和地区の物件は売れない、もしくは売りにくいため、成績評価につながると考えた社員が『買い取らない方がよい』という情報を伝えるために記入した」と説明した。

当日出席したY社の支店社員は、「同和地区の物件は買い手がつかなかったり、販売に時間がかかるので、落札しない方がよい、もしくは入札価格を抑えた方がよいと考え、本社に注意喚起のために記載した」と説明した。解放同盟の参加者は「同和地区の物件を買わない方がよいというのは、客観的に差別ではないか」「その背景に差別があるからではないか」などと発言した。

休憩を挟んで、監査役の弁護士が「支店では、同和地区の物件は売りにくいという認識があり、高く買って原価割れしたくないので、買わない、取り扱いたくないという意識が強く、本社との間にギャップがあった」と説明した。また、「見過ごしてきた管理者や本社の責任も問われている」と述べ、「今後は、かりに聞かれても『そういうことは聞くべきではない』と言えるような、差別と闘う企業に変えていきたい」と発言した。

いっぽう「同和地区をどうやって調べたのか」という質問には、「過去の販売経験や地元の社員の情報で知った」「物件の現地調査の際、近隣住民に聞いた」「販売会の来場者から教えられた」「インターネットで隣保館を検索して判断した」などと説明した。

解放同盟側は、会社をやめた人も含めてどこで地区を調べたのかを調査すること、また何が差別なのか、会社の責任はどこにあるのかを整理することを要請した。

第3回糾弾会は10月10日に開かれ、Y社社長が出席した。Y社社長は「企業の社会的責任を踏まえ、差別を許さない企業の確立に向けて会社をあげて取り組んでいきたい」と決意を述べた。

糾弾会では、部落解放同盟中央本部の組坂繁之《くみさかしげゆき》委員長が「私たちは、生まれてくる場所を選ぶことができない。差別のない社会をつくるために、会社も厳しく反省して取り組んでほしい」と述べた。

Y社の営業本部長は、「同和地区の物件を扱いたくない、という気持ちから入札物件を調査する行為は差別行為」であり、「差別に加担する行為です」との「反省と決意」文を読み上げ、社長を責任者にした人権教育推進委員会を設置して全社をあげて人権研修に取り組む研修計画を発表した。

解放同盟の西島藤彦《にしじまふじひこ》書記長は、「気づくか気づかないかは別にして、Y社が同和地区を避ける差別構造の一翼を担っていたことを厳しく反省して取り組んでほしい」とまとめ、差別事件の糾弾会を終了した。

2　事件の背景

以上が住宅販売会社の土地調査事件の経過であるが、ここであらためて事件の背景と問題点を整理したい。

指摘するまでもないが、この事件の背景には、国民の間に根強く残る同和地区への忌避意識が存在している。同和地区の忌避、これが事件の背景であり本質である。住宅販売会社の社員は、「お客さんが同和地区では困ると言うので調べた」と述べ、「同和地区の物件は、買っても売れない。買い手がつかない。だから避けたいと思った」と率直に語ったが、全国の支店で同じような説明がおこなわれている。

「差別はもうない」と言う人が多いが、同和地区を避けるというのは、全国共通の問題である。埼玉でも同じような実態が見られる。ここではそれを裏付ける調査をひとつだけあげておきたい。

埼玉県の市町村が２０１２（平成24）年におこなった「同和地区問い合わせ」に対するアンケート調査である。同和地区問い合わせとは、市町村に電話や窓口にやってきて同和地区を問い合わせることをいうのだが、４市が合計９件の問い合わせのあったことを報告している。代表的な事例を三つ紹介する。

２０１１（平成23）年６月17日にふじみ野市の市民相談・人権推進室に60代と30代とおぼしき母と娘が来所して、職員に同和地区の問い合わせをおこなった。母親が、「今度、娘が土地を買おうと思っているが、参考にふじみ野市に同和地区があったかどうか知りたい。新河川沿いにあったと聞いたことがある。これから長年住むことになるかも知れないので、差別する気持ちではなくて、消費者として知っておきたいので教えてもらいたい」と聞いてきた。市の職員が「差別をする気がないとしても、そういう質問をすること自体が差別を助長することになります。市民相談・人権推進室は差別のない社会をめざして啓発しています。市でも研修会をおこなっています。後ほどお知らせしますので、ぜひ参加してください」と説明すると、2人は「それなら結構です」と帰った。

2009（平成21）年10月ごろ、川越市の人権推進課に60代から70代と思われる男性がやって来て、「若い頃、同和地区の団体の支部長に大変世話になった。どうしても会ってお礼をしたいので、支部長の自宅を教えてくれ」と訪ねてきた。職員が名前はと聞いても、男性は忘れたと言い、どのような世話になったかも最後まで言わなかった。世話になったからお礼がしたいというのに、名前も覚えていないというのは怪しいかぎりだ。市の職員は同和地区を調べる新手の手口だと疑い、「地区のあるなしを調べること自体、差別になります」と説明したうえで、「問い合わせには答えられない」と伝えた。男性は「なぜ教えてくれないのか」「若い頃、同和地区の支部長に大変世話になった。どうしても会ってお礼をしたい」ということを1時間ほど繰り返し、最後にあきらめて帰った。

2008（平成20）年には、上尾市の人権推進課に60代とおぼしき男性がやってきた。男性は、「今度、土地を購入したいと思っているが、上尾市のどこが同和地区か教えてもらいたい」と要請した。職員は「そういうことは答えられない」と説明したら、役所では答えないと思ったらしく、すぐに引き下がった。

これは一部の事例だが、同じような問い合わせが全国で報告されている。その背景には、ほかでもない同和地区を避けようとする忌避意識、差別意識が存在している。

3 何が問題なのか

ところで、この同和地区土地調査事件では、宅建業界の一部から反発する声が聞こえてきた。例えば代表的には、「同和地区の物件は売れない、だから購入しない。これは商売の経済原則だ」とか、「われわれ業者が差別しているわけではない。お客さんの注文だから仕方がない」「同和地区は同和地区。事実を言ってどこが悪い」「同和地区を選択するかどうかは購入するお客さんの判断。業者は差別していない」など、開き直りともいえる意見が見られた。そこで、何が問題なのか、あらためて考えてみたい。

まず1点目は、同和地区を仕入れから除外、または低価格で購入すること自体、客観的に差別にほかならないということだ。

和歌山の事例では、住宅販売会社は、「同和地区の物件は売れない、だから購入しない」という理由で、同和地区の物件を除外、または低く仕入れようとした。一見すると商売の原理にかなっているように見えるが、考えてみれば、まったくおかしな話ではないか。例えば、ある土地が、駅からの距離や学校、病院などの条件はまったく同じなのに、わずか道路一本隔てて大幅に価格が低くなっている場合、たいていの人はその理由を尋ねるだろう。そして合理的な理由がない場合――例えば、「昔の百姓が住んでいた土地だから低い」というような全然理由にもならない非合理的なことが理由だった場合――、人は「それは差別だ」と文句を言うだろう。同和地区の場合もこれと同じだ。土地の条件ではなく、「昔、身分の低かった人が住んでいた土地だ」という以外に理由がないとすれば、それは差別なのだ。

2点目は、お客さんの忌避行為を無批判に受け入れるのは、差別行為に協力するものだということだ。宅建業界のなかには「お客さんの依頼だから仕方がない」と言う人がいるが、お客が忌避する行為は、正しいのか。お客の行為は、あきらかに差別ではないのか。それを無批判に受け入れることは、自らも差別に加担することではないか。わかりやすい実例をあげるが、群馬県連の人から聞いた話だ。売りに出ていた物件の現場で「ここは同和地区ではないでしょうね」と問い合わせたお客がいた。そのとき、宅建業者はこう言ったという。「お客さん、同和地区といっても何も違いはない。今はみんな仲良く暮らしていますよ」。この業者は、お客の忌避に対して正しく反論したのだ。しかし、実際にはそうならないで受け入れてしまう業者が多い。受け入れることは差別に協力することだ。

3点目は、同和地区の情報を提供することは、お客に差別の選択を迫るものだということだ。業者のなかには、「同和地区は同和地区。選択するかどうかは購入するお客さんの判断。業者は差別していない」「トラブルを避けるために、同和地区の場合はその情報を提供している」と言う人がいるが、同和地区の情報を提供することは、お客に「差別の選択」を迫る差別行為にほかならない。例えば、

「あの人は部落の人ですが、それでも結婚しますか」と聞くことと同じである。いい人なら結婚すればよいのであるし、人物が気に入らなければ結婚しなければいい。結婚では人物が問題なのであって、その人の家柄は関係ないはずだ。それと同じで、住宅を選ぶ場合、いいところなら住めばよいだけである。そういう意味で「ここは同和地区ですが、それでいいのですか」と聞くことは、「差別の選択」を迫っていることにほかならない。「トラブルを避けるために、同和地区の場合はその情報を提供している」「選択するかどうかは購入するお客さんの判断。業者は差別していない」と言うが、それ自身、差別の選択を迫る差別行為にほかならない。

4　今後の課題

最後に、今回の事件を教訓に、今後の課題を提起しておきたい。

まず、宅建業界についてだが、土地調査事件を教訓にして、はっきりしたガイドラインを作ることだ。すでに大阪府や福岡県などがガイドラインを作成しているが、これらを参考にして、しっかりしたガイドラインを作ることが重要だ。その際のルールの柱として、①差別につながる同和地区の調査はおこなわない、②同和地区の情報をお客に提供しない、③差別につながる「問い合わせ」や依頼には答えない、④仮にお客から問い合わせがあった場合には「同和地区を忌避するのは差別になるからやめよう」と話しかける、このようなガイドラインを早急に作成することだ。

次に、県および市町村の課題としては、次のような項目があげられる。

まず県は、できるだけ早く宅建協会・不動産協会と協力してガイドラインを作成すること。また、作成した後は研修会等を開催し、会員への周知徹底を図ること。また、市町村は、この機会に宅建協会の地域支部に働きかけ、会員への啓発を進めると同時に、今後、市町村が開催する各種人権研修会に参加を要請することである。市町村のなかには、宅建業界は市町村の管轄外だと逃げるところが見られるが、宅建業も企業のひとつであることには違いない。市町村は、管轄内の企業に対して人権啓発の呼びかけをしてきているのだから、企業として研修会や講演会などに積極的に働きかけることが大事だ。また、何よりも重要なことは、一般住民に対して同和問題の理解を求める教育や啓発に取り組むことだ。本文で何度も繰り返し強調したように、今回の事件の背景には同和地区を避けようとする偏見や忌避意識が存在している。これをなくさないかぎり、この種の事件は後を絶たない。

第7章 「全国部落調査」復刻版出版事件

（解　説）

部落解放同盟は２０１６年４月に鳥取ループ・示現舎《じげんしゃ》の宮部龍彦を相手取って東京地裁に裁判を起こしました。第１節は、現在進行中の「全国部落調査」復刻版出版差し止め裁判の経過をまとめたもので、解放新聞埼玉版に２０１６年９月１日から３回にわたって掲載したものです。事件の内容は本文に記載しているとおりですが、部落解放同盟では私がこの裁判を担当することになりました。ところが裁判は、東京地裁に対する本訴以外に、横浜《よこはま》地裁および同相模《さがみ》原《はら》支部に対する仮処分の申し立てやそれに関連した不動産差し押さえの申し立て、罰金というべき間接強制の申し立てが並行しておこなわれ、私は毎週１回くらいのペースで横浜地裁や相模原支部に通《かよ》う羽目になってしまいました。裁判所はほぼわれわれ原告側の訴えを聞き入れて決定を出してくれていますが、相手の宮部がとことん抗《あらが》ってくるので、しばらくは裁判が続きそうです。

それにしても、全国の部落の所在地を一覧表にして公表し、裁判所が禁止してもやめようとしない宮部の所業は絶対に許せません。これによって、今後どのくらい被害が出ることになるでしょうか。鳥取ループ・宮部は、部落の所在地を公表することが部落差別の解決になると公言していますが、「部落地名総鑑」事件やプライム事件を引き合いに出すまでもなく、部落の地名の公表は、差別の拡大助長以外の何物でもありません。第２節は、裁判の様子と今後の課題について２０１７年10月に書いたものですが、宮部に鉄槌《てっつい》を下すまで徹底的に闘うことをあらためて訴えたいと思います。

第1　「全国部落調査」復刻版出版事件の経過

はじめに

示現舎・宮部龍彦の「全国部落調査」復刻版出版事件の第1回口頭弁論が2016（平成28）年7月5日、東京地裁で開催された。東京地裁は重大な事件と受け止めて一番大きな103号法廷を用意したが、当日は全国から200人を超す傍聴者や原告が集まったために、法廷に入りきれない人が外にあふれた。裁判では原告を代表して私が、また弁護団を代表して中井雅人《なかいまさひと》弁護士が意見を陳述した。私は、部落差別が現存し、身元調査が横行するなかで、同和地区の所在地一覧を書籍にして出版し、インターネットに掲載した示現舎・宮部の行為は、同和地区出身者を暴く行為そのものであり、部落差別を助長・煽動《せんどう》する許しがたい差別行為にほかならないことを強調し、宮部を厳しく断罪するよう裁判官に訴えた。示現舎とは、宮部龍彦がもう1人の三品純と2人でつくった出版社だが、宮部は鳥取ループの名前のウェブサイトを開いて数々の同和地区情報を流している。裁判は、示現舎・宮部が訴状に対する認否の書面を出さなかったため、8月5日までに答弁書を提出するよう裁判官が指示し、第1回の口頭弁論は終了した。

裁判がいよいよ始まった。そこで裁判にいたる経過とその意義について報告する。

1　裁判にいたる経過

最初に、提訴にいたる経過を説明しておきたい。示現舎・宮部龍彦が「全国部落調査」の復刻版の出版を計画しているという情報が入ったのは、2016(平成28)年の2月上旬だった。インターネットの鳥取ループのウェブサイトに、「復刻・全国部落調査を4月1日に発売します。旅行のお供に、図書館での添削に、役立つことでしょう。アマゾンで『全国部落調査』の予約受付を開始しました。熱烈な予約注文をお願いします。日本の出版史に変革をもたらす本です」との宣伝情報が掲載されていた。「旅行のお供に」などと人を喰《く》った記事を見て憤慨した人も多かったが、この書籍は戦前に中央融和事業協会が作成した報告書「全国部落調査」の復刻版で、1936(昭11)年に作成されたこの報告書には、全国5367の同和地区の地名、戸数、人口、職業、生活程度が詳細に記載されている。しかも宮部は、昭和初期の地名の横にわざわざ現在の地名を書き加えて掲載した。1975(昭和50)年に発覚した「部落地名総鑑」事件では、それを使って身元調査がおこなわれ、前途ある同和地区の青年の就職の道が閉ざされ、数多くの結婚が破談になったが、その原典というべき図書を出版するとは、天人ともに許されざる悪行である。

この情報に接して、解放同盟中央本部はすぐ行動を起こした。まず、2月15日に法務省に対して販売を止める具体策を図れと申し入れをおこない、続いて通販会社アマゾンに「違反出品」として抗議、アマゾン側もそれを認めて販売を中止した。また、他の出版・流通会社が扱う恐れがあったので、2月22日に日販やトーハンなど主要な取次店に対して文書で申し入れ、各社は「取り扱わない」と回答した。その後、3月3日に東京で開かれた部落解放同盟第73回全国大会では、この事件が大きく取り上げられた。事件をはじめて知ったという代議員も多く、分散会では鳥取ループ・宮部に対する怒りの声が渦巻いた。2日目の全体会で西島藤彦《にしじまふじひこ》書記長が緊急の提案をおこない、大会終了後、その場で糾弾闘争本部を立ち上げて、徹底的に闘う方針を確認した。この段階で出版禁止の仮処分の申立を準備することが決まった。

いっぽう、本部は宮部龍彦本人に連絡を入れ、直接会って中止させようとしたが、宮部は会うことを拒否した。その後のやりとりのなかで、宮部が自分の指定する場所で1人だけなら会ってもよいという条件をつけてきたので、3月9日に彼が指定する新宿の喫茶店の個室で西島書記長が宮部龍彦本人に会うことになった。西島書記長は、出版をやめるように厳しく追及したが、宮部はこれを拒否し、ツイッターには「そのような約束はできないし、仮にここで約束したとしても必ず破る」などとふざけた記事を載せた。

宮部が中止勧告を聞き入れないことから、中央本部は出版禁止の仮処分申立の準備を急ぎ、3月22日に横浜地裁に出版差し止めを申し立てた。横浜地裁に提訴したのは出版社・示現舎が川崎市にあるからであった。図書の出版禁止はハードルが高いために裁判所がどのように判断するのか心配があったが、裁判所も事の重大性を理解して、3月28日に出版禁止の仮処分決定をおこなった。いっぽう宮部は、「復刻版」の中身である全国の同和地区所在地一覧のインターネットへの掲載を続けていたため、あらためて4月4日にウェブサイト掲載禁止の仮処分申立を横浜地裁相模原支部におこなった。相模原支部はわれわれの申立を認め、4月18日にウェブサイト掲載禁止の仮処分決定をおこなった。

しかし、宮部が仮処分決定後も掲載者がわからないようにしてインターネットに掲載を継続していたため、中央本部は横浜地裁相模原支部に対して、間接強制を申し立てた。間接強制とは、宮部（債務者）が仮処分決定を履行しない場合、一定の金銭（制裁金）を支払うよう命じることによって、債務者に圧迫を加え、決定事項を履行させるための手段である。これがどうなったかというと、相模原支部はこれも認めて、7月19日に解放同盟側の請求どおり1日につき金10万円の制裁金の支払いを命じる決定をおこなった。ただし、実際に1日10万円の制裁金を取るためには、宮部の違反行為を証明しなければならない。そのための手続きが残っているが、宮部は「間接強制は決まったけれど、元サイトから削除しており、ミラーサイトは自分とは関係ないやつがやっている」などと述べて逃げに出た。しかし、彼がやっていることは間違いない。それにしても、1日10万円の制裁金が認められたことは、裁判闘争にとって大きな成果である。まさか裁判所が全額認めるとは思わなかった。裁判所も宮部の違反に対して厳しく制裁する必要があるという態度を示したのだ。

2　本訴の内容

本の出版禁止とインターネット削除の仮処分決定は勝ち取ったが、仮処分はあくまで「仮」の判断である。完全に止めるためには正式な裁判（本訴）が必要である。そのため、解放同盟は4月19日に東京地裁に民事訴訟を提訴した。訴状では、①「全国部落調査」の出版差し止め、②ウェブサイトの削除、③損害賠償を請求した。このうちウェブサイトの削除については、インターネットの特性を踏まえて「自ら又は代理人若しくは第三者を介して、別紙ウェブサイト目録記載の各記事等につきウェブサイトへの掲載、書籍の出版、出版物への掲載、放送、映像化（いずれも一部を抽出しての掲載等を含む）等の一切の方法による公表をしてはならない」と請求し、今後、宮部が書籍の名前を変えたり、映像などの別の表現手段で同和地区を暴露する道を塞ぐための請求をおこなった。また、損害賠償については、出版およびウェブサイトでの公開によって、①差別を受けない権利、②プライバシー権、③名誉権が侵害されているとして1人110万円の損害賠償を請求した。損害賠償を請求したのは、もちろん金が欲しいわけではない。やめさせるために経済的な制裁を加えるためである。

裁判の原告については、権利侵害を受けていることを立証しなければならないため、部落解放同盟に所属しているとか部落の出身者というだけでは原告の資格がないと門前払いされるので、宮部がネットに掲載した「部落解放同盟関係人物一覧」に個人名を載せられた人たちに働きかけることにし、各都府県連を通じて原告を募った。宮部は、「全国部落調査」とは別に、「部落解放同盟関係人物一覧」というウェブサイトに解放同盟の役員や関係団体の役員の名前、住所、電話番号を勝手に載せていたのだ。その結果、全国の30都府県から211名が手を挙げ、原告になった。また、団体として部落解放同盟も原告になることにした。その後、追加で36人が原告に加わり、247人＋解放同盟で2

48人が原告となって、7月5日の東京地裁の第1回裁判に臨んだ。

3　許しがたい宮部の居直り

以上が裁判の提訴までの経過だが、宮部龍彦は仮処分決定が出されても反省を示さないどころか、現在も居直りを続けている。彼がどういう態度を取っているのか、宮部の本質を知るうえでも大事なことだと思うので、紹介しておきたい。

まず、2月10日にインターネット通販会社アマゾンが「復刻版」の販売を中止したことに対する彼の書き込みである。宮部は、「多少月日がかかっても、全国部落調査の出版は必ず実現しますよ。たとえ印刷所に圧力をかけようと、最近は中国でも韓国でも印刷を外注できるので無駄です。紙に限らず、電子書籍もアプリもあります。全国部落調査は不滅です」と、まったくおちょくるような記事を掲載した（2月12日）。また、3月28日に横浜地裁が出版禁止の仮処分決定をおこなったが、これに対しても宮部は「全国部落調査の仮処分関係の書類ですが、もう必要ないのでオークションに出品しました。もちろん、全国部落調査も付いています。ぜひ、入札してください」（3月29日）とネットに掲載して、実際にヤフーオークションに解放同盟が提出した訴状や資料——このなかには「全国部落調査」も含まれている——を売り渡してしまった。「出版販売してはならない」という裁判所の決定をあざ笑うかのような挑戦的な態度だ。これは、今後の裁判で宮部を弾劾する重要な材料になるものと思う。ちなみに落札価格は5万1000円だった。誰が落札したのかわからないが、悪用されないか心配だ。

4月7日には、図書の現物を差し押さえるために、横浜地裁の執行官が神奈川県座間《ざま》市の示現舎に乗り込んだ。このときは部屋には何もなかったので差し押さえはできなかったが、これに対して宮部は「こういうことをするなら、こちらも、さらに対応困難な方法で抵抗せざるを得ません。全国部落調査は必ず復刻されます。もう手遅れなのです」と開き直った。

4　法務省・法務局の対応

ところで、今回の事件に法務省や法務局はどのように対応したのか。われわれはすぐに出版禁止と掲載禁止の措置を法務省に迫ったが、法務局の腰は重かった。2月15日に東京法務局人権擁護部が宮部を呼び出したが、事情聴取という歯切れの悪いものだった。

その後、2月中旬には全国各地で地方法務局への抗議行動が始まり、中央本部が3月16日に法務省交渉をおこなった結果、3月29日になって法務局はやっと宮部を呼び出して、次の文書を渡して「説示」をおこなった。

「あなたの前記各行為（＝インターネット掲載）は、あなたが同和地区であると摘示した特定地域の出身者、住民等に対して、当該属性（同和地区出身者）を理由として不当な差別的取扱いをすることを助長し、又は誘発するものと認められ、人権擁護上到底看過することができない。よって、あなたに対し、前記各行為の不当性を強く認識して反省し、直ちに前記各行為を中止した上、今後、同様の行為を行うことのないよう説示する」

いっぽう、国会でも4月5日に、参議院で有田芳生《ありたよしふ》議員が法務大臣に質問し、法務大臣は次のように答弁した。

「委員から御指摘ありましたとおり、不当な差別的取扱い、これを助長、誘発する目的で特定の地域を同和地区であるとする情報がインターネット上に掲載されるなどしていることは人権擁護上看過できない問題でありまして、あってはならないことであると、そのように考えております」

5　出版・ネット掲載の犯罪性

ここで、示現舎・宮部龍彦による復刻版の出版やネットへの掲載の差別性と犯罪性について整理しておきたい。

まず、1点目は、宮部の行為は、部落差別が現存するなかでは、部落差別を助長・煽動する許しがたい差別行為そのものであるということだ。2011（平成23）年のプライム事件では、探偵社が職務上請求書を偽造印刷して身元調査をしていた実態が浮き彫りになったが、主謀者の1人は「お客さんの依頼は、同和地区かどうか、結婚相手の身元調査だった」と説明した。各地の人権意識調査でも、1割近くが「身元調査は当然」と回答している。このような現状を考えれば、同和地区所在地一覧表を本にして販売することは、文字通り身元調査とそれに基づいた結婚差別や就職差別を煽動する許しがたい差別行為にほかならない。今回の出版・掲載によって、今後どれほどの被害が出るか、考えただけでも恐ろしい。

2点目は、宮部の行為は、同和問題を解決するために行政や企業、宗教団体、労働組合などが長年にわたって取り組んできたさまざまな取り組みの成果を台無しにする許しがたい行為であるということだ。

戦後70年間、部落差別をなくすためにさまざまな取り組みがおこなわれてきた。例えば、就職差別撤廃のために統一応募用紙がつくられ、公正採用選考人権啓発推進員制度などができ、企業もまた自主的な啓発を進めてきた。最近では、身元調査を防止するために本人通知制度が採用され、同和地区調査をなくすために宅建業界はガイドラインを作成してきた。これらは一例であるけれど、宮部の所在地暴露はこうした取り組みを台無しにする行為である。

第3は、全国水平社以来の部落解放運動の成果を破壊する許しがたい行為であるということだ。われわれの先輩たちは、不当な部落差別と貧困をなくすために、文字通り血と汗と涙を流してきた。その結果、課題は残っているものの、住環境が整備され、生活が安定し、教育も向上してきた。宮部の所在地暴露は、戦前戦後を通して部落解放運動が勝ち取ってきたこれらの成果を破壊する行為であり、解放運動を冒瀆《ぼうとく》する行為だ。同和地区を暴くことで、同和地区に暮らす住民に対する差別意識が煽《あお》られ、就職差別や結婚差別を受ける危険性が増幅することは眼に見えている。

6　鳥取ループとは何者か

ところで、鳥取ループ・宮部龍彦とは何者なのか、また、なんのためにこんな違法行為を繰り返しているのか。

●所在地の暴露マニア

鳥取ループとはインターネットのブログのネームで、運営しているのは鳥取県出身の宮部龍彦（37歳）だ。05年からこの名前を使っている。彼は、鳥取市内の高校を卒業した後、信州大学工学部を出てＩＴのソフトの開発などを生業にしている、いわばパソコンのプロだ。もう1人は三品純（43歳）で岐阜県出身、法政大学法学部を出てフリーライターとして『正論』等に記事を出している。宮部と三品は、共同で示現舎なる出版社を設立して『同和と在日』などの本を出版しているが、出版社とは名ばかりで、実質２人だけの個人商店だ。

鳥取ループが何を目的にしているのかはよくわからないが、少なくともこれまでの行動を見れば、同和地区の所在地を暴露することを自己目的にしている暴露マニア、裁判マニアと呼ぶことができるだろう。実際、鳥取ループはこれまでに5回にわたって行政を相手にした裁判を起こしている。07年に鳥取県を相手に裁判を起こしたのを手始めに、09年には滋賀県東近江《ひがしおうみ》市を訴え、10年には滋賀県を、12年には鳥取市と大阪法務局を相手に裁判を起こしている。鳥取県を相手にした訴訟では、鳥取県企業連受講者名簿の公開を請求し、滋賀県東近江市との裁判では同和地区の施設の公開を求め、滋賀県との裁判では滋賀県内の同和地区情報の公開を求めている。また、鳥取市との裁判では、同和地区固定資産税減免措置をおこなっている地域の公開を求め、大阪法務局との裁判では、大阪市内の同和地区の位置の開示を請求しているが、いずれも鳥取ループ側が敗訴している。この間、09年には大津《おおつ》地方法務局から「部落地名総鑑」圧縮ファイルの削除要請が出され、10年には大阪法務局から「大阪市内の同和地区一覧」の削除要請が出されている。

これらの訴訟の内容は割愛するが、ひとつだけ、滋賀県裁判における最高裁判決（2014年）を紹介する。滋賀県内の同和地区の所在地一覧に直結する隣保館や教育集会所の開示を求めた鳥取ループに対して最高裁は、「地区の居住者や出身者等に対する差別意識を増幅して種々の社会的な場面や事柄における差別行為を助長するおそれがある」とはっきり判決を言い渡している。当然の判決だ。

それにもかかわらず、鳥取ループ・宮部は執拗《しつよう》に同和地区の暴露にこだわり、ついに今年（2016年）、「復刻版」の出版を計画するに及んだ。彼自身の語るところによれば、昨年（2015年）、東京の社会事業大学の図書館にあった「全国部落調査」を発見したというのだが、1936（昭和11）年に作成されたこのマル秘の報告書を手に入れた彼は、欣喜雀躍《きんきじゃくやく》して「復刻版」の出版を企《たくら》んだのである。

●「同和タブー」の打破

なんのために同和地区の情報公開を追い続けているのか。裁判所に提出した書面を見るかぎり、「同和タブー」と言われる、同和問題をタブー視するマスコミの態度を「打破」することが目的だと述べている。宮部は、「（解放同盟は）差別を口実に、同和問題に関する情報、議論、一切の表現を独占して、意のままにしようとしている。そのような行為こそ、重大な人権侵害である」と言い、「人権に関わることについてメディアが口を閉ざす状況を打破することを（出版の）目的としている」と述べている。最近では、「『全国部落調査』がインターネットで拡散され、回収不能になることは、被告宮部が望むことである。これが『ふと湧いてでた〝いたずら心〟』などと思うのは、あまりにも甘い考えである」（8月3日、東京地裁準備書面）と明け透けに目的を語っている。

●背景にある反発

この背景に何があるのか。背景には、解放同盟への強い反発が存在している。宮部は「原告らは部落問題についての言論を意のままにしようとしている」「同和タブーが問題解決の多様な取り組みの障害である」（準備書面）などと繰り返し、部落解放同盟に対して「行政・司法の扱いは平等ではなく、むしろ同和に対してだけ異常な扱いをしている」（7月5日、第1回口頭弁論後の記者会見・配付資料）と解放同盟を非難する。

反発といえば、こういう反発もある。解放同盟はあるときは「寝た子を起こすな」という考え方を克服しようと言いながら、別な場所では部落の所在地を公開することは差別だと言う。解放同盟の「主張は一貫しておらず、場当たり的である。最大の問題は、そのような場当たり的な主張を、是が非でも他人に強制しようとすることである」。

しかしもちろん、「タブーの打破」とか解放同盟への反発と、復刻版の出版とはまったく次元の違う話だ。解放同盟に不満があるからといって、同和地区の所在地一覧を出版・掲載してもいいということには絶対にならない。復刻版の出版は、解放同盟への批判でも何でもない。ただ同和地区を暴き、差別を助長・煽動する行為そのものだ。

もし解放同盟に不満があるというなら、論文でも何でも書けばいい。批判されることは決してうれしいわけではないが、誰にも批判する権利はあるのだから、批判するなとは言わない。そのかぎりで、批判の自由は保障されている。もちろん、われわれも反論するし、批判もする。しかし、だからといって、同和地区の所在地を一覧表にして販売したり、インターネットに掲載していいわけはない。運動への批判と差別の煽動は次元が違うのだ。この点を宮部は意図的にすり替えている。

7　差別を肯定する鳥取ループ

私は東京地裁の第1回口頭弁論の意見陳述で、宮部は差別主義者だと述べて、彼を弾劾した。これに対して宮部は「片岡こそ屁理屈《へりくつ》を並べる差別主義者である」と強く反発しているが、彼は紛れもない差別主義者だ。こう断言するには根拠がある。彼が現実に起きている部落差別を否定し、実質的に部落差別を肯定したうえで同和地区の所在地をネットで晒《さら》し、差別を煽動しているからだ。例えば、「部落地名総鑑」事件や身元調査事件に対する態度がそれをよく表している。

●「部落地名総鑑」の正当化

1975（昭和50）年に発覚した「部落地名総鑑」事件では、この差別図書によって身元調査がおこなわれ、多くの若者が就職の道を断たれ、婚約者との結婚を壊されたことが明るみに出された。「部落地名総鑑」の製作者・坪田義嗣は、「結婚に関する身元調べのまず99％までといってまちがいないが、『血がまじると困る』『部落の人かどうか調べてくれ』ということであった」と述べ、作製の動機が部落差別に基づいた身元調査の依頼であったことを正直に告白した。購入者の多くが企業であったことについても「（企業の）依頼事項の中には、部落出身者でないかどうかを調べてくれ、ということもはいっている」と述べている。

ところが宮部は、これだけ明らかな差別を前にして、なお「地名総鑑で被害はなかった」と言い、さらに「当時、部落地名総鑑が出回ったのは、決して『部落民が汚れているから』というような迷信に基づいたものではなく、当時（ある意味では今も）当たり前だった過激派や共産党排除のようなことの延長線上にあった」と書いて、地名総鑑の購入を正当化している。今回、宮部は「全国部落調査」を「部落地名総鑑の原典」と呼んでその復刻版を出版したが、地名総鑑を正当化する宮部にしてみれば、「部落地名総鑑の原典＝全国部落調査」の復刻版出版は当然だということになるのだろう。

●プライム事件の被害

現実に起きている部落差別の否定という点でいえば、２０１１（平成23）年のプライム事件に対しても宮部は「具体的に誰が『重大な人権侵害』を受けたのか不明である」と述べてこの被害を否定し、身元調査を肯定している。プライム事件は、地名総鑑から40年以上経《た》った今日もなお身元調査が続いている実態を浮き彫りにしたが、主謀者の１人は名古屋地裁の法廷で「依頼の85％から90％は結婚相手の身元調査だった」と述べ、「日本の国民が意識を変えないかぎり、身元調査はなくならない」と証言した。宮部は部落問題についてあれこれと駄弁を労しているが、こういう事実をまったく見ようとせず、「戸籍謄本等の不正取得によって具体的に誰が『重大な人権侵害』を受けたのか不明である」と平気で言うのだ。こういう事実から、宮部の本質は部落差別の肯定、つまり差別主義者だと言うのだ。

●同和事業への嫌悪

現実に起きている差別の否定だけでなく、部落差別をなくすためのさまざまな取り組みを否定する点にも、彼の本質が浮き彫りになっている。例えば宮部は、就職差別をなくすために採用された統一応募用紙や公正採用選考人権啓発推進員制度を批判し、「（これらは）『部落問題解消のための活動をしていますよ』という言い訳作りにすぎない」ものであり、「徹底的に破壊され、冒瀆されてしかるべきである」（準備書面1）とまで主張している。

もちろん、統一応募用紙や公正採用選考人権啓発推進員制度は、言い訳づくりのためにつくられたわけではない。地名総鑑が摘発される以前の時代には、就職や結婚において身元調査がまかり通っていた。ある企業の求人担当者が高校にやってきて、就職担当の教員に向かって平然と「部落出身者と創価学会は困る」と述べた1969（昭和44）年の広島の事件は有名だが、新規採用者の身元を調査することはなかば公然の慣行だった。このような就職差別をなくすために統一応募用紙が採用され、人権啓発推進員制度がつくられた。また、これによって就職差別が社会悪とされ、公然と身元調査をすることが許されなくなった。しかし、まだ続いていることはたびたび触れたとおりだ。統一応募用紙だけでなく、環境改善や就労対策、教育対策など、さまざまな同和対策事業も理由なしにつくられたわけではない。同和地区の生活や就労、教育に大きな格差が見られ、その現実を改善しようとしたのが、1969（昭和44）年からの同和対策事業だった。

宮部はこういう歴史を見ようとしないで「徹底的に破壊されるべきだ」と叫ぶ。それは、すでに指摘したように、彼自身が部落差別を肯定しているからだ。実際、宮部はいろいろ屁理屈を並べるが、差別をなくそうと呼びかけたことは一度もない。ただ部落の所在地を暴露することを目的にしているだけである。

8　裁判闘争の意義

最後に、この裁判闘争の意義を確認しておきたい。

まずひとつは、この裁判闘争は、今後起きるであろう部落差別の拡大助長からわれわれの兄弟姉妹と子孫を守る闘いである。

「所在地一覧」情報の垂れ流しによって差別が助長されることはたびたび強調したが、これから先、われわれの子や孫がこの情報の流布によってどのような被害に遭うのか、大変心配される。ネットへの掲載によって、これまでは知らなかった者までがおもしろ半分に同和地区の所在地を知ることになり、就職や結婚において差別が拡がることが懸念される。その場合、差別は、解放運動に参加しているかどうかに関係なく、すべての同和地区住民に降りかかってくる。今回の裁判は、この差別から子孫を守る闘いだ。

二つ目にこの裁判は、部落差別をなくすための法整備を怠ってきた政府に対して、その怠慢と不備欠陥を糾《ただ》す闘いである。

先の国会では「部落差別解消推進法」が提案されたが、われわれは、2002（平成14）年に特別対策法が失効して以降、同和問題を直接対象にした法律がないことを批判し、人権侵害救済法や人権委員会設置法などの法整備を求めてきた。しかし、政府はこれまで何らの積極的な施策を講じようとせず、時々の政治に責任を転嫁して放棄してきた。今回の事件でも、部落差別を社会悪として断罪する法律がないことがその背景に横たわっている。差別は許されない社会悪であり、犯罪であるという国の姿勢がないことが、宮部のような反社会的行為を許してしまっているのであり、また裁判所が厳しく処罰できない法的な不備欠陥の原因になっている。

三つ目にこの裁判は、先輩たちの積み重ねてきた成果と行政や企業、宗教団体が積み重ねてきた部落差別をなくすための取り組みの成果を守る闘いだ。

戦後70年間、行政や企業、宗教団体、労働組合はそれぞれの立場で部落差別をなくすためにさまざまな取り組みをおこなってきた。いっぽう、全国水平社を引き継いだ部落解放同盟は、部落の住環境の改善や教育の向上などに取り組んで成果を上げてきた。われわれの先輩たちは、不当な部落差別と貧困をなくすために、文字通り血と涙を流してきた。宮部の所在地暴露は、戦前戦後を通して解放運動が勝ち取ってきた成果を破壊し、否定する行為であり、解放運動を冒瀆する行為だ。裁判は、解放運動が勝ち取ってきた成果を守る闘いだ。

最後に、この裁判は、差別者宮部を徹底的に糾弾し、社会的に追放する闘いである。差別を煽るこんな人物を放置してよいわけがない。いま直接裁く法律がないために、損害賠償請求というかたちで経済的な制裁を加える方法を取っているけれども、本来ならば、このような反社会的な差別者は重大犯罪人として刑事罰を科せられてもおかしくない。今回の裁判は、裁判を通じて宮部が侵している犯罪を徹底的に断罪し、社会的な制裁を加える闘いである。

おわりに

東京地裁における第2回口頭弁論が（２０１６年）９月26日におこなわれる。もちろん、裁判闘争だけが鳥取ループ糾弾の闘いではない。あらゆる手段を駆使して鳥取ループを徹底的に弾劾していかなければならない。具体的には、①法務省および地方法務局に対して、出版・掲載を直ちに停止するための強制的な措置をとるよう強く迫る、②出版・流通業界に対して、復刻版の出版・販売を拒否するよう協力を要請する、③インターネット関連事業者に対して、同和地区所在地情報はすべて削除するような措置をとるよう要請する、④政府に対して、「部落差別解消推進法」および同和地区所在地情報の出版・掲載を禁止する法律を早期に制定するよう働きかける、⑤都道府県・市町村に対して、政府や法務局に出版・掲載の即時停止措置や禁止法の早期制定を求めるよう働きかける、⑥同じく同宗連や人企連、共闘会議など関係団体に対して、政府や法務局に出版・掲載の即時停止措置や禁止法の早期制定を求めるよう働きかける――以上の闘いを進めよう。

　鳥取ループ糾弾のこの裁判には、解放同盟はもちろんのこと、差別のない社会の実現を目指して努力を重ねてきた地方自治体や企業、宗教団体などから大きな注目が集まっている。その意味でも絶対に負けられない裁判だ。全国の原告はもとより、各都府県連や関係諸団体は差別糾弾の闘いとしてこの裁判闘争に起《た》ち上《あ》がろう。

第2　「全国部落調査」復刻版出版差し止め裁判の現状と課題

鳥取ループ・宮部龍彦による「全国部落調査」出版・ネット掲載という前代未聞の不法行為を弾劾する裁判は、提訴から1年半が過ぎた。（2017年）9月25日には第6回の口頭弁論が東京地裁で開かれ、裁判は今後、証人尋問を経て来年以降には判決が出される見通しとなった。そこで、これまでの裁判の経過および争点について整理し、今後の裁判闘争の課題について提起したい。

1　裁判の経過

最初に、簡単に裁判の経過を辿《たど》ってみたい。

発端となったのは、2016（平成28）年2月はじめのネットへの情報掲載からである。鳥取ループこと宮部龍彦は「全国部落調査 復刻版」の出版・販売を予告し、予約の受付を始めるとインターネットに掲載した。部落解放同盟は、すぐに本人に対して出版をやめるよう申し入れたが、宮部がやめようとしないために3月9日に西島書記長が都内で直接、宮部龍彦本人に会い、出版をやめるように厳しく追及した。しかし、宮部はこれを拒否した。

このため、中央本部は出版禁止の仮処分を申し立てることを決め、3月22日に横浜地裁に仮処分を申し立て、横浜地裁は3月28日に出版禁止の仮処分決定をおこなった。

いっぽう、宮部が「復刻版」の中身である全国の部落の所在地一覧のインターネットへの掲載を続けていたため、4月4日にウェブサイト掲載禁止の仮処分申立を横浜地裁相模原支部におこなった。相模原支部はわれわれの申立を認め、4月18日にウェブサイトへの掲載を禁止する仮処分決定をおこなった。

●東京地裁へ正式な裁判の訴え

仮処分決定を勝ち取ったが、仮処分はあくまで「仮」の判断である。完全に止めるためには正式な裁判（本訴）が必要である。そのため、解放同盟は4月19日に東京地裁に民事訴訟を提訴した。訴状では、①「全国部落調査」の出版差し止め、②ウェブサイトの削除、③損害賠償を請求した。損害賠償については、出版およびウェブサイトでの公開によって、①差別を受けない権利、②プライバシー権、③名誉権が侵害されているとして1人110万円の損害賠償を請求した。損害賠償の請求は、やめさせるために経済的な制裁を加えるためである。

裁判の原告については、各都府県連を通じて、宮部がネットに掲載した「部落解放同盟関係人物一覧」に名前を載せられた人たちに働きかけ、原告を募った。その結果、全国の30都府県から、211名が手を挙げ、原告になった。また、団体として部落解放同盟も原告になることにした。その後、追加で36人が原告に加わり、247人＋解放同盟で248人が原告となって、7月5日の東京地裁の第1回裁判に臨んだ。

2　宮部の主張と原告の反論

2016（平成28）年4月19日の提訴以来、5回の口頭弁論が開かれたが、宮部は、裁判のなかでどういう主張をしているのか。次に彼の主張を紹介したい。宮部の主張といっても、例えば、「（解放同盟は）被差別部落民なる身分を裁判所に認めさせようとしている」などという、いちいち答える必要はないような荒唐無稽な主張が多いので、無視してもいいと思うが、裁判では、例え支離滅裂な主張であっても応答しなければならない。もちろん、われわれは「身分」を認めるようなことを裁判所に要求していない。けれども、それでは「逃げている」と見なされることになるので、しかたなく応答しなければならない。そこで、宮部が答弁書や準備書面などで繰り返し述べている主張を取り上げて反論しておきたい。

彼が裁判所に提出した書面で繰り返し主張しているのは、大体以下の9項目である。

●「被差別部落出身者の定義がない」

まず、1点目は、被差別部落出身者の定義がないから原告の資格はないという主張である。

宮部は、「被差別部落出身者という身分は、法律上存在していないし、また社会的にも学術的にも定義が定まっていない」（準備書面1＝以下、準1）と述べたうえで「従って解放同盟らが被差別部落出身者であることはあり得ない」と述べて、原告の適格を欠いている、つまり原告の資格はないと繰り返す。

もちろん、今の日本に法律上の身分が存在しているわけはない。憲法は第14条で「法の下に平等」と言っており、法律上「身分」が存在しないことは当たり前で、身分があったのではとんでもないことになる。しかし、だからといって差別を受けている同和地区がないとか、被差別部落出身者は存在しないということにはならない。実際に差別を受けている地域は存在しているし、差別を受ける同和地区出身者も存在している。定義が定まっていないから差別はないとか、差別される人間がいないということは、現実を無視した妄言だ。法律上は平等でも実際には差別は存在するのであり、また、定義がどうであろうと差別は差別として厳然と存在している。

余談になるが、宮部はこの主張に関連して、解放同盟のなかには部落の出身でないものもいるし、同和事業の恩恵に浴したいから部落民を名乗っているニセの部落民もいるなどを事例にあげ、被差別部落出身者といっても実に「いい加減なもの」（準3）であると繰り返し述べ、「いい加減なもの」だから被差別部落出身者はいないとか、原告の資格はないと話をすり替えている。もちろん解放同盟は、部落出身者でなくても運動の趣旨に賛同して加入したい人は参加してもらっているから、部落出身者ではない同盟員のいることは事実であるが、だから解放同盟全体が被差別部落出身者ではないとか、原告の資格はないというのは、まったくの話のすり替えである。

●「部落はなんども公表されてきた」

2点目は、部落はこれまでなんども公表されてきたから、「全国部落調査」を出版したり掲載することは問題ないという主張である。

宮部は、例えば『京都府未解放地区の生活実態調査報告書』（1953年）『大阪市同和事業促進協議会10年の歩み』（1963年）などいろいろな出版物をあげて、「『部落』あるいは『同和地区』の場所は、今まで何度も出版物などで公表されてきた。それらの多くは、行政機関や原告解放同盟の関係団体によるものである」（準1）といい、解放同盟は自分たちが出したものはよくて、解放同盟以外のものが出すものは差別だといって糾弾するというご都合主義な態度をとっていると批判している。

確かに前述の京都府未解放部落実態調査報告書には、京都府内の部落の地名が記載されているが、あくまでも同和事業を進めるうえで必要なかぎりで記載したものであって、「全国部落調査」のようにどこが部落かという観点で公衆に向かってただ部落の所在地を晒《さら》したものではない。また、掲載の内容は、都府県単位であったり、目的別に掲載されているのであって、宮部のように全国の所在地を一覧にして掲載しているわけではない。宮部の「全国部落調査」は、事業を推進するためのものではないし、研究を進めるためのものでもない。ただ全国の所在地一覧で部落を晒すだけのものである。

●「『全国部落調査』に地名が出ても差別されない」

3点目は、「全国部落調査」に地名が出ていても差別の象徴にはならないという主張だ。

宮部は「部落の地名の公表等により実際に権利侵害を受けたというが、そのような事実は存在しない」（準2）と言っている。また「提訴から1年以上経過しているのであるから、憶測ではなく事例の一つでも出せばいい」（準4）と言っている。

さらに宮部は「単に全国部落調査に出ているから差別対象になるという根拠はない」（準1）と言い、

その事例として、富山県を引き合いに出している。富山県は「全国部落調査」に地区名が出ているが、同和地区指定をやらなかったし、解放運動がなかったから差別はなくなっているというのである（これについては後ほど反論する）。そのいっぽう、大阪のある部落を事例にあげて、そこはゴミだらけだから差別されると言い、「部落における原告解放同盟の活動や同和行政のやり方自体が異常・異様であるから嫌われるのであって、部落だから差別されるわけではない」（準1）という。しかし、「部落地名総鑑」事件に代表されるように、部落の所在地の公表によって差別が助長されることは、過去の事例から明白だ。2011（平成23）年のプライム事件や2013（平成25）年の住宅販売会社調査事件では、結婚の際の身元調査等や住宅を取得する際に同和地区の調査がおこなわれている実態が浮き彫りになったが、所在地の公表が差別的な身元調査や地区調査に悪用されることは火を見るより明らかだ。

●「『寝た子を起こす』ことを奨励してきた」

4点目は、解放同盟自身が「寝た子を起こす」ことを奨励してきたではないかという主張だ。宮部は、解放同盟は「『寝た子を起こす』と称して部落の場所や部落民を明らかにすることを推奨してきた」（準1）という。

もちろん解放同盟は、部落の出身を隠して生きるのではなく、胸を張って生きようと呼びかけてきた。それは部落出身であることを卑下し、悪いことでもしてきたように隠している人が多い現状に対して、われわれの祖先はこの社会を底辺で支え、差別に負けずにたくましく生きてきたこと、また、近代に入ってからは日本における民主主義の発展や人権が尊重された社会を実現するために闘ってきた歴史を持っていることを伝え、一人ひとりが部落出身であることに誇りを持って生きようという狙いで呼びかけているもので、部落出身を晒すために「寝た子を起こせ」と呼びかけているわけではない。宮部は、「解放同盟は部落の場所や部落民を明らかにすることを推奨してきた」と言うが、部落を暴露するよう呼びかけているのではない、部落出身に誇りを持とうと呼びかけているのだ。自ら名乗るカミングアウトと第三者が晒すアウティングは全然ベクトルが違うのだ。

ちなみに、部落の出身を隠しているものが多いのは、差別がないからではなくて、まだ差別があるからだ。部落出身者だとわかると差別されるおそれがあるために隠しているのであって、隠しているのは差別されたくないからである。

●「部落差別の基準はない」

5点目は、解放同盟は二言目には差別だ差別だと言うが、部落差別の基準はない。だから、部落差別はないのだという主張だ。

宮部は「何が部落差別であり、何がそうでないのか、明確な基準はない」（準1）ということを繰り返し述べ、解放同盟は「都合の悪いことは何でも差別」（準1）と言ってきたと批判する。また宮部は、「原告らが提出した『全国のあいつぐ差別事件』なる書籍は、原告解放同盟が、まさに主観的な立場から恣意的に何が差別であるかを判断して取捨選択しており、解放同盟の視点のみで書かれたものである」（準3）と言っている。

もちろんわれわれは、なんでも差別だと言ってきたのではない。

多少解説する。部落差別は、「生まれ」もしくは「生まれた場所」が忌避や排除の対象となる差別である。２０１１（平成23）年に大阪府がおこなった人権意識調査では、「一般的に、世間ではどのようなことで同和地区出身者と判断していると思いますか。（○はいくつでも）」という設問がある。これに対して、「本人が現在、同和地区に住んでいる」と回答した割合が41・４％ともっとも高く、次いで「本人の本籍地が同和地区である」が31・８％、「本人の出生地が同和地区である」が30・２％となっている。それ以外にも「父母あるいは祖父母が同和地区に住んでいる」30・２％、「父母あるいは祖父母の本籍地が同和地区にある」22・５％、「父母あるいは祖父母の出生地が同和地区である」22・１％、「職業によって判断している」13・５％となっている。

これを見ると、国民は一般的に、部落と呼ばれる地域に住んでいるもの、またはそこにルーツを持つものを「同和地区出身者」と見なしていることがよくわかる。実際、経験からいっても、差別の対象となるのは現に部落に住んでいるものだけではない。いまは住んでいなくても部落で生まれたものや、親や何代か前の先祖が部落で生まれ、その後部落から出ていって、いまは部落と直接つながりがなく生活しているものまでが、結婚や就職で差別の対象になっている。身元調査がしばしば問題になってきたが、身元調査を必要とするのは、その相手の親や先祖の出身地を調べたいからだ。ここでは部落と呼ばれる土地に住んでいる、または住んでいたことが問題になるのである。そういう意味で、部落差別は部落と呼ばれる「土地」にルーツを持つ人間への差別である。だからこそわれわれは「全国部落調査」を問題にするのである。また、全国の所在地＝すなわち「土地」を執拗に晒そうとする宮部の行為を、差別を助長・拡散する犯罪として糾弾するのである。

今回の裁判は、部落差別の核心であるこの「土地」と「生まれ」を暴露する宮部の行為に対する闘いである。それを「定義がない」などとごまかし、すり替える宮部は絶対に許されない。

●「隣保館が目印になっている」

6点目は、隣保館や改良住宅が目印になっているから、いまさら同和地区を隠しても意味はないという主張だ。

宮部は、「同和対策事業で作られた施設が同和地区の目印になっている」（準1）と言い、全国にある900の隣保館や教育集会所、改良住宅などをあげて、同和地区の場所の目印になっているから誰にでもすぐにわかる、だから隠しても無駄だと言う。また、その一覧が全国隣保館連絡協議会などから出版されているのだから、それを見れば同和地区はすぐにわかる。解放同盟は、全隣協が一覧表を出すのはよくて、宮部が出したら差別だと言うのは解放同盟のご都合主義で、許せないと主張する。

しかし、もちろん全隣協は、全国の同和地区の所在地を晒すために冊子に一覧表を載せたわけではない。全隣協の情報交換と活動の活性化のために冊子を作成したのである。

そもそも隣保館や集会所は、同和地区の目印にするためにつくったものではない。隣保館は住民の福祉や交流のためにつくった公共施設であり、集会所も人権教育の推進の拠点としてつくられた公共施設である。そのため、公共施設として利用者の便宜を図るためにホームページなどに掲載するところが多いが、それは周辺の住民の利用の便宜を図るために掲載するのであって、差別を奨励するために掲載するのではない。同和地区の所在地を調べようとする差別的な意図をもった人間が、その視線で眺めれば同和地区の目印になるかも知れないが、隣保館や集会所は差別の目印ではない。

●「出版禁止はもはや意味がない」

7点目は、インターネットの普及によって出版禁止はもはや意味がないという主張だ。

宮部は、最近はインターネットの検索によって部落の所在地は簡単に見つけられると言い、「最近の技術進歩が著しいAIを利用して過去の文献から部落の地名を自動的に収集することも考えられ、この流れは誰にも止められないのであって、原告等の詭弁《きべん》は崩壊する」（準3）という。そのうえで彼は、流れは止められないのだから「出版禁止はもはや意味がない」（準1）と開き直っている。

他人事のように言っているが、宮部こそがその情報を拡散させた張本人ではないか。仮処分で禁止されたあともそれを無視してネットに掲載してきたのは、宮部本人である。それを棚に上げて、よくまあ他人事みたいに「この流れは止められない」などと言えたものだ。盗人猛々《ぬすっとたけだけ》しいというのは、こういうやつのことを言うのだ。宮部が掲載しなければ、そもそも「流れ」自体が発生しなかったのだ。

●「同和地区Wikiは管理していない。『部落解放同盟関係人物一覧』は作成していない」

8点目は、「（「部落調査」を掲載している）『同和地区W.i.k.i』を、被告宮部龍彦が『運営管理』していた事実はない」と、自分が載せた事実を隠して逃げている点だ。また、「部落解放同盟関係人物一覧」というサイトがあるが、これも「どうやって作成されたのか被告らは関知しないところである」と逃げている点である。

この点ははっきりさせておきたい。インターネットの「同和地区Wiki」には、いまも日本中の同和地区が都道府県別、地図付きで掲載されている。これを掲載したのは宮部である。また、他人になりすまして追加の情報を記載したり、修正をおこなって、「同和地区Wiki」を実質的に完成させたのも宮部本人である。実際、宮部自身がホームページで2014（平成26）年5月に「同和地区Wikiを開設しました。まだほとんどコンテンツ（＊情報）がなく、これからが長い作業になりますす」と書き込んでいる。おそらくこのあたりから「全国部落調査」の一覧表の作業を始めたと思われるが、同年11月には「同和地区をすべて網羅して調査すべく『同和地区Wiki』を開設しました。言わば21世紀の全国同和地区実態調査サイト……」と書き込んであるから、すでに「全国部落調査」を入手して作業を進めたものと推測される。ところが宮部は、不法行為の責任を免れるために、卑《ひ》怯《きょう》にも「自分はそのドメインを持っているだけで、同和地区Wikiへの同和地区一覧の書き込みは、誰か知らない人間が」と逃げを打っている。ドメインとは、インターネットの所有者登録のようなもので、ドメインの登録者には宮部の名前と住所、電話番号が書かれている。ところが宮部は、登録はしているが、その運営管理はしていない、誰かが勝手に書き込んだものだと言うのである。しかし、である。悪いことはできないもので、弁護団が「同和地区Wiki」の利用者を調査したところ、2016（平成28）年3月29日現在で「過去30日間に何らかの活動をした利用者一覧」が判明した。その結果、68回の利用者のうち65回が鳥取ループ・宮部の書き込みで、残りは別の1名であることがわかった。言い逃れはできない。宮部が書き込んだり、編集していたことは紛れもない事実なのだ。

また、「部落解放同盟関係人物一覧」というサイトがあるが、これも宮部が書き込んだり、編集したことが判明した。宮部は、ドメインは持っていたことは認めたが、関係人物一覧は「どうやって作成されたのか被告らは関知しないところである」（準1）と空とぼけたことを言っている。

ところでこの人物一覧には、原告となった247人の住所や名前が書かれているのだが、裁判の始まる前の段階では、名前や住所にはかなり間違いがあった。247人のうち149名の住所や名前が違っていた。ところが、原告が東京地裁に訴状と委任状を提出したあと、すぐに正しく訂正されたのだ。では、誰が訂正したのか。それも訴状を提出したすぐあとの数日間で。それができるのは、裁判所から原告の委任状を受け取ることができる唯一の人物、宮部以外にはない。

ここは少し補足が必要だ。一般的に裁判では、第三者も裁判所に申請すれば原告・被告の住所や氏名を見ることができることになっているそうだ。だから今回の裁判でも、通常の手続きをとれば原告の一覧は見ることができる。しかし、今回の裁判では、原告247人の住所がそのまま同和地区の所在地一覧のような資料になり、それが宮部などに悪用されかねないことが強く懸念された。そこで弁護団は、原告の個人情報が悪用されるのを避けるために、裁判所に閲覧制限を申請し、裁判所もそれを認めて閲覧を制限した。原告の住所や氏名は、見られないようにしたのだ。そのうえで弁護団が裁判所に確認したところ、裁判資料は誰も閲覧していないことがわかった。原告の氏名や住所は誰も見ていないのに、すぐに原告の住所や名前が正しく訂正された。それも247人のうち149人がすぐに正確に訂正された。これは裁判資料を見ることができる者、すなわち宮部しかいない。弁護団は決してわなを仕掛けたわけではないが、まんまと宮部が墓穴を掘ったのだ。こうしてネットの部落解放同盟人物一覧を作成していたのは、宮部であることが白日の下に暴露された。宮部は「どうやって作成されたのか被告らは関知しないところである」（準1）などととぼけたことを言っているが、もう言い逃れはできない。

●「学問・言論の自由の侵害だ」

9点目は、言論の自由の侵害だと言っている点だ。宮部は、「地名やその地域の特徴・歴史が住民のプライバシーに当たると言うのであれば、およそ歴史・地理・地誌の研究は不可能であり、学問の自由を著しく制限することになる」（準1）、また「プライバシーを口実に、部落問題に関する言論全体を支配しようとしている」（同）と言っている。

しかし、これはまったく詭弁だ。そもそもこの訴訟は、部落問題についての学術的な考え方や言論の自由の在り方を議論する訴訟ではない。宮部の所在地公表によって起きる人権侵害の被害を最小限に食い止めようとする訴訟である。公表が人権侵害を引き起こすことにつながる地名一覧の公表を阻止するための訴訟である。宮部が公表している「全国部落調査」は一般的な地名ではない。被差別部落の一覧表であり、差別を助長・拡散する地名情報である。

この点を棚上げして、地名一般に解消し、「地名やその地域の特徴・歴史が住民のプライバシーに当たると言うのであれば、およそ歴史・地理・地誌の研究は不可能」などと詭弁を弄している。

被差別の地名一覧が身元調査の商品として高値で売り買いされた「部落地名総鑑」事件を忘れたわけではないだろう。「部落地名総鑑」は、差別を助長拡散する差別図書として回収され、焼却処分されている。被差別部落の所在地は単なる地名ではなく、そこに住む人たちの人権を侵害する地名なのである。宮部は、言論の自由と言うが、そもそも人権を侵害する言論は、言論の自由によって保護されない。

●「公表の正当化」

以上、裁判における宮部の主な主張を取り上げたが、その結論として宮部は、部落の所在地一覧を公表することが部落問題の解決になると主張している。

宮部は、自身の主張の結論として「従って、部落に関する情報を徹底的に暴露して拡散し、部落問題に関する知識や議論の不平等をなくし、誰が『部落出身者』なのかという設定がいかにデタラメであるかを明らかにし、問題を『閉じ込める』封じ込めるのではなくて『希釈』することにより解決するしかないというのが、いかに部落問題を解決するかという問題についての被告等の結論である」(準2)と述べて、公表することを正当化している。また、地名の公表に反対していることを「部落の問題を解消するために、全国部落調査を秘密にするということは、全く無意味などころか有害である」(準3)とまで言い切って、公表に執着している。

さらにそのような立場から「被差別部落を訪れ、写真を撮影し、それをインターネットに晒すこと」を周辺の人間に「奨励している」(準2)と述べ、実際『在日と部落』などのゴミ本を発行し、インターネットに掲載している。

繰り返し述べてきたように、公表は、差別が現に存在している社会においては差別の助長であり拡散である。公表が「問題の解決になる」などということは全くの詭弁である。それがわかっていながら、公表を自己目的にして所在地情報を執拗に掲載する宮部の行為は、文字通り差別の煽動である。宮部は、部落差別の確信犯であり、差別の煽動者である。

3　差別の煽動者・宮部

裁判で宮部がおこなってきた主な主張を見てきたが、率直にいって、支離滅裂で反論するに値しない屁理屈ばかりだ。ところで、繰り返して述べている彼の主張をよくよく読んでみると、宮部の本質が浮かび上がってくる。では、宮部の本質とは何か。結論からいえば、差別を正当化する部落差別の確信犯であり、部落の所在地の暴露に執着する差別の煽動者である。そのことを証明しておきたい。

●差別の事実の否定

宮部を差別の煽動者だと決めつけるにはいくつか理由がある。そのひとつは、宮部が部落差別を事実において肯定していることだ。

例えば代表的に、「部落地名総鑑」に対する宮部の態度がそれだ。宮部は、「部落地名総鑑」を是認し、地名総鑑は差別図書ではないと言っている。

知ってのとおり、「部落地名総鑑」は身元調査のための資料として作られたものだ。8番目の地名総鑑の序文は、「解放同盟の解放運動の展開と、内閣同和対策審議会の同和政策などにより、……戸籍閲覧・交付の制限……など、差別に対する防御策がとられ」と述べたうえで、「大部分の企業や家庭に於《お》いては、永年に亘《わた》って培われて来た社風や家風があり、一朝一夕に伝統をくつがえす訳にはまいりません」「このような悩みを、少しでも解消することが出来ればと、此《こ》の度《たび》世情に逆行して、本書を作製する事に致しました」と明け透けにその目的を述べている。この事件では、法務省は地名総鑑を差別図書と規定し、回収したうえで焼却処分にしている。法務省、労働省、通産省、文部省など関連する諸省庁も許されない差別図書であると談話を発表し、通達を出している。

ところが宮部は、「1975年当時は『部落地名総鑑事件』の問題に関わらず、公然と身元調査・就職差別がおこなわれていた時代」であると言って、事実上、地名総鑑を擁護している。宮部は、「部落地名総鑑」は融和事業を進めるために作成した「全国部落調査」が元になっているものであるから差別図書とはいえないと言い、「部落地名総鑑なるもので騒ぐのが、いかに程度が低いことか」(準4)と述べ、地名総鑑は差別図書ではないと断定している。ここに差別を肯定する宮部の本質がよく表れている。「部落地名総鑑」は身元調査のために作成されたものであり、差別をネタに金儲けを企んだ人間が作成したものである。

「部落地名総鑑」だけではない。宮部は、同和地区を調べようとする身元調査や問い合わせについても、差別ではないと、これを擁護している。例えば、同和地区の問い合わせに対する彼の態度である。

「問い合わせ」というのは、市町村の窓口に電話をかけて、この住所が同和地区かどうか教えてほしいと問い合わせることをいうのだが、住宅や土地を買おうとする住民が、そこが同和地区ではないかを教えてほしいというものもある。なかには直接、市町村の窓口に来て問い合わせるものもいる。われわれは「問い合わせ事件」と呼んでいるが、最近、この問い合わせが増えている。この問い合わせに対しても宮部は、「そもそも行政に情報提供を求めることは国民の権利」（準3）と言って、それを正当化している。問い合わせは、同和地区を避けたいという一部の国民の差別的な心情が率直に表れたもので、行政に対する情報公開請求とは縁もゆかりもない。それを、言うに事欠いて「国民の権利」などと言うことはあまりにもふざけている。同和地区を調べて排除し、忌避することが国民の権利なのか。

また、33人が逮捕された戸籍の不正取得事件、いわゆるプライム事件に対しても「どのように部落問題と関係しているのか明らかでない」（準3）と述べて、あれだけ明らかな身元調査事件の差別性を否定する。

宮部はまた、結婚差別を実質的に肯定している。彼は「そもそも結婚自体が容姿、職業、経済状況、思想信条、宗教、家柄など憲法で差別されないと明記されているような属性や、個人の努力ではどうにもならない属性で決められるものであり、特に憲法で『両性の合意』のみが要件とされている以上、そこに部落差別が関係していても本人の判断に他人が介入することができない」（準3）と述べて、部落民であるから結婚したくないというのも「本人の判断に他人が介入することができない」とこれを肯定している。

結婚が「両性の合意」のみでおこなわれることはそのとおりだが、その「合意」を無理やり引き裂くのが部落差別ではないか。われわれは、家族や親戚縁者が介入して、無理やりに引き離す事例を山ほど見てきている。結婚させないために家族が家の中に軟禁したり、暴力を振るうということもめずらしくない。それが結婚差別であり、人権侵害だといってきたのだが、宮部は、仮にどのような背景や動機があっても、最終的に本人が結婚しないと決めたのだから差別とは言えないと容認している。

●五つの判決

宮部が確信犯であり、差別の煽動を目的にしている煽動者であるという二つ目の理由は、繰り返し裁判所から差別の助長になると批判されながら、同和地区の所在地の公表に執着している点である。

宮部は過去5回、裁判をやっている。いずれも同和地区の所在地や同和地区出身者の公表を求めた裁判だ。

時系列で見ると、一番最初の裁判は、２００７（平成19）年の鳥取県に対する情報公開請求である。宮部は、鳥取県知事に対し、部落解放鳥取県企業連合会による加点研修の実績報告書、受講者名簿などを開示請求した。県が一部を不開示とする決定をしたため、同決定を不服として鳥取地裁に取消訴訟を提起したが、鳥取地裁は、宮部の主張を認めず、請求却下の判決をおこなった。２００９（平成21）年2月13日には、広島高裁松江《まつえ》支部も、「受講者の役職」および「受講者の合否」についての開示請求については認めたものの、原判決を維持した。同判決は、「同和地区出身者に対する差別がなくなったとはいえない現状において、同和地区出身者により経営されていると認識された企業は、他の企業から取引の相手方として選択することを忌避されるおそれがないとはいえない」としている。

2番目の裁判は、鳥取市に対する情報開示請求の裁判で、2012（平成24）年3月に宮部は、鳥取市S地区の同和対策固定資産税減免の対象地域等の公開を求めて鳥取地裁に取消訴訟をおこなった。鳥取地裁は、被告宮部の請求を全面的に却下ないし棄却する判決をおこなった。同判決は、情報の不開示を適法とする理由として次のように述べる。

「（県がおこなった人権意識調査をみれば）鳥取県では、差別意識がなくなったとはいえない状況にある。このような現状に鑑みれば、仮に、被告が、前記のような特定の地区と結び付けた上でなされたような公文書開示請求に応じ、結果として地方公共団体である被告（鳥取市）が、特定の地区を同和地区であると解していることを表明することになれば、特定の地区の居住者及び出身者が差別にさらされるおそれがある」とした。また、「同和地区に住所を有する住民が自ら自分の情報を公表していくことと、住所を有しない者がそのような境遇にある者の情報を公表することは、局面が全く異なる行為であって、前記のような見解が存在することをもって、特定の地区が同和地区であることを被告が公にすることが許容されるとはいえない」と述べ、自らが名乗るカミングアウトと他人が晒すアウティングとは全く異なるとして、被告宮部がそのような勝手な公表をすることは許されないとした。宮部は控訴したが、2013（平成25）年10月9日、広島高裁松江支部は、原判決と同様の理由から控訴を棄却した。同判決を受けて宮部は上告したが、最高裁は上告を棄却し、原判決が確定した。

3番目の裁判は、鳥取市に対する住民訴訟および文書提出命令申立の裁判で、2012（平成24）年、宮部は、鳥取市A地区の同和対策固定資産税減免部分の徴収を怠ることが違法であること等の確認を求めて、鳥取地裁に住民訴訟を提起した。しかし、2015（平成27）年6月、鳥取地裁は、訴訟要件を満たしていないとして請求却下判決を下した。宮部は、控訴、上告をするも、高裁、最高裁も原判決と同じく請求を却下し、2016（平成28）年4月19日、原判決が確定した。この住民訴訟および文書提出命令申立は、被告宮部の親族が原告となっているが、従前の経緯から見て、実質的に訴訟を起こしたのは宮部である。

4番目の裁判は、滋賀県に対する情報公開請求で、宮部は、滋賀県の地域総合センター（隣保館・教育集会所）の施設の名称や所在地等の「要覧」等の開示請求をした。しかし、最高裁は2014（平成26）年12月に次の理由等から宮部の請求を棄却した。

「（情報の公表は）当該各地区の居住者や出身者等に対する差別意識を増幅して種々の社会的な場面や事柄における差別行為を助長するおそれがあり、ひいては、前記2(7)のとおり人権意識の向上や差別行為の根絶等を目的として種々の取組を行っている上告人の同和対策事業ないし人権啓発事業の適正な遂行に支障を及ぼすおそれがあるものというべきである」

5番目の裁判は、2013（平成25）年に大阪法務局を相手に起こした裁判だ。

宮部が、本人が運営するブログに大阪の同和地区マップを掲載したために、大阪法務局が宮部に対して大阪同和地区マップ等の削除要請をしたのであるが、宮部は逆に、大阪同和地区マップ等について法務局が取得した情報の開示を求めた。これに対し、2013（平成25）年7月に東京高裁は請求を棄却する判決をおこない、最高裁も上告を棄却し、原判決は確定した。

以上のように過去5回、宮部は、部落の所在地に関する情報の収集に執着して裁判を起こしてきたが、ことごとく敗訴してきたのである。いずれも判決理由は、部落差別の現実を前提として差別が助長されるおそれがあるという認識に立った判断であった。

しかし、こうした判決を言い渡されながらも、宮部はいっこうに反省しようとせず、同和地区の所在地の公表に執着し、裁判所が懸念したとおり、「全国部落調査」を発見するや否や、自ら現在の地名と照合しやすいようにする等の加工をしたうえで、インターネット上で晒す行為に及んだのである。

宮部の一連の行動からは、彼が単なるマニアではなく、同和地区の所在地を晒すことを自分の目的にしていることがよくわかる。1度や2度ならまだしも、5回にわたって裁判所から「差別の助長になる」と指摘されているにもかかわらず、これを繰り返すことは、文字通り差別の煽動者だといわなければならない。

4　解放同盟への反発・憎悪

●解放同盟への反発と憎悪

宮部はなぜこのような行為を繰り返すのか。よくわからない点もあるが、大きな理由は解放同盟への反発と憎悪だといってよい。

宮部は、「部落における原告部落解放同盟の活動や同和行政のやり方自体が異常・異様であるから嫌われるのであって、部落だから差別されるわけではない」（準1）と、差別の原因を解放同盟や行政のせいにしている。また、宮部は「原告らの意に沿うものは見逃し、意に沿わないものは排除する」、「原告等には『部落民は正しくて、一般民は差別者なのだから、被差別部落出身者を自称すれば優位に立てる』という歪《ゆが》んだ意識がある」（準3）、「部落民を標榜《ひょうぼう》し、他人を差別者呼ばわりし、出自だけを拠《よ》り所《どころ》に常に『被差別者』の立場に身を置こうとする原告等の考えは、卑怯で卑屈で誤った考えだ」（準4）と、あらん限りの罵詈《ばり》雑言《ぞうごん》を解放同盟に浴びせる。

しまいには、「被差別部落出身者を自称し、都合が悪くなれば『差別だ！』と凄《すご》めば何でも通ってしまうという『部落差別の実態』があるから、原告（宮部）のような者がでてきてしまうのである」（準2）と、自分の行為を正当化している。

いっぽう、同和行政に対しても口を極める。差別が残っているのは、同和行政にも原因があると言い、「部落解放運動や同和行政の在り方が新しい部落差別の要因である」（準3）と、地対協意見具申を全面的に引用して、解放運動と同和行政を非難する。

地対協意見具申については、解放同盟として反論の冊子を出しているのでそれを参考にしてほしいが、糾弾が差別の原因だという意見はとうてい納得できない。

ところで、解放運動や同和行政を批判するのは、宮部だけではない。大先輩として共産党は30年以上前から解放同盟を批判し、同和行政を批判してきた。批判されるのはうれしくはないが、批判が批判であるかぎり、われわれは甘んじて受けて立ってきた。しかし、今日、宮部がおこなっているのは批判でも何でもない。部落の所在地の「晒し」であり、差別の助長であり煽動だ。

●反発の原点

宮部は、なぜここまで反発し、部落の公表に執着するのか。裁判所に提出している宮部の書面を読むかぎり、反発は宮部の鳥取時代の体験から始まっているように見える。

宮部は、近くに同和地区がある鳥取市の農村部のS地区に生まれているのであるが、同和地区が同和対策事業で改善されていく姿を見て、次のように述べている。「（S地区は八つの自治会に分かれていたが）そのうち1～4区が部落だということである。ただ、誰がどの自治会の所属か、地元の住民でさえ100％把握しているとは限らず、行政的な同和地区の呼称が『S地区』だったため、……よそからは『S地区の住民と言えば同和だ』と思われている状態だった」「それなのに、1～4区だけが同和事業の対象で（これは建前で、実際は解放同盟員の口利きだったり、役所をだまして同和対策事業を受ける1～4区以外の住民がいたが）、解放同盟の運動で差別する側、される側といった言い方をされる（これはあくまでも外向けの建前で、S地区住民の間ではそういうことは言わなかった）のには、非常に違和感があった」（準4）と述べている。

この記述からは、彼が、同和対策事業に強く不満やねたみを持っていることがうかがえる。また、事実関係は不明だが、同和地区住民でないものが同和対策事業を受けていることに強い不満を持っていたこともうかがわれる。こうした不満やねたみが、解放運動や同和行政への反発の原点になっているものと推測される。

というのは、宮部はその後、鳥取県と鳥取市を相手に情報の開示を求めて訴訟を起こすのであるが、最初の裁判は、鳥取県知事に対し、部落解放鳥取県企業連合会による加点研修の実績報告書、受講者名簿の開示請求である。これは、加点研修をした企業連の会員が公共事業の受注などで優遇されているのはおかしいという立場からの請求である。2番目の裁判は、鳥取市S地区の同和対策固定資産税減免の対象地域等の公開を求めた訴訟であるが、同和地区の住民が固定資産税を減免されていることに不満を募らせた立場からの訴訟である。3番目の裁判は、鳥取市S地区の同和対策固定資産税減免部分の徴収を怠ることが違法であること等の確認を求めた訴訟であるが、ここでも訴訟のポイントは、同和対策事業で同和地区の住民が税金の減免を受けていることに対する不満が原因となっている。これらの裁判の経過を見ると、宮部が同和対策事業で同和地区の住民が優遇されたり、恩恵に浴していることに強い不満や矛盾を持っていたことがわかる。

実際に優遇されていたのかどうかはわからないが、国が法律を作り、同和地区の改善や同和地区の中小事業者の育成を図るために融資制度を設けたり、県や市町村が固定資産税の減免などさまざまな事業をやったことは事実である。それらの事業は、政策的に同和地区の生活基盤を安定させ、中小企業者の育成を図るためにおこなったものであって、何ら非難されるものではない。災害が起きれば被災地にさまざまな支援策がおこなわれるが、同和対策事業も基本的には同じである。実際、例えば現在でも同和地区の土地の評価額が周辺に比べて低いのは全国共通の実態であり、それが差別に由来することは、2013（平成25）年に発覚した住宅販売会社の同和地区土地調査事件を見ても明らかである。この事件では、同和地区を避けるお客さんが多いので、同和地区の物件をなるべく買わないようにしていたのだが、そういう実態に踏まえて政府や自治体が諸施策をおこなったことは間違っていない。

話は幾分それたが、宮部の一連の訴訟は同和対策事業に対する不満から始まっている。こうした事実を振り返ってみると、宮部の行動の原点に、同和対策事業にからんだねたみ意識や不満があることは事実だ。

●部落に対する宮部の視線

解放運動や同和行政への反発とあわせてもうひとつ指摘しておきたいのは、部落に対する宮部の視線である。宮部は部落をどのように見ているのか、この点に触れておきたい。

彼はいくつかの具体的な部落の名前をあげて、「老朽化した公営住宅、不釣り合いな高級車、廃墟《はいきょ》と空き地、自動車の不法投棄、無許可で公営住宅を改造して店舗営業しているような実態がある部落」が見られると言い、「（このような）特定の部落について、周囲の人間が『ガラが悪い』と言っていても、見た目からして確かにそうなのである」「見た目からして確かにそうなので『ガラが悪い』という見方は否定できない」（準3）と述べている。

しかし、「ガラが悪い」というのは、あくまでも宮部の主観であって、宮部の眼にそう映るという以上のものではない。何をもってガラが悪いと言うのか。それこそ人によって受け止め方は違うのであり、「部落」という色眼鏡をかけて見れば何でも悪く見えるというのが、偏見の特徴のひとつだ。実際、それまで何でもなく付き合っていたものが、部落出身だと聞いた途端にこわい人間、悪い人間に見えて避けたり、それまで何気なく見過ごしていた地域が部落だとわかった途端にこわい場所に見えるという話を聞くことが多い。私の体験した事件のなかにも、車の解体業者は部落だと思い込んでいたために、部落とは関係ない解体業者を差別するという事例があった。いずれにしても、宮部は「ガラが悪い」から差別されても仕方ないと言うのであるが、それはあくまでも宮部の主観であって、自らの内側にある偏見を問わず語りに白状している。

●差別のある地域、ない地域

話はそれたが、宮部の反発の原点には、同和対策事業にからんだねたみ意識や不満と、解放運動に対する激しい反発が存在している。そのうえで宮部は、差別の原因は解放運動や同和行政にあると繰り返し、解放運動や同和行政をやめることが差別の解消になると主張する。

その場合、宮部は「部落差別が全ての部落に共通するものではない」「差別がなくなった地域もあるし、残っている地域もある」と述べ、事例をあげて持論の根拠にしている。差別が残っている部落というのは、先ほど述べたような「老朽化した公営住宅、不釣り合いな高級車、廃墟と空き地、自動車の不法投棄、無許可で公営住宅を改造して店舗営業しているような実態がある部落」（準4）だと言い、その反対に「差別がなくなっている部落」の代表事例としてたびたび富山県を引き合いに出している。彼は「富山県のように部落が多数あるにもかかわらず部落問題がほとんど残っていない県が存在する」「既に部落差別がほとんど解消された富山県のようなところで、単に住所が全国部落調査に載っていたところで気にする人はほとんどいないであろう」と持ち上げる。

富山県では差別がなくなっているというのは、まったく彼の勝手な思い込みで、なんの裏付けもない。詳しく紹介することはできないが、1975（昭和50）年には「被差別部落出身であることを知り、……妊娠している原告を中絶させ」「婚約を不当に破棄した」として、富山地裁が原告の女性の訴えを認めて損害賠償を命じる判決を出している。この裁判では、名古屋高裁金沢《かなざわ》支部も「婚約破棄の原因は、Aさんの父が被差別部落出身であると知ったことにあることと推認することができる」「そのような封建的因習に基づくBの偏見が婚約破棄の正当な理由となるものでないことは言うまでもない」と判決を出している。1980（昭和55）年には、女性の家族が猛烈に反対を続け、結婚を断念させ、子どもを堕胎させ、勤めていた金融機関をやめさせ、家に閉じ込めるという事件が報告されている。この事件では、真宗大谷派の僧侶が何度も説得に当たったが、女性の家族は反対をやめず、最終的に僧侶の立ち会いで2人は結婚している。差別がなくなっている地域として、宮部は富山県を代表にあげているが、その富山県も以上のような実情なのだ。

●宮部の「解放理論」

宮部が繰り返し主張しているのは、解放運動をやっているから差別が残るので、やらなければ差別はなくなるという単純な理屈だ。差別がなくなった地区と残っている地区を勝手に並べて、こうした違いが出るのは解放運動や同和行政の在り方が原因になっているからで、解放運動を盛んにおこない、隣保館や改良住宅を建てたところは差別が残っており、解放運動や同和対策事業をやらなかったところは、例えば富山県のように差別はなくなっている。だから、差別をなくすためには「解放運動をやめること、同和事業をやめること」と言う。これが宮部の部落差別の原因の捉え方のアルファでありオメガである。実際、宮部は「地上げによって住民が散り散りになればよい」「住民が解放同盟から離れて自立すればよい」と言っている。しかし、なぜわれわれが生まれ故郷を捨てなければならないのか、散り散りにならなければならないのか、解放運動をやめなければならないのか。差別している側の人間の変革を棚上げにして、されている側の人間に責任を取らせようとするのは、古今東西、先住民族や少数民族、あるいは少数者に対して使われてきた多数者側の論理である。最近ではミャンマーのロヒンギャに対する政策が代表だ。

差別されている側に問題があるから差別が残っているのだという主張は、宮部だけではなくてほかでもよく見かけるが、宮部がほかの人間と違っているのは、そのうえで「同和地区を晒すことが解放になる」というとんでもない理屈を持ち出して、全国の所在地一覧を公表することを正当化しようとしている点にある。しかも、それを「解放理論」と呼び、解放理論を完成させたと自画自賛するところに最大の特徴が見られる。

宮部は「被告らは過去の同和地区の地名に関わる行政訴訟や、さまざまな研究の結果……部落の地名を隠す行為こそ部落差別の原因であるという結論に至ったのである」（準4）と述べ、部落の地名を公表することが差別をなくすことにつながると強調する。さらに宮部は、「被告らの部落解放理論が原告解放同盟の理論をすでに超越している」「解放同盟は無論のこと、政府機関たる法務省をも凌《りょう》駕《が》する部落解放理論を完成させていた」（準4）と自画自賛している。なんとも笑わずにはいられない自己陶酔であることか。

●根本的な欠陥

宮部が、解放同盟を凌駕したという「解放理論」をあらためて批判しておきたい。

宮部の「解放理論」には、その前提になる認識において大きな特徴が三つある。欠陥といってもよい。

ひとつは、差別の現実、差別の事実をまったく見ようとしないことである。

部落差別の問題は、現実に起きている差別が出発点にある。解放運動であっても同和行政であっても、差別や格差があるから始まったのだ。しかし、すでに指摘したように、宮部は、「部落地名総鑑」や身元調査で被害は出ていないと繰り返し、結婚差別は「両性の合意」だから仮に差別があったとして本人の判断で結婚しなかったのだから差別を問えないとして、差別を容認する。彼は、差別の事実、差別の被害をまったく無視抹殺して認めようとしない。これが宮部の大きな特徴であり、いくら裁判所や法務省が差別の助長になると言っても、宮部は認めない。

宮部が差別の現実を無視するのは、差別の現実を認めてしまったのでは、「全国部落調査」の出版を正当化できないからだが、これがまずひとつ目の特徴である。

宮部のもうひとつの特徴は、解放運動や同和行政の必要性をまったく見ようとしないことである。

彼は差別の事実を認めないだけではなく、同和行政や解放運動そのものを認めようとしない。なぜ解放運動が生まれたのか、なぜいまもそれが続いているのか。なぜ国が同和行政をおこなったのか、それをまったく考えようとしない。解放運動や同和行政があるのは、残念ながら部落差別がいまだに存在しているからであり、教育や生活上の困難な課題を抱えた家庭が多いからだ。しかし、宮部は、それを見ようとしないで、解放運動が差別を作り出していると運動に責任を転嫁し、差別の事実を無視抹殺している。

もうひとつの特徴は、部落問題が部落外の住民の差別意識や忌避、排除の問題である点を見ようとしない点だ。

言うまでもないことだが、部落問題は、部落やそこに住む住民の問題ではあるが、部落を忌避し排除している部落外の国民の問題でもある。ところが宮部には、国民の側の問題性を見ようとする視点がまったく抜け落ちている。宮部は、国民の一部が偏見を持って部落を忌避し、排除している事実をまったく認めようとしない。ここに宮部の大きな特徴が見られる。

われわれは、今回の裁判で各地の意識調査を資料として裁判所に提出したが、宮部は「それは解放同盟や行政が自分たちに都合よくこしらえたデータだ」と切り捨て、調査結果をまったく無視している。現にある国民の偏見や忌避意識の事実を見ようとしないのだ。

5　相模原支部の7・11決定

　ところで、この裁判に大きな影響を与える重要な決定が２０１７（平成29）年7月11日に横浜地裁相模原支部から出された。この内容を紹介したい。

　宮部を相手にした本訴は現在、東京地裁で審理が続いているが、この裁判に関連して昨年（２０１6年）4月5日、損害賠償権の執行を保全するために、私が債権者（以下、債権者（片岡）と表記）となって、示現舎・宮部龍彦（以下、債務者（宮部）と表記）の所有する不動産（マンション）の仮差押え命令を申し立てていた。仮差し押さえの申立は、もちろん損害賠償の権利を担保するための措置である。東京地裁の本訴では「全国部落調査」の公表禁止と損害賠償を求めたが、仮に全面的に勝って損害賠償が認められたとしても、宮部に支払うだけの能力や資産がなければ何も賠償されない。そのために、彼が持っている財産のうち最も資産価値があるマンションを仮に差し押さえることにしたのだ。マンションの仮差し押さえであるから、何十人か住んでいるマンションの住民のうち、宮部の持ち分を差し押さえの対象として申し立てた。金なんぞ欲しいわけではないが、やめなければ住んでいるマンションから追い出すぞという解放同盟の怒りの表明でもある。

　この申立に対して横浜地裁相模原支部は3日後の4月8日に仮差押えを決定した。宮部は相当ショックだったと見えて、その後、ツイッターやウェブサイトで私の個人攻撃を繰り返した。また、２０１6（平成28）年12月19日に横浜地裁相模原支部に異議の申立をおこなった。

この異議申立に対して横浜地裁相模原支部は２０１７（平成29）年7月11日、債務者（宮部）の異議申立を却下し、仮差押えをあらためて認可する決定をおこなった。決定は、解放同盟側の主張をほぼ全面的に認め、債務者（宮部）の行為を「差別の助長」と述べ、また「不法行為」と厳しく弾劾したうえで、相模原支部がおこなった仮差押えの決定を再び認定した。現在、宮部とは東京地裁で争っているが、この先、東京地裁の本訴の裁判で、相模原支部のこの決定は内容的に非常に重要な意義をもつ決定となる。

●異議申立裁判の争点

横浜地裁相模原支部の仮差押え申立裁判では、次の3点が争点になった。

1点目は、債権者（片岡）が被差別部落出身者であるか否かについてである。債務者（宮部）は、「そもそも被差別部落出身者とはどのような人物を指すものなのか、その定義自体、厳密なものではない」として出身者であることを否定し、債権者（片岡）が勝手に「自称しているにすぎない」としたが、その当否を争った。

2点目は「同和地区Ｗｉｋｉ」ウェブサイトの管理責任についてである。債務者（宮部）は「同和地区Ｗｉｋｉ」ウェブサイト上に「部落解放同盟人物一覧」を掲載していたが、「誰でも自由に書き込みができるウェブサイトで、掲載者は不明であり」、自分は掲載していないと責任逃れをしていた。これに対して弁護団は、債務者（宮部）が管理しているウェブサイトであり、彼が掲載していると、その責任を追及した。

3点目は、プライバシー権、名誉権、差別されない権利の侵害の有無および損害賠償についてである。債務者（宮部）は、人物一覧を掲載したのは自分ではないし、また債権者（片岡）が解放同盟の役員であることは「公知の事実」だからプライバシーの侵害に当たらないし、名誉権が侵害されておらず、損害は与えていないから損害賠償する必要はないとしていることに対して、プライバシーの侵害、名誉権の侵害および損害を与えていることに対する損害賠償権を主張した。

●裁判所の判断

まず1点目の被差別部落出身者かどうかについて、裁判所は次のように判断を示した。

「陳述書によれば、……債権者（片岡）は子供のころから、被差別部落の出身者として嫌な思いをしてきたことがあり、面と向かって同級生から侮辱的発言を受けたことすらあった等と自らの経験を記載し、そのような屈辱的な思いがあって、学生時代から部落解放運動に参加するようになったこと等を記しているその内容は、十分に信用性があるというべきであって、債権者（片岡）が被差別部落出身者であることについての疎明は尽くされている」

そもそも、私が部落出身者であるかどうかを審理すること自体、ナンセンスな話であるが、裁判所は、部落出身であることについて宮部の屁理屈にいちいち対応するようなことはしなかった。私の陳述書を素直に読み、「疎明は尽くされている」とはっきり述べた。当然の判断である。

私は、差別されたことを自慢げに言うつもりはない。差別されてうれしいわけはないし、「俺はこんなふうに差別されたんだ」と言うこと自体、自分が惨めになるだけだ。しかし、今回、裁判長にはぜひ差別の現実を伝えなければならない。その思いで自分の体験を書いたが、素直に読んでくれたことを感謝している。

●ウェブサイトの管理者として掲載責任について

続いて2点目の争点について裁判所は、次のような判断をおこなった。まず「解放同盟関係人物一覧」を債務者（宮部）が最初に掲載したという点についてだが、この点について裁判官は、「（弁護団が提出した）資料だけからは、本件人物一覧表を最初に掲載したのが債務者（宮部）であることが疎明されたとは言いがたい。また債務者は、自らが『同和地区Wiki』の管理者であることも否認している」と述べて、宮部が最初に掲載したという弁護団の主張を退けた。しかし、裁判官は次のように述べて、はっきり宮部の責任を認めた。

「しかしながら、債務者（宮部）は、『同和地区Wiki』のドメインを所有し、自らこれを開設したことは認めている」、また債務者（宮部）は、「横浜地方裁判所相模原支部からウェブサイト上の記事の仮の削除を命ずる決定を受けた後には、示現舎名義のウェブサイト上に、『おそらく今度は間接強制がかけられるので、「同和地区・みんな」ドメイン及び筆者が対処可能なサイトは別サイトに転送しておきました。』とする記事を掲載している」「とすれば、少なくとも債務者（宮部）は、本件人物一覧表等が掲載された『同和地区Wiki』の記事について、これを削除したり、データの掲載停止を行うことが可能な権限を有していることは明らかであって、債務者（宮部）は『同和地区Wiki』の管理者であると認められる」

こう述べたうえで、「債務者（宮部）は、自ら開設した『同和地区Ｗｉｋｉ』に掲載された記事内容については、常日頃から十分にチェックし、把握していたものと考えられる」「かかる事情を前提とすると、管理者である債務者（宮部）としては、『同和地区Ｗｉｋｉ』のウェブサイト上に、他人の権利を違法に侵害している記事が掲載されていることに気づいた段階で、その管理者権限に基づき当該記事を削除するか掲載を停止する等、情報の送信を防止する措定を講じるべきなのであって、そのような措置を取ることなく放置した場合には、債務者自身が当該情報を掲載したと同視し得るものとして、当該違法な情報により生じた損害に対する賠償責任を負うものというべきである」

裁判官は、仮に債務者（宮部）が最初に掲載したものではなくても、これを削除したり、停止できる立場にあったのに、それを放置していたのだから、それは掲載したと同視できるとして、賠償責任を負うと判定した。極めて明快な判断である。実際には、宮部がやったことは間違いないのだが、それがインターネット上の情報からだけでは証明できないというジレンマはあったが、裁判官が判断したとおり、仮に掲載したことが証明できなくても、それをそのまま放置して掲載していた責任は問われる。放置していたのは、自分が掲載したのと同じだという判断は実に正しい指摘だ。

そのうえで裁判官は、踏み込んでプライバシーの侵害について次のように断定し、損害賠償の責任があることを結論づけた。

「人物一覧表は、部落解放同盟に関係する数百人規模の個人について、その氏名や住所、部落解放同盟における役職名、また人によっては電話番号、生年月日等の個人情報が表示されたものであって、これらの情報が個人のプライバシーに属するものであることは明らかであり、そのなかには債権者（片岡）の氏名、住所地、電話番号及びその所属する部落解放同盟における役職名も含まれていた」

「個人のプライバシーに属する事実を、本人の承諾なくインターネットで公開することは、プライバシーを侵害する違法な掲載であることも明らかである」

「債務者（宮部）が、管理者としての削除権限を有していながらも、この間『同和地区Wiki』から本件人物一覧表の削除をしなかったということは、結局のところこの間の債務者（宮部）が、自ら本件人物一覧表を掲載していたと同視できるものであって、少なくともその管理者として、その掲載内容によって生じた損害に対する賠償責任を生じ得るものというべきである」

宮部の行為は、明らかにプライバシーを侵害する違法な掲載であり、それによって生じる損害に対する賠償責任がある、という明快な決定であった。

●権利侵害の有無および損害額の相当性について

争点の3は、権利侵害と損害についてだったが、裁判所は次のような判断をおこなった。まず、部落差別の存在について次のように基本的な認識を示した。

「我が国では、同和地区出身者に対するいわれなき差別が長く続いてきた歴史があって、国家もその深刻重大な社会問題を抜本的に解決するために長年同和対策事業を進めてきたことは公知の事実である。それでもなお、近年でも、結婚の際の身元調査等によって同和地区出身者であることを知られれば、親戚らから結婚を反対されたり現に破談となったり、あるいは結婚や就職に先立ち、同和地区出身者か否かを調査するために戸籍を不正取得して興信所に売却する等の事件が起こったことがあって、一部の人々の間には、今なお同和地区出身者に対するいわれなき差別意識が厳然として残っていることが認められる。このような差別意識自体をいずれは完全に覆滅し、真に差別のない社会を築くためには、今後とも差別意識の表れとなるような言動や、差別的言動を増長させるような出来事を、排除するという努力を続けることが必要であろう」

極めて原則的で正当な認識である。裁判官が部落差別の現実や部落問題をどのように認識しているのかについては、正直なところ心配もあった。部落問題をどこまで知っているのか、現状をわかっているのか。過去の裁判では、裁判官といえども部落問題の認識には大きな較差《こうさ》が見られ、部落問題がよくわかっていない裁判官もいた。そういう経験から今回の裁判でもその点が気がかりであったが、横浜地裁の裁判官は部落問題についてはっきりした認識を示した。

裁判所は、「我が国では、同和地区出身者に対するいわれなき差別が長く続いてきた歴史があって、国家もその深刻重大な社会問題を抜本的に解決するために長年同和対策事業を進めてきたことは公知の事実である」と前置きしたうえで、「それでもなお、近年でも、結婚の際の身元調査等によって同和地区出身者であることを知られれば、親戚らから結婚を反対されたり現に破談となったり、あるいは結婚や就職に先立ち、同和地区出身者か否かを調査するために戸籍を不正取得して興信所に売却する等の事件が起こったことがあって、一部の人々の間には、今なお同和地区出身者に対するいわれなき差別意識が厳然として残っていることが認められる」と現状を的確に述べた。そして「真に差別のない社会を築くためには、今後とも差別意識の表れとなるような言動や、差別的言動を増長させるような出来事を、排除するという努力を続けることが必要であろう」と述べて、差別をなくすための運動や行政の取り組みの必要性を確認した。そのうえで鳥取ループ・示現舎の「全国部落調査」復刻版事件に対して損害賠償の責任があると判断した。

そして、「全国部落調査の内容を、不特定多数の者に広く知らしめようとする行為は、債務者に差別助長の意図があるか否かにかかわらず、実際には差別意識の形成、増長、承継を助長する結果となるであろうことは明らかであるし、そうなれば、差別意識や差別的言動を撲滅しようとしてきた国家やこれに添う活動をしてきた個人や組織の長年の努力を、大きく損なうこととなりかねない」と、鳥取ループの行為を弾劾した。

まさにそのとおりである。鳥取ループの行為は「差別意識の形成、増長、承継を助長する」以外の何物でもない。裁判官はこの点を厳しく指摘し、弾劾した。

また、名誉権の侵害と権利侵害について、「債権者が、同和地区出身者であることを摘示されることは、それによって、現に差別的取扱いを受けていなくとも、いついかなる時に、知人のみならず見ず知らずの第三者からさえも、差別的取扱いを受けるかもしれないという懸念を増大させ、その平穏な生活を脅かすものとなるという点で、その権利利益を侵害するものといえる」と述べ、プライバシー権、名誉権については「債務者が、……全国部落調査の存在を広く不特定多数の者に知らせたことは、……債権者が被差別部落の出身者であることを把握し得る情報が公開されたものにほかならない。かかる行為は、債権者のプライバシー権、名誉権、また差別行為を受けることなく円滑な社会生活を営む権利利益を侵害するものというべきである」と述べた。そして慰謝料について、「債権者が、被差別部落出身者として、過去には実際に不当な差別的取扱いや侮蔑的態度を受けた経験があることを考えると、仮に今現在は、債権者の出身地を知る者に被差別部落出身者であることを知られてしまったり、何者かから現に差別的取扱いを受けるといった具体的な支障が生じたものではなかったとしても、そのような危険にさらされたということだけで、著しい苦痛や不安を伴うものであることは十分理解できるところであり、その慰謝料額が２００万円となり得るものであることは疎明されているといえる」と述べて、損害賠償の請求権を認めた。

裁判官は、個人情報を掲載した宮部の行為を「不法行為」と呼び、損害賠償権を認めたうえで、これを被保全債権として、建物を仮に差し押さえた横浜地裁相模原支部の決定を「正当なものと認める」と結論づけた。実に明快な決定であった。この決定は、今後の裁判に十分に生かされなければならない。

6 裁判闘争の課題

最後に裁判闘争の今後の課題を提起して終わりたい。

まず1点目は、東京地裁の正式な判決で出版の禁止とネット掲載の削除を完全に実現することである。また、裁判の勝利を勝ち取って宮部に損害を賠償させ、制裁を加えることである。そのために、裁判官に対して、「全国部落調査」によってどのような被害が出るのか、差別の実態や原告の被差別体験を丁寧に説明することである。現在、原告は意見陳述書を作成しているが、さまざまな被差別体験が報告されている。裁判官がどこまで部落差別を理解しているのかわからないので、できるだけ具体的に説明することが重要だ。

●法務省（地方法務局）との交渉

2点目は、法務省との交渉をすすめ、法務省が「全国部落調査」復刻版の回収をおこなって、焼却処分にすることを実現することである。また、法務省が人権侵犯事件としてインターネット掲載の削除など強力な行政処分をおこなうことである。

何度か述べたが、「部落地名総鑑」事件では法務省は現物の回収をおこない、東京の焼却場で当時の松井委員長の立ち会いの下に焼却処分にした。しかし、今回、法務省の動きは全く鈍い。東京法務局が一片の「説示」を出して、宮部にやめるよう説示しただけで終わっている。なぜ法務省は放置しているのだ。この事件は、解放同盟vs鳥取ループの争いなのか。そうではないだろう。戦前であっても国が作成した「全国部落調査」が原因になっている事件ではないか。まずは、解放同盟が裁判を起こす前に、国が前面に出て厳しい行政処分をおこなうべきではないか。その気になれば、回収焼却処分だけでなく、出版業界に厳しく申し入れできるし、インターネットの関連事業者に対して削除を指示できるはずだ。国、法務局は、解放同盟vs鳥取ループの争いのように見て、高みの見物を決めているのではないか。国は当事者なのだ。

●インターネット関連事業者との交渉

3点目の課題は、インターネット関連4団体に部落差別情報の削除を実施させることだ。日本におけるインターネット関連事業者の多くが加入しているのは、①一般社団法人電気通信事業者協会、②一般社団テレコムサービス協会、③一般社団日本インターネットプロバイダー協会、④一般社団日本ケーブルテレビ連盟だが、この4団体は共同で「違法・有害情報対応契約約款モデル条項」を制定している。同条項の第1条は「禁止事項」のなかで「⑶他者を不当に差別もしくは誹謗中傷・侮辱し、他者への不当な差別を助長し、またはその名誉もしくは信用を毀損する行為」を禁じている。また、条項の解説では「他者に対する不当な差別を助長する等の行為には、以下が含まれます」として、「不当な差別的取扱いを助長・誘発する目的で、特定の地域がいわゆる同和地区であるなどと示す情報をインターネット上に流通させる行為」としている。この条項の解説は、昨年（2016年）の「部落差別解消推進法」の制定を踏まえて解説に加えられたものである。宮部の「全国部落調査」の掲載は、まさにこの差別を助長する行為に該当する。ネット関連事業者が今回の事件を重く見て、すみやかに禁止措置をとるように加盟事業者に要請することを急ぎたい。

●裁判闘争への支援運動を

第4の課題は、裁判に対する支援運動を広げることである。裁判は、宮部がおそらく最後まで争うことが予想されるので、まだ数年かかると考えられる。ところで宮部の行為は、戦後おこなわれてきた同和行政や同和教育、あるいは企業や労働組合がおこなってきたさまざまな部落差別をなくしていくための取り組みを台無しにする行為だ。したがって、行政も企業や労働組合も「当事者」または「被害者」と呼べなくはない。その意味で、解放同盟対宮部の闘いではなく、さまざまな団体と宮部の闘いでもある。関係している団体もこの裁判に関心を持ち、必要に応じて団体の声明発表や国・県への要請をおこなうこともあってもよいのではないか。この裁判は、戦後おこなわれてきた同和行政などの成果を守る闘いである。

●「同和地区所在地出版・掲載禁止法」（仮）の早期制定

5点目は、「同和地区所在地情報の出版・掲載禁止法」（仮）の早期制定を実現することだ。今回の裁判を通じて、同和地区住民の人権を守るための法律の不備が露呈した。実際、これほどあからさまな差別の助長行為に対しても、現在の法律では止めることも逮捕することもできない。「部落差別解消推進法」はできたが、このような差別行為を禁止するところまで踏み込んだ法律にはなっていない。そこで、あらためて「同和地区所在地情報の出版・掲載禁止法」（仮）の制定を国に働きかけ、全国の部落の所在地を暴露するような行為に対しては、ただちに刑事罰を科すような法律を求めて運動を進めることが必要になってきた。

まとめ

裁判の現状から課題までを追ってきたが、最後に、この裁判の意義をもう一度確認して終わりたい。

この裁判は、戦後おこなわれてきた国や地方自治体の取り組みの成果を守る闘いである。また、この裁判は、企業や宗教団体、労働組合の取り組みの成果を守る闘いであり、戦前戦後を通じておこなわれてきた部落解放運動の成果を守る闘いである。そして何より、この裁判闘争は、部落差別から同和地区住民の人権を守る闘いである。全国の仲間のみなさんがこの裁判闘争に起ち上がることを期待して筆を置く。

第8章　人権意識調査の結果と課題

〈解　説〉

私は、部落問題では意識調査が重要だと繰り返し主張してきました。意識調査を重要視するのは、「部落差別はもうなくなっている」という、昔からある迷信にちかい考え方に対する科学的な反論の根拠になるためです。いくら差別は残っていると説明しても納得しない人間には、数字で示すほかないのです。もっとも、数字を見ても納得しない人間は、最後まで納得しないかもしれませんが。それはともかく、意識調査を正しく分析することは、運動にとって極めて重要です。

第1節の「人権意識調査の結果と課題」は、2014年に埼玉県内の市町村がおこなった意識調査の結果を分析したものです。この調査は、身元調査や同和地区土地調査事件の反省からおこなわれたもので、同和地区に対する忌避意識が数字で示されています。

第2節は、2010年に埼玉でおこなった「中高校生の意識調査」の結果の分析で、この調査は同和教育の効果と必要性を裏付ける貴重な調査となりました。

第3節は、2014年に新潟でおこなった講演を載せましたが、「寝た子を起こすな」という考え方がいかに非科学的で間違っているのかを調査結果から説明したもので、学校における同和教育の必要性を数字で示したものです。この文章の後半には、1993年に総務省がおこなった全国規模の調査の結果の一部を掲載しましたが、解放新聞埼玉版に連載した「数字に見る部落問題」のうち、「どんな人が差別しているのか」の部分を付け足した文章です。少々古いですが、部落問題に対する基本的な意識状況を把握するうえで重要な調査でした。

第1　2014年人権意識調査の結果と課題

人権問題について住民がどのような意識を持っているのかを調べる人権意識調査が2014（平成26）年におこなわれた。2013（平成25）年に、先行するかたちで熊谷市《くまがや》と寄居町《よりいまち》が調査をおこない、続いて2014（平成26）年の10月から11月にかけて埼玉県内の56市町村がいっせいに調査をおこなった。その調査結果が2015（平成27）年3月に出そろった。そこで調査結果を分析するとともに、人権問題、とりわけ同和問題に関してどのような意識の特徴が見られるのか、また、何が課題として提起されているのかを述べてみたい。

1　調査にいたる経過と調査の概要

最初に、調査にいたる経過を説明しておきたい。というのは、今回の調査は身元調査および同和地区の忌避意識について調べるというはっきりとした目的をもっておこなわれたもので、それは調査に先立つ二つの事件の反省から企画されたものであるからだ。知ってのとおり、ここ5年の間に同和問題に関連して続けて二つの重大な事件が起こった。ひとつは、2011（平成23）年に発覚した身元調査事件で、もうひとつは、2013（平成25）年の住宅販売会社の同和地区調査事件だ。前者の事件は、当初プライム事件と呼ばれていたが、司法書士や行政書士が職務上請求書を偽造印刷して大量に戸籍や住民票を取り、それを身元調査に使っていた事件だった。名古屋地裁の法廷で主謀者の1人は「お客さんの依頼の85％から90％は結婚相手と浮気の身元調査だ」と言い、別の中心人物は「依頼の半分は結婚相手の身元調査だった」と述べた。

もうひとつの事件は2013（平成25）年に和歌山で発覚したが、中古住宅販売会社が物件を購入する際、同和地区かどうかを調べていた事件だった。社員は「以前、同和地区だと知らずに物件を購入したが、買い手がつかずに赤字を出した。その体験から同和地区の物件は買わない方がよいと考え、調べて記入した」と語った。2009（平成21）年の大阪における同和地区調査事件に続き、土地や建物の売買で不動産業者が同和地区を調査している実態があらためて浮き彫りになった。

●意識調査の実施要請

二つの事件の反省から、身元調査や同和地区調査を防止するための抜本的な対策や啓発が行政に求められた。しかし、どのような施策をおこなうにしても、身元調査や土地忌避の背景に何があるのか、市民の意識状況の把握が不可欠となる。そこで部落解放同盟県連は、2013（平成25）年度の市町村交渉で身元調査と土地差別の質問項目を含めた人権意識調査を実施するよう各市町村に要請した。また、2014（平成26）年4月には意見交換会を開き、意識調査の質問項目や時期、標本数などについて意見交換をおこなった。意見交換会では、先行して調査した寄居町が調査結果を発表し、それを参考に調査することが確認された。

●調査の概要

調査の概要は、次のようなものである。

①調査目的＝人権行政を推進するための基礎資料

②調査主体＝６ブロック市町村（北埼玉、埼葛《さいかつ》、北足立、入間《いるま》、比企《ひき》、秩父《ちちぶ》）＊熊谷市・寄居町は２０１３（平成25）年度先行調査

③調査対象＝各市町村に在住する満20歳以上の男女

④標本数

(1)熊谷市３８４人、(2)寄居町５２７人、(3)北埼玉１１０８人、(4)埼葛９６０人、(5)北足立２７４７人、(6)入間１０５６人、(7)比企４２４人、(8)秩父３９８人

⑤抽出方法＝住民基本台帳からの層化無作為抽出（２０１４年10月１日現在）

⑥調査方法＝郵送による調査票配布回収

⑦調査期間＝２０１４年10月〜12月（熊谷市２０１３年９月〜10月／寄居町２０１３年10月）

⑧調査項目（略）

2　同和問題に対する意識の特徴

以上のような経過をたどって調査が実施されたが、ブロックごとの調査となったために調査項目が地域によって若干異なるところが出てきた。しかし、全体としてはおおむね統一された調査となった

表1　関心度・最初の情報

	質問項目	北埼玉	埼葛	北足立	入間	比企	秩父	熊谷	寄居
関心度	一番関心がある人権問題	障がい者	障がい者	インターネット	障がい者	障がい者	障がい者	子ども	障がい者
	同和問題の関心（順位）	7位	10位	9位	11位	9位	9位	7位	6位
最初に聞いたのは	学校の授業で教わった（%）	36.8	31.9	×	30.5	37.0	44.0	34.4	29.4
	家族から聞いた（%）	25.7	16.5	×	14.5	19.8	17.3	31.3	34.2

といってよいだろう。そこで、同和問題に関連した項目に絞って調査結果を見ていきたい。各地域の意識調査結果を見ると、次のような特徴が見られる。

●関心は低い

まず1点目は、同和問題に対する関心が低いことである。**表1**を見てもらいたい。どこの地区の調査も、質問の最初に関心のある人権問題は何かと聞いている。いずれも該当するものすべてにマルを付けるようになっているが、その結果、一番関心があるのは八つの調査地区のうち6地区で「障がい者」となっている。北足立、熊谷は第1位ではないが、「障がい者」は北足立3位、熊谷2位である。しかし、同和問題については、表に示したように、いずれも6位以下である。ほとんどの地区では、女性、子ども、高齢者、インターネット、北朝鮮の拉致、災害時の人権などの後に同和問題が出てくる。同和問題については、関心度が低い。これが特徴のひとつである。

ところで、関心が低いということは差別がないということなのか。世間には「差別がないからだ」と言うものがいるが、私はそうは思わない。なぜなら、関心はないけれど、同和地区やその住民を忌避する意識はしっかり存在しているからだ。この点はあとで取り上げようと思うが、住民の多くは同和問題に関心はないが、同和地区の人との結婚は避けたい、同和地区やその周辺に住むことは避けたいと回答している。

関心について少し踏み込んでいえば、人権問題の関心度は、自分もしくは家族が将来当事者になる可能性がある問題が相対的に高くなっている。障がい者への関心が一番多いのは――もちろん、障がい者への理解や認識が向上してきたことも手伝っているが――、自分自身も交通事故や病気で障がい者になる可能性があるという意識の反映ではないだろうか。子どもや女性、高齢者への関心も、自分や家族が将来においていじめや差別や虐待の対象になる可能性を否定できない。そう考えた場合、同和問題や外国人の人権は、将来ともに対象者になることがないため、関心が薄くなっていると思うが、どうだろうか。

●学校の授業で教わった

第2の特徴は、同和問題を最初に聞いたのは「学校」がもっとも多く、次いで「家族」となっていることだ。

表1の下段にあるように、北足立を除いて、どの地区も「同和問題を初めて知ったきっかけはなにからですか」と聞いている。これに対する回答で一番多いのは、「学校の授業で教わった」で、寄居町を除いてどの地区も「学校の授業」と回答しているものが圧倒的に多い。おおむね3割から4割が学校の授業と答えている。この点については、2010（平成22）年の中高生を対象にした調査では

表2 同和問題の認識

	質問項目	北埼玉	埼葛	北足立	入間	比企	秩父	熊谷	寄居
同和問題の認識	どのような問題が起きているか(1位)	結婚	結婚	就職不利	結婚	結婚	結婚	結婚	×
	同(2位)	交際	身元調査	結婚	交際	交際	身元調査	日常付き合い	×
	同(3位)	身元調査	就職	職場	就職	身元調査	交際	居住生活環境	×

もっとはっきりしている。中高生のおよそ8割は「学校で聞いた」と答えている。

ところで、世間には「知らない子どもに教えるな」「知らない子どもが差別するようになる」などと、人権教育や同和教育を否定するものが結構いるのだけれども、それはとんでもない錯誤で、何の根拠もない迷信だ。「学校できちんと教えるべきである」「学校できちんと教えないから、学校外の誤った情報が刷り込まれるのだ」というのが私の持論だが、この点は、この章の第3節「意識調査と『寝た子を起こすな』」で詳しく説明しているので、ぜひ読んでもらいたい。

●「結婚に反対がある問題」

第3の特徴は、同和問題については「結婚に反対がある」問題だと認識しているものが多いことだ。**表2**は、「同和問題に関し、現在どのような問題が起きていると思いますか」という質問に対する回答を多い順に1、2、3と並べたものだ。北足立の「就職に不利」を除いて、それ以外の6地区では「結婚で周囲が反対する」がいずれも一番多い。住民は、同和問題と聞けば「結婚で反対する問題だ」と受け止めていることがわかる。これはどう考えればいいのだろうか。研修会や広報誌などで結婚差別の話を

表3　同和問題の解決方法

	質問項目	北埼玉	埼　葛	北足立	入　間	比　企	秩　父	熊　谷	寄　居
解決方法	解決のためになにが必要か（1位）	教育啓発	教育啓発	教育啓発	教育啓発	教育啓発	教育啓発	人柄判断	教育啓発
	1位項目が全体に占める割合（%）	41.8	48.2	21.2	26.0	47.7	47.5	70.0	50.3
	解決のためになにが必要か（2位）	そっとしておく	自由な意見交換	えせ同和排除	自由な意見交換	えせ同和排除	口に出さない	人権教育	そっとしておく
	2位項目が全体に占める割合（%）	28.6	34.9	19.1	14.9	30.2	27.9	28.3	37.3

よく聞くからだろうか。それとも、自分の周りに結婚に反対する人間がいるということなのだろうか、あるいは、自分も結婚では躊躇《ちゅうちょ》するということの反映なのだろうか。ここはさらに分析が必要だ。

ところで、この回答では、第2位、第3位は、交際、身元調査、就職が多い。「交際」とは「誤った偏見から交際を避ける」という選択肢であり、「身元調査」とは「身元調査をする」、「就職」とは「就職・職場で不利な扱いをする」という回答を縮めたものだが、住民が同和問題と聞いたとき頭に浮かべるのは、①結婚で反対する問題、②誤った偏見から交際を避ける問題、③身元調査をする問題、④就職・職場で不利な扱いをする問題ということである。市民はおおむね現在の部落差別の実態を知っていると考えていいだろう。

●「教育・啓発が必要」

同和問題に対する第4の特徴は、市民は問題解決のためには教育・啓発をすすめることが大事と考えていることだ。表3は、「あなたは同和問題を解決するためにはどのようなこ

表4 寝た子を起こすな意識

	質問項目	北埼玉	埼葛	北足立	入間	比企	秩父	熊谷	寄居
寝た子を起こすな意識	寝た子を起こすな（順位）	2位	5位	3位	4位	5位	2位	3位	2位
	寝た子を起こすな（%）	28.6	23.2	14.4	13.7	25.0	27.7	24.8	37.3

とが必要だと思いますか」という質問に対する回答で、一番多いものを並べたものだ。熊谷市を除いて、どの地区でも一番多いのは「教育・啓発を推進する」となっている。熊谷市の1番は「他人を評価するときは、うわさにとらわれたり、出身や家族の様子などで判断するのではなく、その人の生き方や人柄、人間性で判断する」である。この質問は熊谷市だけなので、ほかの地域と比較できないが、熊谷市の第2位が「人権教育の推進」となっているから、おおむねどこの地域でも同和問題の解決のためには教育や啓発が大事だと考えているとみて間違いない。

ところで、この回答の背景には、差別が残っている原因を認識不足に求める市民の考え方が反映している。大多数の市民は、差別意識や偏見が残っているのは、いまなお市民の間に同和地区の起源や歴史を正しく理解していないものがいるからだと考えている。これは決して間違っていないが、認識不足だけが原因ではない。これは別な機会に解説したいと思う。

●「寝た子を起こすな」

第5の特徴は、「寝た子を起こすな」という意識も強いことだ。**表4**は「あなたは同和問題を解決するためにはどのようなことが必要だと思いますか」という質問に対する回答のうち、「同和地区のことや差別のことなど口に出さないで、そっとしておく」と回答したものの順位とパーセントである。ここでは「寝た子を起こすな」と言い換えたが、「そっとしておく」というのは、「寝た子を起こすな」ということだ。表にあるように、北足立と入間がそれぞれ14％と13％だが、それ以外の地域は25％前後ある。おおむね4人に1人は「寝た子を起こすな」と考えていることになる。

「寝た子を起こすな」という考え方は、昔から根強い考え方だ。これは埼玉だけでなく全国的に見られる傾向で、半世紀前の国の調査でも同様の回答が見られる。しかし「そっとしておけば差別はなくなる」ということはあり得ない。また何の科学的根拠もない。すでに触れたが、世間には「子どもに教えるから、知らない子どもが差別するようになる」などと同和教育や啓発を否定するものが結構いるが、それはとんでもない錯誤で、根拠がなく、迷信にちかい考え方だ。実際は、学校できちんと教えないから学校外の誤った情報が刷り込まれているのであり、今回の調査もそれを裏付ける結果となった。

第6の特徴は、今回の調査の目的でもあった身元調査と土地忌避意識について、根強い身元調査意識と土地忌避意識が数字で確認されたことだ。すなわち「身元調査は当然」と考えているものがそれなりにおり、また「住宅・土地の購入に関して同和地区を避けたい」という忌避意識を持っているものが相当いることがわかった。この点については、次に項をあらためて説明したい。

3　身元調査に対する意識の特徴

いま述べたように、今回の調査の直接の動機は、身元調査と土地忌避について調査することであった。プライム事件に始まる個人情報の大量不正取得事件と住宅販売会社の同和地区調査事件の二つの事件から今回の人権意識調査が計画された。そのメインの身元調査と土地忌避意識について、住民はどう回答したのか。以下にその特徴をあげてみたい。まずは身元調査から見てみよう。

(%)

身元調査をすることをどう思いますか									
比企		秩父		熊谷市＊		寄居町		広島県福山市	
26.9	**26.9**	24.4	**24.4**	25.3	**25.3**	30.6	**30.6**	26.9	**26.9**
56.1	**63.4**	59.3	**68.3**	50.3	**64.1**	47.2	**56.5**	48.5	**58.7**
7.3		9.0		13.8		9.3		10.2	
8.5		6.0		7.3		8.3		8.6	
1.2		1.3		3.1		4.6		5.8	

（注）＊印の地域は、問いが「あなたは、結婚や就職時の身元調査について、どのように考えますか」

●4人に1人は「身元調査はすべきでない」

まず第1の特徴は、地域差はあるものの、「身元調査はするべきでない」という回答がおおむね4人に1人くらいいるという点だ。調査では、「あなたは、結婚や就職の際に、身元調査をすることをどう思いますか」という質問に対して「すべきでない」「しかたがない」「当然だ」「わからない」という4つの選択項目が設けてあって、どれかひとつを選ぶようになっている。そのうち「身元調査は差別につながるおそれがあるので、すべきではない」は、**表5**にあるように、北

表5　身元調査に関する意識調査

身元調査に関する意識	（問）あなたは、結婚や就職の際に、							
	北埼玉		埼葛		北足立		入間	
身元調査は差別につながる恐れがあるので、すべきではない	24.5	**24.5**	25.1	**25.1**	17.8	**17.8**	23.9	**23.9**
よくないことだと思うが、ある程度はしかたがない	57.4	**64.3**	58.5	**66.1**	57.8	**71.6**	59.8	**67.3**
身元調査をすることは当然のことだと思う	6.9		7.6		13.8		7.5	
わからない	9.1		7.3		5.9		8.4	
無　答	2.1		1.5		4.8		1.2	

足立の17・8%から寄居町の30・6%まで幅はあるが、おおむね25%前後の回答があった。住民の4人に1人は、差別につながる身元調査はするべきでないと考えている。これは多いのか、少ないのか。全く同じ質問をしている広島県福山《ふくやま》市の調査結果の25・3%と比べると、ほとんど変わらないから、埼玉が多いとはいえない。しかし、身元調査をはっきり否定するものが4人に1人しかいないというのは、やはり残念な結果だったと言わざるを得ない。

●約6割は、「しかたがない」

第2の特徴は、約6割の住民が「よくないことだと思うが、ある程度はしかたがない」と回答している点だ。表5にあるとおり、「よくないが、しかたがない」と回答したものの数字は、寄居町を除いていずれも50%台である。いずれの地域でも約6割は「よくないが、しかたがない」と回答している。「よくないが、しかたがない」という回答を身元調査の否定と見るか肯定と見るかは意見が分かれるところだが、私は「肯定」に分類している。もちろん、「身元調査は当然」というような積極的な肯定ではないけれど、ここでは消極的に肯定していると見なすべきではないか。表5に「しかたがない」と「当然」を合計した数字を太字にして入れたが、埼玉ではどこでも6割から7割近い住民が身元調査を、積極的か消極的かの違いはあっても「肯定」していることになる。

●1割前後が「身元調査は当然」

今回の調査の一番のねらいが身元調査に対して市民がどのように考えているのか、とりわけどの程度「当然」と考えているのかにあったということはたびたび述べたが、その結果は、表5にあるとおりとなった。住民の1割前後が身元調査を「当然」と考えていることが数字ではっきり示された。これが第3の特徴である。

「身元調査をすることは当然」と回答したものは、一番少ない北埼玉で6・9%あり、一番多いのが北足立と熊谷が同率で13・8%となった。あとの地区は7%から9%台となっている。これをひと口でいえば、1割前後が身元調査を当然と考えているということができるだろう。この数字は全国的に見て高いのかどうか。やはり表5にあげた広島県福山市と比較すると、福山市が10・2%だから、ほとんど差は見られない。

ところで、「当然」という回答を実数で考えた場合、どうなるか。埼玉で何人くらいが身元調査をする可能性を持つかということを仮に計算してみよう。ここでは「よくないことだと思うが、ある程度はしかたがない」と回答したものは切り捨て、「身元調査をすることは当然のことだと思う」と回答したものだけを考えてみる。回答はおよそ1割である。埼玉県民は現在、720万人だ。720万

表6「身元調査は当然」年代別

(%)

年代	北埼玉	埼葛	北足立	入間	比企	秩父	熊谷市	寄居町
20歳～	7.6	12.0	14.0	8.5	11.3	9.0	25.8	15.6
30歳～	5.6	8.0	13.0	7.3	7.2	19.0	13.6	9.6
40歳～	4.2	6.9	12.7	5.3	2.7	2.9	8.0	7.8
50歳～	6.2	7.9	13.2	5.9	6.4	11.3	12.0	6.4
60歳以上	9.9	9.1	11.9	9.8	9.6	5.8	14.1	7.3
70歳以上	*	*	18.1	*	*	*	*	13.4

県民の1割といえば72万人になるが、もちろん、この全部がいますぐ結婚をしたり、就職で人を雇用するわけではない。また、仮に結婚や雇用をするとしても、必ず身元調査をするとは限らない。そこで仮に、そのまた1割が身元調査をすると考えた場合、7万2000人ということになる。1割のそのまた1割という数字の取り方に根拠はないので、もっと多いかも知れないし、もっと少ないかも知れないが、仮にどの程度の人が身元調査をする可能性を持つかということで計算してみた。その結果、7万2000人が身元調査をする可能性を持っているということになるが、はたしてどうだろうか。

●身元調査の年代別特徴

四つ目の特徴を見てみよう。「身元調査は当然」と回答したものを年代別に見ると、実は一番多い年代は20歳代であった。これが第4の特徴である。

表6にあるとおり、埼葛、比企、熊谷、寄居の4地区では、「身元調査は当然」の割合は20歳代が一番多い。1番ではないが、北埼玉、北足立、入間ではいずれも第2位である。つまり、20歳代は全地域で1位か2位だということになる。調査の標本数がちがうので全県的に

合算した場合はどうなるかはわからないが、たぶん身元調査を「当然」と肯定する意識が一番多い年代は20歳代になるのではないだろうか。ただし、この身元調査は人権全般に関する意識調査の項目で取り上げられており、「同和地区住民に対する身元調査をどう思うか」と聞いているわけではないので、短絡的に同和地区出身者の身元調査を肯定しているとはいえない。けれども「結婚や就職の際に、身元調査をすることをどう思いますか」と聞き、選択肢の回答のなかに「差別につながるおそれがあるので、すべきではない」という項目があるわけだから、一般的にはこの質問は、同和地区や外国籍、あるいは家族のなかに障がいを持った人がいるかどうかの「身元調査」を指しているものだと受け止めて回答するだろう。そう考えるなら、やはり気になる回答率であることには違いない。

ところで、予想に反して20歳代が多い原因はなにか。8月の市町村交渉でもこの質問をしたが、はっきりした回答は得られなかった。ただ、「この10年間、同和教育が人権教育に埋没して、同和問題を授業で取り上げる機会が減ったことが原因になっているのではないか」と答えたものが何人かいた。確かにそうかも知れないと思う。人権教育という名前で同和教育が人権教育に埋没していったことが、同和問題への基本的な理解を阻んできているのではないか。私もそう思うが、この点はさらに踏み込んだ調査なり分析が必要だ。

年代別の特徴ではもうひとつ、やはり60歳以上で身元調査を肯定する割合が高い点も指摘しておかなければならない。表6のとおり、北埼玉、入間、北足立の3地区で60歳以上が一番高くなっている（注＝北足立だけは70歳以上の項目があり、それが一番高い）。60歳以上の高齢者が身元調査にこだわるのは、同和地区に対する伝統的な忌避意識から生まれているものと推測されるが、ここにも大きな課題が存在している。

4　土地調査に対する意識の特徴

調査のもうひとつの目的であった住宅を選ぶ際の住民の意識に移りたい。調査では、「あなたは、住宅や生活環境を選ぶ際に、同和地区であった場合、避けることがあると思いますか」との質問を設けて、住宅を選ぶ際の意識を調べている。これには五つの回答が用意してあって、①気にしない、②どちらかといえば気にしない、③どちらかといえば避ける、④避ける、⑤わからない、からひとつ選ぶことになっている。ただし、質問には2種類あって、北埼玉、埼葛、入間、比企、秩父では「避けることがあると思いますか」が「気にしますか」となっており、回答も①気にしない、②どちらかといえば気にしない、③どちらかといえば気にする、④気にする、になっている。

●「気にしない」は17%〜25%

まず第1の特徴は、同和地区であっても気にしない人が17%から25%いることだ。表7を見てほしい。

「気にしない」は25・7%の秩父が一番高く、一番低いのは17・6%の熊谷市になる。幅はあるが、おおむね2割前後の人は、住宅を選ぶ場合、同和地区であっても気にしないと回答している。これをどう評価するか。この質問は同和問題の項目で聞いている調査であり、質問もはっきり「同和地区であった場合」と聞いているから誤解は生じない。そのうえで「気にしない」というのだから、確信的な回答といってもいい。私は、4人ないし5人に1人が、住宅を選ぶ場合、そこが同和地区でも気にしないということの回答は、非常に重要だと思っている。というのは、われわれ運動にたずさわっているものは、ついつい社会は差別意識が充満していると思いがちで、今回の調査でも、まずほとんどの住民は「同和地区には住みたくない」と回答するだろうと考えたが、すくなくとも17％から25％の住民は、「気にしない」と回答している。私は、客観的な事実としてこの点を正しく受け止めるべきだと思っている。受け止めるべきだというのは、評価するべきだという意味だ。もちろん、このあと見るように、同和地区に住むことを避けるものも多いのだが、避けない人もいるということをきちんと受け止めなければならないということを言いたいわけだ。なぜならば、国民をすべて差別者のように見たのでは正しい対応ができないし、運動への理解や協力を得られないからだ。それはさておき、すべての住民が同和地区を忌避しているわけではない、これが住宅に関する意識調査の1番目の特徴だ。

(%)

地区であった場合、避けることがあると思いますか							
比企＊		秩父＊		熊谷市		寄居町	
24.5	**44.8**	25.7	**49.2**	17.6	**50.6**	20.5	**68.9**
20.3		23.5		33.0		48.4	
25.8	**37.0**	22.9	**32.7**	30.4	**39.2**	15.1	**19.0**
11.2		9.8		8.8		3.9	
14.8		16.5		7.9		11.0	
3.4		1.7		2.2		1.0	
384		358		384		483	

（注）＊印の地域は、問いが「あなたは、住宅の購入や生活環境を選ぶ際に、仮にその場所が同和地区であった場合、気にしますか」で、回答も「避ける」でなく「気にする」

●「避ける」は1割

しかしながら、である。やはり同和地区を避ける人間

表7　同和地区に対する忌避意識

同和地区に対する忌避意識	（問）あなたは、住宅や生活環境を選ぶ際に、同和							
	北埼玉＊		埼葛＊		北足立		入間＊	
気にしない	24.4	**42.6**	19.2	**37.4**	18.8	**41.7**	20.6	**39.1**
どちらかといえば気にしない	18.2		18.2		22.9		18.5	
どちらかといえば避ける（どちらかといえば気にする）	27.4	**39.5**	26.9	**40.6**	18.2	**24.9**	24.6	**39.3**
避ける（気にする）	12.1		13.7		6.7		14.7	
わからない	15.6		20.3		29.2		20.0	
無　　答	2.4		1.6		4.2		1.7	
（実　数）	1008		811		2747		871	

もいる。第２の特徴は、１割前後の住民が同和地区に住むことを「避ける（気にする）」と忌避していることだ。

先ほど見たように、同和地区でもかまわないという住民は、２割前後いた。それに対して、はっきり「避ける（気にする）」と回答するものは、１割前後いる。「避ける」と「気にする」は回答のニュアンスが微妙に違う。これは質問が「避けることがあると思うか」と「気にしますか」の２種類に分かれたためだが、なぜ質問を統一しなかったのか。何のために全県的に調整する場をもったのかと言いたい。

話を本線に戻そう。同和地区を「避ける（気にする）」が一番少ないのが寄居町の３・９％で、反対に一番多いのは入間の14・７％である。その差は約４倍という数字になるが、ひとつかみにいえば、ほぼ１割前後だということができるだろう。これをほかの地域と比較するとどうなるのか。同じ質問をしている大阪府では「避ける」が30・５％だ。この数字に比較すると、埼玉の数字は少ないということができるが、これをどのように考えればいいのか。

ところで、大阪府の調査は一歩踏み込んで、なぜ同和地区を避けるのかという質問をおこなっている。その結果、一番多い理由は「治安の問題などで不安があると思うから」（54・3%、複数回答）で、第2位が「生活環境や文化の違い、言葉の問題などでトラブルが多いと思うから」（45・8%）、第3位は「次の転居の際、転売が難しかったり、安く処分せざるを得なかったりするから」（34・2%）だ。埼玉がこれと同じになるかどうかは、調査をおこなっていないのでわからないが、全体の調査結果から推測して、ほぼ同じような傾向を持つものと考えられる。住民が同和地区を避ける理由は、①治安が悪い、②トラブルが多い、③転売しづらい、であるが、同和地区に対するマイナスイメージが避ける理由になっていることがよくわかる。

●結婚と住まいのちがい

三つ目の特徴をあげてみたい。三つ目の特徴は、回答を大きく「気にする（避ける）」派と「気にしない」派の二つに分けた場合、埼葛と入間を除いて、どの地区でも「気にしない」派が「気にする」派を上回っている点だ。もっとも埼葛と入間でも、その差は埼葛で3・2ポイント、入間では0・2ポイントの僅差であるから、大きな差があるわけではない。同和地区と住宅の選択に関しては、全県的に見て「気にしない」派が上回っている点が特徴のひとつだ。

これに対して身元調査では、身元調査肯定派と否定派の差は歴然としている。表5で見たように、身元調査を肯定するもの、つまり「ある程度はしかたがない」+「当然のことだと思う」と答えたものは、「すべきではない」と否定するもののほぼ2倍（場所によっては3倍）いる。けれど、土地の選択については「気にしない」派が「気にする」派を上回っている。そう考えると、土地への忌避は結婚や就職の忌避ほど強くないということになる。

これはなぜなのだろう。はっきりした理由はわからないが、同和地区との関係性の強弱に原因があるのではないか。すなわち、結婚や就職は、直接的な人間関係を結ぶという点で同和地区との関係性が濃密になる。つまりは、親戚となって付き合わなければならないが、住宅のほうは、近所に同和地区の人が住んでいても、付き合わなければ付き合わないですむ、したがって、それほど関係性は強くないということなのだろうか。この点はもう少し解明が必要だ。

5　今後の課題

ここまで、身元調査と土地忌避意識についてその特徴を見てきた。ほかにも書きたいことはあるのだが、それを全部書くスペースがないので、この辺でまとめることにする。

最後に、調査を踏まえて、身元調査や同和地区調査を防止するために何が課題としてあるのか、分野ごとに提起して終わりにしたい。

●市町村の課題

まずは市町村の課題から考えたい。市町村の課題は、なんといっても市民への啓発だ。今回の調査で、結婚や就職のときに身元調査をすることを「当然」と答える市民が1割前後いることがわかった。

「よくないことだが、ある程度はしかたがない」を合わせれば、6割を超える市民が身元調査を肯定している。この肯定意識が一連の身元調査事件の背景にあることはいうまでもない。「国民が変わらないかぎり、身元調査はなくならない」とプライム事件の主謀者は法廷で発言したが、一面の真理でもある。市民への啓発がまずは大事だ。

二つ目は、窓口職員のレベルアップだ。戸籍などの不正取得を防止するための研修はもちろんだが、電話や窓口で「同和地区がどこか教えてほしい」という「問い合わせ」にどう対応するか、窓口職員のレベルアップが欠かせない。

三つ目は、本人通知制度の登録者の拡大だ。事前登録型本人通知制度は、直接には不正取得を防止するためのものであるが、その呼びかけは身元調査をやめようという啓発でもある。すでに自治会の回覧板に申込書を添付して登録を増やしたところや、人権研修会での申込用紙の配布などで大きな成果を上げているところがあるが、それらを参考に、創意工夫を凝らした取り組みが必要だ。

四つ目は、管内の行政書士など特定事務受任者や宅建業者・不動産業者への働きかけだ。身元調査や同和地区土地調査を防止するためには、関連している業界と連携を図り、協力してもらうことが欠かせない。

●国・県の課題

身元調査防止では、戸籍法・住民基本台帳法の改正が国の第1の課題だ。身元調査事件の教訓から本人通知制度が全国で採用され、すでに550の自治体が制度を採用している。また、全国連合戸籍住民基本台帳事務協議会（全連）が毎年、法制化を求める決議を国に提出しているが、国はいまだに法改正を考えていない。本人通知制度が法的根拠を与えられていないことを理由に、いまも採用を拒んでいる自治体が見られることを考えれば、法改正はぜひ必要だ。

もうひとつは探偵業法の改正だ。一連の不正取得事件で、一部の探偵業や興信所が身元調査や土地調査に絡んで不正をおこなっている実態が浮き彫りになった。届け出だけで営業できる現在の探偵業法を改正し、探偵業の調査項目と調査範囲を明確にするとともに、研修と公安委員会への報告を義務づけ、違反者に対しては罰則を強化するようにしなければならない。また、公安委員会（県警）も、法改正までは何もしないのではなく、定期的な立ち入り調査をおこなうべきだ。

いっぽう、同和地区調査の防止については、国・県はすみやかに不動産取引のガイドラインを作成するべきだ。ガイドラインを作成して同和地区調査を禁止するとともに、お客の依頼であってもきちんと対処できるよう宅建協会等関連業界を指導するべきだ。また、この問題は研修だけでは不十分だ。罰則と研修の両方がなければ、研修は効果を上げない。違反者に対しては宅建業法を改正して罰則を強化するべきだ。

●行政書士会など8士業会の課題

身元調査防止のための行政書士会や司法書士会などの特定事務受任者の課題は大きい。会員への指導を継続するとともに、違反に対して厳しい処分をおこなうことだ。

意識調査では、6割を超える人が身元調査を肯定しており、今後も調査を依頼する人間が後を絶たないだろうことが十分に予想される。その場合、どうしても相手の身元を調査したい人間はどうするのか。やはり興信所や探偵社を訪ねることになるだろう。その探偵社や興信所は、必要な戸籍や住民票を取るために、特定事務受任者に依頼することになる。この構造は今後も続くことを考えると、8士業会は繰り返し、会員への指導をおこなうことが重要だ。

現在、事件を教訓に行政書士会や司法書士会などが会員の研修に取り組んでいることは評価するが、プライム事件以後も不正取得は続いている。それは不正取得が金になるからだ。偽造印刷による大量の不正取得のようなケースはなくなるかも知れないが、数件単位で不正取得がおこなわれる可能性が高い。そう考えると、8士業会は今後も研修や指導を継続することが大事だ。

●宅建業界の課題

まず第1は、宅建協会・不動産協会の会員の研修の徹底である。住宅販売会社の同和地区調査事件を教訓にして会員への研修が始まったが、まだその趣旨が徹底されているとはいいがたい。意識調査の結果から住民の1割が同和地区は「避ける」と回答しているが、顧客の同和地区の問い合わせや同和地区の物件排除の注文にどう対処するか、具体例を示しながら会員の研修の徹底を図ることが重要だ。業界のなかには、「顧客がいやがるのだから、同和地区は斡旋《あっせん》できない」と言っているものがいるようだ。同和地区への差別や忌避はやめようという高い意識が業界内部で醸成されないかぎり、なかなか同和地区調査や除外はなくせない。

第2は、そのためにも業界内部でガイドラインを作成することだ。すでにガイドラインやパンフレットを作成して会員への周知を図っている府県協会もある。

第3は、ポスター・チラシ等を通じたお客さんへの啓発だ。そもそも顧客が同和地区を忌避することが同和地区調査の動機になっていたが、積極的に顧客に啓発することが望まれる。

●企業の課題

企業にも課題が存在している。ひとつは、公正採用選考ルールの徹底を図ることだ。意識調査では「結婚や就職の際、身元調査をすることをどう思うか」という質問に対して、それを肯定するもののほうが多かった。採用は「能力と適性」でおこなうということが公正採用選考の大原則だが、これがいまだにしっかり守られていない。実際、違反企業が毎年報告されている。

第2は、公正採用選考人権啓発推進員の設置とレベルアップだ。現在、埼玉では80人以上の事業所には公正採用選考人権啓発推進員を設置することが義務づけられているが、これが十分守られていない。公正採用選考のルールを知らない企業が多く、なかには形ばかりの推進員の設置で、本人が推進員になっていることを知らないという事業所も見られる。

身元調査や同和地区の忌避をなくすためには、以上のような課題に取り組むことが重要であることを強調して、この文を閉じたい。

第2　中学・高校生の意識調査と人権教育の課題

同和問題について中学生や高校生がどのような認識を持っているのかを調べる人権意識調査が昨年（2010年）、県内各地でおこなわれた。そこで調査結果を分析するとともに、人権教育、とりわけ同和教育についてどのような意識の特徴が見られるのか、また、何が同和教育の課題として提起されているのか、それについて考えてみたい。

1　調査にいたる経過と調査の概要

最初に、意識調査を実施するにいたった経過を説明しておきたい。

2008（平成20）年の8月に鹿児島県龍郷町《たつごうちょう》教育委員会が主催した教育研究会に埼玉県のK元校長が講師として招かれ、「教えて考えさせる授業の理論と実践」と題して講演した。K元校長は、前年まで埼玉県内の小学校の校長を務めていて、退職すると同時に新任教員を指導する教員として再任用されていた。K講師は、「教えて考えさせる」という教育方法を提唱し、全国各地で講演をおこなっている。講演のなかで元校長は、小学6年生の身分制度の授業方法を紹介したが、参加した教師に向かって、「みなさんだったら士農工商を勉強した後で、自由に身分を選びなさいと言ったら、なに選びます。士を選びますか、農を選びますか、工商を選びますか。あるいは誤解を恐れずに言えば、『えた・ひにん』になりますか。なに選びますか」と問いかけ、なりたい身分を挙手して選ばせた。その際、「まさかと思いますが、『えた・ひにん』というか、いないですよね」と語り、「現実に、どのクラスもこうなるんです」と続けた。講演会のあと、参加していた複数の教員が、いまの講演は問題ではないかと主催者の教育委員会に指摘し、問題が表面化した。

元校長の発言には大きな問題が含まれていた。ひとつは、「えた・ひにん」は誰もなりたくない人たちということが前提になっており、これで授業をおこなった場合、子どもたちに「『えた・ひにん』は、誰もなりたくない人たち」という偏見を植え付けることになってしまうという問題だ。また、身分制度の学習の核心は、職業と住居と身分が固定化されて自由に選べないことにあるのに、挙手で身分を選択させたのでは子どもたちはかえって混乱し、身分制度を理解するための学習方法として適切ではないという指摘もなされた。

この事件を教訓に同和教育のあり方や内容について議論がおこなわれ、いくつかの反省がなされた。そのひとつは、貧困史観の克服である。貧困史観というのは、江戸時代、同和地区の先祖は貧しくて惨めで、食うや食わずの生活を送っていたという認識を指すのだが、「誰もなりたくない」という校長の認識のなかにもこの貧困史観が存在している。しかし、貧しくて惨めな生活を送っていた人たちという認識は歴史の事実とも違うし、貧困を強調すればするほど、「かわいそうな人たちだった」という印象を刷り込むことになる。これを克服しようということが同和教育運動のなかから提起されていた。克服の方法として、「明るい展望に立った歴史学習」(埼玉県教育委員会)と呼ばれる学習の実践で、部落の人たちは身分制度のなかでもしっかり働いてたくましく生活を営み、社会を支え、差別に立ち向かっていったという内容の授業の実践である。

じつは、貧困史観については、小中学校の社会科の教科書の「身分制度」の記述にも問題が含まれている。実際、埼玉県内で使用されている小・中・高校の教科書は、表現の違いはあるものの、いずれも大筋において「差別と貧困」を基調にして部落が描かれている。例えば、中学2年の社会で一番多く使用されている東京書籍には、「町や村の外れや荒れ地などに居住を制限し」と記述されている。こういう貧困史観を克服して「明るい展望に立った歴史学習」を推進しようという声が同和教育の内部から広がっていたが、その最中に起きた元校長の発言だった。

私たち解放同盟は、龍郷町事件を反省材料として取り上げ、同和教育における貧困史観の克服に取り組むべきことを訴えた。そして、それに取り組むためにも、歴史学習をおこなった生徒が同和問題をどのように認識しているのかについて、ぜひ意識調査をおこなってほしいと市町村教育委員会に要請した。要請を2008(平成20)年から2009(平成21)年にかけておこない、教育委員会も私たちの問題提起を受け止めて、2010(平成22)年に生徒の同和問題に対する意識調査をおこなうことを決め、それを実施した。

●意識調査の概要

調査は、埼玉県内63の市町村教育委員会が実施主体となっておこなわれた。調査では、①人権全般の認識、②差別体験の有無、③同和問題の現状認識、④差別をなくすための方策の4分野で18項目の質問が設けられ、2010（平成22）年7月に実施された。中学校は3年生、高校生は市立高校のみ実施（学年問わず）した。調査はおおむね10校に1校を目安に無作為に学校を選定し、1学級の全生徒を対象に調査する方法が採用された。調査は予定通りおこなわれ、63市町村70校で2320人の生徒が調査に参加した。ただし、大里郡市の2市1町は3校100人が対象となった。

2　調査結果の特徴

ここまでが意識調査の経過と概要だが、調査結果は、同和教育を進めるうえで貴重な資料を私たちに提供した。そこで、調査結果にあらわれた生徒の人権に対する意識の特徴をあげるところから分析を始めていくことにする。なお、高校生の調査対象数が298人と少ないので、中学生の調査結果だけを分析の対象とする。

●人権問題への関心は高い

さて第1の特徴は、生徒の人権問題に対する関心は、それなりに高いことだ。表8にあるように、問1の「人権について関心がありますか」という質問に対して、「関心がある」と回答したのは4人に1人の24・5%である。「少し関

表8　人権への関心

設問		回答	中学生合計	
問1	あなたは「人権」について関心がありますか。	①関心がある	568	24.5%
		②少し関心がある	1,147	49.4%
		③あまり関心がない	483	20.8%
		④関心がない	122	5.3%

心がある」が49・4％で、「あまり関心がない」が20・8％、「関心がない」は5・3％だ。「関心がある」と「少しある」を足すと74％になるが、7割の子どもは関心を持っていることになる。いまの子どもは人権問題なんかに関心を持たないと思われがちだが、この調査結果を見るかぎり、それなりに関心を持っていることがわかる。もちろん、関心の度合いが100％あればいうことはないのだが、7割が関心を持っているということになれば、それなりに高いと判断していいのではないだろうか。

●関心が高い障がい者の人権

第2の特徴は、障がい者の人権に関心が高く、同和問題に対しては関心が低いということだ。

問4で「私たちの身の回りでは、人権に関わる様々な問題がありますが、あなたが関心のあるものはどれですか」と聞いている。それに対する回答が**表9**だ。一番多い回答は「障がい者に関する問題」の51・6％である。次に高いのは「インターネットによる人権侵害」の36・2％で、それ以外の女性、子ども、高齢者、外国人などはいずれも30％台かそれ以下だ。これを見るかぎり、ほかの問題に比べて障がい者に対する関心は極めて高いことになる。なぜ障がい者の人権に対して関心が高いのかは、この調査だけでは不明だ。どう考えたらよいのだろうか。

いっぽう、同和問題に関しては、17・4％が関心を示したが、関心の順位からいえば、障がい者、インターネット、子ども、外国人、高齢者、女性、ＨＩＶ感染者・ハンセン病患者、刑を終えて出所した人の次で、第9位という結果になっている。関心の度合いは極めて低いといわねばならない。

関心の高い低いになにか法則があるかどうかはわからないが、強いていえば、自分の身の回りに見

表9 関心のある人権問題

問4	私たちの身の回りでは、人権に関わる様々な問題がありますが、あなたが関心のあるものはどれですか。（複数回答）	①女性に関する問題	535	23.1%
		②子どもに関する問題	779	33.6%
		③高齢者に関する問題	718	30.9%
		④障がい者に関する問題	1,197	51.6%
		⑤同和問題に関する問題	404	17.4%
		⑥アイヌの人々に関する問題	300	12.9%
		⑦外国人に関する問題	720	31.0%
		⑧HIV感染者・ハンセン病患者等に関する問題	463	20.0%
		⑨刑を終えて出所した人に関する問題	414	17.8%
		⑩犯罪被害者等に関する問題	395	17.0%
		⑪インターネットによる人権侵害	840	36.2%
		⑫その他	44	1.9%
		⑬特にない	236	10.2%

えるかたちで存在している人権問題や、マスコミなどを通じて情報が豊富な問題に関心が向いているのではないかと思うが、どうだろうか。

●深刻なインターネットの差別

ところで、関心のある人権問題の第2位は、インターネットによる人権侵害だったが、子どもたちに直接関わりのあるこの問題は、極めて深刻な状況を呈している。

インターネットの人権侵害については、表10に掲載している。問10で「あなたは、自分の身の回りで、インターネットや携帯電話を使って、誰かにいやな思いをさせられた人を見たり聞いたりしたことがありますか」と質問し、さらに踏み込んで「あなたは、インターネットや携帯電話を使って、誰かにいやな思いをさせられたことがありますか」と聞いている。これに対する回答だが、見たり聞いたりしたことが「あ

表10 インターネットの差別

問10	あなたは、自分の身の回りで、インターネットや携帯電話を使って、誰かにいやな思いをさせられた人を見たり聞いたりしたことがありますか。	①ある	751	32.4%
		②ない	1,210	52.2%
		③わからない	346	14.9%
問11	あなたは、インターネットや携帯電話を使って、誰かにいやな思いをさせられたことがありますか。	①ある	298	12.8%
		②ない	1,793	77.3%
		③わからない	223	9.6%
問12	あなたは、インターネットや携帯電話を使って、誰かにいやな思いをさせたことがありますか。	①ある	135	5.8%
		②ない	1,893	81.6%
		③わからない	285	12.3%

る」と回答した生徒は、32・4%いる。約3人に1人という数字だ。3人に1人が、ネットや携帯でいやな思いをしているのを見たり聞いたりしている。インターネットや携帯によるいじめや差別や仲間外れが大きな問題になっているのは昨日今日の話ではないけれど、このような数字を見ると、あらためてその深刻な実態が浮き彫りになる。

また、「あなたは、インターネットや携帯電話を使って、誰かにいやな思いをさせられたことがありますか」との質問に対しては、12・8%の生徒が「ある」と回答している。およそ8人に1人という数字だ。8人に1人という数字が多いかどうかはわからないが、少なくとも、どのクラスにもネットや携帯でいじめを受けている生徒が複数いることになり、深刻な事態だといわなければならない。

話を先に進めよう。問12では、さらに「あなたはインターネットや携帯電話を使って、誰かにいやな思いをさせたことがありますか」という加害の実態を聞いているが、さすがにこの質問に「ある」と回答したのは5・8%にとどまっている。被害と加害の数字が合わないのは回答としては致し方ないと思うが、加害を自覚しない数字もこのなかに含まれているものと思われる。

インターネットや携帯が中高生の必需品になっている現状で、それを媒体にしたさまざまな人権侵害が大きな社会問題になっているのは、いまさら驚く問題ではないけれど、あらためていまの学校の大きな課題であることを訴えておきたい。

●生徒と教員の信頼関係

ネットや携帯のいじめや差別に関連して、生徒と先生の信頼関係が問題になってくるが、4点目の特徴は、生徒と先生の信頼関係ができていないという問題である。

表11を見てほしい。質問項目の問5から問7は、「差別されたことがあるか」という被害に関連した項目である。問5で「あなたは、これまでに差別されたことはありますか」と聞き、続いて問6で「ある」と答えた生徒に「それはどのようなことですか」と聞き、さらに問7で「その時、あなたはどうしましたか」と尋ねている。

まず、「差別されたことはありますか」という問いに対してだが、15・5％の生徒が「ある」と回答している。また、「それはどのようなことですか」という質問に、「顔や体つきによる差別」が51・8％、「性格による差別」が37・3％、「学力や運動能力による差別」34・3％の順で回答している。10代の中学生は、顔や体つきや性格や学力、運動能力などで差別を受け、それに傷ついていることがよくわかる。このほか、「性別による差別」8・1％、「家族への差別」6・4％と続くが、「障がい

表11 被差別の体験

問5	あなたは、これまでに差別されたことはありますか。	①ある	359	15.5%
		②ない	1,285	55.4%
		③わからない	664	28.6%
問6	上記5で「①ある」と答えた人のみにお聞きします。それはどのようなことですか。（複数回答）	①学力や運動能力による差別	123	34.3%
		②顔や体つきによる差別	186	51.8%
		③性格による差別	134	37.3%
		④性別による差別	29	8.1%
		⑤家族への差別	23	6.4%
		⑥障がいによる差別	6	1.7%
		⑦部落差別（同和問題に関する差別）	2	0.6%
		⑧外国人であることによる差別	12	3.3%
		⑨貧富による差別	11	3.1%
		⑩病気による差別	5	1.4%
		⑪その他	23	6.4%

による差別」が実数で6人、「同和問題に関する差別」が2人、「外国人であることによる差別」が12人、「貧富による差別」が11人、「病気による差別」が5人いる。「同和問題に関する差別」が2人いたが、どのような差別を受けたのか気になるところだ。

ところで問題は、こうした差別やいじめを受けたときにそれを誰に相談したのか、という点にある。**表12**に移る。問7は「その時、あなたはどうしましたか」という質問だが、一番多いのが「だまってがまんした」で、46・0%と断然多い。半数近くの生徒は「だまってがまん」している。人権侵害が問題になるのは、それを誰にも相談しないで自らの内側に抱え込み、次第に精神的に追い込まれていく点にある。だから、まずは誰かに相談することが大事なのだが、半数は黙って我慢

表12 差別されたとき、どうしたか

問7	上記5で「①ある」と答えた人のみにお聞きします。その時、あなたはどうしましたか。(複数回答)	①相手に抗議した	108	30.1%
		②家族に相談した	95	26.5%
		③先生に相談した	69	19.2%
		④友だちや身近な人に相談した	67	18.7%
		⑤電話相談・手紙相談・インターネット相談等を利用した	4	1.1%
		⑥だまってがまんした	165	46.0%
		⑦その他	25	7.0%

している。もちろん、何でもかんでも相談すればよいということはないにしろ、困ったことが起きたとき、誰かに相談することが人権問題解決の第一歩だ。我慢することが美徳のような風潮はあらためなければならない。

話を続ける。「その時、あなたはどうしましたか」という質問に対して、黙っていないで「相手に抗議した」が30・1%で、「家族に相談した」が26・5%、「友だちや身近な人に相談した」が18・7%である。そして「先生に相談した」が19・2%となっている。先生への相談は家族より少なく、友だち並みである。これが多いのか少ないのかは判定基準がないので一概にいえないが、私はやはり少ないと感じる。というより、先生はあまり当てにされていないということではないだろうか。生徒が先生を相談相手にしないのは、いろいろな理由があるとは思う。相談しても解決しないとか、正面から受け止めてもらえないとか、かえっていじめがひどくなるかも知れないとか、いろいろな理由があるから相談しないのだろうが、ひと口にいえば、やはり期待していないし、信用していないということの裏返しの表現が、この2割という数字の背景にあるのではないかと考える。

もちろん先生はいま忙しい。多忙化といわれるように、雑用が山積みになっているほか、部活におわれ、生徒と向き合って話し合う時間がつくれない。その結果、生徒との信頼関係がつくれず、生徒も先生には相談しないとなれば、事態は深刻だ。人権侵害に悩む子どもたちの相談相手として先生が前面に登場するような環境を整えることが、まずは課題だと思う。

3 同和問題に対する認識

話を進めよう。今回の調査の目的のひとつは、同和問題について生徒がどのように認識しているかであった。冒頭に龍郷町事件に触れたが、同和教育がどの程度授業で実践されているのか、また、その同和問題の学習の結果、子どもたちは同和問題をどのように理解しているのか、これが調査の大きな目的であった。ここからは同和問題に対する生徒の意識や認識に移っていきたい。

●同和問題の認知と時期

まず、同和問題に対する認知度である。**表13**では、「同和問題（部落差別）について知っているか」という質問に、半数の49・2％が「言葉も内容も知っている」と回答している。「言葉も内容も」というのは、言葉だけではなく、どういう問題であるのか知っているということだが、半数が「知っている」と回答したことは、認知度が高いというべきだろう。比較する資料がないので一概にはいえないが、それなりの認知度があると考えていいのではないか。いっぽう、「知らない」は12・1％で、「言葉だけ知っている」は38・2％だ。「言葉も内容も知っている」と「言葉だけ知っている」を合計

表13 同和問題の認知と時期

問13	あなたは、同和問題（部落差別）について知っていますか。	①言葉も内容も知っている	1,141	49.2%
		②言葉だけ知っている	887	38.2%
		③知らない	280	12.1%
問14	上記13で「①言葉も内容も知っている」「②言葉だけ知っている」と答えた人のみにお聞きします。あなたが同和問題（部落差別）をはじめて知ったのは、いつ頃ですか。	①小学校入学前	20	1.0%
		②小学生の時	346	17.1%
		③中学生の時	1,502	74.1%
		④高校生の時		
		⑤覚えていない	156	7.7%
問15	上記13で「①言葉も内容も知っている」「②言葉だけ知っている」と答えた人のみにお聞きします。あなたが同和問題（部落差別）について知ったのは、誰（何）からですか。（複数回答）	①学校	1,664	82.1%
		②家族	149	7.3%
		③親せきの人	22	1.1%
		④近所の人	7	0.3%
		⑤友だち	32	1.6%
		⑥テレビ、本、インターネット	312	15.4%
		⑦県や市町村の広報等	8	0.4%
		⑧その他	33	1.6%
		⑨覚えていない	103	5.1%

すると、87・4%になる。

ところで、その同和問題（部落差別）を「はじめて知ったのは、いつ頃ですか」という次の質問に対しては、74・1%が「中学生の時」と答えている。調査対象は中学3年であるから、つい1、2年前に知ったということになるが、それはどこでどのように知ったのであろうか。それが次の問15の「あなたが同和問題（部落差別）について知ったのは、誰（何）からですか」という質問に対する回答だ。この質問の回答でダントツに多いのは「学校」で、82・1%だ。次が「テレビ、本、インターネット」の15・4%で、第3位は「家族」の7・3%だ。テレビや本、ネットから同和問題や部落差別を知った子どもがいることをこの調査で知ったが、なんといっても「学校で知った」が8割を超えている。「学校」というのは、学校の授業と考えてよいと思うが、現在の子どもたちのほとんどは学校の授業ではじめて同和問題と出合っていることがわかる。あとで触れたいが、私は、それはよいことだと思っている。別の調査で明らかなように、学校以外の家庭や地域から聞く情報はろくな情報がないからだ。それはさておき、「誰から」では、少数ながら「友だち」1・6%、「親せき」1・1%、「近所の人」0・3%なども見られる。なかには「県や市町村の広報等」が0・4%ある。中学生も広報を読むことがあるのだと感心する次第だ。

●同和問題の説明内容

続いて、「その時は同和問題（部落差別）について、どのような説明がありましたか」という質問に対する回答だが、**表14**を見てほしい。一番多いのが「解決しなければならない問題」で、52・0%が回答している。次に多いのが「人権問題だ」で、38・6%だ。この「人権問題だ」というのは、同和問題というのは人権問題なのだという意味だと思うが、授業のなかで先生が「同和問題というのは、同和人権問題で、解決しなければならない問題だ」という説明をしたことが、このような回答の選択につながっているものと解釈できる。それが歴史の授業のなかで取り上げられたものか、社会の授業のなかで取り上げられたものかはわからないが、結果的に「人権問題で、解決しなければならない問題である」というような認識を生む学習がおこなわれていることが推測され、私は同和教育が健全に取り

表14 同和問題の説明内容

問16	上記15で○をつけた人のみにお聞きします。その時は同和問題（部落差別）について、どのような説明がありましたか。（複数回答）	①解決しなければならない問題	1,211	52.0%
		②人権問題だ	900	38.6%
		③かつては日本の伝統文化を担ってきた	120	5.2%
		④今は平等だ	155	6.7%
		⑤人種･民族が違う	88	3.8%
		⑥宗教が違う	27	1.2%
		⑦血筋が違う	23	1.0%
		⑧身分が違う	184	7.9%
		⑨関わらない方がよい	29	1.2%
		⑩結婚相手としては避ける	72	3.1%
		⑪どこどこが部落だと言った	27	1.2%
		⑫その他	27	1.2%
		⑬覚えていない	332	14.2%

上げられているものとして、これを評価する。評価という点でいえば、同じく「かつては日本の伝統文化を担ってきた」（5・2%）という回答も、貧困史観を克服しようという私たちの訴えが反映された回答として評価できるものである。

●気になる回答

しかし、である。少数ながら非常に気になる回答も見られる。「人種・民族が違う」が3・8%、「結婚相手としては避ける」が3・1%、「関わらない方がよい」1・2%、「宗教が違う」1・2%、「どこどこが部落だと言った」1・2%など、明らかに偏見でもって語られている説明も、少数ながら見受けられる。もちろん、これは授業のなかでの説明ではないだろう。教員が授業のなかで「関わらない方がよい」とか「どこどこが部落だ」などと言うはずはないのだから。おそらく授業以外の場所、家庭や近所の人や友だちなどから

表15 起源に対する認識

問17	上記13で「①言葉も内容も知っている」と答えた人のみにお聞きします。あなたは、なぜ同和問題（部落差別）が起こったと思いますか。（複数回答）	①江戸時代の支配者によって民衆を支配する手段としてつくられた	1,064	93.3%
		②職業（仕事）が違うから	101	8.9%
		③人種・民族が違うから	104	9.1%
		④宗教が違うから	31	2.7%
		⑤生活が貧しいから	109	9.6%
		⑥その他	34	3.0%

の情報だと思うが、少数であってもこのような誤った情報を受け取っている生徒がいることを見落としてはならない。

●起源に対する認識

続いて、同和問題の内容の理解についてであるが、表15を見てほしい。おおむね正しい理解がなされているという調査結果になった。問17では、同和地区の起源について質問がおこなわれている。「あなたは、なぜ同和問題（部落差別）が起こったと思いますか」という質問に対する回答では、じつに93・3％が「江戸時代の支配者によって民衆を支配する手段としてつくられた」と回答している。生徒たちは、起源に関してほぼ正しく理解しているといってよいだろう。この質問に対するほかの回答を見ると、「生活が貧しいから」が9・6％、「人種・民族が違うから」が9・1％、「職業（仕事）が違うから」が8・9％と続く。「生活が貧しいから」、「人種・民族が違うから」、「職業（仕事）が違うから」という理解はもちろん正しくないのだが、これはどこから来るのだろうか。誰かに間違った情報を刷り込まれて生徒が偏見を持っているといえなくもないのだが、ここでは私は、授業の消化不良が主な原因になっていると考えている。消化不良というの

表16 同和問題の解決方法

問18	あなたは、差別をなくすために、どうしたらよいと思いますか。（複数回答）	①友人や家族で話をして、なくしていくよう努力する	1,088	46.9%
		②自分だけは差別しないようにする	871	37.5%
		③学校や地域社会で積極的に取り上げ、講演会などを通して呼びかけていく	1,043	45.0%
		④そっとしておけば解決するので、触れないでいる	151	6.5%
		⑤その他	130	5.6%

は、教える教員の側の教え方が不徹底で不十分で、そのような印象が残ってしまうような教え方になってしまっていることをいうのだが、いっぽう、聞いている生徒も集中して聞いていないために曖昧な記憶しか残っていないという問題ではないかと考えている。なかでも「人種・民族が違うから」というのは、私は教師がそう教えたからではなくて、「人種・民族は違わない」という説明が不十分に終わったため、「人種・民族」という言葉だけが印象に残って、このような理解が生まれたのではないかと思う。ここのところは、同和教育の授業の中身と在り方に関わる問題であって、今後の課題として考えていかなければならない。

●同和問題の解決方法

続いて、同和問題の解決に対する子どもたちの態度についての回答、**表16**である。

問18で「あなたは、差別をなくすために、どうしたらよいと思いますか」と聞いているが、それに対する回答である。複数回答だが、一番多いのは「友人や家族で話をして、なくしていくよう努力する」が46・9％、次に多いのが「学校や地域社会で積極的に取り上げ、講演会などを通して呼びかけていく」が45・0％、第3位が「自分だけは差別しないようにする」が37・5％で、この三つの回答でほぼ占められている。すでに見たように、生徒たちの同和問題に対する関心は低いけれども、どうしたらよいかについては、前向きに回答している。すなわち「友人や家族で話をして、なくしていくよう努力する」、「学校や地域社会で積極的に取り上げ、講演会などを通して呼びかけていく」、「自分だけは差別しないようにする」という回答だ。

もちろん、少数ながら消極的な回答も見られる。「そっとしておけば解決するので、触れないでいる」は6・5％だ。そっとしておけば解決するという考え方については、このあと取り上げるが、そっとしておけば解決するということはない。

まとめ

同和問題に対する生徒の認識をいろいろな角度から見てきたが、最後にこれをまとめてみたい。

今回の意識調査は、現在の中学生が同和問題をどのように受け止め理解しているのかについての調査であったが、ひと口にいえば、中学生は次のように理解・認識しているとまとめることができると思う。すなわち、①生徒がはじめて知ったのは中学生になってからで、②それは学校の授業で知ったもので、③同和問題は、江戸時代に支配するためにつくられたもので、④同和問題は解決しなければならない人権問題であり、みんなでなくすために努力しなければならないと考えている――これが同和問題に対する中学3年生の一般的な理解の内容である。もちろん細かくいえば、同和問題を知らない生徒もおり、少数ながら誤った認識や偏見を持っているものも見られるのであるが、ひとつかみにいえば、右のようになると思う。

これを角度を変えて見ればどういうことになるのだろうか。私は、調査結果から次のようなことがいえるものと考えている。

●同和教育の成果

まず第1は、同和教育は、無駄だったり、効果がないということではなく、効果を上げているということを表していると考える。すでに述べたように、生徒の大半は中学生になってから学校の授業ではじめて同和問題を知ったわけであるが、その同和問題については、江戸時代に支配するためにつくられたもので、解決しなければならない人権問題であると考えている。これが同和問題に対する中学3年生の一般的な理解の内容であるとすれば、同和教育はそれなりの成果というか、効果を上げているといえるのではないか。これが、調査の結果が私たちに示したひとつ目の内容である。

●「寝た子を起こすな」の克服

2点目は、「寝た子を起こすな」という考え方が間違っていることである。よく、巷《ちまた》では「知らない子どもに教えるのは逆効果だ」「知らない子どもが差別するようになってしまう」「同和教育はやらない方が解決につながる」と主張する人がいる。しかし、本当に逆効果なのか。知らない子どもたちが差別するようになってしまうのか。そんなことはない。これに対する回答が、今回の調査結果である。同じことの繰り返しに聞こえるかも知れないが、少なくとも今回の調査を見るかぎり、同和教育はきちんと成果を上げているのである。中学ではじめて聞いた子どもたちが、例えば「同和地区の先祖は、なにか悪いことをした人で、差別されても当然だ」とか、「同和問題は自分には関係ない」とか、「解決しなくてもいい」というような認識を持っているのなら、同和教育は逆効果だということになるかも知れないが、すくなくとも調査結果を見るかぎり、生徒たちは同和問題について「江戸時代に支配するためにつくられたもので、同和問題は解決しなければならない人権問題であり、みんなでなくすために努力しなければならない」と考えている。これは同和教育の成果以外のなにものでもないではないか。

そもそも知らない子どもに教えたら、子どもたちは差別するようになるというほど愚かな話はない。先生が授業で同和問題を取り上げて「差別をなくそう」と話したら、逆に子どもたちが差別するようになる、というのはまったく根拠のない思い込みでしかない。そんなことはない。生徒はちゃんと理解している。いったい何を根拠に、差別するようになると言うのだろうか。

●学校同和教育の意義

ここはもう少し補強しておきたいと思う。同和問題に限らず、人権問題に共通する最初の情報の刷り込み効果と学校の学習の関係についてである。

同和問題だけでなく、在日韓国・朝鮮人問題でもアイヌ民族問題でも、あるいはＨＩＶ感染症についてでも、最初に誰からどのような情報を受け取るかが、その問題に対するその後の認識に大きな影響をもたらすことがわかっている。最初に間違った偏見が刷り込まれると――例えば同和地区の住民は悪い人が多いというような情報が刷り込まれて——、ずっと後々まで影響するのである。逆にいえば、最初に正しい情報、例えば同和地区の人たちも普通の人と同じで、みんな一生懸命働いて家族を養い、社会の発展に貢献してきたというような情報を受け取れば、その情報が後々までいい影響をもたらすということだ。

そういう意味で最初の出合いが大事であり、最初の出合いとしての学校での同和教育が大事だというのである。

これがもし学校で学ぶ機会がなければ、どこで同和問題に出合うのか。先ほど、「関わらない方がよい」「結婚相手としては避ける」「どこどこが部落だ」などの説明を聞いたと答えた生徒が少数ながらいたことに触れたが、このような説明は学校以外の場所で聞いた情報である。どう考えても、学校の授業で教師がそのような説明をするわけがない。そして、学校以外のこうした誤った情報が最初に出合う情報だった場合は、それが偏見として刷り込まれてしまう可能性が強いことになる。私は、これが、同和問題がいつまでも解決しない原因のひとつになっていると思う。だから、学校における同和教育の実施が重要な意味を担っていると主張するわけだが、残念ながら、学校での同和教育は大きな地域差があって、熱心にやっているところから全然取り組んでいないところまで、大きな格差が見られる。この格差をどう埋めていくのか、これが、今回の調査が残した三つ目の課題である。

●貧困史観の克服

四つ目の課題は、同和教育の内容、とりわけ貧困史観の克服である。先ほど、同和地区の起源に関連して、93・3％が「江戸時代の支配者によって民衆を支配する手段としてつくられた」と回答していたことを述べたが、その際、少数ながら、「生活が貧しいから」や、「人種・民族が違うから」、「職業（仕事）が違うから」との認識をしている生徒がいることを取り上げた。そしてその原因のひとつに、授業の消化不良があるのではないかと指摘した。また、龍郷町事件を教訓にした貧困史観の克服も指摘した。同和地区の先祖は貧しくて惨めな生活を送っていたかわいそうな人たちだったという印象を刷り込むことになる歴史学習の内容の改善である。具体的には、部落の人たちは身分制度のなかでしっかり働き、たくましく生活を営み、社会を支え、差別に立ち向かっていったという内容の授業への切り替えである。ここのところは、同和教育の授業の中身に関わる問題であるが、これがもうひとつの課題である。

この貧困史観の改革については、私たちは埼玉県人権教育研究協議会の協力を得て2009（平成21）年に「社会科歴史学習（補助教材）『部落の歴史・埼玉編』」を作成したが、そこでは三つのことを編集の柱に据えた。ひとつは、同和地区の人々が社会を支える仕事や伝統文化の継承に貢献したこと、二つは、差別のなかでも協力し合い、差別に負けず、たくましく生きてきたこと、三つは、差別の悲惨さだけを強調しないことであった。

以上が、今回の中学生の意識調査の結果に対する分析だが、せっかくおこなわれた意識調査の結果とその課題を、実際の同和教育にぜひ反映させてほしい。学校現場の実践に期待して、この分析を終えることにする。

（おわり）

第３　意識調査と「寝た子を起こすな」

「寝た子を起こすな」という考え方は日本中どこにもあるのですが、新潟も例外ではありません。いや、むしろ強い方かもしれません。そのため、同和教育をやるにしても、あるいは同和行政をやるにしても、腰が引けているような雰囲気を感じます。そこで今日は「寝た子を起こすな」について話したいと思います。

1　根強い「寝た子を起こすな」

ひと口に「寝た子を起こすな」といいますが、そういう意識がどの程度あるのか、まず新潟県内の意識調査から見てみましょう。

表17は、２００３（平成15）～06（平成18）年度に旧神林《かみはやし》村と関川《せきかわ》村、旧中条町《なかじょうまち》がおこなった人権同和問題の意識調査の結果です。この三つの町村には、同和地区があります。さて、その結果ですが、「差別、差別というからいつまでも差別がなくならない」という質問に対して、「そう思う」という回答が旧神林村で43・９％、関川村で43・０％、旧中条町で45・４％あります。４割を超える人が「差別、差別というからなくならない」と考えています。つまり、「寝た子を起こすな」という意見が相

表17 新潟県1町2村意識調査（2006）　（%）

（問）「差別、差別というからいつまでも差別がなくならない」との意見についてどう思いますか。1つ選んでください。

番号	区分	2006 神林村	2004 関川村	2003 中条町
1	そう思う	43.9	43.0	45.4
2	どちらかといえばそう思う	24.0	26.8	24.5
3	どちらかといえばそう思わない	8.4	4.8	7.2
4	そう思わない	9.7	11.5	10.3
5	わからない	7.7	10.2	6.7
6	無回答	6.4	3.7	5.8

当あることがわかります。

ところで、なぜ「寝た子を起こすな」と言うのでしょうか。これまでの経験からいうと、その理由は四つほどあると思います。ひとつ目は「知らない子どもに教えると、かえって差別するようになる」という考え方です。そもそも子どもたちは部落問題を知らないのだから、その子どもに教えれば、かえって差別するようになる。知らなければ差別することはないのだから、知らない子どもたちに教える必要はない、同和教育など百害あって一利なしだ、という意見です。

二つ目は、「いまは誰も気にしていないのに、解放同盟が差別、差別と言うから、いつまでもなくならない」という意見です。差別があるというのは解放同盟の被害妄想で、いまは誰も気にしていないという意見です。誰も気にしていないというのがポイントです。

三つ目は、いまの若い人は同和問題を知らないのだから教える必要はない。知らなければ知らないで済むのだから、行政や企業などが同和問題の研修会をやらない方が解決になる、という意見です。一番目の考え方は、小中高校の児童や生徒に学校で教えるなという意見でしたが、こちらのほうは、知らなければ知らないで済むのだから、行政や企業が同和問題の研修をやる必要はないという意見です。

四つ目は、地元の同和地区の人が「やらないでくれ」と言っているからやる必要はないという意見です。これは学校の教員に多いと思います。

以上が、「寝た子を起こすな」という意見を言う人の主な理由です。これ以外にもあるかも知れませんが、大体これが全国共通の意見だと考えていいでしょう。これを一つひとつ検討したいと思います。

2　差別するようになるのか

まず、一番目の「知らない子どもに教えると、かえって差別するようになる」という意見について考えてみましょう。子どもたちは部落問題を知らないのだから、知らない子どもに学校で同和問題を教えたら子どもが差別するようになる、だから教えない方がよいということですが、本当なのですか。知らない子どもに教えたら、子どもたちは差別するようになるというのは。そんなおかしな話はありません。先生が授業で同和問題を取り上げて「差別をなくそう」と話したら、逆に子どもたちが差別するようになる、というのはまったく何の根拠もない思い込みです。勝手な憶測です。そんなことはありません。子どもたちはちゃんと理解します。いったい何を根拠に、差別するようになると言うのでしょうか。

ここで調査をひとつあげましょう。私の地元（埼玉）で２０１２（平成24）年度に中学・高校生を対象に人権・同和教育についてアンケート調査をおこないました。埼玉県の場合、ほとんどの小中学校で社会科は東京書籍の教科書を使っています。社会科では3カ所、歴史の分野で同和問題が記述されています。①江戸時代の身分制度、②明治維新の「解放令」、③大正時代の全国水平社の結成です。熱心な先生と熱心でない先生の差はありますが、教科書に出てくるわけですから、高校も含めて大なり小なりそれを取り上げて、いわゆる同和教育の授業をおこなっています。それが子どもたちにどのように反映されているのか、子どもたちは同和問題をどのように認識しているのか、それを調査しました。

意識調査では「あなたが同和問題（部落差別）について知ったのは、誰（何）からですか」と訊《たず》ねています（表13参照）。「学校で知った」が82・1％で圧倒的に多く、「家族から」が7・3％、「親せきから」が1・1％、「近所の人から」が0・3％、「友だちから」1・6％、「テレビ、本、インターネットから」が15・4％、「県や市町村の広報等で」が0・4％となっています。広報を見ている中学生がいることに驚きましたが、何人かはいるようですね。いずれにしても、「学校の授業で先生から聞いた」というのが圧倒的に多い結果となっています。

続いて「その時は同和問題（部落差別）について、どのような説明がありましたか」と訊ねていますす（表14参照）。これは複数回答ですが、「解決しなければならない問題」が52・0％で、一番多い回答です。これは先生が授業のなかでそう言ったからでしょう。次に「人権問題だ」が38・6%、「かつては日本の伝統文化を担ってきた」が5・2%。「昔は差別があったけど今は平等」が6・7%です。大多数の児童・生徒は、「解決しなければならない」「人権問題」と受け止めています。授業で先生が説明したことは、きちんと理解されています。「知らない子どもが差別するようになる」というのは、まったく推測でしかありません。悪質な予断です。

もちろん、気になるような回答が、少しですが見られます。調査では、「関わらない方がよい」という回答が1・2%、「結婚相手としては避ける」は3・1%、「どこどこが部落だと言った」が1・2%あります。しかし、これはどこで聞いた情報なのでしょうか。先生が授業でこのようなことを言うはずがありません。だとすれば、学校以外の場所、つまりは家庭や近所や友達から聞いた情報ということになります。この点はあとで詳しく説明したいと思いますが、学校以外の場所で聞いた情報は、ろくな情報がありません。そして、それが差別意識の再生産に悪い役割を果たしています。人権問題では、最初に誰からどのような情報を聞いたのかということが、じつは差別意識の継承に大きな役割を果たしています。これを「刷り込み」というのですが、最初に悪い印象で刷り込まれると、それが後々まで影響するのです。

それはともかく、調査が示すとおり、小中高校生が同和問題と最初に出合うのは「学校」が圧倒的に多く、また、ほとんどの子どもたちは学校の授業を通じて「解決しなければならない問題」と理解しています。

調査結果をもう少し見てみましょう。同和問題の起原についての質問、「なぜ同和問題が起こったと思いますか」に対する回答（表15参照）では、「江戸時代の支配者によって民衆を支配する手段としてつくられた」が93・3％です。ほとんどの子どもたちは起源についても正しく理解しているといってもいいでしょう。

次に、「あなたは、差別をなくすために、どうしたらよいと思いますか」への回答（表16参照）では、「友人や家族で話をして、なくしていくよう努力する」が46・9％、「自分だけは差別しないようにする」37・5％、「学校や地域社会で積極的に取り上げ、講演会などを通して呼びかけていく」45・0％です。「そっとしておけば解決するので、触れないでいる」等もありますが、わずかです。

このように見ていくと、ほとんどの子どもたちは「部落はつくられたもの」で、「なくしていかなければならない課題」として受け止めています。「知らない子どもに教えると差別するようになる」「同和教育をやるから差別するようになる」という意見は、全く何の根拠もない推測です。

考えても見てください。先生が教科書などに沿って「差別はいけないことだ。差別をなくそう」と呼びかけて、どうして生徒が差別するようになるのか、そんなことはあり得ないじゃありませんか。教員への冒瀆《ぼうとく》といってもいいと思います。

3　気にしているのはどちらか

次に、「いまは誰も気にしていないのに、解放同盟が差別、差別と言うからいつまでもなくならな

表18 広島県福山市意識調査（2011）　（%）

身元調査は差別につながる恐れがあるからするべきではない	26.9
よくないことだと思うが、ある程度はしかたがないことだと思う	48.5
身元調査は当然のことだと思う	10.2
わからない	8.6
無回答	5.8

い」という反対理由について考えてみたいと思います。差別があるというのは、解放同盟の被害妄想で、いま誰も気にしていない、だから同和教育や研修はいらないという意見です。

実際、私はこれまで何度も、「解放同盟は差別があると言うが、それはあなたがたの被害妄想だ、誰も気にしていない」と言われてきました。面と向かって言われたこともたびたびあります。しかし、本当に差別は私たち解放同盟の被害妄想なのでしょうか。誰も気にしていないのでしょうか。**表18**は、広島県福山市の２０１１（平成23）年の意識調査の結果です。身元調査について聞いています。結果を見ると「身元調査は差別につながる恐れがあるからするべきではない」が26・９％です。しかし、逆に48・５％の人が「よくないことだと思うが、ある程度はしかたがないことだと思う」と答え、さらに10・２％の人が「身元調査は当然のことだと思う」と回答しています。１割の人が、「身元調査は当然」と回答しています。

先ほど、「誰も気にしていない、あなた方の被害妄想だ」と言われてきたと言いましたが、この数字から見て、気にしているのは誰なのかが浮かび上がってきます。気にしているのは国民のほうです。**表19**は横浜市での意識調査です。結婚相手の身元調査をすることについて尋ねたところ、「当然のこと」と回答

表19 横浜市意識調査（2010）　（％）

（問）結婚相手を決めるときに相手の身元調査をすることについて、あなたのお考えに近いものはどれですか。（そうしたことについては）	
1.当然のことと思う	33.3
2.おかしいと思う	35.8
3.わからない	27.2

する人が実に3人に1人もいました。何と気にする人が多いことでしょうか。

もうひとつ、意識調査をあげておきたいと思います。**表20**は、大阪府が2011（平成23）年に実施した人権意識調査です。この調査では、住む場所について、「住宅を選ぶ際に小学校区が同和地区と同じだったらどうしますか」と尋ねています。その結果、「避ける」「どちらかと言えば避けると思う」が合計で42・9％います。反対に、「まったく気にしない」「どちらかといえば避けないと思う」が35・3％でした。「避ける」と回答した人のほうが多いわけです。ここでも同じことです。気にしているのは、同和地区の住民ではなく国民のほうです。

●プライム事件

話のついでに、2011（平成23）年11月に起きた事件を話しておきたいと思います。私たちが当初、プライム事件と呼んでいた事件です。どんな事件かというと、身元調査のために行政書士や司法書士が戸籍や住民票を不正に取って興信所や探偵社に横流しをしていた事件です。この事件では、全部で33人が逮捕され、全員に有罪判決が出ています。この事件の特徴は、偽造印刷した職務上請求用紙を使って全国の市町村から何万枚も取っていた点にあります。もちろん、この新潟でもかなり取られています。

ところで、何のために戸籍や住民票を取っていたのでしょうか。この事件の裁判が名古屋地裁でありましたので、私は頻繁に傍聴に通いました。法廷でグループの首謀者の1人は「お客さんの依頼の85％から90％は結婚相手の身元調査と浮気の調査だった」と言っていました。もう1人の首謀者は「半分は結婚相手の身元調査のための依頼だった」ということを言いました。そうです、相手が同和地区ではないか、または韓国人や朝鮮人ではないか、などと調べるために戸籍や住民票を取っていたのです。先ほど、「寝た子を起こすな」の理由として、「あなた方の被害妄想だ」「気にすることはない」とする意見を紹介しましたが、気にしているのはどっちなのでしょうか。そうです、気にしているのは、一般国民の方です。それを言いたいわけです。

表20 大阪府意識調査（2011）　（%）

（問）あなたは、家を購入したり、マンションを借りたりするなど、住宅を選ぶ際に、価格や立地条件などが希望に合っていても、次のような条件の物件の場合、避けることがあると思いますか。（小学校区が同和地区と同じ区域になる）	
避けると思う	19.0
どちらかと言えば避けると思う	23.9
どちらかと言えば避けないと思う	17.6
まったく気にしない	17.7
わからない	11.8
無回答	9.9

●住宅販売会社事件

もうひとつ、昨年（2013年）発覚した住宅販売会社の差別調査事件を紹介したいと思います。これは、群馬県に本社がある住宅販売会社が誤って和歌山県庁に送ったファクスに、「この物件は同和地区」と書いてあった事件です。この住宅販売会社は、指摘を受けてから新潟支店を含む全国10７支店を調査しました。その結果、13の府県で26件も同じような記入があったことが明らかになりました。ちなみにこの会社は、中古住宅の販売では全国1位の実績を持っている会社です。私は、記入したという社員に会いに和歌山に行きました。「何でこんなことを調べる必要があるのか」と聞いたところ、彼は「以前、同和地区の中古物件と知らないで購入し、それを商品として売りに出したところ、まったく買い手がつかなかった。うちの会社は業績でボーナスが査定されるので、不良品を買って売れない場合はボーナスが貰《もら》えないこともある。そういう苦い経験をしているので、会社には『同和地区は買っても売れないから、やめたほうがよい』という情報を伝えるために書いた」と答えました。この問題の背景に、同和地区には住みたくない、あるいは同和地区の近くには住みたくないという国民の忌避意識が存在しています。ここでも問題は、気にしているのは誰なのかという問題です。もう言わないでもわかりますよね。誰が気にしているのかは。

4　一生知らないで過ごせるのか

さて、話を進めましょう。「寝た子を起こすな」のもうひとつの理由は、いまの若い人は同和問題を知らないのだから教える必要はない。知らなければ知らないで済むのだから、行政や企業などが同和問題の研修会をやらない方が解決になる、という意見でした。先ほど小中高校の児童や生徒に学校で教えるなという意見を取り上げましたが、これはその成人版というべき考え方です。ここでは「知らなければ知らないで済むのだから、行政や企業が研修会などやらないほうがいい」ということがポイントです。しかし、私はいつも不思議に思うのです。人は部落問題（同和問題）を知らないまま一生過ごすことはできるのだろうか、と。もちろん、死ぬまでまったく同和問題に出合うことなく、一生を終える人がいるかも知れません。そういう人は運がいいというか、悪いというか、いるかも知れませんが、各地の調査ではごくわずかにとどまっています。ほとんどの人は、学校を卒業して成人になり、社会生活を送るなかで、どこかで部落問題に出合っています。そして、問題はそのときの出合い方です。

表21は、1997(平成9)年の連合群馬による労働組合員を対象にした珍しい調査です。この調査のなかに「あなたが被差別部落(同和地区)や部落(同和)問題を初めて知った際、また、その後、被差別部落(同和地区)や部落(同和)

表21 連合群馬の組合員意識調査(1997) (%)

(問11) あなたが被差別部落(同和地区)や部落(同和)問題を初めて知った際、また、その後、被差別部落(同和地区)や部落(同和)問題に関する話を聞いたとき、その人はどのような言い方をしましたか。(2つ以上に該当する場合は、それぞれに○をつけてください)	
今は平等だと言った	29.3
一般論として言った	29.1
どこや誰が部落だと言った	24.3
民衆を支配するためにつくられたもの	20.9
人権に関わる深刻な問題	15.0
結婚相手としては避けるべき	13.8
差別語やジェスチャーでそれとわかるしぐさをした	13.8
覚えていない	9.1
怖いと言った	6.2
接するときには注意し、付き合わない方が良い	6.0
かかわらない方が良い	3.7
身分が違う	3.0
汚く貧しいと言った	2.4
血統が違うと言った	2.2
その他	2.1
人種が違うと言った	1.5
宗教が違うと言った	0.5

問題に関する話を聞いたとき、その人はどのような言い方をしましたか」との設問があります。これは複数回答をしてもいい項目です。さて、その結果はどうでしょうか。

回答が5％以上あるものを見ると、「接するときには注意し、付き合わない方が良いと言った」が6・0％、「怖いと言った」が6・2％、「結婚相手としては避けるべき」が13・8％、「差別語やジェスチャーでそれとわかるしぐさをした」が同じく13・8％、「人権に関わる深刻な問題」が15・0％、「民衆を支配するためにつくられたもの」が20・9％、「どこや誰が部落だと言った」が24・3％、「一般論として言った」が29・1％、「今は平等だと言った」が29・3％です。

このうち「人権に関わる深刻な問題だ」とか、「民衆を支配するためにつくられたもの」というように聞いたのは、たぶん授業や研修で聞いた内容だと思います。決して悪い情報ではありません。問題はそれ以外の情報です。「どこや誰が部落だと言った」、「接する時には注意し、付き合わない方が良いと言った」、「結婚相手としては避けるべきと言った」、「差別語やジェスチャーでそれとわかるしぐさをした」というのは、明らかに学校の授業や研修の場所ではないところで聞いた情報です。こんなことを授業で教えたり、研修会で言うはずがありません。おそらく、家族や友達や近所の人などから聞いたものと思われます。授業や研修会以外では、こういう情報が伝えられるわけです。この最初の出合い方が問題なのです。これが同和地区への偏見がなくならない原因のひとつだと私は思っています。

学校で教えない方がいいとか、行政は研修会をやらない方がいいという人が多いことをたびたび言ってきましたが、逆なのです。授業のなかできちんと取り上げていれば、このような間違った認識は生じないと思います。逆に、学校以外のところでは、ろくな情報が伝わっていない、学校以外の場所での情報が偏見を再生産している、ということです。そして、最初に間違った情報が刷り込まれると、それが後々残るのです。それを、この連合群馬の調査が教えていると思います。

5　なぜ同和地区の人が隠すのか

さて、「寝た子を起こすな」という理由の最後は、地元の同和地区の人が「やらないでくれ」と言っているから、やる必要はないという意見です。「寝た子を起こすな」の別バージョンといってもいいかも知れません。同和地区の所為《せい》にするこの考え方は、行政や学校の教員に多いと思います。私の経験でも、「地元の人がやらないでくれと言っているから、うちの市では同和教育はやらない」と反論した教育長がいました。

確かに同和地区の住民のなかには、同和教育に反対している人がいます。これは全国共通です。でもなぜなのでしょうか。考えたことがありますか。そこが重要です。

ここでもひとつの調査を見てみたいと思います。**表22**は、部落解放同盟群馬県連合会が会員を対象にして2006（平成18）年に実施した調査結果から、「あなたは配偶者、お子さん、お孫さんにご自身が部落出身であることをお話しされていますか」との質問に対しての回答です。配偶者に「話した」が61・7％、「いずれ話すつもりだが、まだ話していない」が2・2％、「話すつもりがないので

表22「部落出身であることの告知」(2006・解放同盟群馬県連)　(%)

（問）あなたは配偶者、お子さん、お孫さんにご自身が部落出身であることをお話しされていますか。

	配偶者	子ども	孫
話した	61.7	41.0	3.6
いずれ話すつもりだが、まだ話していない	2.2	9.5	9.7
話すつもりがないので話していない	11.2	21.6	22.2
該当者はいない	10.7	6.6	26.7
無回答	14.1	21.0	37.8

話していない」が11・2％です。つまり、夫婦の間で「自分が同和地区出身である」、または「ここの地区は同和地区だ」と話した人は6割いますが、1割強は「話すつもりがない」と言って話していません。夫婦の間でも同和地区であることを話していないことに注目してください。これが子どもになると、もっと数字は上がります。自分の子どもに「話した」が41・0％、「いずれ話すつもりだが、まだ話していない」が9・5％、「話すつもりがないので話していない」が21・6％です。実に3割がまだ話していません。話していないというより、隠しているといったほうが実態に近いです。これが孫になると、「話した」は3・6％、「いずれ話すつもり」が9・7％で、「話すつもりがないので話していない」が22・2％となっています。

●なぜ隠すのか

話を先に進めます。なぜ隠すのか、なぜ自分の子どもや孫に話さないのか、それを考えたことがありますか。いくつかの理由がありますが、結論からいうと、子どもや孫にいやな思いをさせたくないというのが一番多いと思います。知れば子どもや孫が悲しい思いをする、いやな思いをするというわけです。二番目は、差別されるのがいやだからです。同和地区だと相手にわかると差別されるかも知れない、だから隠すという人が大勢います。夫婦の間でも隠している人がいます。まして、職場や学校などで他人に知られないように隠している人は大勢います。しかし、話していなかったために、いろいろの悲劇が生まれます。これもいくつか例をあげます。

私は、相手方が出席しなかった結婚式に3回出席した経験があります。そのひとつは、埼玉県のK町に住んでいた女性の結婚式でした。恋愛で結婚することを決めた2人は、すでに結婚式の日取りを決め、会場も予約して案内状も出していました。ところが、彼の家族が身元調査をしたら、彼女のお父さんが同和地区出身だとわかったのです。そのとたん、今まで大歓迎だった彼の家族や親戚は手のひらを返したように猛反対しました。家族や親戚が彼を取り囲んで「お前の結婚相手は同和地区だから、この結婚はやめろ」とか、「今すぐに別れろ」とさんざん責めるわけです。しかし彼は、くじけませんでした。「俺がもらう嫁さんだから放っておいてくれ」と言って、家を飛び出します。その後、いろいろなことがあったのですが、最後に2人は結婚式を挙げて一緒になります。しかし、結婚式にはお母さんとお姉さん夫婦と妹さんの4人しか来ませんでした。あとはみんなボイコットしました。

相談を受けて、私は彼女の家に行って、お父さん、お母さんと会いました。お母さんは「うちのお父さんが同和地区出身だと知らなかった。何も言ってくれなかった」と言いました。娘さんも「知らなかった。教えてくれれば、こんなふうにならなかったかも知れない」と言いました。彼女は、相当ショックだったと思います。それはそうでしょう、結婚式の直前に同和地区、それも自分の父親が同和地区だからと言って大反対されたのですから。お父さんは、自分のことを奥さんにも娘2人にも内緒にして、二十数年、生きてきたわけです。この場合、義理のお兄さんが労働組合の活動家で、大変しっかりした人でしたからよかったようなものの、そうでなかったら彼女はどうなっていたかわかりません。

でもなぜ、お父さんは隠していたのでしょうか。お父さんは、連れ合いにわかると、場合によっては相手の家族に反対されて結婚できないかも知れないと考えたからだと思います。また、子どもに隠していたのは、知らなければ子どもは幸せに生きていける、その反対に子どもが知れば、子どもが悲しい思いをすると思ったからです。

●嫁ぎ先の姑の言葉

もうひとつ、例をあげます。古い話ですが、埼玉県日高《ひだか》市の同和地区の話です。あるとき、そこの住民から解放同盟の支部をつくろうとの声が上がりました。しかし、地元は解放同盟の支部をつくるか否かで大もめにもめました。賛成、反対で地区が二つに割れていました。私は2度、話し合いに行きましたが、地元の実力者が「解放同盟をつくらせない」と強く反対したために、とうとう支部をつくる話は潰されました。

2回目の話し合いが終わって、帰ろうと下駄箱《げたばこ》のところに行ったときです。1人のお母さんが、「相談があるのですが」と心配そうな顔つきで私に話しかけてきました。聞いてみると、この女性の娘さんは東京に嫁に行っていました。最近、その嫁ぎ先のお姑《しゅうとめ》さんが嫁の実家である日高市に遊びに来たそうです。そのとき、その姑さんがこう言ったそうです。「うちの息子は良いところからお嫁さんをもらって本当によかった」と。姑さんは続けて、「世の中には同和地区とか部落と言われている場所があって、そこはもともと日本人じゃない人たちだそうで、大変悪い人が多い」、「そういう地区の人と知らずに結婚してトラブルになるケースがあるけれども、うちの息子は、ここの家のように非常に良いところからもらって本当によかった」と言うのです。お母さんは真っ青です。娘さんは同和地区であることを知っていたようですが、そのことを隠して嫁いだわけです。お母さんは私に向かって、「もし、ばれたらどうなるのでしょうか」「嫁いだ娘が非常に心配だ。そんなことを言う姑だから、追い出されることがあるかもしれない」と泣きそうな顔で言いました。私は、「ちゃんと説明して、相手にもわかってもらったうえで結婚したほうがよかったと思う」と言いましたが、今さらそれを言っても始まりません。そのときは、「もし何かトラブルがあったなら相談してください」ということしか言えませんでした。

なぜ隠すのか。もうわかると思いますが、同和地区出身だとわかると、不当な扱いをされたり、差別的な扱いを受けたり、あるいは表面には言葉に出さないかもしれないが、陰でひどい悪口を言われるかもしれない。そういう目には遭いたくないから隠しているのです。差別がないからではなくて、差別があるから隠しているのです。埼玉の例だけでなく、新潟でも同じです。日本中の同和地区の大半の人は隠しています。自分の連れ合いにも、婿に来た人にも、嫁さんにも言わないこともあります。それは差別があるからです。在日朝鮮人や韓国人が本名を隠して生きるということがありますが、やっぱり差別があるからです。これがわからなければ、同和問題はわかったことにはなりません。

先ほど、「地元の人がやらないでくれと言っているから、同和教育はやらない」と言った教育長がいたと言いましたが、なぜそうなのか、一歩踏み込んで考えてほしいと思います。先生は「地元の同和地区の人が賛成しないから同和教育はやれない」と言わないでもらいたい。もちろん、難しい問題ではありますが、地区の人が「寝た子を起こすな」と言っていることを口実に同和教育をサボってはいけません。

6 「寝た子を起こすな」と言う人の特徴

最後にもうひとつ、おまけの話をします。古い調査ですが、いまから25年前の1993（平成5）年に当時の総務省が同和問題で全国調査をおこないました。この調査のなかに、同和教育や啓発をやることについてどう思うかという質問があり、「やったほうがよい」と答えた人と、「やらないほうがよい」と答えた人が、それぞれ同和地区の人との結婚に対してどのような態度をとるのかという、非常におもしろい調査があります。

表23は、「同和問題の解決に対する態度のとり方」と、結婚のときの態度のとり方の相関関係を表した表です。まず、表の見方を説明します。調査では、「同和問題について啓発（講演会、研修会、映画会、広報等）を、今後どのようにすればよいと思いますか」という質問があります。これに対して、「①積極的におこなうべきである。②ほどほどにすべきである。③あまりやらないほうがよい。④や

表23 結婚と同和教育に関する考え方の関係 (%)

	社会啓発に関する意見		同和教育に関する意見	
	積極的におこなうべき	やるべきではない	積極的におこなうべき	やるべきではない
子どもの意思尊重	61.1	48.9	60.7	49.4
結婚には絶対反対	1.8	8.6	2.1	6.2

るべきでない。⑤その他。⑥わからない」という回答が用意されていて、ひとつだけ選びます。また、調査では、それとは別に結婚に対する態度についての質問があり、「かりに、あなたのお子さんの結婚しようとする相手が、同和地区の人であるとわかった場合、あなたはどうしますか」という質問に対して、「①子どもの意思を尊重する。親が口出しすべきではない。②親としては反対するが、子どもの意志が強ければ仕方がない。③家族や親せきに反対があれば、結婚を認めない。④絶対に結婚を認めない」の五つの回答が用意されていて、そのうちからひとつを選びます。さて、表23は啓発に対する質問のうち、啓発を「積極的におこなうべきである」と回答した人と、「(啓発は)やるべきではない」と回答した人を抜き出して、それぞれ結婚に対してどのような態度をとるのかをクロスさせた表です。

これを見ると、「積極的におこなうべきだ」と回答した人の61・1%の人は、結婚に対して「子どもの意思を尊重する」と回答し、「結婚には絶対反対」はわずかに1・8%です。ところが反対に、啓発は「やるべきではない」と回答した人は、「子どもの意思を尊重する」が48・9%と低いうえに、「結婚には絶対反対」と回答する人が8・6%います。反対の数字だけを比較すれば、4・8倍ということになります。明らかに結婚に反対している人が多いことがわかります。つまり、研修や講演会などの啓発に反対している人ほど、じつは結婚に反対する割合が高いという結果が見られるわけです。

この傾向は、同和教育に対する考え方においても同じように表れます。同じく表23の右側がそれです。これは「小・中学校などの義務教育での『同和教育』について、あなたはどう思いますか」という問いに対する回答のうち、「積極的におこなうべきである」と回答したものと、「やるべきではない」と回答したものが、それぞれ結婚に対してどのように反応するかを調べたものです。やはり対照的な回答が返ってきています。

同和教育を「積極的におこなうべき」と回答した人は、60・7%が「子どもの意思尊重」と回答していますが、「絶対反対」はわずかに2・1%です。その反対に、同和教育は「やるべきではない」と回答した人は、「子どもの意思尊重」が49・4%に対して、「絶対反対」が6・2%も存在しています。ここでも、同和教育に反対している人ほど結婚に反対する人が多いことがはっきりわかります。

今日の話のテーマは「寝た子を起こすな」についてですが、啓発や教育をやるなということは、つまりは「寝た子を起こすな」ということです。そうすると「寝た子を起こすな」と言う人ほど、実は結婚などでは差別的な態度をとる傾向が強いということになります。おもしろい結果ですね。

7　どういう人が結婚に反対しているのか

これで今日の話は終わりなのですが、ついでですから、もう一歩踏み込んで、どういう人が結婚に反対しているのか、を見てみたいと思います。

どういう人が反対しているのでしょうか。いま私は「寝た子を起こすな」と言う人は結婚に反対する人が多いと言いましたが、それだけでは不十分です。もう少し踏み込んで、結婚に反対する人はどういう人なのかを考えてみたいと思います。あらかじめ結論を言うと、第1に、結婚のときに相手の家柄がどうとか、血筋がどうとかというような前近代的で封建的な風習やしきたりにこだわっている人、第2に、就職差別を差別と感じない人、あるいはいまだに男女平等を認めない人、そして「同和問題は自分には関係ない」とか、「いくらやっても差別はなくならない」、または「啓発なんかやらない方がいい」などと否定的な態度をとる人、こういうタイプの人が結婚に反対しています。

表24 結婚と封建的意識の関係　(%)

区分	子どもの意思尊重	結婚には絶対反対
(結婚相手の血筋や家柄を問題にする風習は) 当然のことと思う	17.1	18.7
(結婚相手の血筋や家柄を問題にする風習は) なくすべきだ	62.4	1.3

詳しく見てみましょう。**表24**です。

この意識調査の質問に「日本には、いろいろな風習がありますが、次の質問についてあなたはどのように思いますか」という質問があります。具体的には、「結婚相手を決める時に、家柄とか血筋を問題にする風習」について答えるようになっていて、「①当然のこと思う、②おかしいと思うが、自分だけ反対しても仕方がない、③間違っているからなくしていかなければならないと思う」という回答が用意してあります。回答者は、その三つからひと

表25 結婚と人権意識の関係　(%)

区　分	子どもの意思尊重	結婚には絶対反対
(家庭環境で採用をきめるのは) 差別だと思う	48.7	4.4
(家庭環境で採用をきめるのは) 差別だと思わない	26.0	12.5

つ選ぶようになっているわけですが、この回答のうち、「そういう風習は当然のことと思う」と答えた人と、「なくしていかなければならない」と答えたものが、今度は部落の人との結婚に対してどういう態度をとるのかを調べたものです。その結果が、この表です。

「家柄・血筋を問題にする風習は、当然と思う」と答えている人は、やはり「部落との結婚」に対しても極めて強い抵抗を示し、実に18・7%が「絶対に結婚させない」と回答しています。ところが、これに対して「家柄・血筋を問題にする風習は、なくすべきだ」と考えている人で「絶対反対」は、わずかに1・3%しかいません。

もう解説しなくてもいいと思いますが、同和地区の人との結婚に反対しているのは、まず、結婚のときに相手の家柄がどうとか、血筋がどうとか、というような前近代的で封建的な風習やしきたりにこだわっている人です。

第2は、就職差別を差別と感じない人、あるいはいまだに男女平等を認めない人、こういうタイプの人が結婚に反対しています。

表25を見てください。これは次のような質問です。

「AさんとBさんが、ある会社の入社試験を受けました。100点満点でAさんは80点を取り、Bさんは75点でした。面接の結果もAさんがまさっていると思われました。ところがAさんは父親がなく、Bさんは両親が健在なことがわかったことから、会社はBさんを採用しました。このことについてあなたはどう思いますか」

この質問に対して、「①差別だと思う、②差別とは言えないと思う、③いちがいに言えない」という回答が用意してあります。この回答のうち「差別だと思う」と答えた人と、「差別とは言えない」と答えたものが、それぞれ部落の人との結婚に対してどういう態度をとるのかを調べたものです。

親がいる・いないで採用を決めるのは「差別だ」と答えた人は、部落出身者との結婚でも48・7％は「子どもの意思を尊重する」と回答していますが、「差別とは思わない」と回答したものは、「子どもの意思を尊重する」がわずかに26・0％しかいない反面、「結婚には絶対反対」がなんと12・5％も存在します。

成績も面接の結果もまさっているのに、父親がいないという理由で採用しないのは明らかに差別ですが、こういう差別を差別と受け止めない人は、部落との結婚に対しても、かなりの部分が抵抗を示して反対するという実態が浮き彫りになってきたわけです。

●男尊女卑の思想

この問題をさらに掘り下げて考えるためにもうひとつ、男女平等の観点から見てみましょう。

表26は、「2児の母であるCさんは、子育てが一段落したので働きに出ようと考えています。しかし、夫のDさんは、『男は仕事、女は家庭だ』といってCさんが働くことに反対しました。このことについてあなたはどう思いますか」という質問に対して「差別だと思う」と答えた人と、「差別だと

は思わない」と答えた人が、それぞれ部落出身者との結婚のときにどのような態度をとるのかを示したものです。賢明な読者はすでにこの答えを推測できると思いますが、その推測どおり、「（男は仕事、女は家庭という考え方は）差別だと思う」と回答した人の52・6％は「（部落の人でも）子どもの意思を尊重する」と回答しているのに、「差別だとは思わない」と回答したものは、結婚に賛成がわずかに29・7％で、「結婚には絶対反対」が10・5％もいます。

表26 結婚と人権意識の関係 （％）

区分	子どもの意思尊重	結婚には絶対反対
（男は仕事、女は家庭という考え方は）差別だと思う	52.6	3.9
（男は仕事、女は家庭という考え方は）差別だと思わない	29.7	10.5

問題が次第に鮮明になってきました。現在においても、かたくなに部落の人との結婚に反対する人は、先に上げたように、結婚のときに相手の家柄がどうとか、血筋がどうとかというような前近代的で封建的な風習やしきたりにこだわっている人、就職差別を差別と感じない人、あるいはいまだに男女平等を認めない人ということになります。

●同和問題解決に対する態度

さらに続きがあります。それは同和問題の解決に対する態度の問題です。つまり、同和問題に対するかかわりの姿勢です。表27です。

調査のなかに、同和問題の解決に対する姿勢を問う質問があります。具体的には、「同和問題に対するあなたの態度はいかがですか」という質問があり、回答が五つ用意されています。「①これは、

表27 結婚と同和問題解決に対する態度の関係　(%)

	同和問題解決に対する態度	
	自分も解決に努力する	自分には関係ない
子どもの意思尊重	58.8	16.3
結婚には絶対反対	1.9	24.4

同和地区の人だけの問題だから、自分とは直接関係ない問題だと思う、②自分ではどうしようもない問題だから、成り行きに任せるより仕方がないと思う、③自分ではどうしようもない問題だが、誰かしかるべき人が解決してくれると思う、④基本的人権にかかわる問題だから、自分も市民の1人として、この問題の解決に努力すべきだと思う、⑤よく考えていない」

この回答のうち、①の「これは同和地区の人だけの問題だから、自分とは直接関係ない問題だと思う」と回答した人――これを仮に「無関係型」と呼ぶ――と、④の「基本的人権にかかわる問題だから、自分も市民の1人としてこの問題の解決に努力すべきだと思う」と回答した人――これを仮に「責務型」と呼ぶ――が、それぞれ部落の人との結婚に対してどのような態度をとるかを調べたものです。

で、結果はどうかというと、表の左側にあるように、はっきりとちがった反応が見られます。つまり「責務型」の人は、結婚に絶対反対するという人がわずか1・9%しかいない反面、子どもの意思を尊重するというものが58・8%おり、ごく一部を除いて結婚に賛成するという姿勢を見せています。ところが「無関係型」の人は、結婚に賛成するというものがわずか16・3%にとどまっている反面、絶対反対するというものがなんと24・4%も存在しているのです。明らかに「責務型」が結婚に賛成するのに対して、「無関係型」は強く反対しているのです。図で書けば、

「責務型＝賛成」vs「無関係型＝反対」ということになります。

こういう調査結果を見ると、「自分には関係ない」とか「やってもなくならない」とか、「啓発なんかやらない方がいい」などと否定的な態度をとる人ほど、実は結婚などでは差別的な態度をとる傾向が強いということがわかってきます。

以上見てきましたが、もう一度整理すると、同和地区の人との結婚に反対する人の特徴は、第1に、結婚のときに相手の家柄がどうとか、血筋がどうとかというような前近代的で封建的な風習やしきたりにこだわっている人、第2に、就職差別を差別と感じない人、あるいはいまだに男女平等を認めない人、そして「同和問題は自分には関係ない」と言う人、また「同和教育や啓発なんかやらない方がいい」などと否定的な態度をとる人、すなわち「寝た子を起こすな」と言っている人ということになります。どうでしょうか、みなさんの感想は。これで今日の話は終わります。

第9章　人権保育の基礎知識

（解　説）

1969年から始まる同和対策事業では、同和地区の子育て支援のために、同和地区のなかに保育所が建てられました。全国ではおよそ600カ所に建設されました。埼玉では13カ所に同和保育所が建設されました。この保育所を中心に同和保育と呼ばれる活動が取り組まれてきましたが、長い間、同和保育というものはどのような保育であるのか、今ひとつ共通理解が得られませんでした。私は、2010年から埼玉県人権保育研究会の会長を引き受けて、本格的に人権保育に関わるようになりましたが、同和保育＝人権保育に関わるようになってから、あらためてその本質というか、人権保育の定義について整理する必要を痛感しました。そこで、2016年に長年の疑問を整理して『人権保育の基礎知識』というタイトルで小冊子を発行しました。この章の三つの文章は、その『基礎知識』を要約してそのまま転載したものです。

第1節の「人権保育の基礎知識」は、文字通り人権保育とは何かを解説したもので、第2節の「家庭支援と人権保育」は、人権保育をより広範な人に理解してもらうために、加須《かぞ》市の保育士・杉山良子さんが長野で開かれた全人教大会でおこなった報告をベースにして、実践を紹介しました。第3節の「保育懇談会と人権保育研究会の課題」は、人権保育研究会が毎年おこなっている懇談会の活動を紹介することを通じて、現在の子育ての特徴や研究会の課題を提起しました。少子高齢化と呼ばれる時代のなかで子育てが困難な家庭が増えていますが、私なりに問題点を整理したつもりです。

第1　人権保育の基礎知識

人権という言葉を聞いて、みなさんは何を思い浮かべるでしょうか。子どものいじめやいじめによる自殺を思い浮かべる人がいると思います。女性に対する暴力＝ＤＶ（ドメスティック・バイオレンス）を思った人もいるでしょう。児童虐待による子どもの被害を考えた人も多いと思います。現在の日本社会を見渡したとき、そこにはいじめや児童虐待、ＤＶなど極めて深刻な問題が存在しています。また、それ以外にも高齢者や障がい者に対する虐待やヘイトスピーチなど深刻な問題が存在しています。しかも、こうした人権問題は年々数が増えています。例えば児童虐待ですが、厚労省が発表した２０１５（平成27）年度の児童虐待相談対応件数は、10万３２８６件（埼玉県６５０１件）で過去最多です。また、ＤＶの被害も６・９％増の６万３１４１件と、過去最多を更新しています。このうち殺人・殺人未遂は99件、傷害致死は２件です。なんとも恐ろしい事態です。

これらの事件の背景には、何があるのでしょうか。私は、格差の拡大による貧困が存在していると思います。格差が拡大するなかで生活が困難な家庭が増え、底辺に置かれた人がそのストレスや不満を立場の弱い者に向けていく、そのような社会的な病理が日本に蔓延しています。

ところで、２０１６（平成28）年４月、「障害者差別解消法」（障害を理由とする差別の解消の推進に関する法律）がスタートしました。法律では「不当な差別的取扱い」の禁止を求めていますが、この法律をあざ笑うかのように、２０１６（平成28）年の7月には相模原《さがみはら》市の知的障害者施設で入居者が殺害される悲惨な事件が起きました。犯人は「障がい者は生きる価値がない」と言っているそうですが、許せない話です。

「21世紀は人権の世紀」と言われてきましたが、それでは世界の現状はどうでしょうか。テレビなどで報道されているように、世界各地で紛争や戦争が絶えません。その戦争や紛争の陰でおびただしい数の子どもや女性、高齢者が犠牲になっています。とくにシリアでは、内戦によって国民の半数にのぼる一〇〇〇万人が難民となって国内外に逃れ、ヨーロッパ全体を巻き込んだ国際的な政治問題になっています。この紛争の背景には、人種や民族、あるいは宗教の違いによる歴史的な対立が存在していますが、相手の人種や民族、または宗教を認めることはできないのでしょうか。

いっぽう、同和問題については、どうでしょうか。あまり知られていないのですが、２０１１（平成23）年に結婚相手の身元調査などのために戸籍等を大量に不正取得する事件が発覚し、いまなお同和地区に対して身元調査や土地調査が隠然とおこなわれている実態を浮き彫りにしました。また、今年2月には、鳥取ループ・示現舎《じげんしゃ》による「全国部落調査」復刻版出版事件が起きました。「全国部落調査」とは、戦前、政府の外郭団体がおこなった全国の同和地区の調査報告書ですが、これを新規に本にして販売するという事件です。裁判所が、出版社に対して出版禁止の決定を出しましたが、出版社はこれを無視し、それどころかインターネットにその情報を掲載しています。現在、裁判をおこなっていますが、同和地区の所在地をさらけ出すこの図書によって、差別が助長・拡散されることが強く懸念されています。

さて今日は、「人権保育とは何か」について基礎的な知識を持ってもらうために話をします。人権保育は、昔は「同和保育」と呼ばれていました。それは、これから説明するように、同和地区に建てられた保育所から始まった保育の営みが出発だったからですが、人権保育はその同和保育が発展したかたちと考えればいいと思います。では、同和保育とは何か、またそれが発展したという人権保育とは何か、まずはその歴史から話します。

1　人権保育の歴史

●人権保育の三つの時代

人権保育は、大きく三つの時代に分けられます。まずはじめは、同和保育所と呼ばれた公立保育所が同和地区に建設された時代です。1970年代から1980年代にかけて全国各地の同和地区に同和保育所がつくられました。埼玉でも1973（昭和48）年から81年にかけて13の保育所がつくられました。全国的には約600カ所建設されましたが、大半は関西から中国、四国、九州にかけて建設されています。それがなぜつくられたかということは、このあと説明します。その次の時代は、1986（昭和61）年から2002（平成14）年にかけて同和保育の運動として取り組まれた時代です。そして三番目の時代は、2002（平成14）年から現在まで人権保育として取り組みが進められている時代です。

●同和保育所が設置された背景

そもそも同和保育所って何だということですが、国が補助金を出して同和地区のなかに建てた公立保育所です。なぜ国はこの同和保育所を建てたのでしょうか。理由はいくつかありますが、一番大きな理由は、経済的に困難な家庭が多かったからです。経済的に困難であるということは、子育てにおいても困難を抱えた家庭が多かったのです。平たくいうと貧しい家庭が多くて、子育てにおいても貧乏とセットで、子育てをする環境が十分でなかった家庭が多かったからです。

私はきょうだいが4人います。一番上の長男には地域に同級生が5、6人いたのですが、高校に行ったのは兄貴1人です。高校といっても定時制の高校でしたが、ほかの同級生は中学だけで社会に出て働きました。当時、戦後の昭和30年代ですから、だいたい半分くらいの子が中学から高校に進学するようになっていた時代です。しかし、同和地区では経済的に苦しい家庭が多くて、高校に行けない家が多かったわけです。私は親から、兄貴を夜間の定時制に入れたことで、「金もないのに高校なんかにやって」と近所の人から嫌みを言われたという話を聞かされたことを覚えています。

それはともかく、経済的に困難で教育を受けられないということは、子育てにおいても困難を抱える家庭が多かったわけです。みなさんもわかると思いますが、子育てというのは親の教育力によってずいぶん違ってきます。別な言葉でいえば、親の経済力や教育水準、文化水準がそのまま子育てに反映するということです。同和地区では、経済的に困難な家庭が多く、親の教育力が弱かった。それが子育てや子どもの学力、進学、就職に大きく影響しました。貧乏で教育を受けられなかった親、それが子どもに引き継がれ、子どもたちもなかなか教育水準を向上させることができなかった――これを「負の連鎖」といいますが――、そのような実態が昭和30年代まで続いていました。

ここで関連したひとつの資料をあげておきます。文部省は1962（昭和37）年から全国の同和地区の進学調査を始めました。このとき、日本の高校進学率がちょうど60％でした。6割が高校に行くようになっていましたが、しかし、そのときの同和地区は32％です。周辺の地域の半分くらいしか高校に行かないという実態があったわけです。こういう実態に踏まえて、国は同和地区の教育の向上のために高校の奨学金制度を設け、同和地区のなかに教育集会所や隣保館を建てて、教育や生活文化の向上をめざしました。また、今日のテーマである保育所もこの時代につくられました。地域によっては、同和地区の住民やお母さんたちが強く運動して建てたところもあります。その結果、建てられた保育所は、普通の公立保育所と同じです。同和保育所だからといって何も違うところはありません。中身も運営もまったく普通の公立保育所と同じです。ただ、そういうふうに政策的に建てられた保育所ですから、財政だけでなく、いくつかの配慮がされました。例えば、加配保育士と呼ばれる保育士を必ず1人つけました。保育士の数は子どもの定員に対して何人というように決まっているのですが、同和保育所には、地域との連携や子育てが困難な家庭を支援するという目的のために、保育士を1名プラスしました。これを加配保育士、もしくは推進保育士というのですが、なかには2人の加配保育士が配置されたところもありました。また、保護者に対しては、保育料の減免や入所支度金の支給などの支援をおこないました。こうして同和保育所が建設されたのです。

●同和保育運動の始まり

さて、こうして同和保育所が建設されましたが、施設ができただけでは、同和地区の抱えている貧困や子育ての問題はすぐに解決しません。そこで、保育所を軸にして保育運動が始まります。埼玉県は、国の方針を踏まえて、1981（昭和56）年に「埼玉県同和保育基本方針」をつくりました。この基本方針では、子育てをするうえでいろいろな課題を抱えた保護者を念頭に置いて、「同和地区の乳幼児は、その保護者の不安定な就労や低位な生活、教育水準などから、身体的、知的、社会的発達段階において、その基礎的能力の開発が阻害され、また、その能力を発揮する条件が整えられていない」という認識に立って、「同和地区を取り巻く低位な諸条件から乳幼児を守り、心身の全面的な成長発達を促す」という同和保育の取り組みを開始しました。

いっぽう、保育所が建てられた地元では、保育所の建設を踏まえて、自主的に保育所や子育てをする保護者を応援しようという動きが出てきました。これは、当然といえば当然の動きです。保育は、保育所だけの取り組みではありません。地域と保護者が連携協力して、はじめて効果を上げることができます。そういう背景のなかで、1985（昭和60）年に埼玉県解放保育研究会が結成されました。これが今の人権保育研究会の出発です。研究会は、同和地区の運動団体である部落解放同盟の女性部が中心になって運営され、保護者会の代表や保育士が参加しました。最初は手探りの状態で活動が始まりましたが、全国の取り組みから学びながら、次第に同和保育運動を進める団体として成長していきました。そして、１９８６（昭和61）年に第1回の埼玉県同和保育実践交流会を開催しました。また、翌年の１９８７（昭和62）年には、保護者自身がお互いに交流しようと埼玉県同和保育所保護者会連絡会を結成しました。

その後、約25年間、解放保育研究会を中心にして保育運動が続けられましたが、国が特別対策を終了して同和保育所が人権保育所へと位置づけ直しをおこなった２００２（平成24）年に、埼玉県解放保育研究会も埼玉県人権保育研究会と名称をかえて、今日にいたっています。駆け足で述べてきましたが、これが人権保育の歴史です。

2　人権保育の三つの柱

さて、歴史的な経過はいま述べたようなことですが、それでは人権保育とはどんな保育でしょうか。国では、人権保育の三つの柱を掲げています。これを説明しましょう。

ひとつ目は差別やいじめを許さない保育、二つ目は子育てが困難な家庭を支援する保育、三つ目は未来を切り拓《ひら》く力を育てる保育です。これは１９９７（平成9）年に厚生省が出した人権保育に関する通達（平成9年4月1日、児保第10号通知「『人権を大切にする心を育てる』保育について」）を踏まえたものです。これだけでは抽象的ですから、ひとつずつ説明します。

●差別やいじめを許さない心を育てる

まず、1番目は、「差別やいじめを許さない心を育てる保育」です。これはわかると思いますが、言葉通り、差別やいじめを許さない感覚を身につけた子どもを育てる保育です。

いじめの問題については、みなさんも心を痛めていることでしょう。文部科学省の統計によると、2014（平成26）年度にいじめの報告があった件数は全国で18万8千件です。埼玉県は3098件となっています。18万8千件の内訳は小学校が12万3千件、中学校が5万3千件、高校は1万1千件です。学校の数でいうと、2万1600校になっています。ほとんどの学校にいじめがあるということになります。埼玉も例外ではありません。全国と同じように、学校のいじめが報告されています。なかでも、いじめによる自死については、親としてこれほど悲しいことはありません。新聞の報道によると2014（平成26）年には、小中学生の自死が約120人いたと報道されています。

どうしていじめが起こるのかということは、一口には言えません。さまざまな要素が絡んでいじめが続いていると思います。しかし、原因は何であれ、いじめによる犠牲者だけは出したくありません。そのために、保育所の時代にどういう保育をおこなうのかと考えることが人権保育の出発です。「保育所の時代に」というのは、小学校や中学校のいじめは、突然始まるわけではありません。さかのぼって、就学前の乳幼児の時代に、いじめをしてしまうような性格や行動様式がつくられてしまうのです。逆にいえば、いじめを許さない心も就学前の時代につくられていくといえます。

いじめと関連して、もうひとつ深刻な問題は、児童虐待の問題です。厚労省が発表した2015（平成27）年度の児童虐待相談対応件数は、10万3286件（埼玉県6501件）で、過去最多となっています。埼玉でも2016年の1月に狭山《さやま》市の虐待死がニュース番組で取り上げられました。同年の

3月には岩槻《いわつき》の事件が報道されましたが、本当に悲惨なニュースばかりで、情けなくなります。子どものいじめと保護者による虐待は、人のいのちや人権を何も考えないという意味では、本質は同じです。

その差別やいじめを許さない心を育てるということは、保育所の時代といいますか、就学前の時代の人格形成が極めて大きな役割を果たしています。乳幼児の時代にどのような育ち方、育てられ方をするのか、それが後々、人格に大きく影響します。もちろん、相手を思いやる心、相手の立場にたって考えることができる思考力は、自然発生的にできるわけではありません。意識的な子育て、意識的な保育活動を通じて形成されるものです。

しかし、幼稚園や保育所の段階でいじめや差別を許さない心をどう育てるのかというのは、言うのは簡単ですが、どうすればいいのですかという質問をされます。私は、ここでは具体的な取り組みとして三つあげます。まず、ひとつはランク付けをしない。できる子、できない子の振り分けをしないことです。もちろん、子どもたちが何かをすると、必ず早い子と遅い子がいます。これは自然です。どの子も一律ではありません。しかし、それを生来《せいらい》の、生まれつきのものであると、固定的に見てはいけないということです。固定的に見て、できる子、できない子にランク付けして決めつけることは、結果的に子どもの成長や発達を押さえつけることになります。子どもたちは、ある時期に急に伸びることもあるし、伸びる時期が少し遅い子もいます。でも、いずれはどの子も伸びるのだということを信じて、子どもたちに接することが保育者にとって必要です。私たちは「どの子も磨けば光る」というスローガンを掲げてやってきましたが、固定化してランク付けするのをやめようと呼びかけてきました。

二つ目は、「違いを認め合う」保育の実践です。保育所には障がいがある子、外国人労働者の子どもなど、さまざまなハンディを持つ子が通ってきています。そういう子どもの違いを認める保育です。違いを認めるといっても、ただ違いを理解するだけでは十分ではありません。一歩踏み込んで、具体的にはそういう子に焦点を当てた保育、例えば園の行事でもその子が主役になってできることを意識的に組み込んでほしいと思います。最近では、外国籍の子どもがどの園にも通ってきています。2016年、埼玉は外国籍の人が12万人います。外国籍の子どもが排除されないような、その子どもたちを認め合う保育が必要です。

余談になりますが、今年2月に入って、蕨《わらび》市で開かれたクルド人のお祭りに呼ばれて行って来ました。クルドというのは、国を持たない世界最大の民族と言われていますが、イラクやトルコに3000万人が住んでいます。蕨市周辺には2000人くらいのクルド人が住んでいて、クルドの子どもたちも幼稚園や保育所に通っています。その子どもたちを排除したり、差別しない保育が求められています。その日はクルドの正月、新年会です。周辺に住むクルド人が500人くらい集まって踊りや歌を披露するのです。おいしいクルド料理も出ました。ただ、私がひとつだけ不満だったのは、誰も酒を飲まないのです。酒は基本的に飲まない国なのですね。ここは日本なのだからビールくらいいいじゃないか、と内心思いましたが、ビールがあれば最高だったと思いました。

余分なことを言いましたが、本題にもどります。差別を許さない心を育てるという場合の三つ目の具体的な実践方法は、集団活動を大事にすることです。人を尊重する心は自分を尊重する心で育てられる。こういうことを保育のなかに意識的に取り組んでほしいと思います。理屈抜きに子どもたちは集団のなかで成長します。子どもの世界でも、衝突もあれば意見の違いもあります。ケンカもしょっちゅうあります。でも、それが大事なのです。それをどう乗り越えていくかが、子ども自身の成長の糧となるのです。子ども自身が集団のなかで社会性を身につけ、人と人の付き合い方を学ぶのです。だからこそ集団活動の場所としての保育所が必要なのです。

●子育てが困難な家庭の支援

さて、人権保育の二つ目の大きな柱は、「困難な家庭を支援する」ということです。困難な家庭というのは、どんな家庭なのか。まず何よりも、経済的に生活が困難な家庭があげられると思います。少し前の話ですが、２０１３（平成25）年に大阪で母子が餓死するという事件がワイドショーで取り上げられました。２人とも食べるものがなくて、餓死したのです。たぶん、最初にお母さんが死んで、その後、子どもが死んだと思いますが、誰にも訴えることができないで死んでいったのです。現在、格差社会のなかで子どもの貧困が大きな社会問題になっていますが、子どもの６人に１人が貧困と報道されています。この貧困率というのは、国民の所得の中央値の半分以下で生活する人の割合です。たとえば、日本の国民の所得の中央値が４００万円だとすると、その半分だから２００万円以下で生活する人を貧困というのですが、日本の場合の特徴は、特にひとり親家庭、なかでも母子家庭の貧困率が際立って高いことです。実際、非正規でパートの仕事を二つ、三つかかえ、必死で働いていても貧困から抜け出せない現状が見られます。

先日も学校の先生の話を聞く機会がありました。その先生は、家では何も食べないで、給食だけが食事になっている子がいると言うのです。本当なのですかと言う人がいますが、本当の話です。貧困は見ようとしないと見えません。誰しも、自分のうちが苦しいということはほかの人には言いたくないものです。子どもだって同じです。この困難な家庭を支援するということが人権保育の二つ目の大きなテーマです。

では、困難な家庭をどう支援するのか、ということになりますが、人権保育研究会では、いくつか提案しています。ひとつは、家庭訪問をやってほしいということです。家庭訪問については「家に来てほしくない」という保護者もいます。しかし、私たちはあえて家庭訪問を勧めています。それは、家に行ってみないと家庭の様子はわからないからです。家庭訪問によってある程度、家庭の様子はわかります。行ってみて、気になる家庭がわかるというケースが多いのです。また、保護者との関係をつくるうえでも家庭訪問は大事です。ぜひ家庭訪問をして、家での生活を知ってほしいと思います。ちなみに、家庭訪問をやっているというところの人は手をあげてください（――参加者が手をあげる）。2割くらいですか。ぜひ家庭訪問をやってください。

どう支援するかについて、二つ目は、できるだけ保護者の相談相手になってほしいということです。困難な家庭は一般的にいって、生活が大変だということだけでなく、時間の余裕がなくてほかの人と情報交換する時間が少ないことが多いものです。そのため、相談相手になってほしいのです。そして、必要ならば公的な支援をする制度を紹介してあげてほしい。したがって、保育士自身、支援について勉強することが必要です。相談のなかで、「こういう制度があるのを知っていますか?」と紹介し、支援してあげてほしいです。

ちなみに、本日の開催地のさいたま市では、どういう子育て支援があるのか。先日調べましたが、医療費の助成、子育てのヘルパー派遣、ファミリーサポートセンターの活用、子どものショートステイ、子育てタクシー——子育てタクシーとは何かと思ったら、出産を控えている人がタクシーを利用できる制度です。大きな病気があった場合も利用できます——、そのほか子育ての電話相談など、いろいろありますが、必要に応じて紹介してあげる、これが困難な家庭の支援の具体的な内容です。

あともうひとつあげれば、保護者会の仲間づくりです。何かあったとき、保育士さんも大事だけれども、誰か保護者会にいる友達に応援してもらえることが必要です。実際、例えば、どうしても仕事の都合上1日だけ子どもを預かってほしいというような場合、それを頼める人がいるのといないのとでは、全然負担が違います。こういう保護者の支援、保護者会の仲間づくり、それが人権保育です。

●未来を切り拓く力を育てる保育

さて、人権保育とは何か、その3番目の柱は、「子どもたちの未来を切り拓く力を育てる」ことです。

子どもたちは、将来いずれは社会に出て、何かの職業について自立して生活するようになります。

その未来を切り拓くことができる力を保育所の時代に培う、これが三つ目の柱です。実際、子どもたちの前には、さまざまな試練が待ち受けています。子どもたちは、保育所で育ったあと、小学校に上がり、中学校へ行き、高校、大学と進んでいくわけですが、そこでは受験戦争が待ち受けています。また、会社に入るためには就職試験が待ち受けています。いまの社会では、いやでも受験や進学や就職試験を乗り越えていかなければ、普通の収入や生活を得ることはできません。だから親たちは、子どもたちのケツをたたいて「勉強しろ」「勉強しろ」と毎日叱咤激励《しったげきれい》し、また必死に働いて収入を増やし、子どもを塾にやり、成績を上げようとします。成績が将来の生活に直結しているからです。そういうことから、よく幼稚園や保育所に対して字を教えてもらいたいとか、英語を教えてもらいたいと言う人がいます。私は、勉強ができるような子になってもらいたいという親の願いを否定するつもりはありません。しかし、ここはよく考えてもらいたいところです。勉強ができるようになるには何が必要かということです。

私たちは、同和地区における保育のさまざまな経験から、勉強ができるかどうかは、「学習意欲の差」だと考えています。勉強したいという意欲がない子にいくら勉強しろと言っても勉強しません。逆に、勉強が楽しいとか、勉強がしたいという意欲がある子は、親がガミガミ言わなくても勉強ができます。少々理屈っぽくなりますが、その学習意欲の差は、主体性や集中力、柔軟性、感受性という人間としての「基礎的な力」の差なのです。別な言い方をすれば、ものごとに主体的に取り組む力、ものごとに集中できる力、ものごとに柔軟に対応できる力、さらにものごとに感動する力、これが学習意欲を引き出す「基礎的な力」です。

主体性とか集中力、柔軟性といっても、乳幼児期の子どもの活動の中心は、もちろん遊びです。その遊びを通じて、子どもは物事への関心や意欲、あるいは主体性や集中力を身につけます。例えば、遊びに集中することができる子とできない子、主体的に遊びを選び、遊びを組み立て、ものを作ることができる子とできない子。柔軟にいろんなパターンで遊びができる子とそうでない子、そういう違いが出てきます。そこに保育者や保護者の役割があるのです。保育者は、遊びを通じて、子どもたちに主体性や集中力や柔軟性という基礎的な力を育てるということを意識的にやるということです。また、いろんなものごとに感動したり、泣いたり怒ったり悲しんだりできるような豊かな感性をどれだけ大事にして育てるのかということです。そして、それこそが「基礎的な力」であり、「学習意欲」であり、将来、自分の未来を切り拓く力なのです。

小学校への進学を考えたら保育園で英語をやった方がいいということになるのだけれども、その前に、将来の学習意欲を育てるための集中力や主体性や感受性を、遊びを通じてどう育てるのかが大事なのです。英語をやってはいけないということではないのですが、そこだけではダメなのです。勉強ができるかどうかは、勉強したいと思う学習意欲の差にある、それは乳幼児期に主体的に遊べる子、遊びに集中できる子、ものごとに感動できる子を育てることです。これが人権保育の三つ目の柱です。

＊　＊

人権保育について、いろいろ申し上げました。人権保育といえば、「人権問題を子どもに教えることなの？」「そんなこと、子どもたちは理解できない」というように考えた人がいたかも知れませんが、これで理屈だけではなく人権保育が多少理解できたのではないかと思います。人権保育は、どこの保育所でも取り組んでほしい保育だと考えています。そのことを最後に申し上げて、話を終わります。

第2　家庭支援と人権保育

1　現在の子育ての特徴

今日は、「人権保育とは何か」をテーマに話をします。あらかじめ結論を言っておくと、人権保育とは、一口にいえば「子育てが困難な家庭を支援する保育」です。それだけではいかにも抽象的ですから、本題に入る前に、まず現在の子育てをめぐる状況の特徴と子育て支援の実践例を紹介したいと思います。まずは、いまの子育てをめぐる特徴から話します。

●少子化

現在の子育てを見たときに1番目の特徴としてあげられるのは、少子化です。みなさんが知ってのとおり、日本では第2次ベビーブームが終わった１９７０年代後半からこの40年の間、子どもの数がどんどん減り、２００５（平成17）年には１人の女性が一生に産む子どもの数――これを合計特殊出生率といいますが――、この出生率は１・26にまで落ち込みました。２０１２（平成24）年には１・41まで回復していますが、人口が維持できる出生率は２・08といわれていますので、日本の人口は確実に減っていくことになります。現在の日本の人口は、およそ1億２０００万人ですが、このままいくと、2055年には9000万人を下回るといわれています。

このように出生率が減少していったのには、いくつかの原因があります。晩婚化が進んで初産年齢が上昇したこと、また、多くの女性が仕事をするようになったこと、出産で職場を離れると生活水準が低下するため、出産を控えるようになったこと、子育ての経済的負担が大きすぎることなどがあげられます。ちなみに最近のデータでは、初婚の平均年齢は夫30・8歳、妻29・2歳、初産の平均年齢は30・3歳と、過去最高を更新し続けています。

●核家族化

もうひとつの特徴は、核家族化です。昔は、ひとつ屋根の下におじいちゃん、おばあちゃんもいっしょに住んでいた家庭が多かったわけですが、現在では核家族化、つまり、おじいちゃん、おばあちゃんと離れて、夫婦と子どもだけで暮らす家庭が増えています。

親と別に暮らすというのは、若い夫婦にとって自由な生活が味わえる反面、自分たちで経済的な負担や子育てのさまざまな負担をしなければならないことになります。最近のデータでは、幼稚園から大学までの教育費は、1人約1400万円から2000万円ほどかかるといわれます。単純計算で子どもが2人いれば、その倍ですから3000万から4000万円かかることになりますから、それなりの収入がないと、子どもを育てることはできません。実際、いま子育ては経済的負担が大きすぎて、3人、4人とたくさん子どもを産んで育てることができなくなってきています。

また、親と離れて暮らすことは、夫婦だけで子どもを見なければなりませんから、子育ての経験がない若い夫婦にとって、これが大きな負担になります。実際、調査を見ても、親の支えがない家庭は、親の支援がある家庭に比べて、精神的にも身体的にも明らかに大きな不安や負担を感じている人の割合が高くなっています。「子育てに自信が持てない」「私の子育ては間違っているのではないだろうか」「うちの子どもに発達障害があるのではないだろうか」など、さまざまな不安や心配がわき上がります。

●**格差の拡大**

3番目の特徴は、経済的な格差が拡大するなかで、生活が困難な家庭が増えていることです。知ってのとおり、日本では雇用や所得などの格差が拡大し、貧困層が増加しています。厚生労働省が「相対的貧困率[*1]」を公表しましたが、それによると2012（平成24）年の相対的貧困率は16・1％で、6人に1人が貧困状態になっています。また、18歳未満の「子どもの貧困率[*2]」は16・3％（2012年）で、子どもの貧困が大きな問題になっています。実際、学用品や通学費、給食費などの就学援助を受ける子どもは年々増えています。また、なかには三度の食事がちゃんととれていない子どもや、経済的な理由で高校への進学を断念せざるを得ない子ども、高校を途中で中退せざるを得ない子どもも増えています。家庭の経済状況の悪化から保険料が払えず、「無保険」となって医者にかかれなくなっている子どももいます。子どもの貧困のなかでも「ひとり親家庭の子ども」の貧困率は54・6％（2012年）と高く、子どもたちにも重く貧困がのしかかっている現実が見られます。

●家事と仕事に追われる母親

第4の特徴は、ほとんどの母親が毎日、子育てと家事と仕事に追われて、精神的に大きなストレスや負担を抱えていることです。いまほとんどの母親は、共働きで仕事をしています。共働きの母親は、来る日も来る日も仕事と子育てと家事で休む間もありません。夫が子育てに積極的に協力してくれる家庭の場合は救われますが、そうでない場合、すべての負担が母親にのしかかってきます。実際、調査によると、母親の子どもと過ごす時間は平均7時間4分であるのに対して、父親は1時間7分です。欧米では、2時間30分から3時間30分くらい子どもを見ていますから、いかに日本の父親は子どもと接していないのかがよくわかります。しかも、両親や地域社会とのつながりが少ない家庭の場合、その負担はすべて母親にのしかかります。その結果、母親が行き詰まる、それが児童虐待のひとつの要因になっているといわれています。

いまは昔のように、男性が稼いでくる給料だけで家のローンや子どもの教育費などがまかなえる時代ではないため、女性が仕事をすることが必然的に求められる時代になっています。それにも関わらず、女性が育児や家事も担わなければなりません。ここに子育ての大きな問題が存在しています。

●離婚の増加

第5の特徴は、親の失業などが原因になって、離婚が増加していることです。いうまでもなく、子育ての基本は安定した家庭にあります。しかし近年、派遣社員や非正規雇用、企業倒産やリストラのために、安定した暮らしができない家庭が増え、それを背景に離婚が増えています。

現在、日本では3人に1人がパートや派遣社員、臨時雇用などの非正規雇用です。とくに若年層（16〜35歳）は、2人に1人は非正規雇用です。また、4世帯に1世帯が貯金ゼロの状態に置かれており、5世帯に1世帯が年間200万円以下で生活しています。格差が年々拡《ひろ》がり、最低の生活すらできなくなっている家庭が増えています。こういうことを背景に離婚する夫婦が増えています。2014（平成26）年の離婚率は1・77（人口千人あたり）で、母子家庭や父子家庭など、ひとり親家庭が増えています。ひとり親家庭のすべてというわけではありませんが、一般的にいって、ひとり親家庭に子育てが困難な家庭が多いのは事実です。特に乳幼児を持つ母子家庭の母親は、働く場所が制約され、子育てのみならず、生活においても大きな負担がのしかかってきています。

●子育てに悩む保護者

第6の特徴は、子育てに悩む保護者が増えていることです。核家族化が進んで親や地域から支援が得にくくなったために、慣れない子育てに強い不安感やストレス、負担感を感じる人が増えています。核家族では、親だけで子育てをしなければならないのですが、ほとんどの親は子育てを経験したことがありません。そのため親のなかには、食事や洗濯など、日常の子どもの世話の仕方がわからないという人が見られます。子どものしつけや接し方がわからない、子どもの夜泣きが治らない、子どものイヤイヤがいつまでも直らない、これは私の育て方が間違っているからではないだろうか。もしかしたらうちの子どもは発達障害ではないだろうか、このような不安や悩みが毎日のように湧き出てきます。子育ての「不安と孤立化」と呼ばれる現象です。

各地の調査を見てみると、祖父母などによる日常的な支えがない人ほど、精神的、身体的な疲れが大きいという結果が見られます。その結果、なかには、親の感情をそのまま子どもにぶつけてしまう、いわゆる虐待につながるような行動を取ってしまう保護者も見られます。その反面、子どもの言いなりになっている保護者もいます。ただ甘やかすだけの子育てでは、自立した子どもは育ちません。

いま「孤立化」と言いましたが、実際、「孤立化」は年々深刻になってきているように思います。昔のように、日常的に子育てを手伝ってくれる親やおじいちゃん、おばあちゃんが近くにいない場合、親は経験のないことを一人でおこなわなければなりません。事実、子どもの食事の作り方や風呂の入れ方を知らない親がいます。子どものしかり方がわからないという親もいます。その結果、子育てが全然楽しくない、毎日いらいらする、ストレスがたまる、疲れてしまったなどという親が増えています。子育てに対する満足度を調べた調査では、夫がいても子育てを手伝わない母親に比べて、収入は少ないが祖父母と同居しているなど日常的に支えてくれる人がいる母子家庭のほうが、明らかに子育てに満足感があるという結果が出ています。

そうです、いまの若い親は、子育てを支えてくれる人がいないのです。支える人がいないなかで孤軍奮闘しているのが、いまの子育ての実態です。

2　加須市立第三保育所・杉山さんの活動

いま、現在の子育ての特徴をいくつかあげましたが、昔に比べて子育てが大変になっている家庭が増えていると感じる人は多いと思います。それで問題は、こうした困難な家庭をどう支援するのか、ということになります。私は、こうした子育てが困難な家庭を支援するのが保育所や保育士の役割だと思っています。また、「人権保育」と私たちが呼んでいる保育の基本もこの家庭支援です。

しかし、子育て支援といっても、実際にはどのような活動なのでしょうか。そこで1人の保育士さんの活動を紹介したいと思います。加須市立第三保育所の杉山良子さんです。1975（昭50）年に保育士として仕事を始めてから42年間、現場の保育士として頑張った人です。その人柄は文字通り、明るくて朗らか、みんなのお母さんそのものです。保護者にとっては「お母さん」、保育士にとっては「保育士の先生」といっていいでしょう。現在は加須市の保育所の所長ですが、その杉山さんは2015（平成27）年11月に開かれた全国人権同和教育研究大会で自分の活動を報告しました。ここで杉山さんの報告を紹介したいと思います。まずは「ともちゃん」との関わりです。

●ともちゃん

ともちゃん（仮名）は、ダウン症で運動機能が十分ではありません。身体が少し小さくて言葉が出ません。簡易母子通園施設に通っていましたが、保育所の集団生活で成長することを願って2歳の途中で加須市立第三保育所に入所してきました。入所したともちゃんは、3人の友達と保育士2人でゆったり過ごしました。夜寝られない時期があって、保育所の午睡の時間に起きていることもありました。ピアノなど音の出るものが好きでした。3歳では、友達と一緒にできることが多かったのですが、4歳になると身体の成長、運動や理解力の面で加配保育士が寄り添うことが多くなりました。

ともちゃんは、再婚したパパとの間に生まれた子どもです。パパは安定した仕事に就いていなかったので、生活はいつも不安定でした。でも、ママはともちゃんのために一生懸命に働き、前向きに生きていました。保育園への送り迎えはおじいちゃんやおばあちゃんがしてくれました。

5歳になって、ともちゃんは就学をどうするのかをきめなければならない時期を迎えました。地元の小学校に入学させた方がいいのか、特別支援学校に入学した方がいいのか。ともちゃんの就学についてママはずいぶん迷いました。後で聞いた話ですが、眠れなかった夜もあったようです。最初、ママは迷っている気持ちをストレートに出せず、「ランドセルを注文しないと、欲しいのがなくなってしまう」とか、「ともちゃんのことを近所の子どもたちにもわかってほしい」などと遠回しに語りかけていました。迷っているその姿を見ていた杉山さんは、ママに声をかけます。

「一人で悩んでないで一緒に考えようよ」

ママは顔を上げてほっとした様子で言いました。

「誰に相談すればいいのかわからなかった。よかった、杉山さんに相談するようになりました。

それからママはちょくちょく事務所に顔を出して、杉山さんに相談するようになりました。

杉山さんは、さっそく地元の小学校を通じて学校教育課に見学ができるよう要望し、ママと担任と3人で支援学級を見に行きました。支援学級では、どんな子がいるのか、トイレは介助が必要なのか、階段は上れるのかなど、いろいろと質問しました。2回目はともちゃんも一緒に行って、クラスに入っていけるのか、実際にイスに座って、ともちゃんの反応も見ました。2人はまた特別支援学校の説明会に出かけ、授業を見学しました。支援学校では、学校側の話を聞き、子どもの様子を見学し、一緒にやっていけるのか、相談しました。

いっぽう、ママは、ともちゃんの保育所での様子を知るために、一日保育を体験しました。一日保育を通じて、ともちゃんは集団生活がどこまでできるのか、どの程度の手助けが必要なのかを知ることができました。ともちゃんがクラスに入って楽しそうに担任の先生や友達と過ごす姿を見て、ママは希望が持てるようになったようです。

こうした経過を踏まえてともちゃんは、同じダウン症の子どもがいて、その子の保護者と交流が持てるようになった地域外の小学校に入学しました。

●山田さん

「子どもを預かってほしい」

明日は卒園式だという前の日に保育園に突然やってきたのが、そもそも山田さん（仮名）と杉山さんの出会いでした。彼女は初対面の杉山さんに夫と離婚したいきさつをしゃべりまくり、夫の非難を繰り返します。杉山さんは叱りました。

「初対面の私に言う話ですか」

「子どもの前で、別れた夫の非難ばかり言うのはやめてください。子どもの心が傷つきます」「あなたの用件は、子どもを預かってほしいということではないのですか」

小さいころ母親を病気で失った山田さんは、父親が働きながら育てました。しかし、働きながらの子育てだったので、時間や愛情をかけて育てるゆとりがなかったようです。彼女は、「私は放って置かれた」と言います。

山田さんは、高校を中退した後、22歳で結婚して長男が生まれました。しかし、家族の食事が作れないなど、基本的な生活行為に問題があったために夫婦仲がうまくいかず、2人は離婚しました。このとき、子どもは施設に預けました。山田さんはこの頃の様子を「子どもに愛情が湧かなかった」、「自分には子育ての仕方がよくわからない」と杉山さんに語っています。自分自身の経験が影響していたのでしょうか。

その後、夫婦はよりを戻して再び一緒に生活をはじめ、2人目の子どもが生まれました。2人は、長男を施設から引き取りましたが、夫婦の生活はやはりうまくいかずに、再び離婚してしまいました。ひとり親家庭になってしまった彼女は、仕事をしながら頑張ったのですが、しかし、2人の子どもを抱えた生活はすっかり行き詰まってしまいました。そして、最初に述べたように、卒園式の前の日に保育所にやってきて、「子どもを預かってほしい」と訴えたのです。

山田さんには、お金が入るとすぐ使ってしまう浪費癖があるなど、生活態度に少し問題がありましたが、子どものために一生懸命働きました。ただ、働きながらの子育ては大変辛そうでした。その不満のはけ口を求めるように保育所の職員、とりわけ杉山さんに毎日、自分の不満をぶちまけます。毎朝、時間よりも早く保育所に子どもを送ってくると、ひとしきり杉山さんや保育士に家庭や会社に対する不満を並べたあと、仕事に向かいます。夕方、仕事から帰ってくると、またさまざまな不満を保育士や杉山さんにぶつけて家に帰ります。これが日課になっていました。普通だったら敬遠してしまう人が多いと思います。しかし、杉山さんは違います。杉山さんは、彼女の気持ちが落ち着くまで辛抱強く話を聞きます。杉山さんには、不満の原因が家族や生い立ちにあることがよく見えていました。だから彼女の気持ちがわかります。彼女も苦しいながら一生懸命生きているのです。だから見捨てることができません。彼女は、何でも杉山さんに相談しました。ときには夜中に「私は死ぬ」と電話をかけてきたこともあります。

彼女は時折、「どうやって育てたらいいのかわからない」「子どもに対して愛情が湧かない。自分が愛情をもって育てられなかったからかもしれない」と漏らします。杉山さんの目には、子どもとずっといることが辛そうに映りました。そんな彼女に杉山さんは寄り添います。

どうしたら彼女は気持ちにゆとりがもてるようになるのか。また、生活にゆとりがもてるのか。いろいろと考えた末に、杉山さんはひとつのことを提案します。市の育児サービス＝ファミリーサポートの利用です。ファミリーサポートとは、育児の援助に協力できる人が、早朝出勤で保育所への送り迎えができない人に代わって送迎をしたり、放課後や帰宅後に子どもを預かったりする子育て支援活動です。杉山さんは、「少し子どもから離れて自分の時間をもってみてはどうか」と土曜保育を勧めました。その結果、彼女に変化が現れました。ショッピングに行ったり、コーヒーを飲んだり、自由な時間ができた彼女の表情に明るさが戻ってきました。彼女は、行き詰まっていた子育ての重圧から解放され、リフレッシュするようになったのです。休みの日には、親子３人でショッピングに行ったり、公園に行ったりするようになりました。彼女は、卒園した後も子どもを連れて保育所の行事に遊びに来ています。

3　杉山さんの活動から学ぶ

加須市の杉山さんの活動を紹介しましたが、彼女の活動から私たちはいろいろなことを学びたいと思います。

●寄り添う

まず何よりも、いろいろな課題や悩みを抱えた保護者に寄り添っていることです。ともちゃんのママは、卒園後どこへ行けばいいのか、大変悩みました。これは、障がいをもった子の保護者の誰もが悩むところです。話はそれますが、一般論として、私は障がいのある子も地域でともに暮らし、ともに地域の学校に通うことが大事だと考えています。それは障がいをもった子どもの成長や発達にとって大事だというだけでなく、健常者といわれる、障がいをもっていない子どもや地域社会にとっても大事だと考えるからです。

いずれにしても、ともちゃんのママも、卒園した後どうすることが一番いい選択になるのか、悩みました。その悩みや希望を無視して、就学委員会が勝手に決めたりするところもありますが、それは間違いです。十分に保護者に情報を提供し、また保護者と相談することが不可欠です。

杉山さんは、先ほど紹介したように、ともちゃんのママに寄り添って、ママの悩みを受け止めて、一緒に考えました。一緒に考えて、特別支援学校や特別支援学級にも見学に行きました。ママはどれほど力強く思ったでしょうか。もちろん、杉山さんの寄り添いは、ともちゃんとそのママだけではありません。これまでもたくさんの子どもや保護者に寄り添いました。

あるときは、こんなこともありました。しょっちゅう登所しない子がいました。その原因は、家庭の育児放棄です。夫がよそに子どもをつくったために、夫婦の関係が壊れてしまったママは、心が病んで引きこもり状態になり、子どもに食事も与えないような状態に陥ってしまいました。彼女は、子どもを保育所に預けることもやめてしまいました。杉山さんは家庭訪問を繰り返します。保育所にさえ来れば、最低限の食事はとることができます。何度も訪れる杉山さんに、心を閉ざしていたママも少しずつ心を開いていきました。

「決して見捨てない」、これが杉山さんの生き方です。この点を学びたいと思います。

●相談にのる

もうひとつは、どんなことでも相談にのってきたことです。寄り添うも相談にのるも似たような感じですが、ここではわざと分けて考えます。

先ほど、経済的に困難な家庭や、夫婦の間がうまくいかなくて離婚した家庭など、さまざまな課題を抱えた家庭が増えていることを述べ、それらの問題に対して相談にのることが保育所や保育士の役割だと言いましたが、保育所や保育士を見ていると、大きな温度差が見られます。実際、「保育所は子どもを預かるところで、そんな家庭の問題まで首を突っ込むのは行き過ぎだ」とか、「いちいち保護者の相談を聞いていたら仕事にならない」と言って切り捨てる人もいます。しかし、やはり私は、相談にのることが保育士の基本的な役割だと思っています。とくに子どもの育て方がわからない家庭が増えているなかで、保護者の相談にのることは非常に大事な仕事だと思います。

杉山さんは、「時には、保育所の事務所で2時間、3時間と話を聞いたこともあります」と報告していますが、誰かに相談にのってほしいと思う保護者がいれば、面倒がらずに可能なかぎり相談にのる、これが杉山さん流の信念です。私たちはそれを学びたいと思います。

●支援する

三つ目に学びたいのは、理屈抜きに、困っている保護者や子どもを支援してきたことです。

先ほど紹介したように、ともちゃんの場合は、ママと一緒に地元の学校や特別支援学校に行きました。山田さんの場合は、毎日その不満を聞きました。仕事が見つからず元気がなくなっている保護者に、一日保育を頼んで気分転換して、元気を取り戻してもらったこともありました。その保護者は、仕事を失って気持ちが落ち込んでいました。このままでは子どもにもいい影響を与えない。なんとか元気になってほしい。そう感じた杉山さんは、保護者に声をかけます。「一日保育という体験があるのだけれど、一日、子どもたちの面倒を見てくれませんか」。杉山さんに頼まれて、保護者もまんざらでもなかったようです。子どもたちと一緒に一日過ごしました。子どもの元気に触れて、その保護者は立ち直りました。

支援といえば、子どもの支援もあります。あるとき、地元の小学校の校長さんに、卒園した子どもたちの放課後の面倒を頼んだこともあります。そのきょうだいは、夫婦が離婚したために父親が育てていましたが、父親は仕事柄、帰りが遅くなることがしばしばあったため、きょうだいは父親が帰ってくるまで食事ができません。そのため放課後は、保育所に遊びに来たり、友達の家に遊びに行って時間をつぶしていました。このままではよくない。事件や事故に遭うかも知れない。杉山さんは学校に出かけてきょうだいの様子を伝え、校長さんに要請します。「保育所に来たときは保育所が預かりますから、もし学校で遊んでいるときは、学校で見守ってやってほしい」。校長さんも了解しました。

先ほど子育てが辛そうにしている保護者の話をしましたが、杉山さんは親の代わりになって若い保護者に声をかけます。子育てに疲れているママに「あなたは頑張っているよ」「あなたは立派よ」と激励することもたびたびです。父子家庭で子育てに苦労しているパパには、「子どもは任せといて。頑張って稼いでこいよ」と声をかけることもあります。そうした声かけで保護者を支援しているのです。保護者のなかには、杉山さんに叱られたり励まされたりすることを楽しみにきている人もいます。こうなると、保育士を超えて保護者の親の役割も担っているということになりますが、こうした支えが親たちを元気よくします。この支援、それがもうひとつ学ぶところです。

以上、今日は杉山さんの活動を通じて子育て支援のことを紹介しましたが、今日のテーマは「人権保育とは何か」です。もうわかると思いますが、人権保育とは、一口にいえば、子育てが困難な家庭を支援することです。このことを勉強していただいて、今日の話は終わります。

＊1　相対的貧困率＝所得が全人口の中央値の半分を下回っている人の割合。２０１２（平成24年）の日本の中央値は２４４万円なので、１２２万円以下で生活している人の割合。月収でいうと約10万円です。これに当てはまる人が日本では16・1％、つまり６人に１人いることになります。（平成25年国民生活基礎調査より）

＊2　子どもの貧困率＝上記の国民の平均的な所得の半分を下回る世帯で暮らす18歳未満の子どもの割合。２０１２（平成24）年に16・３％と過去最悪を更新した。

第3　保育懇談会と人権保育研究会の課題

1　保育懇談会と保護者の要望

はじめに、「よりよい保育のための懇談会」の話をします。私たち埼玉県人権保育研究会では、毎年11月に保護者と保育所、行政、保育研究会代表の四者で「よりよい保育のための懇談会」を開催しています。開催時間は保育所によって多少違いますが、夕方3時半か4時ごろから1時半くらいの時間帯で、保育所のホールや近くにある公共施設の一部屋を借りて開催します。たいていのところでは、保護者会からは役員の方が参加しています。この懇談会は、名前のとおり、よりよい保育を実現するために何が必要なのかについて、保護者の意見や要望を率直に出してもらって意見交換する懇談会です。昨年に続いて今年もいろいろな要望が出されました。

●病児保育、病後児保育

一番多かった要望は、病児保育・病後児保育でした。子どもが風邪《かぜ》を引いて熱を出したり、病気になって保育所を休まなければならなくなった場合、その子どもを見てくれるところがあれば大変助かるという要望です。保育所に子どもを預けている保護者は働いていますから、子どもが病気になったからといって、すぐに勤めを休むことができません。懇談会では、どこでも保護者の切実な意見が出ました。

「1日くらいなら休めるが、会社を何日も休むわけにはいかない」

「子どもは風邪を引いてもすぐ治らない。たいてい2、3日は休んでいる。子どものそばにいて看病してやりたいが、2、3日休むと給料が減ってしまう」

「月13万円のパート代が、休んだために半分の7、8万になってしまったこともある。これでは保育料が払えなくなってしまう」

「職場の事情で、熱が出たときにすぐに迎えに行くのが難しい。せめてその日だけでも園で面倒を見てほしい」

たいていの人は、この保護者と同じような経験があると思います。なかには、近くに親がいるので、子どもは親に見てもらっているというラッキーな人もいますが、親がいない家ではどうするのでしょうか。病気になった場合、子どもを見てもらえる小児科病院や病児保育があれば大変助かるというのが保護者の率直な声です。もちろん、市町村によっては、病院と契約して受け入れ態勢をつくっているところがありますが、手続きの問題や受け入れ基準、受け入れ人数の問題など、まだまだ受け入れ態勢は十分とはいえません。病児保育については、市町村でも取り組みが少しずつ始まっていますが、財政難でなかなか希望通りの受け入れ態勢がつくられていないのが現状です。人権保育研究会では、保護者の声を反映して病児保育の受け入れ態勢をつくるよう行政に働きかけています。

●専門的な子育て相談

懇談会で次に多かったのは、子育ての相談です。具体的にいうと、例えば子どもが言うことを聞かなかった場合、どう叱ればいいのか、叱り方がわからない。いつまでも夜泣きが治らない、どうすればよいのか。育てやすい子と育てにくい子があると聞いたことがあるが、うちの子は好き嫌いが多くて困っている、うちの子は育てにくい子なのだろうか。テレビで発達障害の番組を見たが、うちの子も似たようなところがある、うちの子も発達障害なのか心配だ、などなど子育てに対する悩みはつきません。実際、いろいろな統計を見ても、子育てに不安を感じたり、悩んでいる保護者が増えていることがわかります。

では、実際に、昔に比べて子育てが難しくなっているのかといえば、そんなことはありません。今も昔も、人は誰でも子どもを産んではじめて子育てを体験することになり、そのはじめての子育てでいろいろな難問に出合って迷い悩むのは同じです。しかし、昔と比較すると違う点がいくつかあります。

そのひとつは、核家族化です。昔は2世代、3世代同居という家庭が多かったのですが、戦後の日本は核家族化が進みました。核家族というのは、夫婦と子どもだけという家族です。親やおじいちゃん、おばあちゃんが一緒にいる家族の場合、子育ては一家をあげて応援態勢がありました。親や祖父母という子育て経験者がそばにいることは、大変心強い味方です。しかし、若い夫婦2人だけで、子育て経験者が誰もいなければ、やることなすこと、全部はじめての手探りということになります。

困ったことが起きても、相談する人は誰もいません。そのために、どう子育てをすればいいのか、絶えず心配になります。好き嫌いが多いのは、自分の子育ての方法が間違っているのではないか、子どもが泣きやまないのは、子どもがどこかおかしいからではないのか、などの心配が常につきまといます。そのため子育ての本を読んだり、インターネットで情報を集めるのですが、かえって心配になります。これが原因でうつになったり、なかには虐待をするようになってしまう人も出てきます。このため懇談会では、専門的な知識を持った人に相談したいという要望がたくさん出されました。

私は、現在の子育ての困難さは、家庭という閉じられた場所で、親だけで子どもを育てなければならなくなっていることが大きな原因になっていると考えます。もちろん、昔から誰でもはじめての子育てに不安や戸惑いを感じるのは当然のことですが、現在のように核家族化して、親きょうだいや地域から援助が得にくい場合は、子育てが大きな負担になります。とくに現在20代から30代の保護者の世代は、きょうだいの数が少なく、子どもが生まれてはじめて小さな子どもの世話をするという人が大半です。そこでは、子育てが楽しいものではなくて大きな負担になって、保護者、とりわけ母親を苦しめます。実際、誰にも相談できず家の中で子どもと2人だけで過ごしていれば、孤立感を感じるのは当然です。また、ストレスがたまるのも当然です。そのうえ、こんなに頑張って子育てしているのに、それを誰も認めてくれないという不満や負担感が募ります。行政のおこなった調査を見ても、祖父母など日常的な支えがない人ほど、身体の疲れや精神の疲れが大きいという結果が出ています。このような背景から、子育てに対する悩みや相談がどこでも出されます。

●土曜保育・休日保育

さて、話を元に戻します。懇談会で3番目に多かった要望は、土日、祝日の保育の要望です。保育所に子どもを預けている保護者は、原則働いているのですが、働き方もさまざまです。もちろん、正規の社員としてフルタイムで働いて、土日は休みという人もいますが、やはりパートや臨時の人が多いように思います。また、勤務時間もまちまちで、8時半から4時までの人もいれば、10時から6時半の人もいます。たいていの人は、保育所に子どもを預けることを前提にして勤務時間を決めています。また、サービス業の人は、土曜日や日曜日は仕事だという人が一般的です。公立保育所は土曜日、日曜日は原則休みになっていますから、その場合は、別に預かってくれるところを探さなければなりません。ここでも、近くに親がいる家庭は便利がいいのですが、そうでない場合は自分で探さなければなりません。実際、土日は別な施設に契約している人も結構いました。そのような事情から、懇談会では、土曜日だけでも何とか預かってくれないかという声が出ました。

この点についていえば、市町村のなかには保護者の声を反映して、土曜保育をおこなっているところがあります。例えば行田《ぎょうだ》市などがそうです。行田市の場合は、土曜保育を希望する子どもは全体で9人です。だから、三つの園の希望者を一カ所にまとめて、土曜保育をおこなっています。この場合、少々離れた保育所に子どもを預けに行かなければならない不便さが生じます。そのために預けるのをあきらめたという人もいましたが、いずれにしても、働く保護者のことを考えると、土曜日だけでもやってほしいという声に応えることは、今後の課題だと思います。

●保育料をできるだけ安く

4番目に多かった要望は、保育料の問題です。保育料がもっと安くならないかという問題です。保育料は、市町村によって違うので、どうしてもよそと比較されます。あそこは安いとか、うちの市は高いとか。私は、どこの市が高いとか安いとかを言うつもりはありませんが、やはり負担は少ない方がいいに決まっています。言うまでもないことですが、保育所の一番の役割は、働く保護者の子育て支援です。とりわけ最近の社会状況から考えると、経済的に困難な家庭やひとり親家庭の子育てを支援することが、保育所のもっとも重要な役割だと思います。政治家は口を開けば、少子化対策だとか子育て支援だとか言いますが、それならば、政府はもっと保育所に金をかけて、保育料を安くするよう努力するべきだと思います。実際、日本は２０６０年には人口が８６００万人にまで減ってしまうといわれていますが、そうなると働き手が減少して経済力が衰退し、経済大国は過去のものになってしまいます。また、人口の減少にともなって65歳以上の高齢者が3人に1人になって、年金制度などの社会制度が壊れ、国の基本的枠組みが壊れてしまうと予想されています。そのために少子化対策が大事だというわけですが、それなら保育所をもっと増やせ、保育料を大幅に安くしろと言いたいですが、これは大きな政治の課題です。もちろん簡単ではありませんが、私たち保育研究会は、保育料をできるだけ安くしてほしいという要望を今後も続けていきたいと思います。

●保育所の改修

5番目に多かったのは、老朽化した施設の建て替えや改修です。保育所も、建てられてからすでに

30年、40年と経《た》っています。なかには新しく建て替えたところもありますが、財政難のために、大半の保育所は一部補修とか順番待ちというかたちで、保育所の改修や建て替えはなかなか進みません。そのために、子どもが遊んでいて危険だというような要望が保護者から出されます。例えば、床が老朽化して床板がはがれていて危険だから張り替えてもらえないか、朝晩の送迎では保育所の前の道路が狭くて危険だから駐車場をつくってもらえないか、門の開閉が重くて大変で、子どもが挟まると危険だから改善できないか、雨が降ると園庭がぐちゃぐちゃで、会社に行く前に洋服が泥だらけになってしまうので何とかならないか、などなど。またなかには、家では洋式トイレなのに保育所はまだ和式のままだから、子どもが保育所ではうんちをしないで我慢している、洋式にできないのかという声もあります。調査をやっていないのではっきりしたことはいえないのですが、たしかにいまも和式のトイレのほうが多いような気がします。このほか、夏場は毎日のように蚊に刺されて帰ってくるが、蚊の対策はできないのかなどなど、いろいろな要望が出されます。

以上、今年の懇談会で出された保護者の要望のベスト5をあげましたが、どれももっともな要望です。保護者がいま何を一番必要としているのか、それを把握することから活動が始まります。人権保育研究会では、この保護者との懇談会を大事にしてきました。

2　人権保育研究会の三つの目標

ここであらためて人権保育研究会の目標について説明したいと思います。人権保育研究会は、大きく三つの目標を掲げて活動しています。

●どこよりも働く保護者を支援する保育所をめざす

まず1番目に掲げてきた目標は、「どこよりも保護者を支援する保育所をめざす」ということです。先ほど「よりよい保育のための懇談会」の話をしましたが、紹介したように、保護者からは切実な要望が出されます。懇談会で一番多かったのは、病児保育、病後児保育でした。病気になったときでも子どもを見てくれる病院や看護師さんが欲しいという要望です。このほか、土日も仕事があるので土曜日保育をやってほしい、仕事の都合で、できれば朝晩の延長保育をもう少し延ばしてくれないかなど、いろいろな要望が出たことは先ほど話したとおりです。

こういう保護者の要望を取り上げて、保護者と一緒に、また保育士と一緒になって安心して預けられる保育所をめざして活動する、これが私たち人権保育研究会の目標です。これまで実現した要望では、朝晩の保育時間の延長がありました。園によっては多少違いますが、30分、1時間の延長が実現しました。また、「完全給食」でなかったところを完全給食にしたこともありました。「完全給食」という言葉を知らない人もいますが、保育所によっては、市の方針で給食の主食はパンかご飯か、子どもたちが持参することになっていたのです。しかし、保護者から、中途半端なことをしないで完全給食にしてもらいたいと要望が出され、交渉で実現しました。

保育料の軽減も毎年の要望事項です。パートで働いている人からすれば、うっかりするとパート代が全部保育料に消えてしまう。もう少し安くしてほしいという声は全国共通です。これは難しい要望ですが、軽減はできないまでも、保育料の階層を細分化して、少しでも負担を軽減するというかたちで実現しました。

このほか人権保育研究会では、保護者を支援するために、毎年、保護者会連絡会の交流会を開催しています。親同士が悩みや不満を出し合って、なんとかいい解決方法がないのか、意見交換します。

このように私たち人権保育研究会は、どこよりも働く保護者の支援をめざしてきました。それはいうまでもなく、保育所は働いている保護者のための保育所だからです。

●どこよりも充実した保育所をめざす

第2に掲げてきた目標は、「どこよりも充実した保育所をめざす」ことです。この40年間、毎年、保護者からの要望をまとめて文書にし、市役所に要請してきました。

代表的には、例えば駐車場の設置です。朝晩の送迎のとき、保育園の周辺は込み合いますから、交通事故が起こらないように駐車場をつくってもらいたいという要望がありました。それを市に要望して実現しました。あるいは、ビニールのプールではなくて、ちゃんとしたプールをつくってほしい。トイレが古くなっているので、和式から洋式のトイレに変えてもらいたい。子どもたちがケガをしそうだから、古くなった床を張り替えてもらいたい。すべり台も古くなって危ないから新しくしてもらいたい。エアコンを付けてもらいたい――。これはこれまで市に出した要望の一部ですが、保護者や保育士のさまざまな要望を取り上げてきました。もちろん、要望事項がすぐに実現したわけではありません。市役所は、「そんな金はない」とか、あるいは「ここの保育所だけよくすることはできない」など、簡単に返事はしません。それでも粘りに粘って、ようやく要望を実現してきました。なかには保育所そのものを建て替えたところもあります。

どこよりも充実した保育所をめざすのは、いうまでもなく、子どもたちの健やかな成長や発達のためには、保育所の施設が十分整っている方がいいからです。

●どこよりも働きやすい保育所をめざす

保育研究会がめざしてきた第3の目標は、「職員にとってどこよりも働きやすい保育所」です。先ほど、どこよりも働く保護者を支援する保育所をめざしていると言い、保育時間の延長や土曜保育などをあげましたが、そういう要望は結果的に職員に負担をかけることになります。それではいい保育所だとはいえません。職員そのものが大事にされなければ、いい保育はできません。そこで私たちは、どこよりも保育士が働きやすい保育所をめざすために、保育士の待遇改善を市に求めてきました。

職員の待遇でいえば、特にいまは正規の職員が減って臨時職員が増えています。園によっては、臨時のほうが正規よりも多いところもあります。給料が安いうえに、来年度は継続されるかどうかわからないような不安定な状態では、落ち着いて保育はできません。保育所の職員を増やしてほしい、臨時職員の待遇を改善してほしいと毎年、要請しています。これはなかなか難しい問題ですが、あきらめないで要望を続けてきました。

この問題に関連して、今日は毎日新聞の記事を資料につけました。待機児童問題に関連した記事ですが、待機児童の問題のネックのひとつが保育士の不足だという記事です。新聞にも「保育士奪い合い激化」とあります。しかし、保育士がいないわけではありません。保育士の資格を持っていても仕事をしていない潜在保育士は、全国で80万人いると書かれています。そうなのです、保育士の不足の原因は、保育士の不足ではなくて、保育士の待遇が悪いからです。平たくいえば、給料が悪いからです。全国で80万人いる資格を持った保育士に、月給を30万円とか40万円出すと言えば、保育士もいっぺんに増えると思います。しかし、残念ながら保育の予算が抑えられ、安い給料で仕事をせざるをえないのが現状です。私たちは、何とか国や県の政策を変えさせる運動を続けています。

3　人権保育研究会の歴史

研究会の目標を紹介してきましたが、おさらいをすると、どこよりも充実した保育所をめざす、どこよりも保護者を支援する保育所をめざす、職員にとってどこよりも働きやすい保育所をめざす、これが保育研究会の目標です。でも、なぜこのようなことを目標にしてきたのでしょうか。それは人権保育が次のような歴史のなかで形成されてきたからです。

●人権保育の前身＝同和保育

人権保育は当初は同和保育として出発しました。ここで同和保育というのは、国が政策として同和地区のなかに建てた公立保育所で、保護者や地域の運動団体が取り組んできた保育運動のことをいいます。そして、その保育運動を引き継いでいるのが人権保育です。

国が同和地区に保育所を建てた理由はいくつかありますが、一番大きな理由は同和地区には経済的に困難な家庭が多かったからです。経済的に困難であるということは、子育てにおいても困難を抱えた家庭が多かったからです。平たくいうと貧しい家庭が多くて、子育てにおいても、貧乏とセットで十分な子育てができなかった家庭が多かったからです。

そうです、一般的にいって、親の経済力や教育水準、文化水準は子育てに反映します。同和地区では、経済的に困難な家庭が多く、親の教育力が弱かったために、それが子どもの育ちに、またその後の学力や進学に影響しました。埼玉県は1970年代から80年代にかけて13の保育所を建設しましたが、戦後のある時期まで、同和地区では保護者が安定した仕事に就くことができず、生活や教育水準が底辺に置かれていました。そして、それが同和地区の乳幼児の成長や発達を阻害していました。このために埼玉県も国の方針に合わせて同和保育所の建設に着手しました。このとき県が作成した「埼玉県同和保育基本方針」では、「同和地区の乳幼児は、その保護者の不安定な就労や低位な生活、教育水準などから、身体的、知的、社会的発達段階において、その基礎的能力の開発が阻害され、また、その能力を発揮する条件が整えられていない」と述べたうえで、「同和地区を取り巻く低位な諸条件から乳幼児を守り、心身の全面的な成長発達を促す」という基本方針が示されています。

いっぽう、保育所が建てられた地元では、保育所の建設を踏まえて、自主的に保育所や子育てをする保護者を応援しようという動きが保護者や運動団体から出てきました。これは、当然といえば当然の動きです。保育は、保育所だけの取り組みではありません。地域と保護者が連携協力して、はじめて効果を上げることができます。そういう背景のなかで、1986（昭和61）に埼玉県解放保育研究会が結成されました。これが今の人権保育研究会の出発です。研究会は、同和地区の運動団体である部落解放同盟の女性部が中心になって運営され、保護者会の代表や保育士が参加しました。最初は手探りの状態で活動が始まりましたが、全国の取り組みから学びながら、次第に同和保育運動を進める団体として成長していきました。そして1986（昭和61）年に第1回の埼玉県同和保育実践交流会を開催しました。また、翌年の1987（昭和62）年には、保護者自身がお互いに勉強し、情報交換していこうと埼玉県同和保育所保護者会連絡会が結成されました。

●同和保育から人権保育へ

その後、約25年間、同和保育運動として活動が続きますが、2002（平成14）年に国が特別対策を終了して、同和保育所が人権保育所へと位置づけ直しをおこないました。これは簡単にいうと、公立保育所としてはそのまま続けるが、保育所の位置づけを同和地区専門から同和地区を含めた周辺の地域に広げることになったということです。もっとも、それ以前から保育所には同和地区の子どもだけでなく、周辺の子どもたちも通っていました。その数は周辺の子どものほうがずっと多かったから、新しく制度が変わったというよりは、現状を追認したかたちになったわけですが、より開かれた保育所として再出発しました。また、保育の内容も①差別やいじめを許さない子どもを育てる保育、②子育てが困難な家庭を支援する保育、③未来を切り拓く力を育てる保育というように整理されました。

これをもう少し詳しく説明すると、同和保育の時代には、部落差別に負けない、差別を許さない子どもをめざしましたが、人権保育では、さまざまな差別やいじめを許さない子どもをめざすというように変わりました。また、同和保育では、同和地区の家庭や子どもの支援が中心に置かれましたが、人権保育では、同和地区だけでなく、子育てが困難なすべての子どもや家庭を支援するというように変わりました。また、同和保育では、同和地区の子どもたちを中心にすえて未来を切り拓く力を育てることが目標とされていましたが、人権保育では、すべての子どもたちの未来を切り拓く力を育てることになりました。

このようなかたちで同和保育から人権保育に組み替えがおこなわれましたが、それを踏まえて、2002（平成14）年に埼玉県解放保育研究会も埼玉県人権保育研究会と名称を変えて今日にいたっています。駆け足で述べてきましたが、これが人権保育研究会の歴史です。

4　人権保育研究会の課題

●保護者会の活性化と保護者の連携

最後に人権保育研究会の課題を述べて、話を終わりにしたいと思います。

ひとつ目の課題は、保護者会の活性化と保護者の連携です。何度か述べてきたように、国民の間に経済的な格差が広がり、生活が困難な家庭が増えると同時に、核家族化にともなって親族や地域から支援が得にくくなって子育てが孤立化し、子育てを負担に感じたり、不安になっている保護者が増えています。これを解消するためには、保護者同士の交流や友達づくりが何より重要です。お互いの子育ての悩みを相談し合い、情報交換する場所が必要です。もともと保護者会はそのような場所です。

実際、アンケートを見ても「保護者会で話し相手ができて、ほかの人も自分と同じように悩んでいることを知ってほっとした」、「一人で悩んでいたけれど、これでいいんだと思った」など、率直な感想が述べられています。保護者会は、親同士の交流の場であると同時に、子育てのストレスや不安を解消する「息抜き」の場所でもあります。あるいは、親同士が子育てについて情報交換する場所であり、助け合う場でもあります。その意味で、保護者会をもっと活発にする、これがまず第1の課題です。

●保護者会と保育士・保育所の連携

第2の課題は、保育士と保護者会の連携です。率直にいって、保育士と保護者の関係はかなり地域差があります。地域差があるというのは、大変仲がいい保育所があれば、仲がよくない保育所もあります。これは年によっても違っています。たまたま、明るくて人を引っ張るのが上手な人が保護者会の役員になった年は、その人柄で保育所と保護者会が仲良くなったという年もあれば、そうでない年もあるということですが、保育士と保護者会の連携関係は子育てのために大変重要です。

格差社会や核家族化にともなって子育てが困難な家庭が増えてきていることをたびたび申し上げてきましたが、それを解消するうえで何よりも大きな役割を果たすのは、ほかでもない保育士です。保護者が毎日顔を合わせている保育士、子どものことを一番よく知っている保育士こそ、保護者にとって一番身近な相談相手です。そのために、保護者会と保育士の関係がよくなくてはなりません。両者の連携関係をつくるために、ぜひいろいろな機会をつくってほしいと思います。私たち人権保育研究会では、連携を図る方法のひとつとして保護者会と保育士の交流会や保育懇談会を開催してきました。

またもうひとつ、重要な取り組みとして家庭訪問の必要性を呼びかけてきましたが、全県的に見た場合、家庭訪問をおこなっている保育所はまだ少数です。家庭訪問は、保育士が子どもの生活環境を把握するうえで必要であると同時に、保護者との信頼関係をつくるうえで不可欠な取り組みです。そういう意味で、まず家庭訪問をおこなうことです。また、保育懇談会や子育て交流会など、保護者と本音で話し合いができる場所をつくってください。

●地域との連携と勉強

第3の課題は、地域との連携です。地域というのは、保育所周辺の人たちということです。地元の人や地元の団体といってもいいかと思います。かつて子育ては、家庭だけでは足らないところを地域社会が補うという側面がありました。いまではほとんど見られませんが、昔は親族だけでなく、近所のおばさんやおじさんが子守りを手伝ってくれていた時代もありました。現在は核家族化が進み、子育て世代と地域との関わりがほとんどなくなりました。実際、気兼ねなく預けられる親族や近所の人がいないなかで、子育ては家庭という閉じられた空間で、親の手だけでおこなわれるようになっています。マンションやアパートなどで暮らしている保護者のなかには、一日中、家の中で子どもとだけで過ごし、話し相手が誰もいない人もいます。子育てが親子のなかだけで閉鎖的に完結してしまっているわけです。そのため、どんなに困っていても助けてくれる人がいない、どんなに苦労していても、その苦労を誰もわかってくれないという状態が見られます。その結果、子育てに強い負担感や不安感を感じるという新しい事態が生まれました。

現在の若い子育て世代には、子育てを助ける人が必要です。相談相手が必要です。話し相手が必要です。息抜きの場所が必要です。私たち人権保育研究会は、これまで地域の人たちや地域の団体に保育所への支援を呼びかけてきました。具体的には、クリスマス会などの園行事や、田植えや稲刈りなどの自然にふれあう行事を地域の人たちに手伝ってもらってきました。地域の人たちとのふれあいや交流を大切にすることで、子育ての孤立化を防ぎ、子育ての負担を少しでも解消するためです。また、保育所をみんなで支援するためです。保育所は、地元の要求でつくられた施設であり、私たちの地域の財産なのです。

●保育行政に対するさらなる要求

最後の課題は、保育行政に対してさらに要求を続けることです。

すでに述べたように、人権保育研究会はこれまでいろいろな要求を市役所に出してきました。保育料をもっと安くしてほしい、保育時間を延ばしてほしい、土曜日もやってほしい、保育士を増やしてほしい、臨時ばかり増えているが、臨時の人も正規並みに待遇を改善してほしい、病児保育をやってほしい、国や市町村は子育てにもっと金をかけてほしいなど、さまざまな要求を出してきました。もちろん、これらの要求がすんなり通るわけではありませんが、いずれも粘り強い要求でやっと実現しました。黙っていたのでは何も変わりません。そういう立場で、これからも要求を続けていきたいと考えています。

おわりに

人権保育研究会の活動や今後の課題を紹介しましたが、今日は保護者もいますから、最後に子育てについて最近感じていることを話して終わりたいと思います。子育ての基本となる親子の関係、親子の愛情についてです。

話は少しそれますが、最近、子どもに愛情がもてない親が増えているという話を聞きました。どんな親だって子どもをかわいく思わない親はいないといいますが、最近はそうともいえないような親が登場してきているという話です。「愛情」が不足しているというか、子どもを愛せないという問題です。なぜそうなるのかということは、よくわかりません。親のなかには、「うちの子は、親になつかない」とか、「親を愛していない」と言う人もいます。この話について私が思うのは、「親子の絆《きずな》」や「親子の愛情」は、自然にできるというものでなくて、親の愛情によって少しずつつくられていくものだということです。親に対する子どもの愛情や信頼も、同じように、親からの愛情によって少しずつ子どものなかでつくられるもので、はじめからあるものではないということです。別な言い方をすれば、親から愛されている子どもは親を愛するようになるけれど、親から愛されない子は親を愛せないということです。実際、最近は、スマートフォンに夢中で、子どもと話さない、あるいは子どもの眼を見て話さない保護者が増えています。自分で食事を作らないで、コンビニでお菓子のようなものを買ってきて食事の代わりにする親も見られます。子どもを愛する以前の問題です。

忙しくても親自身が子どもに向き合い、できるだけ子育てに時間を取り、子どもに向き合うということをしないで、スマホやコンビニと同じような感覚で、子育てを簡単に済ませる。それで子どもがなつかないとか、子どもに愛情がないとかいうのは、やはり根本的に違うと思います。

子育てが困難な時代ということを何度か申し上げました。格差の拡大や貧困、核家族化など社会的な背景を述べましたが、もちろん、政治や社会が子育てを支援するような仕組みを考えなくてはなりません。しかし同時に、親自身も子どもにどう向き合うのか、子育てはやはりそこが出発ですから、親自身も考えなければならないと思います。これで今日の話は終わります。

第10章　狭山事件と部落差別

（解　説）

１９６３年の5月に起きた狭山《さやま》事件は、事件が起きてからすでに半世紀が過ぎています。私たち部落解放同盟は、この事件は被差別部落に対する予断と偏見に基づいた裁判だとして石川一雄さんを支援してきましたが、いまだに石川さんの無実の罪は晴らされていません。

第1節は、狭山事件とはどのような事件であったのか、はじめて狭山事件のことを聞くという人に向けた講演の記録をベースにしたものです。この文章では、冤罪《えんざい》事件としての狭山事件を説明しています。事件は女子高校生の誘拐事件ですが、犯人は大胆にも警察の包囲網をかいくぐって身代金を取りに現れ、逃亡しています。このとき警察が逮捕していれば、今日のような裁判はなかったはずですが、犯人をとり逃がすという失態を演じた警察は、被差別部落に目をつけて捜査を進めた結果、何の証拠もないまま、石川さんを逮捕して「自白」に追い込んだのです。

ところで、事件から46年たった２００９年に当時の裁判長が証拠の開示を勧告したことで、狭山事件は一挙に新しい局面を迎えました。これまで隠されていた証拠が次々と開示され、なかにはそれひとつで石川さんの無実を証明するような第一級の証拠がたくさん出てきました。この開示証拠を中心に石川さんの無実を説明したのが第2節の文章です。

ところで石川さんは、１９９４年に仮出獄で出てきてからも、無実を訴えて活動してきました。２００８年にはスイスの国連ジュネーブ本部に出向き、自ら無実と証拠の開示を国連の自由権規約委員会に訴えました。このとき私も一緒に行ったのですが、そのときの様子を報告したのが第3節の文章です。

第1　狭山事件の真相と部落差別

1　狭山事件の経過

今日は、狭山事件について話します。みなさんは、狭山事件について名前くらいは知っていると思いますが、はじめて聞くという人はいますか。

狭山事件とは、1963（昭和38）年に埼玉県狭山市で起きた女子高校生誘拐・殺害事件のことです。事件が起きてからすでに半世紀以上がたっています。犯人とされた石川一雄《いしかわかずお》さんは、いまも無実を訴えて再審を請求しています。長いながい裁判闘争が続いているのですが、この事件はどのような事件だったのか、またなぜ解放同盟が取り組んでいるのか、今日はこれを話したいと思います。

●届けられた脅迫状

最初に、事件の経過を説明します。事件は1963（昭和38）年5月1日に起きました。この日、狭山市内にある川越《かわごえ》高校の入間川《いるまがわ》分校に通っていた高校1年生のYさん（当時16歳）は、いつもの帰宅時間になっても学校から帰ってきませんでした。この日は午後2時ごろから小雨が降ったりやんだりしていましたが、夕方の4時ごろからは本降りとなりました。雨が降ってきたのに午後6時を過ぎてもYさんが帰宅しないのを心配した兄のKさん（当時25歳）は、自動車で学校に迎えに行きます。しかし、すでに生徒は全員下校していました。「行き違いで、もう帰っているかも知れない」、そう思ったKさんは、とりあえず家に帰りましたが、Yさんはまだ帰っていません。時間は午後7時30分になっていました。

クラスメートの証言によれば、Yさんは「今日は私の誕生日だから……」という言葉を残して、授業が終わると午後3時20分ごろ、自転車で学校をあとにしています。事件のあった5月1日は、彼女の誕生日だったのです。彼女は学校帰りに行方不明になったのですが、その後の調査で、帰りにオリンピックの記念切手を予約するために郵便局に立ち寄っています。その後の足取りはつかめていません。

●脅迫状

さて、まだ帰ってこないYさんを心配ながら家族5人が夕飯を食べはじめた7時40分ごろ、兄のKさんが玄関のガラスの引き戸に白い封筒が差し込まれているのを見つけました。Kさんが帰宅したときにはこの封筒はなかったから、わずか10分の間に差し込まれたことになります。Yさんの家は昔ながらの農家のつくりで、玄関の内側は土間になっており、そのすぐ続きの上がり座敷で家族全員が夕食をとっていました。目と鼻の先の玄関に封筒が差し込まれたのに、家族の誰も人の気配を感じていません。Kさんは、弟にその白い封筒を取らせました。あけてみると、封筒の中にはYさんの高校の身分証明証と一緒に脅迫状が入っていました。脅迫状には次のように書かれていました。

子供の命がほ知かたら5月2日の夜12時に、金二十万円女の人がもツてさのヤの門のところにいろ。友だちが車出いくからその人にわたせ。時が一分出もをくれたら子供の命がないとおもい。刑札には名知たら小供は死。もし車出でいツた友だちが時かんどおりぶじにか江て気名かツたら子供わ西武園の池の中に死出いるからそこ江いツてみろ。もし車出いツた友だちが時かんどおりぶじにかえツて気たら子供わ1時かんごに車出ぶじにとどける、くりか江す　刑札にはなすな。気んじょの人にもはなすな子供死出死まう。もし金をとりにいツて、ちがう人がいたらそのままかえてきて、こどもわころしてヤる。

脅迫状には、身代金20万円を5月2日の夜に「佐野屋」に持って来い、また、女性が持って来い、もし警察に話したら子どもを殺すということが書かれていました。佐野屋というのは近くの酒屋ですが、まわりは一面の畑です。脅迫状の文字は極めて個性的な筆跡で、当て字が多く使われていて、大学ノートを破いた用紙に横書きで書かれていました。

脅迫状を読んだ家族はびっくりして、ただちに警察に届けることにしました。警察に向かうために兄のKさんが納屋の自動車のところにいくと、そこにさっきはなかったYさんの自転車が置いてあるではありませんか。しかもYさんがいつも自転車を置いている場所です。

これは不思議なことですね。犯人は、被害者の乗っていた自転車に乗って脅迫状を届けにきたことになるわけですが、脅迫状をガラス戸に差し込んで、自転車を納屋の所定の場所に置いて帰ったことになります。でも、どうして自転車を置いていったのか。どうして自転車に乗って帰らなかったのか、また、どうしていつもの自転車置き場の場所を知っていたのか、不思議でなりません。こんなことができるのは、この家に出入りしている人間しかいません。犯人にされた石川さんは、もちろん中田家とはなんのつながりもありません。家がどこにあるのか、自転車はどこに置いてあるのか、知るよしもありません。

●犯人取り逃がし

家族の通報を受けた狭山署は、すぐ県警本部と連絡を取って、ただちに捜査態勢を組みます。これにはひとつの背景がありました。この事件が起きたつい一カ月前に東京都台東区《たいとう》で幼児が誘拐され、警視庁は身代金を取りに来た犯人を取り逃がすという、いわゆる「吉展《よしのぶ》ちゃん事件」が起きていて、マスコミが連日のように大きく取り上げていました。吉展ちゃん事件はまだ解決しておらず、警察に対する批判は日増しに強まっていました。だから、もしまた誘拐事件の捜査で警察が失敗するなどということになったら、日本の警察の信用は地に落ちてしまいます。そういう背景のなかで、埼玉県警も狭山署も、相当の緊張感をもって捜査を開始します。

さて、脅迫状には、5月2日の夜12時に佐野屋の前に友達が金を受け取りに行くから、そのひとに金を渡せ、女が金を持って来い、となっていました。そこで警察は指示された佐野屋に金を持って行き、犯人が現れたらそこを待ち構えて逮捕するという方針を取ることにしました。そして、その金を持っていく役目は、Yさんの姉のTさん（当時23歳）にやってもらうことにしました。Yさんの家は、母親はすでに死亡しており、父親のほかは男が３人、女が５人いて、Yさんは四女です。ただし姉妹のうち１人は死亡しており、１人は東京に住んでいたため、事件当時、実家に住んでいたのは、男が３人、女はYさんを含めて３人です。姉のTさんは次女です。

そして運命の５月２日がやってきました。５月２日夜、TさんはKさんに車で送ってもらい、11時50分ごろ、指定された佐野屋の前に立ちました。手には警察が用意した偽造紙幣の20万円を持っています。佐野屋は畑のなかにあって、この頃はまだ街灯もないような時代で、あたりは真っ暗です。もちろん、佐野屋を中心に周りには多数の警官が息をひそめて犯人の出現を待ちかまえていました。県警は43人を配置しています。ところで、20万円という金額は、当時としては大金といえば大金ですが、用意できないような金額ではありません。それを出し惜しんで新聞紙を切って金に見せかけるというのはどうですかね。人の命がかかっているこんな場面でケチる必要があったのでしょうか。

ま、それはともかく、大勢の警察官が息をひそめて佐野屋の周りを取り囲んでいました。その闇のなかから、「おーい、おーい」と呼ぶ声がしました。犯人は、大胆にも金を取りに現れたのです。男のいる位置は佐野屋の横の畑のなかで、姉のTさんからは30メートルくらい離れています。暗くて顔は見えません。「はい、来てます」とTさんが答えました。Tさんのそばには刑事が隠れていて指示をだしています。刑事はこっちに来るように話してくれと姉に指示します。姉と犯人の間でやり取りがされます。

「金を持ってきたのか」

「持ってきています」

「こっちに持ってこい」

「こっちにいらっしゃいよ」

こういうやりとりが10分ほど続いた後、男は周りの警官たちに気づいたのか、「警察に話したんべ！　そこに2人いるじゃねえか！」と言います。これに対してTさんも「私も約束通り来たのだから、こっちにいらっしゃいよ」と呼びかけます。しかし男は「俺あ帰るぞ。俺あ帰るぞ」と言い残して逃げ出しました。

あわてたのは警察です。佐野屋周辺に張り込んでいた警官は、いっせいに笛を吹き、「逃げたぞ！」「逃がすな！」などと叫びながら、あとを追います。しかし、あたりは真っ暗闇で、男がどっちの方に逃げたのかわかりません。警察も必死で追いかけますが、とうとう男を取り逃がしてしまいました。しかし、何ともみっともない警察の対応です。43人もの警官を配備しておきながら、間近に現れた犯人を逃がしてしまったのです。文字通り、警察の大失態です。「警察は何をやっているのか」、世間から痛烈に批判を浴びました。警察は、「車で取りに行くという脅迫状を信用して、佐野屋周辺の道路を中心に張り込んでいたが、犯人は畑のなかから現れたために逃げられてしまった」と弁明しましたが、本当にみっともない大失態を見せてしまいました。

●死体の発見

誘拐事件で脅迫状を取りに来た犯人が逃げたということになると、女子高校生の身が危ないということになります。翌3日、県警は狭山市役所の堀兼支所に捜査本部を設け、県内の警察から165人の刑事を動員しました。さっき述べたように、警察は吉展ちゃん事件で犯人を取り逃がしてさんざんマスコミから非難を浴びていたのですが、それに続いてまた犯人を取り逃がしてしまったわけですから、警察はメンツにかけて犯人を捕まえなければなりません。そのため、大々的な捜査態勢が敷かれました。

捜査本部は、狭山市内を中心に聞き込み捜査を開始しますが、並行して機動隊員と地元の消防団員を動員して山狩りを開始します。犯人が逃げたということは、もしかしたらYさんが殺されたかもしれないという判断からです。山狩りは、横一列になって山や畑を捜査するもので、Yさんの自宅がある地域から入間川分校のある狭山の街にかけておこなわれました。

そして、翌5月4日午前10時30分ごろ、山狩りをおこなっていた1人が、麦畑の農道で、その部分だけ草や苔《こけ》がなく地割れした場所を見つけます。これは変だということで穴を掘ってみると、Yさんの遺体が出てきました。穴の深さは1メートル弱で、Yさんはうつぶせで両手を手拭いで後ろ手に縛られ、目にはタオルで目隠しがされていました。死因は首を絞められたことによる窒息死でした。何か帯状のもので絞めたものだと推測されました。

●重要参考人の自殺

事件は、折から開会中だった国会で取り上げられました。野党は政府の責任を厳しく追及し、警察はマスコミからごうごうと非難を浴びました。進退きわまった警察庁は、Yさんの死体が発見された5月4日、長官が責任を取って辞任します。時の国家公安委員長の篠田国務大臣は、国会の答弁で「この事件は警察の威信にかけて早期に解決する」と発言しています。そして埼玉県警に対しては、「なにがなんでも真犯人を逮捕せよ」と厳しい命令を下します。

窮地に立ったのは、埼玉県警です。犯人を取り逃がした責任を問われ、必死の思いで捜査を続けます。しかし、そのさなかの5月6日、今度は任意で取り調べていた重要参考人が自殺してしまいました。重要参考人というのは、Yさんの家で「作男《さくおとこ》」をしたことがあるOさん（30歳）です。作男というのは、農家の手伝い作業員ということですが、手伝いに行っていたのですから、もちろんYさんとは顔見知りです。

話はそれますが、このOさんの自殺はかなり疑惑が持たれています。というのは、Oさんは被害者と顔見知りだったというだけでなく、翌日は自分が結婚式を挙げることになっていたのです。つまりは、結婚式の前日に自殺したことになるのです。また、死体が発見された麦畑の近くに新婚用の家まで建てていたのです。明日は晴れて結婚式で花嫁さんをもらって所帯を持つ、しかも家まで新築している人が、一体どんな理由で自殺するのか、まことに不思議な自殺です。この自殺について、時間があれば後でまた触れたいとは思いますが、話を先に進めます。

重要参考人のOさんが死んでしまって、捜査本部はまったく行き詰まってしまいました。篠田国家公安委員長は緊急記者会見を開き、記者に対して「必ず生きた犯人を捕まえてみせる」と虚勢を張ってみせましたが、なにか特別な材料があったわけではありません。実際、死んだ人間に対して「あいつが犯人だった」と言っても世間は納得しません。そんな背景から出た国家公安委員長の言葉は、「死んだ犯人に用はない。生きた犯人を逮捕せよ」ということだったと思います。

●マスコミの報道

「生きた犯人を捕まえろ」――この至上命令に追い詰められた埼玉県警は必死に捜査を続けますが、なかなか犯人に結びつく情報は得られません。そんななかで、地元では犯人は被差別部落の連中ではないかといううわさが流れます。「あんなひどいことをするのは、部落の連中ではないか」「いや、部落の連中に決まっている」――こういううわさが広がりました。

例えば東京新聞は、「死体が4丁目に近い麦畑で見つかったとき、狭山の人たちは異口同音に『犯人はあの区域だ』と断言した」（東京新聞6月24日付夕刊）というように、根強い住民の差別意識を反映した記事を書いています。こうしたうわさが拡散し、石川さんを犯人に追い込んでいったと思います。

狭山市内には二つの被差別部落がありましたが、捜査本部はうわさに乗っかって被差別部落に捜査の手を伸ばします。最初に狙われたのは、I養豚です。この養豚場は被差別部落のIさんが経営しており、犯人が現れた佐野屋の近くにありました。そこには部落の青年が複数働いていました。石川一雄さんもその1人でした。警察は、そこを不良青年のたまり場というように見ていたようですが、この養豚所に出入りしている者を何の証拠もなく取り調べました。そして、事件当日のアリバイがはっきり証明できなかった石川一雄さんが5月23日、別件で逮捕されたのです。別件というのは、友達とけんかをしたのが暴行罪に当たるとか、友達のジャンパーを黙って着ていたことや、農家のニワトリを盗んだことが窃盗罪に当たるというような些細《ささい》なことです。逮捕するためのこじつけです。石川一雄さんは当時、24歳です。被害者の女子高校生とはまったく無関係で、一面識もありません。また、被害者の家族のことも知りません。

●石川さんの再逮捕

逮捕された日の早朝、石川さんの家には12人の刑事がやってきて、大々的な家宅捜索をおこないました。部屋の中はもちろん、天井裏や屋根の上まで調べ上げ、庭の土も掘り返すという徹底したものでした。

しかし、石川さんの家からは事件の手がかりとなるようなものは何も発見されません。逮捕された石川さんは、Yさん誘拐については頑として否定しました。石川さんは約1カ月間、やってないと否認し続けました。

逮捕から25日経《た》った6月17日、けんかと窃盗に対する勾留期間が終了したため、石川さんは釈放されました。ところが、釈放と同時に今度は殺人容疑で再逮捕され、石川さんは再び勾留されることとなってしまいました。石川さんにとっては、せっかく出られると思っていたのにまた逮捕された、これはショックだったと思います。しかし、石川さんはこの時点でも「やってない」と無実を主張しています。

翌日6月18日には、石川さんの自宅の2回目の家宅捜索がおこなわれました。このときは刑事14人が2時間かけて家を調べましたが、この日も何も証拠は見つかりませんでした。一方、再び逮捕された石川さんは、依然として誘拐殺人を否定し続けていました。しかし、この頃になると、連日の厳しい取り調べに疲れ果てていました。そんななかで警察は、「お前が自白しないのなら、兄貴を逮捕する」と恫喝《どうかつ》をかけます。兄の六造さんは鳶《とび》の親方をしていて、石川さんの家の家族8人の暮らしは六造さんが支えていました。兄が逮捕されれば一家が路頭に迷う、石川さんの心が揺れます。石川さんは後に「兄貴が逮捕されるくらいなら、自分が身代わりになった方がいい。そう思って自白してしまった」と語っていますが、連日の取り調べで精神的に次第に追い詰められていきました。そうした状況を見透かしたように、刑事から悪魔のささやきがおこなわれます。「自供すれば10年で出してやる」と。頑として否定していた石川さんでしたが、逮捕から1カ月後の6月23日、とうとう石川さんは「自白」を始めてしまいました。「自白」といっても、自分がやってないものですから、まったくつじつまの合わない自白が繰り返されます。3人でやったとか、やったのは友達で俺はその場にはいなかったとか、脅迫状を届けに行く間、死体は芋穴に逆さまにつるしておいたとか、全然事実とかけ離れた「自白」が繰り返されます。

●死刑判決

しかし、いったん自白してしまうと、警察は何が何でも犯人だと決めつけて取り調べを続けます。脅迫と誘導が繰り返され、嘘で固められた事件のストーリーがつくられていきました。こうして石川さんは犯人とされ、第1審の浦和《うらわ》地裁は翌年の1964（昭和39）年3月11日に死刑判決を言い渡し、第2審・東京高裁は無期懲役を言い渡しました。そして最高裁も1977（昭和52）年に上告を棄却し、石川さんの刑が確定しました。

その後、石川さんは31年7カ月もの長期間にわたって刑務所で過ごしました。20代後半から50代後半までの32年間、人間にとって人生で一番充実した生活を送る青年時代、壮年時代を刑務所で過ごさなければなりませんでした。なんとも残酷な話です。みなさんが当事者だったらどう思いますか。悔しくて悔しくて涙も出ないでしょう。石川さんは、刑務所の中で文字を覚え、短歌を作るようになりました。その短歌のなかに次のような歌があります。

「泣けるだけ泣いても癒えることでなし／怒りの渦は日夜逆巻く」

ところで、最初はだまされて自白してしまった石川さんですが、自分がだまされていることに気づきます。そして石川さんは、刑務所の中から無実を訴えはじめます。字が書けなかった石川さんですが、拘置所の中で一文字一文字、字を覚え、手紙を通じて自分の無実を訴え続けます。次第に支援者が増え、部落解放同盟が組織的に支援運動に取り組むようになりました。

そして1994（平成6）年12月21日に、ようやく仮出獄が認められて、故郷の狭山に帰ってきました。当日、私は家族と一緒に千葉刑務所に出迎えに行きましたが、マスコミが大勢待ち構えているなかで、ようやく懐かしい狭山の家に帰ってきました。

石川さんが狭山に帰ってからすでに20年以上たっていますが、帰ったあとも無実を訴えて活動を続け、1996（平成8）年12月に、徳島で支援活動に参加していた早智子《さちこ》さんと結婚し、その後も2人で無実を訴えて活動しています。しかし、無期懲役の判決を受けている石川さんには刑期満了がありません。石川さんは、いまも見えない手錠につながれたままです。

2 無実の証拠

ところで、石川さんは本当に犯人なのでしょうか。犯人でないとしたら、その証拠はあるのでしょうか。次に、この問題に入っていきます。事件では、いろいろな「有罪」の証拠があげられているのですが、それは極めて怪しいものばかりです。というより、証拠とは呼べないニセの「証拠」です。今日は、そのうち、三つだけあげておきたいと思います。

●脅迫状の筆跡

まず、一番の証拠は、脅迫状の筆跡です。この事件では万年筆やカバン、時計など、いろいろな物証が出てきますが、どれも怪しい証拠ばかりです。それらの怪しい証拠のなかで、間違いなく真犯人が残したといえる証拠は、被害者宅にとどけられた脅迫状だけです。裁判でも、脅迫状を石川さんが書いたかどうかが最大の争点になりました。そして裁判所は、石川さんが書いたものだと判断しました。

しかし、脅迫状は誰が見ても、石川さんが事件当時、書いた文字とはまったく別ものです。全然似ていません。検察、弁護団双方が鑑定人を立てて争っていますが、素人が見ても違っていることは歴然としています。鑑定の必要なんかありません。裁判ですから仕方なく鑑定書を作って出していますが、本当はそんなものはいりません。それくらい脅迫状と石川さんの筆跡は違っています。

実は、石川さんは家が貧しくて、小学校もほとんど行けませんでした。このため、当時ほとんど字を書くことができませんでした。これは当初から警察も認めていることです。しかし、字が書けない人に脅迫状は書けません。これが真実です。実際、当時の石川さんの文字は、やっと字を習い始めた小学1年生が鉛筆を握りしめて一文字ずつ力を入れて書いたような文字です。いっぽう、脅迫状は、わざと当て字を使ったり、へたくそに見えるように書いていますが、すべての文字が一定の勢いと形式をもって書かれています。書き慣れた人物が、稚拙さを装ってわざと下手に見えるように書いた文字です。特殊なあて字はありますが、誤字や脱字はありません。いっぽう、石川さんの当時の文字は、誤字や脱字が多数交じり、しかも勢いのないたどたどしいものです。当時の石川さんにこの脅迫状が書けなかったことは、国語学者の大野晋《おおのすすむ》さんをはじめとする多くの専門家が立証し、鑑定書として裁判所にも提出されています。

●万年筆

二つ目の証拠は、万年筆です。万年筆は、石川さんが逮捕されてから、石川さんの「自白」によって、石川さんの家の鴨居《かもい》から発見されたことになっています。被害者の持っていた万年筆が自宅から出てきた、ということになれば、これはもう助かりません。犯人しか知らないことだし、犯人しかできないことですから、「石川有罪」は決定的になります。しかし、この万年筆には、数々の疑問が指摘されています。

まずそのひとつは、二度の家宅捜索では発見されずに、逮捕されてから一月も経って、3度目の家宅捜索で突然発見されたのです。弁護団が当時捜索にあたった複数の元捜査官に会って調査したところ、「万年筆が発見された鴨居は、二度の家宅捜索で調べたが、なかった」と証言しています。この問題について検察側は「見えにくい場所だった」と弁明していますが、家宅捜索の当時の写真が残っています。1度目の家宅捜索のときに撮られた写真です。問題の鴨居の真下に捜査官が立っていることがはっきりとわかります。ほかの写真には、この捜査官の真後ろの位置に、高いところを見るための脚立《きゃたつ》が置かれているところまで写っているのです。捜査員自身も調べたと言っています。見えづらいなどということはあり得ません。

実際、再審を請求してから万年筆について重大な証言がでてきました。二度にわたる家宅捜索のとき、現場で捜索した元刑事が「私が指揮して捜索したとき、問題の鴨居も確かに捜した。私自身が自分でも確認したが、万年筆はなかった」と明言したのです。さらに彼は、「その鴨居から万年筆が発見されたと聞いて驚いた」「大きな事件だったので、今まで言い出すことができなかった」と証言しています。万年筆は、誰かが後から置いたに違いありません。

万年筆に関しては、それ以外にもいろいろな問題があります。万年筆からは被害者のYさんの指紋はもちろん、石川さんの指紋も発見されていません。さらに万年筆に入っていたインクは、被害者が使っていたものとは違っています。被害者は、インク瓶を持っていて、そのインクはライトブルーと呼ばれる明るい青色のインクです。彼女は、当日の学校のペン習字の練習でその万年筆を使っていますが、そのインクの色はライトブルーです。しかし、石川さんの鴨居から発見された万年筆のインクの色は、ブルーブラック、つまり濃紺です。発見された万年筆は、どう考えても被害者が使っていたものではありません。

●O証言

三つ目は、殺害現場とされる雑木林にいたOさんの証言です。事件は、学校帰りのYさんが行方不明になって、脅迫状が自宅に届けられた誘拐事件であったことはすでに説明したとおりですが、どこで殺されたのかはいまだに不明です。その裏付けとなる物的な証拠は何もありません。石川さんの「自白」だけです。石川さんは、学校帰りのYさんにばったり出会って誘拐をたくらみ、自転車に乗っている被害者を雑木林に連れ込んで暴行して殺害したと「自白」しているのですが、真っ昼間に人通りがある通りで、16歳の女性を無理やり雑木林に連れ込んで殺害するということ自体、極めて不自然です。当日は畑仕事をしていた人が複数いましたが、2人の姿を誰も見ていません。そして、問題は殺害現場のOさんの証言です。

殺害がおこなわれたとされる5月1日の午後4時から4時半ごろ、この殺害現場とされる雑木林のすぐとなりの畑でOさん（当時30歳）は農薬散布の農作業をしていました。Oさんが作業していた畑と、雑木林の殺害現場とされる場所とは、最大でも50メートルしか離れていません。相互に見通しもよく、お互いを見落とすことは考えられません。新聞で事件を知ったOさんは、警察に「自分は現場にいたが人影も見なかったし、悲鳴も聞かなかった」と報告しています。しかし、警察はこの重要な証言を長い間、握りつぶしてきました。その後、弁護団が本人に会って直接確認したところ、Oさんは、はっきりと「自分は人影も見なかったし、悲鳴も聞かなかった」と証言し、「あそこで殺人事件があったとは考えられない。何かあれば、いやでも見えたし、聞こえた」と証言しています。

雑木林は犯行現場ではありません。それならどこが犯行現場なのか。それは犯人しか知らないことです。警察側の検死報告では、被害者の後頭部には大きな傷があり、そこから殺害現場に牛乳瓶にして2～3本分の血液が体外に流れ出たはず、となっているのに、雑木林からは被害者の血痕も発見されません。

裁判官は、Oさんの証言について「Oさんは、何か呼ぶような声を聞いている。それが悲鳴だ。また、作業に集中していたから、すぐ近くで強姦《ごうかん》殺人がおこなわれていても気づかなかった可能性もある」と言っています。これに対してOさんは、「あれは悲鳴ではない。それに、いくら作業に集中していたといっても、自分の目の前で殺人事件が起きていることがわからないなんてことがあるわけがない」と述べ、「裁判所が話を聞きたいと言うのなら、いつでも証言する」と述べています。

3　多くの謎が

狭山事件は謎だらけの事件です。みなさんに関心を持ってもらうために、推理小説風にいくつか、その謎を取り上げてみたいと思います。

●足取り

まずひとつは、被害者の足取りと死亡時刻です。石川さんの「自白」では、学校帰りにばったり出会って、誘拐を思いついて雑木林に連れ込んで殺してしまったとなっています。この「自白」から考えると、被害者は行方不明になった5月1日の学校帰りに雑木林のなかで殺害されたということになりますが、この死亡時刻が謎のひとつです。

彼女は級友に「今日は私の誕生日だから」と言い残し、1人でいつもより少し早く下校しました。しかし、Yさんの自宅では特にお祝いをする計画はありませんでした。下校後のYさんの足取りは、学校近くの郵便局に立ち寄ったあと、わからなくなっているのですが、下校直後の3時20分頃、西武線のガード下で、中学時代のYさんをよく知っていたNさんが、「誰かを待っているような様子のYさんを見た」と証言しています。この場所はYさんの通学路とはちがう場所です。Yさんは誰を待っていたのでしょうか。検死の結果では、彼女は高校1年生になったばかりですが、すでに男性との経験があると報告されています。また、検死の結果、胃の内容物には、学校の昼食には出ていないトマトの残留が認められました。学校帰りにどこかに立ち寄って、トマトを食べたことになります。そうだとすると、ばったり出会って殺害したという自白のストーリーはまったく違ってきます。

これに関連して、死体の状況も謎です。事件当日は夕方から雨が本降りになっています。石川さんの「自白」通りだとすると、Yさんの死体は相当濡《ぬ》れていたはずですが、農道から発見された遺体はほとんど濡れていません。どこか、屋内で殺害されたことがうかがえます。それはどこでしょうか。

彼女は、学校帰りに誰かと待ち合わせをしてトマトを食べ、その後、屋内で殺された、と考えれば、すべての疑問が解決されますが、これは私の推測です。

●殺された日は

二つ目は、死亡した日にちに関する疑問です。

被害者は5月1日に行方不明になり、5月4日に麦畑の農道から死体となって発見されました。同日午後7時から解剖がおこなわれ、解剖した五十嵐医師は「死後ほぼ2~3日くらいと推定できる」と鑑定しています。ということは、殺されたのは行方不明になった5月1日の夜か、翌日の5月2日、もしくは3日ということになります。被害者の死体の解剖は、被害者が行方不明になってから3日後です。死んでから何カ月も何年も経っているわけではありません。何年も経っていた場合は、死因の推定が困難になるけれど、わずか3日後の解剖です。

ところで、この死亡時刻には疑問があります。弁護団は、死体の様子と胃の内容物や量からみて、殺されたのは翌日か翌々日、すなわち5月2日か3日であることを主張してきました。

弁護団が根拠のひとつとしているのは、五十嵐医師自身の報告書です。報告書で五十嵐医師は「角膜は微溷濁《びこんだく》を呈するも、径約0・7糎《せんち》に開大せる歪《わい》型瞳孔《どうこう》を容易に透視せしむる」と書いています。瞳孔というのは、眼に入ってくる光の量を調整する瞳《ひとみ》のことです。これが透き通って見えたというのです。法医学の一般常識として、瞳孔は死後10時間から12時間で微《かす》かに混濁し、24~28時間で混濁は最高に達するとされています。つまり、瞳孔は死んでから10時間から12時間で濁りはじめ、24時間から28時間で完全に濁って見えなくなってしまうそうです。それが、わずかに濁ってはいるものの、まだ透き通って見えていたということです。そうだとすると、被害者は死亡してからまだ1日か、長くても2日しか経っていないことになります。つまり、殺害された日は行方不明になった翌日の5月2日か、発見された前日の3日ということになります。

裁判では、5月1日に学校帰りの被害者を雑木林に連れ込んで殺したとなっていますが、これが事実なら瞳孔は全く見えなくなっているはずです。それがまだ透き通って見えたということですから、死亡したのはやはり2日か3日ということになります。その間、被害者は生きていたことになりますが、どこにいたのでしょうか。それはわかりませんが、5月1日でないことは確かです。死体の状態から死因を推定する法医学のなかでも、角膜は外部の影響を受けにくく、死亡時刻を推定するうえで重要です。ここにも大きな謎が残されています。

●複数の自殺者

もうひとつ謎は、この事件では複数の自殺者が出ていることです。被害者の家の農業を手伝っていたOさんが、Yさんの死体の発見された5月4日の2日後の6日に自殺したことはすでに説明しましたが、自分の結婚式を翌日に控えて自殺したOさんの死は大きな謎です。

このほかにも、雑木林で不審な3人の男を見たとの目撃証言を警察に報告したTさんが、5月11日、心臓を刃物で突き刺して自殺しました。これも謎です。

そして、もうひとつ大きな謎は、被害者の姉であり、唯一、真犯人と言葉を交わしたTさんの自殺です。彼女は、佐野屋で犯人と言葉を交わしていますから、犯人の声を知っています。もしかしたら、誰だったのか、心当たりがあったのかも知れません。しかし、唯一、犯人の声を聞いた姉は、事件の翌年、石川さんに死刑判決が出されてから3カ月ほど経った7月に農薬を飲んで自殺しました。彼女もまもなく結婚する予定でした。なにが原因で自殺したのでしょうか。今となってはわかりませんが、疑問が残ります。また、事件から13年経った1977（昭和52）年には、被害者のYさんの弟が自殺しています。これらの関係者の死が、狭山事件にどのようにかかわっているのか、その真相は何ひとつ明らかになっていません。

4　狭山事件と部落差別

ところで、私たち部落解放同盟は、この事件を差別事件と呼び、裁判を差別裁判と呼んできました。これにはもちろん理由があります。

まずひとつ目は、予断と偏見に満ちた違法な捜査があったことです。警察は、犯人を取り逃がした後、何の根拠もないのに「こんな残酷なことをするのは部落民に違いない」といううわさに基づいて、市内の二つの被差別部落を集中的に捜査し、罪のない部落の青年を次々に取り調べました。また、二つの被差別部落の成人男子のほぼ全員の筆跡鑑定や血液鑑定をおこなっています。こうしたなかで石川さんが別件で逮捕されたのですが、それは予断と偏見に基づく差別捜査以外のなにものでもありませんでした。

この点、マスコミにも責任があります。事件当時、マスコミはこぞって被差別部落が犯罪の温床であるかのように記事を書いています。例えば、埼玉新聞は「石川の住む『特殊地区』／環境のゆがみが生んだ犯罪――用意された悪の温床」とか、「石川の住む〝特殊地区〟には、毎年学校からも放任されている生徒が10人ぐらいいる……こんどの事件の捜査の過程で、同じような犯罪を犯す危険性を持つ多数の若者達の存在が浮き彫りにされた」（5月26日）などと、被差別部落を犯罪の温床であるかのように描く記事を掲載しています。

二つ目は、予断と偏見に基づいた裁判が進められ、判決がおこなわれたことです。別件逮捕された後、石川さんは裁判にかけられたのですが、1審の浦和地裁は、ほとんど真実を究明しようとせず、わずか半年で死刑の判決を下しました。それはまるで最初から石川＝犯人と決めつけたような裁判のやり方でした。検察官は、部落を犯罪者の巣窟《そうくつ》のように言い、裁判官もそのような認識に立って判決を下したのです。実際、検察官の論告書や裁判官の判決文のなかに、そのような認識に基づいた個所が何カ所も出てきます。例えば、検事は論告のなかで石川さんが学校に行けなかったことを取り上げて、「このような環境は、被告人に対して社会の秩序に対する遵法精神を希薄ならしめる素地を与え、それが被告人の人格形成に影響を及ぼしたであろうことは想像に難くない」と主張しています。また、浦和地裁の判決も「小学校すら卒業せずして少年時代を他家で奉公人として過ごし、父母のもとで家庭的な愛情に育まれることができなかったことはその教養と人格形成に強い影響を及ぼしたであろう」と述べています。検事や裁判官はあからさまに言っていませんが、先ほどの新聞と同じような偏見をもって石川さんを見ていたと思います。そのような意味で、私たちはこの狭山事件の裁判を差別裁判と呼ぶのです。

狭山事件は、いわゆる冤罪事件です。しかし、単なる冤罪事件ではなく、部落差別に基づいた冤罪事件といいわねばなりません。この事件は、「部落民ならやりかねない」という予断と偏見に基づいた冤罪事件にほかなりません。その立場から私たちは、この狭山事件を取り上げて、石川さんの支援を続けてきました。また、部落差別をなくし、基本的人権の確立を願う国民の課題として、この事件への支援を訴えてきました。とくに事件の地元である私たちの埼玉においては、すべての県民が関心を持ち、県民の課題として考えてゆかなければならない重要な問題と訴えてきました。この点を、石川さんを迎えてはじめて開くこの研究集会において、あらためて提起してゆきたいと思います。

第2　証拠開示と5大新証拠

1　証拠開示と新証拠提出

狭山事件は、事件が発生してからすでに55年が経ちました。半世紀を超える長い裁判がまだ続いています。私たちは石川一雄さんの無実の訴えを受け止め、再審開始を求めて支援を続けてきましたが、なかなか再審が実現しないまま、長い年月が経ってしまいました。支援者のなかには、いつまでも勝てない裁判闘争にいらだちを募らせる人も少なくありません。実際、狭山事件の学習会では、しばしば「裁判はどうなっているのか。どこまで進んでいるのか、隠さず教えてほしい」と質問されることがあります。

さて、長い間、膠着《こうちゃく》状態が続いた狭山再審裁判でしたが、２００９（平成21）年12月、裁判が大きく前進する出来事がありました。当時、東京高裁の裁判長だった門野《かどの》博《ひろし》裁判長が検察に対して証拠開示を勧告したのです。証拠の開示、それは長年弁護団が求め続けてきたけれど、どうしても実現しなかった大きな壁でした。

一般論ですが、普通、事件が起きたとき、警察は大規模な捜査をおこない、さまざまな証拠や証言を集めます。狭山事件でも同じように、事件当時、警察は膨大な証拠や証言を集めました。しかし、裁判に出すものはそのうちのごく一部です。検察は、有罪を立証するうえで必要なものだけを裁判に提出し、不都合な証拠、例えばこの証拠を出せば無罪になってしまうかも知れないというような証拠は隠して出そうとはしません。したがって裁判で出てくる証拠は、厳選されセレクトされた証拠だといえます。しかし、これは裁判をおこなう被告側にとってはまことに不公平な仕組みです。不都合なものは全部隠して、検察側にとって都合のいいものしか出してこないわけですから。実際、どの裁判でも、警察が持っているはずの証拠を見せてほしいと弁護側が請求しても、検察はなかなか出しません。一般の裁判でそうですから、再審裁判ではなおさらそのハードルは高いことになります。また、狭山事件では、検察は「再審では証拠を開示する必要がない」という姿勢をとり続け、裁判所もそれを追認する姿勢を取ってきました。そのために裁判は、肝心なところでいつも敗退する憂き目に遭ってきました。

その長年の壁をついに崩したのです。裁判長が証拠を開示するよう勧告したのです。検察としても、裁判長の勧告に逆らうことはできません。その意味でこの勧告は、まさに弁護団にとっては天の助けというべき勧告です。門野裁判長は、この証拠開示勧告を出した後、翌年の3月に定年で退職しました。おそらく門野裁判長は、この狭山事件に疑問を感じたのでしょう。これはどうもおかしい。真実は何か、もう一度、石川さんや弁護団の主張をじっくりと検討する必要があるのではないか、そう思って開示勧告を出したに違いありません。この開示勧告で、狭山事件の再審裁判は一挙に展望が開かれました。

そして翌年5月、この勧告に沿って検察側はこれまで隠してきた証拠36点を開示しました。以来、この8年の間に証拠が次々と開示されました。その数は191点に及びます。ただし、これが多いわけではありません。袴田《はかまだ》事件ではいっぺんに600点の証拠を開示していますから、決して多いとはいえません。私たちはすべての証拠を開示しろと訴えてきましたが、検察側はいまだに証拠の開示を渋っており、弁護団との間で厳しい攻防戦が続いています。

それはともかく、開示された証拠はいずれも石川さんの無実を証明するうえで極めて貴重な証拠ばかりです。というより、石川さんは無実ですから、そもそもどんな証拠であっても石川さんの有罪を裏付けるような証拠は存在しません。「証拠」といわれるものは、すべて石川さんの無実につながるものばかりです。そして開示された証拠をもとに、弁護団は次々と新証拠を裁判所に提出してきました。その数は、2018（平成30）年3月の段階で197点に及びます。

ところで再審裁判では、新規・明白な証拠が必要です。これまで提出した証拠や鑑定書では再審はおこなわれません。その再審で、これまで弁護団が見たことのなかった証拠が次々と出てきたのです。そのなかには、これから説明するように、それ一点だけで再審を開いて石川さんに無罪判決を言い渡してもよいような極めて重要な証拠がいくつも含まれていました。そこで、その証拠開示に基づいて新たに裁判所に提出した新証拠を解説します。ただし、提出した新証拠は197点に及びますから、全部を説明することはできません。そのうちのとくに重要な五つの新証拠、5大新証拠を説明して、石川さんの無実を証明していきたいと思います。「5大新証拠」というのは、私が勝手に選んだ証拠ですが、それを取り上げたいと思います。

2　万年筆のインク

さて、まず1番目の新証拠は、万年筆のインクです。石川さんの自宅から発見された万年筆は、被害者が使っていたものではないことを科学的に証明した下山鑑定です。

知ってのとおり、狭山事件では、被害者の所持品であるカバン、万年筆、腕時計が石川さんの自白通りに発見されたとして石川さんが犯人とされてきました。警察は、犯人しか知らないことが自白によって判明した「秘密の暴露」だと言い、石川さんが犯人であることを示す決定的証拠としました。なかでも万年筆は、石川さんの自宅から発見されたという意味で有罪のもっとも重要な証拠とされました。

この万年筆の発見について、私たちは事件当初からねつ造されているのではないかという疑問を持ってきました。というのは、まず発見のされ方がおかしいからです。万年筆については、2回の家宅捜索で発見されませんでした。1回目は、石川さんが逮捕された5月23日、2回目は再逮捕の翌日の6月18日と、それぞれ十数人の刑事が2時間以上かけて家宅捜索をおこなっているのですが、そのときは発見されませんでした。石川さんの自宅は小さな家です。そこに10人以上の刑事が時間をかけて徹底的な捜索をかけました。家族の証言だと、天井裏から床下まで、文字通り徹底的に調べています。しかし、このときは、万年筆はおろか何も出ていません。ところが3回目の捜索は、数人の刑事がわずか24分で発見しています。発見された場所はお勝手入り口の鴨居で、鴨居は高さ175・9センチ、奥行き8・5センチしかなく、家宅捜索で見落とすとは考えられません。家族もそこを刑事が捜索している様子を見ています。なぜ3回目に突然出てきたのか。捜索に当たった刑事自身が、のちに弁護団の質問に「万年筆が発見された鴨居は、二度の家宅捜索で調べたが、なかった」と証言しています。

また、万年筆はインクの色が違っていました。石川さんの自宅から発見された万年筆の色と、被害者が使っていたものとは違っています。被害者はインク瓶を持っていて、そのインクはライトブルーと呼ばれる明るい青色のインクです。彼女は事件当日の学校のペン習字の練習でその万年筆を使っていますが、そのインクの色はライトブルーです。しかし、石川さん宅の鴨居から発見された万年筆のインクの色は、ブルーブラック、つまり濃紺です。ライトとブルーブラックでは、単に色が違うというだけでなく、インクの成分が違います。同じインクでも、別の成分でできていると考えた方がいいのです。

なぜインクの色が違うのか、このインク色の違いは事件当初から問題になっていました。しかし検察は、被害者は万年筆のインクがなくなったので、クラスの友達から借りて補充したか、もしくは学校の帰りに郵便局に寄っているから、そのときにカウンターにあったインクを補充した可能性があると説明してきました。これ自体、不自然な話です。家に帰ればインクはあるわけで、補充する必要はありません。また、インクを貸したという級友はいません。狭山郵便局でインクを補充していたところを誰かが見ていたわけはありません。両方とも、あくまでも警察の推測にすぎません。そもそもインクが切れたということも推測にすぎません。弁護団は、その日の授業のペン習字の浄書が最後までインクが途切れたり、かすれたりしていないことを報告書として裁判所に提出しています。彼女は補充していないのです。

●下山鑑定

前置きはそのくらいにして、本題に入ります。ここからが大事です。

第3次再審では裁判所が証拠開示勧告をおこないました。これまで頑《かたく》なに証拠開示を拒んできた検察側がしぶしぶと証拠を出してきました。そして2013（平成25）年7月に被害者のインク瓶が開示されました。弁護団はこれを調べ、被害者が使っていたインクが、当時販売されていた「ジェットブルー」という商品名のパイロットのインクであることを突き止めました。これまで私たちは、その色からライトブルーと呼んできましたが、正式には「ジェットブルー」だったのです。そして、ジェットブルーのインクを何とか探し出しました。もう残ってないかと思いましたが、よく探し出したと思います。

そして狭山弁護団は、万年筆のインクについて2016（平成28）年8月22日に前吉備国際大学副学長の下山進《しもやますすむ》さんの鑑定書を新証拠として提出しました。下山進さんはデンマテリアル㈱色材科学研究所に在籍している、絵画や文化財の非破壊分析の専門家です。

鑑定の詳細は省きますが、結果、次のような驚くべき事実が判明しました。すなわち、下山さんは、発見された万年筆には、被害者が事件当日まで使っていたジェットブルーインクは微量も入っていなかったことを明らかにしたのです。

少しだけ補足説明します。下山さんは、事件当初におこなわれた科警研の鑑定で、発見された万年筆のインクと被害者のインク瓶や日記のインクの成分がまったく違っている点に注目し、科警研と同じ方法で両者を鑑定しました。検査はペーパークロマトグラフィー検査といいます。この検査の特徴は、インクを補充したとすれば、どんなに微量でも必ず前に入っていたインクの痕跡が肉眼でもわかるようにクロマトグラフィーに表れるという点です。科警研の当時の検査では、石川さん宅で発見された万年筆には、Yさんが使っていたジェットブルーインクの痕跡はまったく見られません。このことについて警察は、被害者が万年筆にブルーブラックのインクを補充したからジェットブルーの痕跡は残っていないと主張しました。このため、もし補充した場合、前のインク、つまりジェットブルーの痕跡はなくなるのかどうか、これが焦点となりました。

下山さんは、科警研と同じ方法で検査しました。その結果、ジェットブルーインクは微量も入っていないことが確認されました。仮に警察が主張するように、ジェットブルーのインクがなくなったのでブルーブラックのインクを補充したとした場合には、その前に使っていたジェットブルーの色斑が必ず現れるのに、それが見られないことを、下山鑑定は改めて証明したのです。つまり、下山さんは新しく何かを発見したというよりは、当時の科警研の鑑定は正しかったということを再現して再確認しただけです。「だけ」というと叱られますが、しかし、それが大事なのです。

下山鑑定は、科警研の鑑定と同じ方法で検証し、石川さん宅で発見された万年筆は、被害者の使っていた万年筆にブルーブラックインクが補充されたものではないことを明らかにしたわけです。ということは、発見された万年筆は被害者のものではないということです。では、いったい誰のものでしょうか。それはわかりません。推測するに、石川＝犯人を決める物証が何もないことから、警察がどこかの万年筆を調達したものだと思います。しかし、警察はまさかインクの色まで確認しなかったのです。これが半世紀も経ってからバレてしまったのです。最後のどんでん返しです。

発見万年筆が被害者のものでないということは、殺害後、被害者の万年筆を奪って持ち帰り、自宅のお勝手入り口の鴨居に置いていたという事件の根本的な流れがすべて崩れます。これで狭山事件は決着がつく、と私は思っています。東京高裁はすみやかに下山鑑定人を呼び出して、証人として事実調べをおこなうべきです。

3　崩れた手拭いの謎

2番目の新証拠は、犯行に使った手拭いです。

被害者の遺体が麦畑の農道で発見されたとき、遺体は手拭いで後ろ手に縛られていました。この手拭いは、市内の五十子《いそご》米穀店がこの年の正月にお得意先に配った手拭いでした。手拭いは、犯人の手がかりになる重要な証拠です。捜査本部はいっせいに手拭いの捜査に走ります。

米屋は165本の手拭いを配っていました。また、米屋には配布先の一覧表がありましたから、警察は1本ずつ手拭いの配布先をしらみつぶしに調べました。そして165本のうち155本を回収しました。165引く155ですから残りは10本です。この10本のうち3本は、おむつとか浴衣に使用されていて回収不能でしたから確認しただけで回収しませんでしたが、すると残りは7本です。その内の1本が犯行に使われたことは間違いありません。

では、石川さんの家はどうだったのでしょうか。石川さん宅にも1本配られていました。しかも、それは使わない新品の状態でちゃんと取ってありました。石川さん宅は前年の手拭いも大事に取っていて、のし袋が付いた状態の手拭い2本を警察に提出しています。素直に考えれば、これで石川さんおよび石川さんの家族は事件とは関係ないことになります。しかし、どうしても犯行と石川さんを関連づけたい捜査当局は、別の筋書きを考えました。犯行に使われた手拭いはあくまでも石川さん宅の手拭いで、警察に提出したのは、石川さんが犯行を隠すためにどこからか調達したものだ、というのです。ずいぶん無理なこじつけです。では、どこから調達したのか。検察は「石川さんの隣家か、近所に住む義兄の石川仙吉さん宅から調達したにちがいない」と推測しました。しかし、隣家には手拭いは配られておらず、石川仙吉さん宅は、手拭いは配られていたが、やはりちゃんと取ってあって、警察はそれを回収しています。これで石川一雄さんおよび義兄の石川仙吉さん方は事件と無関係です。しかし、行き詰まった警察は、さらにひどいことを考えます。「石川仙吉さん宅には、手拭いは2本配られていて、そのうちの1本を調達したのだ」と言い始めたのです。これが検察の考えた手拭いをめぐる筋書きでした。こうして、石川仙吉さん宅に配られた手拭いは1本だったのか、2本だったのか、これがひとつの争点になっていました。

そして、今回開示された捜査報告書がこの謎を解き明かしてくれました。報告書のなかに米屋の「手拭いの配布一覧表」が含まれていたのです。その一覧表を見て、びっくり仰天です。なんと石川仙吉宅の欄には、「1」の文字が、別の筆記用具で「2」に改ざんされていたのです。見え見えの工作がばれてしまったのです。しかし、こんなひどいでっち上げはありません。「1」を「2」に書き換えて、2本配られたことにして、その1本を石川一雄さんが譲り受けたか盗んで犯行に使ったという、文字通りのでっち上げです。

●17分の謎

この手拭いの問題は、さらに続きがあるのです。

2013（平成25）年10月、狭山再審弁護団は都内で記者会見を開き、「手拭い調達をめぐる検察のでっちあげが鮮明になった」と発表しました。

先ほどいったように、石川仙吉さん宅には手拭いが2本配られ、そのうちの1本を石川一雄さんが犯行に使ったという検察側のつくり話をしましたが、では、いつ石川一雄さんは石川仙吉さんから手拭いを調達したのかが問題になります。これについて、検察はこれまで、「死体が発見された2日後の5月6日、TBSテレビが昼のニュース放送で、犯行に米屋の手拭いが使われていたことを報道した。このニュースをテレビで見た石川一雄は、このままでは犯行がばれてしまうことを恐れ、急遽《きゅうきょ》、手拭いを調達しなければならないと思い立って、義兄の仙吉さん宅に走り、手拭いを都合し、それを警察官に提出した」と主張していました。

ところが、その時間が問題です。TBSがニュースを放映したのは5月6日の午後0時3分ごろであることが、今回はじめてわかりました。警察が石川さん宅を訪問して手拭いを回収したのは、同じ5月6日の午後0時20分です。これは石川さんの家に手拭いを確認に行った警察官が記録しています。ニュースが0時3分で、警察官が石川さんの家から手拭いを押収したのが0時20分。その間、17分しかありません。その間に、あわてて近くの義兄宅に走っていって手拭いを調達し、自宅にやって来た捜査官に手拭いを提出する、そんなことができるわけがないじゃありませんか。

第一、仙吉さん宅に手拭いがあること、あるとしてどこにあるか、仮にあったとして仙吉さん宅が何の説明も聞かずに無条件に提供してくれなければ、こんな作り話は成り立ちません。警察は「盗んできた」と主張するかも知れませんが、他人の家のどこに手拭いがあるのか、知っていなければ盗みようがありません。そもそもテレビを見てあわてて調達に走るということ自体、漫画のような話です。義兄宅から手拭いを調達して警察に提供した、という検察側の主張は、根本から崩れました。

4　腕時計のねつ造

さて、3番目の新証拠は、被害者が当日、腕にはめていた腕時計です。

腕時計は、石川さんが狭山市内の田中という地名の路上に捨てたと「自白」し、後日、その近くから発見されて、「やっぱり、自白したところから発見された」ということで有罪の根拠になっている証拠です。しかし、「自白」通りに発見されたわけではありません。石川さんが捨てたと「自白」したのは6月24日から26日にかけてで、警察は6月29日と30日の2日間、捜査します。8人の捜査官が調べに行っています。しかし、「自白」してから3日も経っています。自白してすぐに調べに行ってないことが引っかかります。なぜ、3日も経ってから探しに行ったのでしょうか。それはともかく、警察は2度にわたってその場所を探したけれど、腕時計は出てきません。ところが、それから2日後の7月2日、その付近を散歩していた78歳の老人が偶然、時計を発見するのです。警察は、石川さんが自白した場所よりも離れたところだったので見落としたと説明しましたが、わずか8メートルしか離れていません。そもそも石川さんの「自白」では、持っていてはやばいと考えて道ばたにポイと捨てたということになっていて、捨てた場所を、何丁目何番地のどことというように「自白」したわけではありません。したがって捜査する側は、「自白」の場所を中心に、あたりをくまなく探すのが一般的なやり方だと思うのですが、警察は捨てたという場所の近辺しか探していません。そして後日、78歳の老人によって不自然なかたちで腕時計が発見され、それをもって「石川の自白に基づいて時計が発見された」として、有罪の決め手にしています。

しかし、今回の証拠開示で、新しい事実が出てきました。警察は、発見された場所も捜査していたのです。それが、開示された腕時計捜索報告書の図面に記載されていたのです。先ほど述べたように、警察は、捨てたという場所の周辺は探したが、そこから離れた場所――といっても、わずか8メートルしか離れていないのですが——だったので見つけられなかったと言ってきましたが、それは嘘だったわけです。捜していたのです。それはそうでしょう。普通は、その周辺も捜すに決まっています。しかし警察は、捜したという事実を隠していたわけです。捜したのに出てこなかった、あとから老人が見つけたということになれば、疑惑が持たれます。この腕時計は、万年筆の発見と並んで、「秘密の暴露」として有罪の決め手とされてきた証拠ですが、この怪しげな時計発見の経過は、発見そのものが根本から揺らいできました。

●謎だらけの腕時計

じつは被害者の腕時計は、これまでもねつ造ではないかという強い疑念が持たれていました。というのは、事件当時、埼玉県警が事件に関する情報を取るために「特別重要品触《しなぶれ》」としてチラシを配布しています。こういうものを見かけたら警察にすぐに知らせてほしいという趣旨のチラシです。そのチラシに写真入りで腕時計が掲載され、時計の種類や番号まで記載されているのですが、チラシには「シチズンコニー」となっています。ところが、老人が発見した腕時計は「シチズンペット」でした。おなじシチズンですが、型が違います。しかも時計の番号が違っています。品触のほうは「C6803－20506 78」ですが、発見されたものは「6606—1085481」です。全然違うじゃないですか。警察は、品触のチラシの作成のとき、間違えてナンバーを記載したと弁明していますが、これはまったくインチキですね。こんなことはあり得ない話です。本来は、これだけでもねつ造の疑いが濃いのですが、今回、それを裏付ける新証拠が裁判所に提出されたわけです。

また、今回はもうひとつ重要な鑑定書を裁判所に提出しました。時計のバンド穴の鑑定書です。腕時計は被害者とお姉さんのTさんが共用していたようです。写真を見るとお姉さんは、被害者のYさんより細い体型をしています。いっぽう、Yさんは16歳の高校生らしくふっくらした体型をしています。腕の太さも、お姉さんとは違っていることが写真でわかります。この2人が時々腕時計を使っていたのですから、腕時計のバンドの穴の使うところも当然違ってきます。Tさんは事件後、警察に「自分が使っていたのはバンドの剣先から4番目の穴で、妹は自分より腕が太かったので3番目の穴を使っていた」と証言しています。ところが、今回、ベテランの時計修理士が鑑定したところ、もっとも使われていたのはバンドの剣先から4番目の穴で、次に使われていたのは5番目であることがわかりました。ひとまわり腕が太かった被害者が、姉より細い内側の穴を使用するはずがありません。

これはどういうことですか。真相はわかりませんが、おそらく誰か別の人物が使っていた時計をもってきて、「これが被害者の腕時計だ」としたために、実際に使われていた穴がお姉さんよりも細い人の穴になってしまった、としか考えられません。おそらく警察は、時計のバンドの穴まで考えてなかったと思いますが、これは推測です。

5　取り調べ録音テープ

4番目の新証拠は、取り調べの録音テープです。

2010（平成22）年3月、最初に開示された証拠のなかに取り調べの様子を記録した録音テープがありました。９本のテープが弁護団に提出されました。事件が起きたのは１９６３（昭和38）年で、まだテープレコーダーそのものが普及していない、珍しがられていた時代のものです。警察は、狭山事件でこのテープを録《と》っていたのです。実際、開示されたテープはまだテープレコーダーが出始めた頃のもので、音声は聞き取りにくい部分もありました。それでも、取り調べの様子をリアルに伝える貴重な証拠です。テープは、石川さんが自白を始めた６月20日、21日、23日から25日の取り調べ、約15時間を録音したものです。「自白」直前と思われる否認期の取り調べ、約13分の録音も出てきます。

弁護団は、時間をかけてこのテープの掘り起こしをおこない、文章化して詳細に分析しました。その結果、この録音テープは驚くべき内容をわれわれに伝えてくれることになりました。おそらく検察は、石川有罪の資料として、「これこのとおり、石川が自白しているテープもあるよ」とばかりに出してきたものと思います。これは私の推測ですが、検察はテープの内容をよく聞かないで安易に出してきたのではないかと思います。猿も木から落ちるというか、上手の手から水が漏れるというか、そのお陰で極めて重要な証拠がこちらの手に渡りました。テープは石川無実の第一級の証拠品です。

それで、開示された取り調べのテープによって、何が明らかになったのか。これらを順次、説明していきます。

まず第１に明らかになったのは、石川さんが字を読めなったこと、書けなかったことです。

録音テープには、例えば刑事がこうつぶやく声が記録されています。

「（石川は）字が読めねえの。まあ、俺は最初っからそう思っていたんだ」

刑事は、石川さんが読めないことを十分知っていました。その言葉がテープに残っています。しかし、このとき刑事はなぜ、読めない人間には脅迫状も書けないのではないかという疑問を持たなかったのかと思います。それはさておき、石川さん自身もテープのなかで自分は字が書けないことを訴えています。

「＊＊＊（不明）のことは知らないですよ。（俺は）書けねえ」

取り調べ録音テープには、事件に関連した図面の説明文を書いている場面が多数録音されています。そのとき書いた図面も残されているから、彼がどのように記入したのか、テープと図面の両方から手に取るようにわかります。石川さんは、警察官が読み上げた言葉の後を追って、一字一字、あるいは数文字ごとに区切って繰り返し反復し、時間をかけてようやく書いています。

例えば、石川さんが「粕谷自動車修理工場」という場所を説明するために記入した場面では、警察官が「『じどうしゃ』。『じどう』。『う』」と発音する。それを受けた石川さんが「『うしゃ』だね」と言ったあと、警察官がもう一度、「『じどうしゃ』」と発音し、石川さんが「『し』、『じ、ど、う、し、や』」と一字一字、発音する、こういうやりとりの末、字が書き込まれていったわけですが、実際に図面に書かれたものは「かすやじどをじやしゆりこをじを」となっています。

警察官に手助けしてもらってようやく書いたのですが、そのわずか15文字そのものが正しく書けていません。

こういう場面が次から次と録音テープに出てきます。「自転車屋」と書く場面では、「じでんしゃや」と記入しています。ここでは、警察官が一字ずつ発語しているのですが、図面に書かれたものは「じでんしやや」となっており、警察官の指導があっても、「しゃ」と書けていません。取り調べテープの筆記の場面から、当時の石川さんは、促音の「っ」や拗音《ようおん》の「ゃ」「ゅ」「ょ」や「ん」や長音などの使い方が理解できていないことがよくわかります。

いずれにしても、石川さんが事件当時、字の読み書きがほとんどできなかった非識字者であったこと、これが取り調べテープから一層明らかになったといえます。しかし、何度も指摘するように、字の読み書きができない者に脅迫状は書けないのです。

●事件を知らない

2点目に明らかになったのは、石川さんが犯行の内容をまったく知らなかったことです。

例えば、死体の埋葬についてです。死体は麦畑の農道に埋められていたのですが、これについては、これまでの裁判では次のようにストーリーがつくられていました。すなわち、石川さんが雑木林で殺害後、脅迫状を届けに行く間、死体が発見されないようにいったん近くの芋穴に逆さまに吊《つ》り下《さ》げて隠し、脅迫状を届けた後、スコップを持ってきて埋めた、こういうストーリーです。芋穴に逆さ吊《づ》りにして隠すということ自体、どう考えても不自然なのですが、それはさておくとして、芋穴からどうやって運んだかを刑事が聞く場面です。

刑事「Yさんを引き上げてきて、どうやって持ってきた？　そのね、穴蔵から」
石川「引きずってきたです」

刑事「どこ持って」

石川「足、引きずって」

刑事は死体を見ています。死体は埋められてはいたが、泥まみれではありません。事件当日は雨が相当降っていましたから、畑のなかの農道を引きずったということになればどうなるかは、誰でもわかります。泥だらけになります。泥だらけになるし、傷だらけになります。しかし、死体にはそのような様子は見られません。死体を見ている刑事は「引きずってきた」という石川さんの説明に納得しません。そこで再び質問します。

刑事「背中汚れてないんだよ」「本当に引きずったんか」

石川「はい、引きずったです」

このテープ録音がおこなわれている時点では、石川さんはすでにやったと殺害を「自白」しているから、嘘を言う必要はありません。しかし、事実をまったく知らないから、質問されても自分の想像で返事するしかないわけです。それで刑事に聞き直されても、「引きずった」と説明しています。犯行の事実を知らないから、こんなかみ合わない、とんちんかんなやりとりになるのです。

●誘導された自白

三つ目は、「自白」が捜査官の誘導であることが明らかになったことです。

例えば、殺害方法についての自白についてです。事件の一番重要な殺害方法についての石川さんの自白は、ころころと何度も変わっています。石川さんは、手拭いで絞殺した、タオルで絞殺した、そしてまた手拭いで絞殺したと何回も殺害方法を変えています。そのあげく、最後に手で絞めて殺したという扼殺《やくさつ》に変わっています。なぜ殺害方法がころころ変わったのか、それが謎だったのですが、しかし、今回の録音テープによってその理由がわかってきました。手拭いは手を縛るのに使ったから手拭いで絞めることはあり得ないし、タオルは目隠しに使っているはずだからこれもあり得ないと取調べの刑事が説明したために、最後に手で絞めたという扼殺になったわけです。それがテープに残されています。

殺害方法は、殺人事件の自白の核心部分であり、真犯人が殺害方法を記憶違いするはずがありません。手で殺したか、タオルで首を絞めたか、嘘を言う必要も考えられません。

殺害方法についてこのような変遷が出てくるのは、そもそも手拭いで両手首を後ろ手に縛られ、タオルで目隠しされていたという、死体の客観的な状況を、石川さんがまったく知らなかったからです。それがテープによって明らかになっています。この点についていえば、じつは「自白」を始めた際に、石川さんは地元の顔見知りだった関巡査に「死体の状況がわからないので教えてほしい。教えてもらえば自白できる」と聞いていることが、関巡査の調書に出てきます。犯人であれば当然知っているはずの死体の状況を、石川さんはまったく知らなかったのです。

6　鮮明になった筆跡の違い

最後に取り上げるのは、脅迫状と石川さんの筆跡の違いです。この筆跡の違いについて弁護団は、二つの新証拠を提出しました。「上申書」に関する筆跡鑑定と、今年（２０１８年）に入って提出した最新の新証拠「コンピュータによる筆跡鑑定」の二つです。まず「上申書」から説明します。

狭山事件では、犯人が残した物的な証拠は、脅迫状と手拭いの二つだけです。手拭いについてはすでに説明しましたから省きますが、脅迫状は、犯人が残した最も重要な物的証拠である点に疑う余地はありません。この脅迫状については、弁護団はこれまでもたびたび筆跡鑑定を裁判所に提出し、石川さんの無実を主張してきましたが、その都度無視され、無念の涙を流してきました。

しかし、この筆跡の違いを明白にする証拠が、あらためて開示されました。それが上申書です。上申書というのは、警察に対して申し上げるという文書です。逮捕された当日、石川さんは狭山警察署長に当てて上申書を出していたのですが、それが、証拠開示勧告に基づいて出されてきた最初の36点の証拠のなかに含まれていました。この上申書を見て誰もが驚きました。脅迫状とあまりにも違っているのです。これ一枚で長い裁判も決着が付けられると思ったのは、私だけではないと思います。上申書は逮捕当日に警察署長に当てたものですが、石川さんは書きなれない文字で次のように書いています。

上申書／狭山市入間川二九08／土工　石川一夫　24才／いまわたくしにをたずねの五月1日のばんの／ほりかねのなかだいさくさんのところいてかみを／もでいてをどかしむすめのいのちがほしければ／かねを20まいんお女のひとにもたして5月二日／のごご12時2さのやのまいま

でとどけろといて／きんに10まんいをとりそこねたことわわたくしのやたことでわありません／5月203にち／石川一夫／狭山けエさツしちよんどの

これが、事件当時に石川さんが書いた文字です。その特徴はなんといっても、ようやく字を習い始めた小学生が、やっとの思いで一文字一文字、力を入れてたどたどしく書く、そういう金釘《かなくぎ》文字になっていることです。どう見ても字が書けない人、もしくは書き慣れていない人の文字です。また、さまざまな字の間違いが目立ちます。そもそも自分の名前もちゃんと書けていません。石川さんの名前の「かずお」の「お」は、「夫」ではなく、「雄」です。また、金20万円は「きん20まいん」となっています。「金」という漢字も書けていませんし、20万円が「20まいん」になっています。警察署長に宛てたものですが警察署長が書けず、「けエさツしちよんどの」になっています。ほとんど字が書けない状態だったといってよいでしょう。

これを脅迫状と比べれば、一目瞭然です。脅迫状はわざと誤字や当て字を使ってはいるけれど、字の使い方は間違っていません。これに対して石川さんは、促音の「っ」や拗音の「ゃ」「ゅ」「ょ」などの使い方がまったくできていません。そしてなによりも驚くことは、「きんに10まんいをとりそこねたことわわたくしのやたことでわありません」と、石川さんははっきり犯行を否定しています。

この上申書についてはもうひとつ大事なことがあります。じつは、この上申書を警察は47年間も隠していたのです。事件直後に最初に石川さんが書いた文字ですから、脅迫状と比較するうえでもっとも重要な筆跡になるのですが、それを警察は隠し続けていました。これが世に出れば、石川さんはやってないことがバレてしまうからだと思います。まったくひどい話です。

●コンピュータの筆跡鑑定

筆跡の違いについては、これまでも何度も鑑定書が提出されてきましたが、裁判所はこれを採用してきませんでした。しかし、その壁を打ち破る画期的な鑑定書が、今年（２０１８年）の1月15日に提出されました。東海大学情報理工学部の福江《ふくえ》潔也《きよなり》教授によるコンピュータを使った筆跡鑑定（福江報告書）です。

これまでの筆跡鑑定は、基本的には文字の特徴やくせなどを丁寧に見極めて同一人物が書いたものかどうかを判断する方法が取られてきていました。そういう意味では、鑑定人の勘と経験に頼っていました。したがって同じ文書の鑑定でも、鑑定人によって鑑定結果が分かれることがしばしば見られました。鑑定人が似ていると判断すれば同一人物ということになるし、似ていないと判断すれば別人の書いたものというような、鑑定人の主観、あるいは勘と経験の世界だったわけです。このために、狭山事件だけでなく、いろいろの事件で筆跡鑑定は判断が分かれ、検察などがそれを恣意的に使うことも見られました。

ところが、その限界を突き破る新しい鑑定方法が登場しました。それが福江教授のコンピュータ解析による筆跡鑑定です。その原理は、一口にいえば、個人の筆跡のズレの量を計測して比較するということになります。同じ人が書いてもズレが生じます。まったく同じ筆跡というものは存在しません。しかし、同じ人が書いたものは、そのズレの幅は小さいものになり、別の人物の書いたものとは、当然ズレも大きくなります。このズレを測定して数値化し、その数値を比較することで、同一人物かどうかを判断するというものです。もう少し詳しく解説すると、まず文字をスキャンして大きさをそろえたうえで、各文字の画数線の始点と終点を指示し、コンピュータが自動的に筆跡上の測定点を決めて読み込み、字形の情報を座標として数値化し、データとして取り込みます。そのうえで、コンピュータ上で筆跡を重ね合わせて測定点の数値を比較することで、筆跡のズレの量を計測し、文字の形がどのぐらい相違しているかを数値として把握するという方法をとります。まあ、専門的な分野の話ですから、なかなかわかりづらいと思いますが、文字の形の比較ではなくて、文字のズレをコンピュータで計測するという方法だと考えればいいかと思います。この方法には、まったく主観は入りません。すなわち、似ているとか似ていないというような見た目は関係ないのです。コンピュータを使ったこの鑑定方法でやると、99・9%の確率で文字の異同が識別されます。

そして、福江教授は、狭山事件の脅迫状と石川さんの書いた上申書2通と手紙2通のなかから4つの文字を抽出して、コンピュータで解析しました。4文字というのは「い・た・て・と」ですが、比較するうえで、使用されている頻度の高いこの4文字が抽出されました。計測では、「い・た・て・と」の各文字のすべての筆跡の組み合わせ（筆跡対）をおこない、重ね合わせによるズレの量を計測しました。ズレの量は「マッチング残差」と呼ばれるようですが、脅迫状の文字と、石川さんの上申書および手紙の文字を計測した結果、同一人物が書いた場合のズレの量の分布とほとんど重なっておらず、99・9％の確率で別人の書いたものであると判定されました。

人間の勘や経験を頼りにしたこれまでの筆跡鑑定とはまったくちがった、コンピュータを使った最も最新にして科学的な筆跡鑑定。筆跡の特徴点の採取、ズレの量の計測は、すべてコンピュータ自身が自動的におこなっており、しかもその筆跡の相違度と分布を数量化している鑑定。その鑑定において99・9％の確率で別人の書いたものであることが明確に証明されたのです。これは文字通り、ＩＴ時代の科学の勝利といっても過言ではありません。見た目で同一人物と判断してきたこれまでの筆跡鑑定は、この鑑定によって完全に崩れました。

7　今度こそ事実調べ、再審開始へ

狭山事件は、事件が発生してからすでに55年が経ちました。また、第3次再審を請求してからすでに12年が経っています。石川一雄さんは今年（２０１８年）、79歳になりました。来年は80歳です。いつまでも元気ならばいいのですが、80歳を過ぎれば、人は病気になったり、老化していくことは避けられません。だから、石川さんが元気なうちに、何とか無罪判決を勝ち取りたいと願うのは、全国の支援者の共通した思いです。

半世紀を超える長い裁判は、まだ終わっていません。しかし、いよいよ大詰めを迎えています。いろいろと説明したように、証拠開示によって、実にさまざまな新証拠を裁判所に提出してきました。あと残されている大きな課題は、万年筆のインクに関する下山鑑定に対する検察側の反証に対する反論と、今回提出した福江鑑定に対する検察の反論に対する反論だけです。狭山事件は、今度こそ勝てると思います。今日まで長い間支援していただいたみなさん、これが最後の闘いだと思って支援してください。

第3　狭山事件と証拠開示――国連・自由権規約委員会の勧告

1　「アイ・アム・イノセント」

「アイ・アム・イノセント（私は無実です）」――。２００８（平成20）年10月15日、スイスのジュネーブで開かれた国連・自由権規約委員会の意見交換会に出席した石川一雄さんは、証拠開示の必要性を委員に訴えたあと、発言の最後に万感の思いを込めてこう叫んだ。

４番目に発言した石川一雄さんは冒頭、やや緊張した面持ちで、「マイネーム・イズ・カズオ・イシカワ」と英語で自己紹介し、その後、日本語で次のように語った。

「私、石川一雄は、１９６３（昭和38）年におきた狭山事件で、被差別部落に対する予断と偏見に基づいて犯人とされ、無実でありながら32年間の獄中生活を強いられました」「事件発生から45年過ぎた今も、無実を訴え続けています」

石川さんの訴えは、通訳を通じて各委員に伝えられたが、狭山事件の石川一雄の存在は、日本から参加したＮＧＯはもちろん、自由権規約委員会の委員の間でも知られていると見えて、会場の出席者は顔を上げて石川さんに注目した。テレビ局のスタッフもカメラを回した。石川さんの隣には、早智子さんが心配そうな面持ちで座っている。

会場内が注視するなかで、石川さんは発言を続けた。「私の裁判では、開示されていない証拠物件が、積み上げれば2～3メートルあることを認めていながら、検察庁はまだ開示していません」「私も69歳になりました。なんとしても生きている間に無実の罪を晴らしたいと、必死に訴え続けております」「委員の皆様に公正・公平な裁判はもとより、日本政府に対して証拠を開示するよう働きかけて頂きたいので、私、石川一雄が直接お願いに参りました」と述べ、最後に「アイ・アム・イノセント（私は無実です）」と結んだ。

石川さんが出席した国連・自由権規約委員会は、自由権規約（正式には「市民的及び政治的権利に関する国際規約」）を批准した政府が規約を遵守しているどうかを定期的に審査する機関である。本来は5年ごとに審査をおこなうのだが、日本政府が報告書の提出を延ばしに延ばしたため、10年目の審査となった。前回は1998（平成10）年に審査を受けている。このとき、自由権規約委員会は、「公正な裁判を実現するために、証拠開示するべきだ」という勧告を日本政府におこなった。しかし、日本政府と裁判所は10年間、国連の勧告を無視し、いまもって証拠を開示していない。そこで今回、石川一雄さん本人が出席して訴えることになった。石川さんにとってもちろん国外渡航ははじめてである。国連訪問については、石川さんが仮釈放の身分であるために国外渡航の許可が下りるかどうか心配されたが、1回限りのパスポートが発行されることになり、直前になって訪問がやっと実現した。今回は、石川一雄さん・早智子さんのほかに部落解放同盟中央本部から私が、また、通訳としてIMAD

R（反差別国際運動）の小笠原純恵さんが同行した。

2　欺瞞に満ちた政府報告書

国連の自由権規約委員会は、審査をおこなうにあたって事前に政府に報告書の提出を求め、それに基づいて審査をおこなう、という手順になっている。今回、日本政府は２００６（平成18）年12月に報告書を提出している。しかし、この報告書がひどい。やってもいないことをならべ立てて、いかに日本政府は誠実に自由権規約を守るために努力をしてきたのか、とうとうと述べている。代用監獄、女性の人権、死刑制度、警察の長期勾留、外国人の人権、刑務所内の虐待、アジアの女性の人身売買、従軍慰安婦、難民問題、児童虐待、在日韓国人やアイヌ民族の権利、そして部落問題。ここではそれを一つひとつ取り上げることはできないので、関心のある人は政府報告書を読んでほしいが、日本政府は国連の自由権規約委員会に向かって、いかに熱心に人権に取り組んでいるのか、大風呂敷を広げている。よくまあ、イケシャーシャーとこんなことが言えるものだ。とくにこの数年、志布志《しぶし》事件や氷見《ひみ》事件などに代表されるように長期勾留＝自白強要という冤罪の温床になっている代用監獄については、「被留置者の人権を保障するため、警察においては、被留置者の処遇を担当する部門と犯罪の捜査を担当する部門は厳格に分離されている」と開き直っている。

ところで、狭山事件の焦点である証拠開示についてはどうか。知ってのとおり、政府と検察・裁判所は、国連の勧告を無視してこの10年の間、まったく証拠開示に応じようとしなかった。ところが、日本政府の報告書は、証拠開示について次のように述べている。

「（これまでも）検察官は、……被告人の防御上合理的に必要と認められる証拠については、これを適正に開示することとしており、また、検察官と弁護人との間で意見が異なる場合には、裁判所において判断されることとなる」。また、２００４（平成16）年5月には「公判前整理手続を創設し、この手続において、……被告人が防御の準備を十全に整えることができるよう、検察官による証拠開示を拡充することとする刑事訴訟法等の一部を改正する法律が成立」した。

「そもそも証拠開示は保障されてきていたし、法改正によってさらに証拠開示は拡充された」――これが今回の日本政府の報告内容である。なんと厚顔《こうがん》無恥《むち》であることか。もっとも政府報告書は、それだけでは現実に証拠を開示していない点を指摘される恐れがあると考えてか、前回の委員会で展開した次のような理屈をならべて、開示しないみずからを正当化した。すなわち、「証拠開示によって関係者のプライバシーや名誉が害されるとともに将来の捜査に対する協力が得られなくなるおそれがあるものもあること等の理由により、……弁護側に証拠開示の一般的な権利を認めることは適当でない」と。

3　部落解放同盟の反論

部落解放同盟は、ただちに反論の意見書を作成して自由権規約委員会に送付した。まず、刑事訴訟法の改訂について、次のように反論した。①刑事訴訟法は改正されたけれど、自由権規約委員会が勧告した証拠開示は保障されていない。②日本政府は今後原則的に開示するような説明をしているが、開示をするかどうかを判断するのは、依然として検察官であり、義務ではない。③証拠開示の命令を裁判所から取り付けるためには、当然、どのような証拠かを特定しなければならないが、証拠リストが弁護側に開示されていないので、どのような証拠を保管しているのか、警察が捜査段階でどのような証拠を収集したのかわからない。改訂された刑事訴訟法では、かえって証拠リストの開示がされにくくなっている。

また、「証拠開示によってプライバシーや名誉が害される」という意見についても、次のように反論した。すなわち、個人の名前は墨を塗って伏せるなどの方法で解決できるし、差し当たっては証拠の全部でなくても証拠リストを明らかにするだけでもよい。将来の捜査への協力についても、個人の名前は公表しないなどの措置をとれば、決して捜査への協力が得られなくなるようなことはない。プライバシー保護や捜査への国民の非協力を理由にして証拠を開示しないことは、公正な裁判を受ける権利の保障をうたった自由権規約第14条3項に違反していると主張した。

4 NGOが実態報告

さて、話を国連に戻そう。国連の自由権規約委員会は、10月15・16日の2日間にわたって日本政府報告の審査をおこなったが、その前日の14日と15日の午前中に日本のNGOや人権団体と意見交換会を開いた。これは委員会の慣例として規約が守られているかどうか、当該国のNGOや人権団体から事前に意見を聴取する機会をつくることになっていることから開かれたものだ。石川さんは、その意見交換会で発言した。意見交換会には、日弁連やアムネスティ日本支部、IMADRなどの団体のほかNGOや人権団体およそ30団体・50人ほどが出席したが、参加団体が多いために2日間に分けて開かれた。日弁連やアムネスティ日本支部、IMADRなどが1日目に発言し、2日目は石川一雄さんほか冤罪事件の当事者が発言した。石川さんのほかに、昨年再審開始が決定した布川《ふかわ》事件や沖田痴漢冤罪国賠訴訟などの当事者も出席し、こもごもに日本政府の人権規約違反を厳しく非難した。

5　冤罪大国にっぽん

意見交換会で最初に発言したのは、2005（平成17）年に水戸地裁土浦支部が再審開始を決定し、今年（2008年）7月には東京高裁第4刑事部が再審開始を決定した布川事件の桜井昌司《さくらいしょうじ》さんだった。桜井さんは、東京高裁の再審開始決定に対して、検察が最高裁に特別抗告をおこなったことを厳しく非難した。彼は「これ以上、苦しめないでほしい。検察官は恥の上塗りはやめてほしい」と訴えた。本当にそうだ。裁判所が再審開始を決定したことは、実質的に裁判所が「事件は冤罪ではないか」と疑問視したことを意味する。桜井さんともう1人の杉山卓男《すぎやまたかお》さんは無期懲役囚として29年間も投獄され、青春も自由も失い、親の死に目にも会えず、強盗殺人犯としての濡《ぬ》れ衣《ぎぬ》の人生を送ってきた。2人にとっては、40年間待ちに待った再審開始の朗報である。それを、このうえまだ検察は引き延ばそうというのだ。いったいどこまで人を不幸にすれば気が済むのだ。

この布川事件の桜井昌司さんとは、スイスにいる間に何度も話した。大変元気のいいおじさんだ。暗いところが全然ない。こんな元気のいい人でも、やっぱり警察の手にかかるとやられてしまうのか、と思うような快活な人だった。

聞けば、石川さんとは千葉刑務所時代の知り合いで、2人は「同窓生」だった。「今日はスイスで同窓会だな」などと言い合いながら、休憩時間にコーヒーを飲んで歓談する。

「政府の代表があんなこと言っているけど、刑務所の実態を全然知らないよな」

「すぐコーベンでチョーバツだよ」

「夕べは、ホテルの同房者がしつこくて、明け方まで飲んでしまった」

「桜井さん、それ、同房者とは言わないよ」

2人の話を聞いていると、千葉時代の業界用語が出てきておかしい。

布川事件は、現在検察が特別抗告をしているために再審開始がまだ確定しない。検察があくまでも有罪を主張して再審開始を妨害しているのだ。本当に往生際が悪い。万が一、最高裁が再審開始決定を取り消したら、2人はどんな気持ちになるのか。考えただけでぞっとする。しかし、狭山事件でもこうなる可能性が強い。再審開始がきまっても、検察はすんなりそれに応じないで、何年も引き延ばすことは覚悟しなければならない。

2番目の発言は、沖田国賠訴訟の沖田光男《おきたみつお》さんだった。この事件は、電車内で携帯電話をかけている女性を注意した沖田さんが、逆恨みをした女性の通報によって痴漢にでっちあげられ、逮捕され、

21日間も勾留された事件だ。検察は結局、彼を起訴できず釈放するのだが、「こんな理不尽なことが許されてはならない」と検察、警察、相手の女性を相手に提訴した。これが東京国立の沖田国賠訴訟だ。しかし、一審・二審とも裁判所は彼の訴えを退けている。

3人目は、大分県の大石忠昭さんだった。大石さんは、後援会ニュースを配布したことが公選法違反だとして逮捕された大分県豊後高田市の共産党の市会議員だが、文書活動を制限した公職選挙法は国連の自由権規約に違反すると発言した。

そして4人目に石川一雄さんが発言した。石川さんの発言はすでに報告したとおりだが、石川さんは英語を交えながら無実を訴え、証拠開示を訴えた。彼は、「私の裁判では、開示されていない証拠物件が、積み上げれば2～3メートルあることを認めていながら、検察庁はまだ開示していません」「私も69歳になりました。なんとしても生きている間に無実の罪を晴らしたいと、必死に訴え続けております」と述べ、「委員の皆様に公正・公平な裁判はもとより、日本政府に対して証拠開示するよう働きかけて頂きたいので、私、石川一雄が直接お願いに参りました」と訴えた。石川さんの発言は、万感胸に迫るものがあった。隣で聞いていて、私は涙が出た。事件から45年、もうすぐ70歳になるこの人が、遠いスイスまで出掛けてきて、いまだに無実を訴えなければならない。こんな理不尽なことがいつまで続くのか、もういい加減に彼を解放してやってほしい。そういう思いが胸に込みあげた。横を見ると、さっちゃん（早智子さん）の眼にも涙が浮かんでいた。

6　不誠実な政府答弁

ＮＧＯとの意見交換会を踏まえて10月15・16日に開かれた日本政府報告書審査会には、法務省や警察庁、外務省、厚生労働省、文部科学省など関係省庁から25人ほどの政府代表が出席した。

審査会の冒頭、日本政府を代表して、上田ジュネーブ国連大使が報告した。大使は、ハンセン病差別撤廃や刑務所収容者の待遇改善などを事例にあげて、日本政府が人権規約を守るためにこの10年間、いかに努力を重ねてきたのか、とうとうとまくし立てた。参加していた日本のＮＧＯは、みなあきれ果てた顔で大使の誇大報告を聞かざるをえなかった。

大使は、人権救済機関についてもふれ、法案を提出したが衆議院解散で廃案になったと説明、政府からの独立した人権機構を提案したいと述べた。また、男女共同参画社会実現の取り組みやＤＶ被害者の自立支援などに取り組んでいると自画自賛した。狭山事件との関連では、代用監獄制度に対して２００６（平成18）年に制度を改正し、捜査と留置を分離したと報告したが、これにはさすがに会場から失笑がわき起こり、委員長が日本の参加者に注意を促す場面もあった。証拠開示については、「２００４（平成16）年に法改正して、証拠開示の範囲を拡大した」と述べた。私は、思わず「どこの国の話なのだ」と独り言をつぶやいてしまった。

日本政府代表の報告が終わると、今度は日本政府に対して自由権規約委員会の各委員から質問が続いた。委員の質問は、男女共同参画や死刑制度、アイヌや沖縄などマイノリティの問題など多方面にわたったが、なかでも取り調べの可視化や代用監獄制度、自白偏重など冤罪に絡む問題にかなりの質問が集中し、日本政府代表団に厳しい指摘がおこなわれた。しかし、2日間を通じて法務省や警察庁の代表は不誠実な答弁を繰り返し、とうとう改善を約束しないまま、審査会は閉会となった。

ところで、日本政府の答弁は、前回に比べて次のような特徴が見られた。

第1は、開き直りである。前回の日本政府は、国連・自由権規約委員会に対して一定の敬意を持って臨み、反論するにしても控えめな姿勢で発言した。ところが、今回は開き直った態度が目についた。国連の審査会に慣れてきたということなのか、それとも国連に対してあまり敬意を表さなくなったのか、あるいは国連の権威自体が低下したのか。例えば、自由権規約委員会がかねてから強く廃止を求めている死刑制度について「凶悪犯罪に対して死刑はやむを得ないという日本国民の声を反映している」と開き直った。この発言に、その後、委員会の質問が集中したのだが、政府代表は「日本では必要だ」という姿勢を最後まで変えようとしなかった。

第2は、誇大報告だ。誇大報告とは、わずかな政策や制度の改善をさも大幅な改革をおこなったように宣伝することだが、前回よりもこれが目立った。小手先のわずかな法制度の改正を針小棒大に拡大し、委員会の眼をごまかそうという姿勢が目についた。例えば、やはり批判が強い代用監獄制度について、法務省は批判をかわすために法改正をおこなって、建前上、捜査と留置を分離したように見せかけたのだが、実質的に取り調べも留置も警察署内部で警察官によっておこなわれていることにはかわりはない。それが志布志事件や氷見事件のような冤罪を生んでいるのだが、「法律改正で警察署の担当者を分離した。日本では取り調べと留置は分離されている」。あたかも代用監獄は廃止したような主張を、政府代表はおこなった。

7 代用監獄

代用監獄制度が冤罪の温床になっている、というのがわれわれの指摘であるが、政府はあくまでも代用監獄制度の継続にこだわった。自由権規約委員会でも、そのことが焦点のひとつになった。

日本政府の代表は、「２００６（平成18）年の監獄法改正で、未決勾留者を警察留置施設に代替収容できる制度に改めた」と述べ、「捜査機能と留置機能の分離を徹底した」ことを強調した。また、「留置施設視察委員会を設置した」と強調し、「警察は人権に配慮して被収容者の処遇を行っており、違法な取り調べを防止すべきとの観点から、取り調べの監督制度を導入した」とも説明した。政府代表は、「代用監獄制度に対する批判は承知している。しかし、その廃止は、日本の刑事司法制度のさまざまな長所の基盤を破壊する危険性がある」と開き直った。

「日本の刑事司法制度の長所」っていったいなんだ。警察に長期間勾留して、脅し、すかし、精神的に追いつめて自白させる、そういうことではないか。事実、政府代表は、尋問中の弁護士の立ち会いについて、「取調官が被疑者と対面して説得し、被疑者の信頼を得て真実を告白させる、という取り調べの重要な機能を損なう」とあけすけに述べたうえで、「自白は、単に『私がやりました』というものではない。被告は自らの行為について反省しなくてはならないし、被害者やその家族は加害者の謝罪を必要としている」という驚くような論理を開陳した。自白させることが取り調べの極意であり、そのためには取調官と被疑者の人間関係を親密にすることが必要であり、だから弁護士の立ち会いは不要だ、という、このとんでもなく逆転した思考方法。しかし、それにしても「自白は、単に『私がやりました』というものではない。被告は自らの行為について反省しなくてはならない」とは、よく言ったものだ。犯行を自白させるだけではない、犯罪をおこなったことを深く反省し、被害者の家族にわびる――、取り調べとはそういう教育的な要素を含んだものでなければならない、と言うのだ。

この発言に対して委員からは「弁護人が取り調べの障害となるという考えはばかげている。取り調べとはどうあるべきか、という点について完全に誤解している。規約14条（公正な裁判を受ける権利）の明らかな違反である」「誰が有罪であるかを決めるのは、裁判所が行うことであって警察の役割ではない」など、厳しい批判が加えられた。もっともな意見である。一般的に日本の警察官は、逮捕した時点ですでに被疑者を犯人扱いするだけでなく、裁判所に成り代わって判決を下し、かつまた矯正施設に成り代わって犯罪を心から悔い改めさせることまで自分たちの任務であると錯覚している傾向が見られる。いったん逮捕したら、留置場に閉じこめて、とことん責める。あとは煮るなり焼くなりこっちのものだ。この代用監獄制度が冤罪の温床になっていることをどれだけ説明しても、政府や警察・検察は改めようとしない。最近の志布志事件や氷見事件で検察庁長官が再発防止の訓示を垂れたと聞くが、警察官や検察官の単なるモラルの問題ではないのだ。制度としての代用監獄制度が続くかぎり、構造的に冤罪はなくならないのである。

代用監獄について政府は、「法改正で取り調べと留置は分離された」と強調する。しかし、法改正は、現にある特定の留置者の捜査に携わっている捜査官が、その留置者の処遇をおこなうことを禁止しているにすぎず、取り調べも留置もひとつ屋根の下の警察署内部で警察官によっておこなわれていることにはかわりはない。この問題にかかわって日弁連は、ＮＧＯの意見交換会で福岡県の引野口《ひきのぐち》事件を事例として紹介した。

福岡でおきた引野口事件は、被告人から自白を取るために、捜査部門と留置部門が一体となって代用監獄制度を利用した典型である。代用監獄制度がいかに冤罪を生むのか、この事件がよく物語っている。引野口事件は、殺人・放火の罪で起訴された女性被告人が、留置場のなかで同房者に犯行を「告白」したという事件だが、警察は意図的に「同房者」を送り込み、女性の情報を得ようとした。被疑者の女性が別の警察に移送されて勾留されると、同房者も再逮捕されてその警察の留置場に送られ、２カ月間、２人は代用監獄に収容されている。その間、同房者は女性の情報を聞き出すよう捜査官から指示され、もっぱら被疑者女性が留置場のなかで何を語っているのか、事情聴取を受け、供述調書もそのように作成されている。早い話、警察は留置場にスパイを送り込んでいたのだ。被疑者が警察の管理する代用監獄に留置され続けるかぎり、このようなことは今後もいくらでも起こる。また、被疑者を代用監獄に留置できる期間の上限がないために、逮捕・勾留の繰り返しによって23日をはるかに超える長期間、被疑者は代用監獄に収容され、それが自白強要の冤罪の温床となることは、構造上避けられない。

8　国連のポニョ

「ポニョ、ポニョ」

「コレコレ、ポニョ、ポニョ、ポニョ」

後ろを振り返ると、さっちゃんが孔雀《くじゃく》を追い回している。国連の中庭には孔雀が放し飼いになっていて、それを見つけたさっちゃんが追っかけているのだ。

「さっちゃん、孔雀がなんでポニョなんだよ」

「なんとなく、ポニョって言葉が出たの」

「それ、漫画の見すぎじゃないの」

みんなで大笑い。

彼女は、まったく気取らない素直な人だ。今回、一緒にジュネーブに行ってそう思った。海外ははじめてだというのだが、よくまあこんなに動くと思うほど行動的に動き回った。朝早くから夜寝るまで、国連本部でも宿舎でも、街のなかでも、何にでも感心し、興味があればすぐ行動に移す。

ジュネーブにいる間、彼女は毎朝、暗いうちに起きだして、一人で街に出かけた。心配なので付いていってやりたいけれど、なにせ朝5時すぎに外に出ていくから、とっても付いていけない。帰ってくると

「今朝は、一万歩あるいた」

「今朝は、朝市を見てきた」

「この道をまっすぐ行くとすてきな公園があって、本当にきれいやった」

毎日、報告がある。報告とあわせて、そのつど散歩の戦利品が配給される。ミネラルウォーターとか、チョコレートとか。あんまり大したものは配給されないが、散歩の途中でコンビニなどに立ち寄ってチマチマと買った物を配ってくれる。大変ありがたかった。

国連の委員会でも、精力的に動き回った。自由権規約委員会の委員を次々とつかまえて
「マイハズバンド、イシカワカズオ、イノセント」

本当にその熱意には頭が下がった。何とか証拠開示を実現したい。夫・石川一雄の冤罪を晴らしたい。その思いが委員にも十分に伝わったと思う。

9　自由

「さっちゃん、スイスの感想はどうですか」

あるとき、国連に来た感想をさっちゃんに聞いてみた。

「はじめて日本を出て、外国に来させてもらって、もうずっと興奮しているの。出発の前の晩も、興奮して寝られなかった。それが来てからも続いている感じ。でも、一番の感想は、日本ではない自由な気分になれたことだったと思う」

「自由って」

「日本のなかでは、どこに行っても狭山事件の石川一雄。石川一雄の妻の石川早智子。いつも誰かに見られているようで、なんとなく窮屈な気分になるが、ここではそれがない。それで、なんとなく自由な気持ちになっているの」

確かに日本では、2人はいつも衆人環視の的になって生活している。誰かに見られているような環境のなかでの生活が毎日続いている。それは仕方ないことなのだが、人から「あれが石川一雄か。なにやっているんだ」と非難されないように生きなければならない。それがある種の強迫観念になって窮屈さを与えているのだろう。もちろん、そう言ったからといって、さっちゃんが支援を疎ましがっているわけではない。2人は、支援者に目いっぱい感謝している。その点は、誤解のないように。

「さっちゃん、あんまり構えないで、自然に生きたほうがいいと思う」

私は、自分の率直な気持ちを伝えた。

「でも、どうしても狭山事件の石川一雄、石川早智子なの。だから人から非難されないように生きないとだめなの」

「英雄みたいに生きようとすると疲れるよ」

前からときどき2人にはそのようなことを言ってきたけれど、このとき改めて強調した。というのは、支援者の間には、石川さんを英雄視したり、スター扱いする姿が間々あって、それが2人に重圧になっていると感じてきたからだ。また、英雄扱いするというのは、われわれが考える裁判闘争とはちがうと思ってきたからだ。いまさら言うまでもないことだけれど、狭山闘争は差別事件に対する糾弾闘争であり、解放運動の一環である。また、石川さんの無罪を勝ち取る闘いであると同時に、部落民全体の地位と権利を守る闘いである。英雄をこしらえる運動ではない。

もちろん石川さんが、この45年間、不当な拘束を跳ね返して頑張ってきたことは事実だ。誰でもできることではない。また、「32年間、刑務所のなかで闘ってきた不屈の闘士・石川一雄」という見方も、全国の支援者の率直な見方だろう。けれども、そのことと、石川さんを英雄視したり、スター扱いするのはもちろん違う。石川さんは、ほかの冤罪事件の被害者と同じように、権力の罠《わな》にはまって罪を被《かぶ》せられ、苦しめられた1人の普通の市民であって、英雄ではない。石川さん自身も、そのように扱われることを望んでいないことは、一緒に行動していてよくわかる。でも、まわりの人たち、支援者がそれを許さない。どうしても石川さんを英雄扱いする。そのことが石川さん自身にプレッシャーになっていること、また重荷になっていることを、この際、支援者は考えなくてはいけないと思う。なぜなら、長いながい闘いなのだから、無理をすればどこかでつまずく心配も出てくる。

もちろん、国家権力との闘いであるから緊張した関係にあることは忘れてはいけないし、油断できないことはいうまでもない。けれども、闘うことが強迫観念になるような状態もまた避けなければならないのではないか。

10　お門違い

話を国連の審査会に戻そう。自由権規約委員会の日本政府報告の審査会では、取り調べの可視化について質問が続いた。

シャネ委員は代用監獄制度に関連して、「自白を得るために23日間、昼も夜も取り調べが続く。ビデオ録画も弁護士の立ち会いもないという。弁護士が面会しようとしても阻止される例もあると聞いている。そして自白を引き出すと聞いている」と述べたうえで、「そこで聴きたいのだが、規約第14条1項をどう考えているのか。日本では、検察当局が大きな役割を担い、弁護士が副次的な役割しか与えられていないのではないか。弁護士が中心的な役割を果たすべきだが、副次的な役割しか果たしていない。それは明らかに公正な裁判を規定した規約第14条違反である」と批判した。続けて、「科学捜査では、日本はトップレベルにあって優れていると聞いている。そうだとすれば、圧力をかけて自白を強要する必要はないのではないか」と述べ、客観的な証拠ではなく、自白を有力な有罪の根拠にしようとする日本の取り調べのあり方を皮肉交じりに批判した。

また、ララ委員は自白が偏重されていることについて、「日本政府は、自白を唯一の証拠としないと言うが、証拠があるなら自白を得る必要がなぜあるのか。議長、日本の当局がこの全過程を見ていただきたい。無辜《むこ》の命にかかわるかもしれない、無実で死刑になったら救えない。日本は14条を全然わかっていない」と厳しく批判した。

これに対して、まず警察庁の代表が次のように答弁した。

「昨日、3人の委員から自白の強要について懸念が示された。理解して頂きたいのは、日本の警察も違法な取り調べの絶無を期すべきであるとの認識を有しているということである。その手段として、警察としては、捜査にかかわらない人による取り調べの監督制度を創設したところである」と述べた。また、「取り調べの一部の録音録画を開始したところである」と反論した。法務省の代表は、「（日本の司法制度は）決して人道にもとるシステムではないことに自信を持っている」と空威張りし、「自白については、ただ単にやりましたと認めることだけではない。被疑者が被害者に対して謝罪するという意味もあるというわけです。日本の犯罪被害者は、ただ単に厳罰を望むよりは、謝罪の念を示してもらうことを望む。そのような措置がされることで、再犯を犯さなくなり、再犯の可能性が少なくなる」と、臆面もなく自白主軸の取り調べを自慢してみせた。こういうのを厚顔無恥というのだ。法務省の代表は前日に会場から失笑が出たことがよほど悔しいと見えて、「日本の制度について、昨日、笑いが漏れたが、犯行者のなかには、話を聞いてくれてありがとう、刑を終えたら人生をやり直したいと警察や検察に言う人もいる」と述べ、自白主導型の取り調べを意義付けした。

なんという錯覚か。どんな国でも、犯罪者が取り調べのなかでその罪を認め、被害者に謝罪し、犯した罪を反省することはあるし、その過程で取調官に感謝することはあり得る話だ。われわれは、そんなことが問題だと言っているわけではない。われわれは、頻繁に発生する冤罪がなぜ生まれるのか、を問題にしているのだ。志布志、氷見、布川——、次々と発生する冤罪の背景には、日本独特の取り調べのシステム、すなわち代用監獄や長期勾留、長期取り調べ、自白偏重という制度があること、それを改善せよと言っているのである。ところが政府は、真っ当なこの批判を受け止めず、現行の制度を絶対化して、代用監獄や長期勾留、長期取り調べを続けている、そこが問題なのだ。それを、言うに事欠いて、取り調べで犯罪者が刑事に感謝することもあるから、弁護士を排除して刑事と一対一の人間的なふれあいのなかでおこなう日本の取り調べ制度は優れた制度であるとか、再犯防止に役に立つから自白を引き出すことは有意義だとか、などと解説するのは、まったく御門違《おかどちが》いというものだ。

こういうすれ違いのなかで、二日間にわたる委員会の審査が終わった。あとは委員会がどのような最終見解をだすのか、それを待つことになった。

11　大展望

国連の委員会が終了した翌日、1日だけ自由な日ができたので、最後の1日は観光に出掛けることにしていた。もう二度と来られないかも知れないし、せっかくはじめて海外に来たのだから、どこか連れていってあげたい。そんな気持ちから石川さんをさそった。実際、ジュネーブに着いてから4日間というものは、毎日、ホテルと国連の往復だけだった。

2人と相談して、もっともポピュラーなモンブラン観光に行くことにした。モンブランというと、日本ではケーキの名前か、喫茶店の名前になっているが、ヨーロッパアルプス最高峰の山である。ジュネーブからはバスで1時間30分くらい、日本人がもっともよく行く観光地だ。ただし、モンブランはフランスにある山で、国境を越えて行くことになる。ジュネーブはフランスのなかに突き出た半島のような場所で、ジュネーブの周りはほとんどフランスである。言葉もフランス語だし、車で町を15分も走れば、北でも南でもすぐフランス領に入ってしまう。そのモンブラン観光のバスを手配した。

モンブラン行きの観光バスのターミナルは、駅の近くにあった。早朝にもかかわらず、すでに観光客が何人かバスを待っていた。日本人の姿も見えた。8時出発のターミナルには、アメリカ人やフランス人などの観光客がバラバラと集合し、にぎやかになってきた。よく見ると日本人の観光客が7～8人交ざっている。

「あれ、どっかで見たような顔だな」

「そうだ、昨日は国連の委員会で日本政府代表席に座っていた政府の役人だ」

政府の代表もモンブラン観光に来ていた。昨日は対立していたが、今日は両者、バスでモンブランに。これを呉越同舟というのだな。向こうもこちらを見て、気がついた様子だ。なるべく眼を合わさないようにしている。まあ、こんなところでけんかするわけにもいかないか。そのうち、調子のいい観光バスのガイドがやってきて、モンブラン行きの客はどやどやと2階建てのバスに乗り込んだ。「日本語のガイド付き」というのが観光パンフレットの「売り」だったのに、今日は日本人が少ないと見えて、ガイドは日本語の解説をしない。バスは市内を通り抜けると、すぐにフランスとの国境に到着した。

モンブランは、スイス、フランス、イタリアの3国国境にまたがる山だ。その最大の魅力は、頂上ちかくまでロープウエイで登ることができ、間近に4807メートルのヨーロッパ最高峰を眺めることができることだ。バスは、高速道路で山々の間をすり抜けるように進み、居眠りをしている間に登山基地・シャモニーに到着した。

モンブランが有名なのは、二つの理由がある。——実は、私はひと昔前、山登りをやっていたので、山のことは多少うるさい。それで余分な話をすることになるが——モンブランが有名なのは、この山の初登頂が、登山をスポーツとする近代登山のきっかけになったことだ。モンブランの初登頂は1786年で、シャモニーの医者のM・パカールと同村の水晶取りJ・パルマによってなされた。2人は何度も失敗したのちに頂上に到達している。当時は今のような装備もないなかで、氷河を越え、岩壁をよじ登ってやっと頂上にたどり着いた様子は『アルプスの旅』という古典的な名著に記されている。この登頂をきっかけにして「登山」がスポーツとして広がっていった。シャモニーの駅前のメイン通りには、2人の像が建っている。

もうひとつ有名なのは、1924(大正13)年に第1回冬季オリンピックが麓の街・シャモニーで開催されたことだ。シャモニーとモンブランは、そのときから世界有数の観光地になった。

バスから降りると、すぐにロープウエイに乗り換える。ロープウエイの駅から山頂の方を眺めるが、山の中腹までガスが降りてきていて、まったく見えない。「今日は駄目かな」と、なかばあきらめた。「せっかく来たのに、霧や雲ばっかりではついてないな」などと思いながら、満員のロープウエイで2317メートルの乗換駅まで行った。あたりはやっぱりガスっていて何も見えない。

続いて、3842メートルのエギュイユ・デュ・ミディ頂上駅までの第2ロープウエイに乗り換える。一気に1500メートルを登りきるロープウエイだ。ガスのなかをじわじわと登り詰めたそのとき、満員の観光客が歓声を上げた。ガスを抜けて真っ青な青空が広がり、その向こうにモンブラン山群がくっきりと見える。「ワーワー、キャーキャー」、みんな大喜び。

ロープウエイ終点のエギュイユ・デュ・ミディとは、ミディ針峰という意味だが、針峰の名前のとおり、針のようにとんがった高さ300メートルはある垂直の岩峰の頂上部分をくりぬいて作った駅だ。

ロープウエイを降りた私たちは、いったん外に出て、隣のさらに高い針峰の頂上テラスに登るために、吊り橋《つりばし》のような橋を渡り、岩山をくり抜いたトンネルを抜ける。しかし、観光客は、たいがい皆このあたりでめまいに見舞われる。軽い高山病にかかるのだ。何となく足元がフラフラする。頭痛がする人もいるようだ。足元は雪がカチカチに凍っているので、フラフラしながら、恐る恐るエレベーターの入り口に向かう。エレベーターは、あっというまに頂上に観光客を引っ張り上げてくれた。頂上にはテラスがあって、アルプスの大展望が広がっている。正面に雪に覆われた4807メートルのモンブラン山頂が見える。足下には、メール・ド・グラス氷河が大迫力で広がる。石川さんも、さっちゃんも大感激。

「こんな景色ははじめてだ」

「来てよかった」

モンブランとは、マウント・ブラン、つまり「白い山」という意味だ。一年中、頂上は白い雪で覆われているのでこう名付けられたのだが、大体世界中、夏でも雪があるような高い山は、こういう名前が付けられる。日本でも白山という名前の山はあちこちにある。加賀白山、越後白山、白根山など、夏にも雪が残っている山を白山と呼ぶのは、ごく自然の成り行きだ。

「夢みているみたい」とさっちゃん。

「これはすごいね」と一雄さん。

みんなで何回もシャッターを切った。

4人は、飽きるまでアルプスの大展望を眺めた。私は、知っているかぎりの山の名前を思い出した。ほぼ真東に、かのグランド・ジョラスの美しい大岩壁がそそり立っている。その北壁は、マッターホルン北壁、アイガー北壁とともにアルプスの3大北壁とされていて、世界中のクライマーたちを引きつけてきた。この3大北壁を征服すれば、一流という折り紙が付けられる。しかし、大勢の登山家が命を奪われている。

こういう山を見ると、やっぱり登ってみたい気持ちになる。私は、2003(平成15)年まで山登りをしていたが、その年でやめた。最後に登った山は、いまでも覚えている。東京・八王子にある「弾左衛門ノ峰」だ。あるとき、ガイドブックの地図のなかに「弾左衛門ノ峰」という名前が出ていた。

「弾左衛門ノ峰とは、めずらしい名前だ。多分、弾左衛門に何か関係があるのではないか」

そう思って出掛けてみた。八王子の内山峠から西に入ったその場所には、しかし、何も見あたらなかった。石碑のひとつでもあるのか、と思ってあたりをあちこち調べてみたが、とうとうなにもわからなかった。そのことをあるとき、東日本部落解放研究所の藤沢靖介さんに話したが、彼はあまり興味がない様子だったので、それきりになっている。誰か、興味のある人間がいれば、案内してやるのだが。

12　二度目の石川不当逮捕!

国連での自由権規約委員会の審査が終了し、4人は帰路についた。あとは委員会がどのような勧告をおこなうのかを待つばかりである。心配もあるが、あれだけ冤罪が問題になったのだから、証拠開示についてもきっと何らかの勧告が出されると確信しながら、ジュネーブを後にした。ところが、最後にもうひとつ、おまけが付いていた。石川一雄さんが空港の検査で連行されてしまったのである。

日本への帰国は、ロンドンのヒースロー空港で乗り換えることになっていた。予定通りジュネーブを発《た》ち、ロンドンで乗り換えようとして、ハプニングが起こった。

乗り換えのために空港内をシャトルで移動し、出発ロビーに向かった。その入り口で金属探知器の身体検査があった。順番待ちの列が続き、ようやくわれわれの番になった。ロンドンの検査は、非常にうるさいものだった。男女とも全員、背広などの上着を脱いだうえに靴まで脱がせ、ベルトを外させ、すべての持ち物をかごに入れろと言う。最初に石川さんが金属探知器をくぐった。警報が鳴ったため、身体検査をしたのち、もういちどくぐったが、また鳴った。ズボンのチャックではないか、と言うのだが、検査官は石川さんをふたたび詳しく検査を始めた。で、最後に彼を連行して遠くの検査室に連れて行ってしまった。

「なにがあったのか」

聞いても、よく理由がわからない。石川さんは、靴も履かせてもらえず、靴下のまま、かなり離れた別室に連行されてしまった。われわれといえば、それぞれがチェックを受けている最中で、どうにもならない。

ようやく検査を終えて、検査官に理由を問いただした。でも、検査官ははっきりしたことを言わない。どうも、石川さんが足に巻いていた包帯が原因だったようだ。

それからおよそ20分、われわれ3人は、時計を見ながら石川さんの帰りを待った。ロンドンから日本への便の出発時間が迫っているのだ。しかし、石川さんは戻ってこない。どのあたりに連行されているのかも、ここからはわからない。やきもきしていると時間は余計長く感じられる。

「なにもとがめられるようなものは持ってないはずなんだけど」

さっちゃんも心配そうに言う。

これで引き留められて、出発便に間に合わなかったらどうする。そのときは、仕方がないから別便をさがすか、ロンドンでもう一泊するか——などと、私は次の行動を考えた。でも、金が底をついていて、泊まり賃なんて残ってない。それにしても、何が連行の理由なのかがはっきりしない。少々不安になってきた。まさか、ここで戻ってこなければ、「二度目の不当逮捕」ということになるが。と、そんな心配をしているうちに、遠くの通路を靴下で戻ってくる石川さんの姿が目に入った。よかった。でも、ひどいよな、靴くらい履かせろよ。それより時間がもうない。4人は、駆け足で出発ゲートに向かい、飛行機に飛び込んだ。すでに客は全員着席していて、われわれが来るのを待っていた。何となく、乗客の冷たい視線が感じられる。でも、われわれのせいじゃないよ。

あとで石川さんに聞くと、足の指に水虫ができていたので包帯をしていたそうだ。ところが、その包帯が引っかかった。というのは、最近、包帯のなかに覚醒剤を隠す事件があって、それで怪しいとにらまれた、というのが、石川不当逮捕の理由だったのだが。ともかく、4人は無事、日本に帰ってきた。

13 再び証拠開示の勧告が

2008（平成20）年10月31日、第5回日本政府報告書に対する審査を踏まえて国際人権（自由権）規約委員会は、最終見解を発表した。最終見解は、日本政府が解決を迫られている主要な人権課題として、取り調べの全過程の録画と代用監獄の廃止、死刑制度の廃止、戸別訪問禁止等表現の自由に対する不合理な制限の撤廃など、34項目にわたって具体的な改善を勧告した。全文はまだ翻訳されていないので紹介できないが、アムネスティ日本支部の発表した勧告部分（仮訳）のうち、関わりの深いものについて紹介しておきたい。

まず、国内人権機関について。人権機関については、知ってのとおり、いったんは参議院の審議にかけられたが、解散によって廃案になり、さらに再提出に対して一部の国会議員によって妨害が加えられ、いまだに日の目を見ていない。人権委員会は、その点を踏まえて「パリ原則に則《のっと》った、政府外の独立した国内人権機関を設立するべきである」と早急な設置を勧告している。その際、「国内人権機関は、締約国（日本）が承諾したすべての国際人権基準を広くカバーし、公的権限からの人権侵害に対する苦情について検討する権限を持ち、十分な予算・人的資源を持つべきである」とも指摘している。

二つ目は、死刑制度について。自由権規約の大きな柱に死刑制度の廃止があげられるが、日本政府は死刑制度を頑なに守り通してきた。その死刑制度について委員会は、「締約国は、死刑制度の廃止を積極的に検討すべきであり、市民に廃止が望ましいことを情報提供するべきである」と勧告した。また関連して、再審請求している死刑囚の死刑執行がおこなわれている現状に対して「再審もしくは恩赦の請求がなされている時は執行延期の効果を確保すべきである」と勧告した。

さて、肝心の証拠開示についてはどのような勧告が出されたのか。証拠開示については、公正な裁判に関連した項目で次のように勧告した。「締約国は、代用監獄システムを廃止すべきで、条約第14条（公正な裁判を受ける権利）にあるすべての保障への適合を確保すべきである。取り調べの時でもすべての容疑者が弁護士へアクセスできる権利、犯罪嫌疑の性質にかかわりなく逮捕されたその時から法的支援が受けられる権利、自分の件に関わる警察の記録すべてにアクセスできる権利、そして医療措置が受けられる権利が保障されることを確保すべきである。さらに起訴前保釈システムが導入されるべきである」

証拠開示という表現は使われていないが、「自分の件に関わる警察の記録すべてにアクセスできる権利」、つまりは証拠を見る権利が保障されるべきであることを委員会は明確にし、再び勧告した。狭山事件でいえば、検察が隠し持つ「記録」を見る権利を保障すべきことが、もういちど勧告された。このことの意味は大きい。私たちは、国会や大衆運動の場面で、国連の勧告を報告し、政府や検察・裁判所に証拠開示を迫っていこう。

条約第14条（公正な裁判を受ける権利）に関連して、委員会は取り調べの可視化についても言及した。「規約14条の下、虚偽の自白の防止や被疑者の権利を保障する観点から、取り調べの全過程の録画機器の組織的な利用を保障し、取り調べ中の弁護士の立ち会いを全被疑者に保障する立法を採択すべきである」

取り調べの可視化については、石川さんや布川事件の桜井さんなど4人の冤罪被害者が発言し、審査会の開催前夜、志布志事件の映画が上映されたこともあって、委員の関心が高かった。最終見解は、日本政府にこんなことを言っている。

「刑事捜査中の警察の役割は、真実を作り上げることではなく、裁判のために証拠を集めることであることを認識し、黙秘はとがめられることではないことを保障し、警察の取り調べ中の自白よりも、現在的な科学的な証拠に裁判所が依拠するよう努めなくてはいけない」

「警察の役割は、（自白を強要して）真実を作り上げることではなく、……証拠を集めることである」――。これまた、ずいぶん強力な皮肉ではないか。

このほかにも、アイヌ民族の権利や琉球民族の権利、死刑囚の処遇や外国人労働者の権利、表現の自由など、多方面にわたって委員会は日本政府に勧告をおこなっているが、これ以上紹介できない。

おわりに

スイスに向かう数日前に、アメリカ発の国際金融破綻・世界同時株暴落の大激震が走り、世界中が大恐慌の恐怖に震えた。アメリカの前ＦＲＢ（連邦準備制度理事会）議長グリーンスパンは、「百年に一度の危機」と金切り声をあげた。もしかしてスイスにいるうちに経済パニックが起きるのではないかと思っていたが、震源地のブッシュ政権は、金融機関の連鎖的倒産を回避するために大手銀行への公的資金注入に踏み切り、各国政府も血税を湯水のごとく投入して金融恐慌を乗り切ろうとした。しかし、この対策は株価暴落を一時的に食い止めたにすぎず、カンフル注射にもならなかった。依然として国際金融恐慌・株価暴落の危機は続いており、各国政府は戦々恐々としている。ヨーロッパも例外ではない。今回行ったジュネーブの街も、どことなく不安そうに見えた。

しかし、どうしても納得できない、金融機関救済のために何百兆円もの公的資金を導入することが。「すべての国家的な規制を廃し、自由競争と自己責任にゆだねる」と言ってきたのは誰なのだ。「自己責任だ、自由競争だ」と言ってきたのは誰なのだ。自由競争こそが最善の経済政策と言ってさんざん金儲《かねもう》けをしてきた連中に、どうして公的資金を注入するのだ。自己責任と言ってきたのだから「自分たちのカネで救済しろ」「新自由主義だとか構造改革などと言って、超格差社会をつくり出してきたのだから、自分で責任を取れ」と言いたい。

今回の事態は、詰まるところ、アメリカ型資本主義、実体経済とは関係ないところでおこなわれる投機のための投機＝カジノ資本主義の破綻だと思う。新自由主義政策のなれの果てだと思う。それにしても、この金融危機はいったいどうなるのか、世界はどこに向かうのか。1929（昭和4）年恐慌を上回るような大恐慌となるのか。世界中が倒産と失業の墓場のような時代になるのか。いまのところ、誰にもわからない。

部落解放運動は、2002（平成14）年3月の特別対策終了で大きな時代の転換を迎えた。かなりの同盟員が組織を離れ、解放同盟は組織的にも財政的にも厳しい時代を迎えている。加えて不祥事が発生し、社会的な信用が失われた。

そのような逆風のなかではあるけれど、しかし、いま各地でもういちど運動の原点に立って頑張ろうという動きが見える。住民運動として、教育運動として、生活支援運動として、そして差別撤廃の人権運動として柔軟にねばり強く解放運動を進めようという人たちが各地で奮闘している。その運動の共通項に狭山闘争があるように思う。その意味で、狭山闘争は解放運動の基軸になっていると思う。

今回、石川一雄さん・早智子さんと国連に行って、証拠開示と無実を訴えた。石川さんの訴えが届いて、自由権規約委員会からは再び証拠開示の勧告が出された。10年前にも勧告が出されたが、再び出されたことの意義は大きいと思う。もちろん、日本政府と裁判所・検察は前回もそれを握りつぶしてきているから、ぬか喜びはできない。しかし、この勧告を武器にして、国会で証拠開示を迫り、また再審開始に向けた大衆的な支援運動を繰り広げ、狭山再審勝利へつなげていきたい。

あとがき

この本は、「はじめに」で述べたように、人権・同和問題をはじめて担当する職員や教員のためにこれまで私が書いてきたものを一冊にまとめたものです。したがって入門書といってもいいのですが、担当者はこれだけはぜひ知っておいてほしいという思いから編集しました。したがって部落の歴史から部落解放運動の歴史、同和行政の歴史、そして差別事件、狭山事件などを順番に並べました。

その結果、本のページ数が増えすぎて、これでは入門書として分量がありすぎるという指摘を受けたのですが、なかなか削れないためにこのような冊子になってしまいました。実は、当初の計画では、これ以外に二つの章をいれていました。具体的には、第11章に「格差社会と人権」、第12章に「人権の世紀へ」です。入門書としては、部落差別だけではなく、格差社会がもたらしている現在社会の深刻な人権侵害の現状——児童虐待やＤＶ（ドメスティックバイオレンス）、高齢者虐待、障がい者への差別、ヘイトスピーチなどを知ってほしいという気持ちで載せようとしたのですが、あまりにも長くなるために、割愛しました。

「21世紀は人権の世紀」と言われていますが、世界を見渡せば宗教や人種、民族の違いなどを背景に各地で紛争や戦争が起き、大勢の犠牲者を出しています。最近では中東のシリアにおける泥沼の戦争が大きな国際問題になっていますが、それ以外にもアジアやアフリカ各地で大小無数の紛争が勃発し、そのつど子どもや女性、高齢者がその犠牲になっています。また、日本国内にも児童虐待やＤＶなどの深刻な人権侵害が深刻なかたちで存在しています。私は、その背景に今日の格差が存在していると思っています。日本は戦後の高度経済成長のあと長い不況に陥り、その後、格差社会に突入しました。正規雇用が年々減少する半面、非正規と呼ばれる就労者が急増し、安定した中間層が減るいっぽう、一部の金持ちと生活が困難な多数者からなる社会が出現しました。この格差と貧困を背景にして、さまざまな人権侵害が日本社会に蔓延《まんえん》しています。今日、人権問題を考える場合、この格差と貧困を見過ごすことはできません。そこで格差社会を取り上げたかったのですが、紙数の都合上、割愛しました。

また、第12章では、これまで解放新聞埼玉版に掲載した対談や鼎談《ていだん》を掲載する予定でした。入門書ですから、わかりやすいといえば対談や鼎談がいいのではないかという判断から過去に行った対談や鼎談を並べたのですが、これも紙数の関係で割愛しました。ちなみに、対談では、「部落差別解消推進法」が誕生した２０１６年12月に、同法の誕生の意義や経過について部落解放同盟中央本部の組坂《くみさか》繁之《しげゆき》委員長と対談したものや、「ヘイトスピーチ」をテーマにしてジャーナリストの安田浩一《やすだこういち》さんと対談したもの、また、東日本大震災で連れ合いを亡くしながら必死で復興に取り組んでいる陸前高田《りくぜんたかた》市の鳥羽《とば》太《ふとし》市長との対談などを入れる予定でした。組坂委員長との対談では、「解消法」ができるまでの「空白の15年」のあいだに、何度も挑戦したが法律ができず、苦労のすえ、やっと法律ができたことを2人して喜んだことを思い出します。安田浩一さんとの対談は、ヘイトスピーチ解消法ができる前と後の2度行いましたが、ヘイトスピーチ解消法が誕生して外国人の排斥を叫ぶヘイトデモはやや鎮静化したとはいえ、根絶されたとはとうてい言いがたく、いまも悪質なヘイトが続いている実態を聞いたことが印象に残っています。「没」にしたこれらの原稿については、どこかで続きを出したいと思っています。

ところで、部落解放運動は2022年に全国水平社創立から100年を迎えます。この本のなかでも書きましたが、100年目をどのように迎えるのか、現在検討中ですが、やはり解放運動にとってこの100年の節目の年は非常に重要な意味をもちます。

100年という運動の歴史をもつ被差別集団の団体が、世界的に見てほかにあるのかどうかは知りませんが、一世紀のあいだ、弾圧にめげず、不当な差別に立ち向かってきた部落解放運動の歴史は、世間の評価がどうであれ、私は日本が世界に誇ることができる人権運動であると思っています。侮辱的な融和運動に対抗した全国水平社の結成、その後の糾弾闘争、侵略戦争の濁流に抗して闘った高松結婚差別裁判闘争、そして国家総動員体制のなかでの弾圧と沈黙。また、戦後の運動の再建と全国大行進を通じた国策樹立運動の展開、特別措置法の獲得とその実施を求めた闘い、半世紀に及ぶ狭山差別裁判糾弾闘争……。部落解放運動100年の歴史は、文字どおり先人たちの血と汗と涙で綴《つづ》られた闘いの歴史そのものだと思います。この闘いの姿勢こそが部落解放同盟の伝統であり、精神だと思っています。私はこの先どういう時代になろうとも、この伝統と精神を引き継いで、差別のない社会をめざして闘うことが、われわれに与えられた歴史的使命だと思っています。これは水平社創立100年を迎える私の個人的な決意ということになりますが、この入門書を通じて、部落差別の何たるかを、また部落解放運動の何たるかを、少しでもわかってもらえれば幸いです。

片岡 明幸（かたおか あきゆき）

1949年、兵庫県生まれ。高校１年で解放運動に参加。部落解放同盟埼玉県連合会の青年部長、書記長を経て2002年に委員長に。現在、部落解放同盟中央副委員長、同関東ブロック協議会議長。一般財団法人・埼玉人権・同和センター理事長、埼玉県人権保育研究会会長、埼玉県フレンドスクール連絡会顧問、部落解放東日本研究所理事。

人権・同和問題の基礎知識 埼玉編

2018年11月20日　初版第１刷発行

著者　片岡明幸

発行　株式会社 解放出版社
大阪市港区波除4-1-37 ＨＲＣビル３階 〒552-0001
電話 06-6581-8542　FAX 06-6581-8552
東京事務所
東京都文京区本郷1-28-36　鳳明ビル102Ａ 〒113-0033
電話 03-5213-4771　FAX 03-5213-4777
郵便振替 00900-4-75417　HP http://www.kaihou-s.com/

印刷　萩原印刷

ISBN978-4-7592-0032-4　NDC361.86　634P　20cm

障害などの理由で印刷媒体による本書のご利用が困難な方へ

本書の内容を、点訳データ、音読データ、拡大写本データなどに複製することを認めます。ただし、営利を目的とする場合はこのかぎりではありません。

また、本書をご購入いただいた方のうち、障害などのために本書を読めない方に、テキストデータを提供いたします。

ご希望の方は、下記のテキストデータ引換券（コピー不可）を同封し、住所、氏名、メールアドレス、電話番号をご記入のうえ、下記までお申し込みください。メールの添付ファイルでテキストデータを送ります。

なお、データはテキストのみで、写真などは含まれません。

第三者への貸与、配信、ネット上での公開などは著作権法で禁止されていますのでご留意をお願いいたします。

あて先

〒552-0001 大阪市港区波除4-1-37 HRCビル3F 解放出版社
『人権・同和問題の基礎知識 埼玉編』テキストデータ係

テキストデータ引換券
『人権・同和問題…』
0032